Marketing Online
für Dummies

Bud Smith &
Frank Catalano

Marketing Online
für Dummies

Mehr Erfolg durch Online Marketing

Übersetzung aus dem
Amerikanischen von
Christian Wenz und Tobias Hauser

mitp

Die Deutsche Bibliothek – CIP-Einheitsaufnahme:

Smith, Bud:
Marketing Online für Dummies / Bud Smith, Frank Catalano.
Übers. aus dem Amerikan. von Christian Wenz und Tobias Hauser. -
Bonn : ITP, 1998
    Einheitssacht.: Marketing Online for Dummies <dt.>
    ISBN 3-8266-2802-0
Ne: Frank Catalano

ISBN 3-8266-2802-0
1. Auflage 1998

Übersetzung der amerikanischen Originalausgabe:
Bud Smith & Frank Catalano: Marketing Online For Dummies

Printed in Germany

Ein Unternehmen der verlag moderne industrie AG, Landsberg

Lektorat: Martina Kempfle
Korrektorat: Karin Umlauff
Druck: Media-Print, Paderborn
Umschlaggestaltung: Sylvia Eifinger, Bornheim
Satz und Layout: Lieselotte und Conrad Neumann, München

Inhaltsverzeichnis

Kapitel 13
Die zehn Nachteile des Online-Marketing

Kapitel 14
Zehn Offline-Marketing-Quellen

Stichwortverzeichnis

Vorwort zur deutschen Auflage

Wir hatten die Aufgabe, das amerikanische Original, *Marketing Online For Dummies*, ins Deutsche zu übersetzen und auf die hiesigen Gegebenheiten anzupassen. Hierbei bestand für uns oft die Schwierigkeit, daß es zu so manchem englischsprachigen Angebot kein akzeptables deutsches Pendant gibt. Wir haben versucht, so viele deutsche Websites und Anbieter wie möglich in dieses Buch zu integrieren; ohne Englischkenntnisse wird man sich im Internet allerdings schwer tun. Sollten Sie der Meinung sein, daß wir etwas übersehen haben, wenn Sie auf einen Fehler stoßen oder generelle Anmerkungen haben, zögern Sie bitte nicht, uns über den Verlag zu schreiben. Wir freuen uns über jede Anregung.

Wie möchten uns ganz herzlich bei den Leuten bedanken, die die meisten Spuren von Analphabetismus aus unserem Manuskript entfernt haben: Stefanie Kirchner und Helmut Wenz. Unser Dank gebührt ebenfalls all unseren Freunden und Angehörigen, die für dieses Projekt und die damit verbundenen Einschränkungen so viel Verständnis gezeigt haben. Zu guter Letzt sagen wir ein »Vergelt's Gott" für die gewohnt gute Betreuung seitens ITP, insbesondere Tina Kempfle. Alle verbleibenden Fehler sind uns zuzurechnen.

Starnberg, im August 1998

Christian Wenz, Tobias Hauser

Einführung

Die Online-Welt ist heutzutage ein aufregender Ort – und ein Grund für große Besorgnis. Für Firmen eröffnen sich wundervolle neue Gelegenheiten, zu wachsen und ihre Beziehungen mit Kunden auszubauen – aber genausogut können neue Konkurrenten diese Kunden wegnehmen. Dieses Buch soll Ihnen dabei helfen, sicherzustellen, daß die Online-Welt Ihr Freund ist.

Wie Sie wahrscheinlich schon wissen, ist Marketing alles, was zwischen der Produktion oder Erstellung eines Produktes und dem Verkauf an den Kunden geschieht, einschließlich Werbung, PR, Produktstrategie und mehr. Dieses Buch ist jedoch keine Einführung in Marketing – statt dessen ist es seine Aufgabe, Ihnen zu sagen und zu zeigen, wie Sie Ihre Produkte und Dienstleistungen effektiv online verkaufen können.

Die meisten Leute wissen, daß die Online-Welt das World Wide Web einschließt, und wenn Sie je im Web gesurft haben, sind Sie ohne Zweifel schon auf massenhaft Marketing-Inhalte gestoßen. Ein großer Teil dieses Buches ist genau dem Marketing im Web gewidmet. Wir zeigen Ihnen in diesem Buch allerdings auch, daß die Online-Welt viel mehr ist als bloß das Web. Online-Dienste, Usenet Newsgroups, E-Mail, Push-Channels und so weiter sind alle Teil der Online-Welt, und sie sind alle möglicherweise für Ihre Online-Marketing-Strategie von Nutzen. Wir, die Autoren dieses Buches, haben viele Jahre Erfahrung mit Marketing und der Online-Welt, und wir greifen darauf zurück, um Ihnen sagen zu können, wie Sie jeden einzelnen dieser Internet-Dienste am besten nutzen können – und wie Sie die Prioritäten für Ihre Bemühungen setzen und diese Bemühungen kombinieren können, um eine möglichst effektive Online-Präsenz zu erstellen.

Marketing selbst kann als »die Kunst des Möglichen« definiert werden. Einer Firma stehen eine beliebige Anzahl von verschiedenen Möglichkeiten zur Verfügung, um ihre Produkte zu verbessern, mehr Kunden zu bekommen, Geld einzusparen und so weiter. Es ist die Aufgabe der Marketing-Abteilung, der Firma bei der Auswahl zu helfen, was getan werden soll, und zu zeigen, wie das am effektivsten gemacht werden kann. Im Fall des Online-Marketing sind die Möglichkeiten, Kunden zu erreichen, fast endlos – genauso wie die Möglichkeiten, Geld für das Erstellen Ihrer Online-Präsenz auszugeben. Was sollten Sie als erstes tun? In diesem Buch zeigen wir Ihnen, wie Sie Ihre Online-Präsenz Schritt für Schritt aufbauen, so daß Sie ein ansprechendes und gewinnendes Bild Ihrer Firma und Ihrer Produkte präsentieren – ohne es auf Kosten anderer notwendiger Marketing-Bemühungen zu übertreiben.

Wer sind Sie?

Eine große Herausforderung bei vielen Büchern im Technologiebereich ist, daß man viele Qualifikationen haben muß, um überhaupt mit dem Thema des Buches etwas anfangen zu können. Die Dummies-Reihe zeichnet sich dadurch aus, daß sie die benötigten Informationen für eine möglichst breite Masse von Menschen bereitstellt, und dieses Buch ist da keine Ausnahme: Sie müssen kein Computerprogrammierer, Marketing-Profi oder sonst etwas besonderes sein, um *Marketing Online für Dummies* zu lesen und benutzen.

Um das meiste aus dem Buch herauszuholen, sollten Sie Zugang zu einem Computer mit Modem (oder ISDN-Karte) haben und ihn benutzen können. Zusätzlich sollten Sie einen Internet- und World Wide Web-Zugang haben. Außerdem sollten Sie eine Firma, ein Produkt oder irgendeinen Grund im Hinterkopf haben, worüber Sie der Welt mehr erzählen möchten. Das ist aber auch alles.

Dieses Buch tangiert eine Anzahl von verwandten Themen, ohne sie jedoch komplett zu behandeln, da sie ganz ausführlich in anderen »Dummies« beschrieben werden. Zu diesen Themen gehören:

✔ **Allgemeines Marketing:** Wenn Sie daran interessiert sind, mehr über Marketing an sich und wie Sie darin gut werden können, zu erfahren, und das schnell, lesen Sie *Marketing für Dummies* von Alexander Hiam. Alexander behandelt Marketing-Themen gut und ausführlich und legt damit den Grundstock für dieses Buch und all Ihre Marketing-Bemühungen.

✔ **Das Internet verstehen und benutzen:** Um aus dem Internet das meiste herauszuholen und nebenbei noch ein paar Details über seine Geschichte und wie es funktioniert zu erfahren, lesen Sie *Internet für Dummies* von John Levine.

✔ **Web-Publishing:** Wenn Sie es möglichst einfach beim Veröffentlichen von Seiten ins Web haben wollen, lesen Sie *Web-Seiten erstellen für Dummies* von Bud Smith und Arthur Bebak.

All diese Bücher werden in Deutschland von ITP herausgegeben. Informationen darüber finden Sie auf der Website des Verlags, `www.itp.de`; die offizielle Site der amerikanischen Dummies ist übrigens `www.dummies.com`.

Wir wissen sehr genau, daß es nicht nur PCs mit Windows gibt; wir haben beide schon andere Plattformen benutzt und auch für Firmen wie Apple und auf Unix basierende Unternehmen gearbeitet. Die Mehrheit der Informationen in diesem Buch hängen nicht von der Art des Computers ab, den Sie benutzen; wenn Ihr Computer eine Internet-Verbindung aufbauen und einen Webbrowser wie zum Beispiel Microsoft Internet Explorer 4.0 oder Netscape Navigator 4.0 laufen lassen kann, sind Sie dabei.

Die wenigen Abschnitte des Buches, die eine Schritt-für-Schritt Anleitung enthalten, sind speziell für Windows 95 geschrieben und dort auch getestet worden, obwohl sie in den meisten Fällen praktisch mit den Versionen für Macintosh und Unix identisch sind, sofern es dort die gleichen Programmversionen gibt.

Konventionen

Unter *Konventionen* verstehen wir, spezifische Arten von Informationen standardisiert zu gliedern, wie zum Beispiel Anleitungen oder Aufzählungen in diesem Buch. (Ein Beispiel für die Benutzung einer Konvention ist der Gebrauch von Kursivschrift für das Wort »Konventionen«, als es das erste Mal am Anfang des Absatzes auftauchte; wenn Sie einen Begriff in Kursivschrift sehen, folgt kurz darauf eine Definition.) Hier sind die Konventionen für dieses Buch:

✔ Sachen, die Sie, der Leser, eintippen sollen, sowie spezifische Anweisungen in einer Schritt-für-Schritt Anleitunge sind **fett** gedruckt.

✔ Neue Begriffe sind *kursiv*.

✔ Für *URL*s (Uniform Resource Locators), das sind die Adressen, die den »Aufenthaltsort« von Websites und anderen Internet-Ressourcen beschreiben, haben wir eine andere Schriftart benutzt. So ist zum Beispiel die URL von ITP wie folgt:

`http://www.itp.de`

Wir haben in diesem Buch das `http://` meistens weggelassen, da Sie es nicht unbedingt in Ihren Webbrowser eintippen müssen.

✔ Zusammenhängende, kurze Informationshäppchen sind in Aufzählungslisten angeordnet, so wie diese hier.

✔ Wenn Sie mit der rechten Maustaste auf irgendetwas auf dem Bildschirm klicken sollen, beachten Sie bitte, daß das bei Mäusen für Linkshänder auch gut eine andere Maustaste als die rechte sein kann – bitte schauen Sie in den Einstellungen nach. Auf dem Macintosh gibt es in der Regel nur eine Maustaste. Die Option, die Sie unter Windows mit der rechten Maustaste aufrufen können, finden Sie beim Mac zumeist in den Programmmenüs.

✔ Numerierte Schritte werden für Anweisungen benutzt, die Sie in einer bestimmten Reihenfolge befolgen müssen. Dieses Buch enthält mehrere solcher Anleitungen, mit denen Sie verschiedene Aufgaben lösen können, und die Sie zusammen zu einem erfolgreichen Online-Marketing-Fachmann machen.

Damit Sie die Schritte einfach verfolgen können, benutzen wir eine ganz spezielle Art, Ihnen zu sagen, was Sie tun müssen. Hier ist ein Beispiel für numerierte Schritte:

1. **Starten Sie Ihren Webbrowser**

2. **Gehen Sie zur Website** `www.itp.de`

   Die Website von International Thomson Publishing erscheint.

3. **Klicken Sie auf einen Link, der Sie interessiert: What's New, Buchhandlungen, Online Center, Service Center oder Bücher+Software.**

Der erste und der zweite Teil

Damit Sie die Sachen in diesem Buch leichter finden, haben wir es in Teile aufgeteilt. Hier ist eine Übersicht; benutzen sie, um sich bei der Lektüre zu orientieren.

Teil I: Einstieg ins Online-Marketing

Sie müssen ein paar grundlegende Dinge wissen, um die Online-Welt effektiv fürs Marketing nutzen zu können. Sie müssen zum Beispiel wissen, welche Internet-Dienste Ihnen für Ihre Marketing-Botschaften zur Verfügung stehen; genauso wichtig ist es zu wissen, wen Sie in der Online-Welt mit Ihren Marketingbemühungen erreichen können. Und die Online-Welt ist nicht nur ein Ort fürs Marketing; Sie können dort auch Informationen für all Ihre Marketing-Planungen finden, sowohl online als auch *offline*. (Wir benutzen den Begriff *offline*, um auszudrücken, daß etwas nicht online ist, wie zum Beispiel all Ihre herkömmlichen Marketing-Bemühungen.) So bald Sie wissen, wer da ist und wie Sie ihn erreichen können, können Sie Ihre Online-Marketing-Bemühungen planen, und dieser Teil endet mit einer Schritt-für-Schritt Beschreibung, wie Sie eben so einen Plan erstellen können.

Teil II: Marketing im World Wide Web

Teil II zeigt Ihnen, wie Sie eine effektive Präsenz im beliebtesten Internet-Dienst von allen aufbauen können, einem, der weltweit Aufsehen erregt hat, das World Wide Web. Haben Sie sich schon mal gefragt, warum manche Firmen eine tolle URL (Web-Adresse) haben, die Sie sich leicht merken können, andere dagegen nicht? Wir sagen Ihnen, wie Sie die richtige Web-URL für Ihr Online-Marketing erhalten. Dann erklären wir Ihnen in drei aufeinanderfolgenden Kapiteln, wie Sie Ihre eigene Web-Präsenz aufbauen, entweder Marke »Do-It-Yourself« oder in Zusammenarbeit mit anderen Profis, seien es Angestellte Ihrer Firma oder externe Berater. Nachdem Sie diesen Teil gelesen haben, werden Sie genau wissen, was Sie von Ihren Web-Marketing-Bemühungen wollen.

Teil III: Marketing mit anderen Internet-Diensten

Andere Online-Technologien, wie zum Beispiel Newsgroups, E-Mail, Internet-Mailing-Listen und andere, werden teilweise bei der ganzen Fokussierung auf das World Wide Web vernachlässigt. Diese Technologien können aber viel billiger sein, aber dennoch genauso effektiv bei der Erstellung und Pflege einer Online-Marketingpräsenz sein – und zusammen mit der Website können Sie Ihre bestehenden Kunden und potentiellen Kunden effektiv erreichen. In Teil III geben wir Ihnen Einblick darüber, wie Sie jede dieser zusätzlichen Online-Technologien effektiv nutzen können und sagen Ihnen auch, was Sie in den nächsten paar Jahren in Sachen Online-Marketing alles erwarten können.

Teil IV: Das Internet-Verzeichnis von Online-Marketing für Dummies

In diesem Teil finden Sie ein Verzeichnis von Internet-Ressourcen – inklusive Websites, Newsgroups und Mailing-Listen – die Ihnen bei Ihren Online-Marketing-Bemühungen behilflich sein können. Jeder Eintrag in dem Verzeichnis gibt Ihnen eine Adresse und eine Kurzbeschreibung einer Site oder einer Dienstleistung, die für einen Online-Marketing-Menschen wertvolle Informationen anbietet.

Teil V: Die magischen Zehn

Das Kapitel der magischen Zehn ist recht lustig, enthält aber ernstzunehmende Informationen über die Sachen, die Sie beim Online-Marketing tun müssen und nicht tun sollten, und auch einige Hinweise auf die besten *Offline*-Ressourcen, die Sie beim Erstellen Ihrer Online-Marketing-Präsenz benutzen können.

In diesem Buch benutzte Symbole

Um Ihnen die Orientierung in diesem Buch zu erleichtern, haben wir vier Symbole hinzugefügt, die auf bestimmte Informationen hinweisen:

 Dieses Symbol weist Sie auf besondere Herausforderungen und Fallen im Online-Marketing hin. Auch wenn Online-Marketing ein neues Gebiet ist, sind wir schon eine ganze Weile dabei und können Sie daher vor genug Schlaglöchern warnen, so daß Sie nicht den Abschleppdienst rufen müssen.

 Dieses Symbol bedeutet, daß wir über Dinge schreiben, bei denen es ganz gut ist, wenn Sie sich sie merken. Diese Informationen sind vielleicht Zusammenfassungen oder neue Erkenntnisse, die wir für wichtig erachten.

 Weist auf Dinge hin, die ein bißchen ins technische Detail gehen – Sachen, die Sie vielleicht wissen wollen, die aber nicht unbedingt notwendig sind. Sie können diese Absätze überspringen und den Text weiterlesen, den Text überspringen und diese Absätze lesen, oder beides.

 Dieses Symbol weist besondere Informationen aus, die nicht unbedingt in die Anleitung oder Beschreibung passen, Ihnen aber dabei helfen werden, bessere Webseiten zu erstellen.

Teil I

Einstieg ins Online-Marketing

The 5th Wave   By Rich Tennant

J&R
HYPNOSIS CLINIC
Overcome Technophobia
Contact our Web site
WWW.JRHYPNO.COM

»Weißt Du, gestern abend ist es mir gedämmert,
warum wir keine Besucher auf unserer Website haben.«

In diesem Teil...

Die Online-Welt ist ein ganz neues Gebiet für Marketing, eines mit vielen Möglichkeiten – aber auch eines mit eigener Geschichte und eigenen Regeln. Nutzen Sie diesen Teil dazu, Näheres darüber zu erfahren, wie man Online-Ressourcen effektiv nutzt, wer online ist, und wie Sie anfangen können, Ihre Marketing-Bemühungen auf diese neuen Empfänger auszuweiten.

Die Online-Welt

1

In diesem Kapitel

▶ Einführung in das Internet

▶ Das Web benutzen

▶ Wer benutzt das Internet

▶ Wie man das Internet benutzt

▶ In der Online-Welt arbeiten

*U*m effektiv Marketing betreiben zu können, müssen Sie das Gebiet, in dem Sie sich bewegen, kennen. Wie mit den meisten neuen Gebieten ist es auch mit dem Internet so, daß die meisten Leute eine Mischung aus Tatsachen und Legenden kennen. Das Internet ist so neu und verändert sich immer noch so schnell, daß einem schon das Schritthalten wie ein Vollzeitjob vorkommen kann.

Haben Sie keine Angst: In diesem Kapitel stellen wir Ihnen die verschiedenen Darsteller des Internet vor. Die Hauptrolle spielt natürlich das World Wide Web, aber es gibt viele Nebendarsteller wie beispielsweise E-Mail und Push-Technologie. Dann beschreiben wir, wer sich im Internet befindet – etwas, was Sie wissen müssen, *bevor* Sie sich entscheiden, wie viel oder wenig Sie in Ihre Bemühungen beim Online-Marketing investieren. Wir beenden dieses Kapitel, indem wir beschreiben, was Leute mit ihrer Online-Zeit so anstellen. Die guten und schlechten Angewohnheiten der Leute, die Sie zu erreichen versuchen, können Ihre Bemühungen entweder unterstützen oder zunichte machen, deshalb sollten Sie darüber so viel wie möglich wissen.

Müssen Sie im Internet Marketing betreiben?

Weil das Internet im allgemeinen und das WWW im besonderen so viel Hype verursacht haben, wurden viele Firmen von einer Art »Goldgräberstimmung« erfaßt, die sie dazu anstachelte, schnell ins Internet und WWW zu gelangen, mit der Gefahr im Hinterkopf, anderweitig beim nächsten großen Ding nicht dabei gewesen zu sein. Wenn Sie durch die technologischen Fehlschläge im Laufe der Zeit hellhörig geworden sind (bedenkt man den Untergang von 8-Spur Bändern, CB Radios und CP/M Computern, sollten Sie das vielleicht auch), ist Ihnen Ihre Skepsis darüber, ob Sie wirklich im Internet Marketing betreiben müssen, verziehen.

In diesem Buch geben wir Ihnen eine Menge warnender Hinweise, wie Sie es vermeiden können, zu viel oder völlig falsch in eine Online-Präsenz zu investieren, und eine hohe Investition in Online-Marketing ist nicht jedermanns Sache. Jedoch denken wir, daß fast alle Sektoren des Geschäftslebens eine klar definierte Online-Strategie inklusive Ziele, Methoden zur Erlangung dieser Ziele und Wege, den Erfolg zu messen, haben müssen.

Obwohl sich die einzelnen Sektoren stark in der Anzahl ihrer Online-Kunden unterscheiden – zum Beispiel ist ein großer Prozentteil von Computerkäufern online, aber nur ein kleiner Prozentteil von Autokäufern –, sind unter den Leuten, die online *sind*, die meisten Meinungsmacher und Trendsetter. Jemand, der eine Dosensuppe von Ihrer Firma kauft, hat vielleicht nie Ihre Webseite gesehen; aber jemand, der einen Artikel über Trends im Suppen-Vermarkten schreibt, versucht ziemlich sicher, sie aufzusuchen. (Sie wollen doch, daß Ihre Firma in der Presse erwähnt wird, nicht wahr?) Und eine zunehmende Anzahl von Lebensmittelhändlern, die entscheiden, was eingekauft wird, fangen ihre Arbeit damit an, auch online zu suchen. (Und Sie wollen doch natürlich auch, daß Ihre Firma bei größeren Kaufentscheidungen schon früh berücksichtigt wird.)

Also müssen Sie Online-Marketing betreiben. Aber was genau ist *Marketing*? Grundsätzlich ist das die Kommunikation zwischen einer Firma und einem Kunden, die letzteren dazu beeinflußt, ein Produkt oder eine Dienstleistung bei der Firma einzukaufen. Dies beinhaltet nicht nur Werbung und PR, die den Kunden auf das Produkt oder die Firma aufmerksam machen, sondern auch Umfragen, Zielgruppenforschung, demographische Nachforschungen und so weiter. Dieses Buch zeigt Ihnen, wie Sie Ihre Firma, Ihre Produkte und Ihre Dienstleistungen effektiv online vermarkten.

Internet, World Wide Web, WWW?

In vielen Fällen benutzen Leute Begriffe wie *Online-Welt*, *Internet* und (*World Wide*) *Web* mehr oder weniger austauschbar. Das ist in Ordnung, und das spiegelt einige interessante Tatsachen über die Online-Welt wider. (Okay, Sie haben mich erwischt: Wenn wir von der »Online-Welt« reden, meinen wir das ganze Ding – das Web, E-Mail, traditionelle Online-Dienste wie CompuServe und alles andere, was darauf beruht, vernetzt zu sein. Grundsätzlich ist die Online-Welt alles das, womit Sie sich mit Ihrem Computer und einem Modem verbinden können.)

Zur Zeit ist das World Wide Web der aufregendste Platz in der Online-Welt, und die Website Ihrer Firma oder Ihres Produkts sollte sowohl Ausgangs- als auch Dreh- und Angelpunkt Ihrer Bemühungen im Online-Marketing sein. Um jedoch Ihre Web-Präsenz zu unterstützen und zu vervollständigen, müssen Sie auch andere Internet-Dienste sowie traditionelle Online-Dienste nutzen. Einige der anderen Internet-Dienste könnten eines Tages sogar mit dem Web in Konkurrenz treten in Hinblick auf die Anzahl begeisterter Nutzer, die sie anziehen. Seien Sie also nicht verwirrt, wenn Sie Begriffe wie *Internet*, *Web* und *Online-Dienste* wild durcheinandergewürfelt vorfinden; sie sind alle nur verschiedene Teile des Online-Elefanten, den jeder für sich selbst zum Arbeiten bewegen will. In Teil 2 werden Sie auf dasselbe begriffliche Problem stoßen: dort reden wir von Webseiten, Websites und Homepages.

Marketing teilt Leute in Gruppen auf, die – merkwürdig genug – *Märkte* genannt werden. Ein Markt ist eine Gruppe von Leuten, die sich ihrer selbst als Gruppe bewußt sind und über gemeinsame Interessen kommunizieren, die mit Ihrem Produkt in Beziehung stehen. Leute, die Beruf, Geschlecht und Alter teilen, Leute, die dieselbe Nationalität haben, oder Leute, die eine spezifische Rolle in der Familie haben – Kind, Elternteil, Großelternteil – sind Märkte. Ein wichtiger Teil des Online-Marketing besteht darin zu wissen, welche Märkte Sie erreichen wollen und wo Sie sie online finden – dieses Buch hilft Ihnen dabei, genau das zu tun.

Online sein – insbesondere, eine schön anzusehende Firmen-Webseite zu haben – wird immer mehr genauso wichtig, wie im Telefonbuch zu stehen. Wenn Sie wollen, daß Leute Sie überhaupt anrufen, müssen Sie aufgelistet sein. An anderer Stelle in diesem Buch erklären wir Ihnen die Grundzüge, die Sie benötigen, um einen kompetenten Web-Auftritt billig zu erstellen, und wir gehen für die Leute, die über eine einfache *Online-Präsenz* hinausgehen wollen zu aktivem Online-Marketing, auch noch ins Detail.

Wir stellen vor: Das Internet als Marketing-Werkzeug

Was ist das Internet? Ein großes Durcheinander – ein Mischmasch aus guten und schlechten Ideen, geschüttelt, gerührt, lauwarm und wie ein Büffet serviert. Ernsthaft: Das Internet bedeutet für unterschiedliche Leute unterschiedliche Sachen, aber glücklicherweise können wir Ihnen eine einfache Antwort auf die Frage geben, was es wirklich ist.

Das Internet ist einfach ein *Inter-Netzwerk*: das bedeutet, eine Art und Weise, viele kleinere Computernetzwerke und Computer miteinander zu verbinden. Der Grund dafür, daß die Leute es *das* Internet und nicht *ein* Internet nennen, ist, daß das Internet dasjenige Netzwerk ist, das die meisten Computer auf der Erde verbindet, also verdient es die Bezeichnung als ein spezifisches Netzwerk. Dieses Verbinden ist möglich, weil das Internet vereinheitlichende Standards hat. Obwohl dies die Sache schon stark vereinfacht, können Sie sich das Internet als einen Haufen Drähte vorstellen, die miteinander kompatible Nachrichten transportieren.

 Alles, was über das Internet verschickt wird, wird ein Internet-Dienst genannt; E-Mail ist einer, das WWW ist ein anderer. Ein Internet-Dienst hält vereinbarte, öffentliche Standards ein, so daß jeder Computer im Internet diesen spezifischen Service benutzen kann, indem er irgendeines aus einer Vierzahl der unterschiedlichen Software-Pakete nutzt, die auf dem Markt erhältlich sind. Diese Standards basieren auf *Protokollen*, von denen jedes wie eine Sprache ist, die die Computer im Internet sprechen, wenn sie eine spezifische Art von Daten übertragen wollen. Wenn Leute heute über das Internet sprechen, sprechen sie nicht nur über die zugrundeliegende Verkabelung, sondern sie sprechen auch über die verschiedenen Internet-Dienste und –protokolle die sie nutzen oder von denen sie gehört haben.

 Ein Internet-Dienst ist etwas anderes als ein Online-Dienst wie CompuServe, der seine eigenen Standards hat, die von einer einzelnen Firma kontrolliert werden und keine offenen Standards, die alle Teilnehmer miteinander vereinbart haben, wie das im Internet der Fall ist.

Ein solcher Internet-Dienst wird dazu benutzt, jede beliebige Dateiart zwischen Computern zu übermitteln. Dieser Dienst ist allgemein unter *FTP* bekannt, was für File Transfer Protocol steht. Die Dateiarten, die Sie mit FTP übermitteln können, beinhalten Textdokumente, Computerprogramme, Grafiken, Sound-Dateien – einfach alles. E-Mail und Newsgroups, die ihre eigenen spezifischen Protokolle benutzen, traten als frühe, textbasierte Internet-Dienste hervor. Das Web, ein weiterer Dienst mit eigenem Protokoll wurde sehr bekannt, indem der Mischung Grafiken hinzugefügt wurden. Und Push-Technologie, eine neue Art von Internet-Dienst, die stark mit dem Web verbunden ist, krempelt das Internet um, indem Informationen periodisch auf Abonnementsbasis nach Wunsch des Benutzers geliefert werden, und zwar nicht nur in dem Moment, in dem die Person aktiv nach Informationen sucht. Sie können in den nächsten paar Jahren sowohl neue Internet-Dienste erwarten, als auch eine Menge Wachstum und Veränderung in den existierenden.

Wir stellen vor: Das Web

Das World Wide Web (oder kürzer: das *Web*) ist diejenige Online-Erfindung, über die am meisten gesprochen wurde. Es wurde in der Weltpresse über den grünen Klee gelobt und dank der Überzeugungskraft von Tellerwäscher-wird-Millionär Erfolgsgeschichten wie die von Netscape Communications, Inc. ist das World Wide Web eine der erfolgreichsten Geschäftsfelder aller Zeiten.

Zum Glück ist das alles nicht nur Gelaber. Wie wir weiter hinten in diesem Kapitel detailliert erklären werden, gibt es im Web eine zweistellige Millionenzahl echter Benutzer, die, zählt man es zusammen, täglich Millionen Stunden *im Web surfen*.

Spezielle Softwareprogramme, die sogenannten *Web-Browser*, ermöglichen erst die Benutzung des Web. Die meistverbreiteten Browser sind der Netscape Navigator und der Microsoft Internet Explorer. In diesem Buch verwenden wir den Internet Explorer für die Bildschirmfotos, da er unserer Meinung nach ein bißchen besser als der Netscape Navigator ist. Was wir besonders mögen ist, daß die verschiedenen Funktionen sehr gut miteinander abgestimmt sind. Zum Beispiel bietet der Internet Explorer (Version 4) eine bessere Lösung für Suchen, Push-Technologien benutzen und den Browser unter Windows zum Laufen bringen. Dieser Browser hat dafür an anderer Stelle Schwächen. So ist er generell nicht so stabil wie der Netscape Navigator (unter anderem aus diesem Grund hat CNET vor einiger Zeit seine Empfehlung für den Internet Explorer zurückgenommen und den Netscape Communicator zum besseren Browser ernannt). Aber auch der Netscape Navigator ist ein exzellentes Werkzeug, und hoffentlich werden sich die beiden Produkte auch noch in den nächsten Jahren in einem aggressiven Konkurrenzkampf befinden.

Aus der Sicht eines Marketing-Menschen versteht man das Web am besten als eine Ansammlung von Hochglanz-Firmenbroschüren, auf die eine zwar immer noch kleine, aber wachsende Menge ungewöhnlich einflußreicher Leute zugreifen kann. Aber neben den Firmen- und Produktinformationen gibt es auch noch Kursmaterial von Schulen und Universitäten, persönliche Homepages die Hobbys, Kinder und Haustiere aufführen, Online-Pornographie, politische Anzeigen; sowie alles andere, was Sie für erwähnenswert halten. Eine Firmen-Homepage in Hochglanz sehen Sie in Abbildung 1.1 und eine persönliche Homepage in Abbildung 1.2. Das Web ist eine Wildnis.

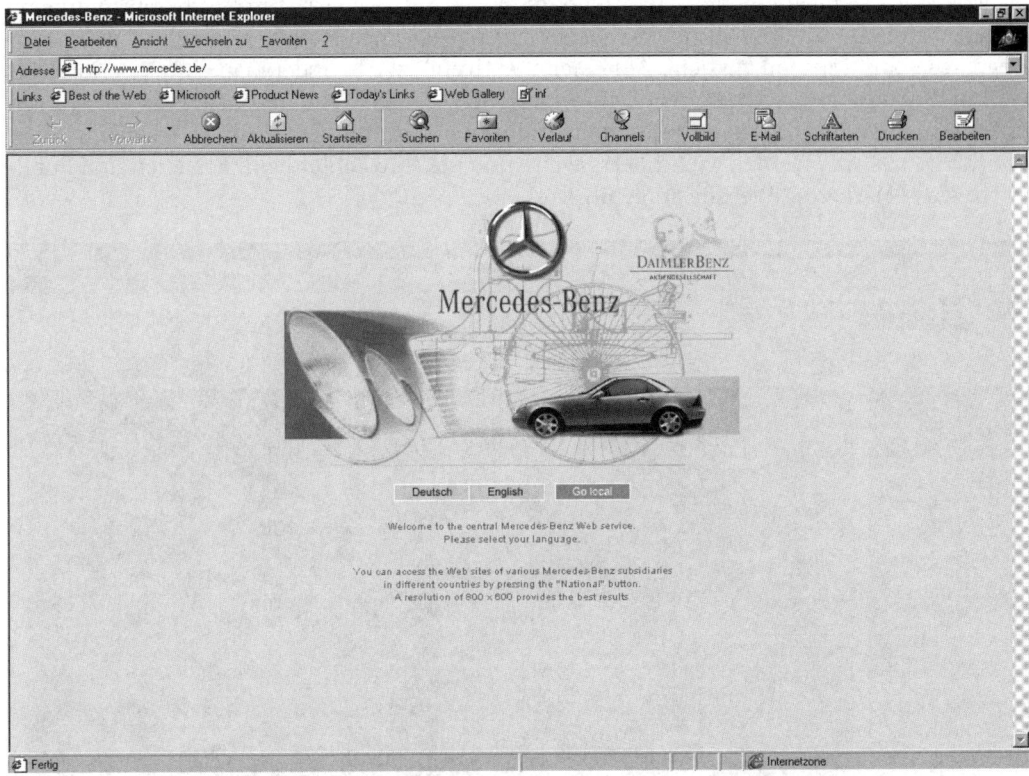

Abbildung 1.1: Wir stellen vor: die geschäftliche Seite des Web

Das Web ist eines der besten Marketing-Werkzeuge, die je erfunden wurden. Im Gegensatz zu Fernsehwerbespots, die sich dem Zuschauer aufdrängen, werden Webseiten nur von Benutzern aufgerufen, die sie auch sehen *wollen* – unsere Mitteilungen erreichen Leute, die diese auch wollen. Aber um Leute an einen zu binden, müssen Sie einen verlockenden Stil verwenden.

Den Lärm im Web zu übertönen ist unmöglich. Sie können sich vom Web aus nicht so leicht in die Gesichter der Leute projizieren wie das mit einem Fernseh- oder Radiowerbespot oder sogar einer Zeitungsanzeige möglich ist. Die Leute können die Zurück-Buttons ihrer Browser sogar schneller klicken als Sie eine Seite in einer Zeitschrift umblättern oder die in Ihren Sofaspalten verschwundene Fernbedienung finden können. Der Trick besteht darin, eine kompetente und benutzerfreundliche Website einzurichten, und dann den Leuten zu helfen, das zu finden, was sie finden wollen. (Da wir gerade davon sprechen, wie Sie sicherstellen, daß

Ihre Website auch gefunden wird: In Kapitel 7 zeigen wir Ihnen wie Sie Ihre Seite in die verschiedenen *Suchmaschinen* eintragen können. Kapitel 2 behandelt, wie man Suchmaschinen benutzt, um fürs Marketing wichtige Informationen im Web aufzufinden.)

Das Web ist zum großen Teil ein *kühles* Medium: ruhig, informativ, und nützlich – auch wenn manche Leute sich bemühen, es mit Audio und Video aufzupeppen. Um es effektiv zu nutzen, sollten Sie die Informationen mit gerade so vielen grafischen Bonbons versehen, daß es für einen Leser ansprechend aussieht. Auf einer effektiven Website findet man eine Mischung aus Werbung und objektiven, nützlichen Informationen. Zählen Sie darauf, daß das Web in den nächsten Jahren eine immer größere Rolle in Ihren Marketing-Bemühungen spielen wird. In den Kapiteln 4 bis 7 werden wichtige Hinweise und beliebte Fehler beim Erstellen und Publizieren Ihrer Marketing-Website aufgeführt.

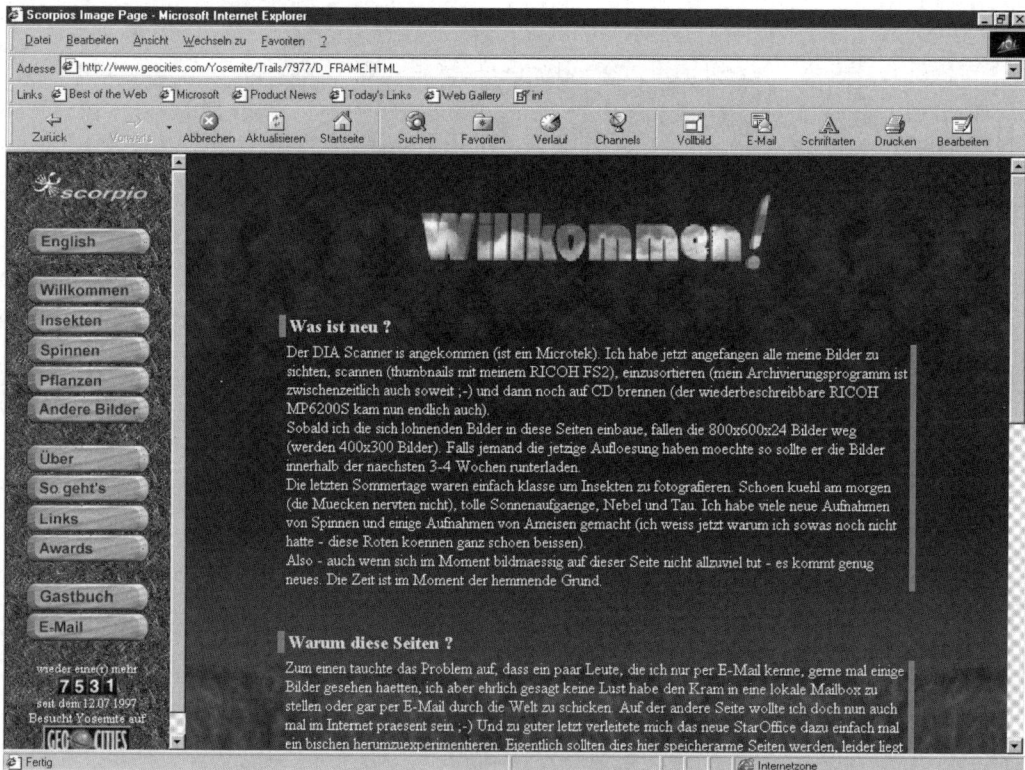

Abbildung 1.2: Wir stellen vor: die private Seite des Web

E-Mail und Mailing-Listen: Unbesungene Online-Helden

E-Mail ist wahrscheinlich der Hauptgrund dafür, daß das Internet so erfolgreich geworden ist. Die Online-Welt war lange Zeit ein Eintopf aus zueinander inkompatiblen Online-Diensten wie zum Beispiel *BIX*, *Delphi* und *MCI Mail*, jedes mit seinem eigenen proprietären Netzwerk und unterschiedlichen Protokollen. Das Internet wurde zu dieser Zeit fast ausschließlich von der amerikanischen Regierung und Hochschulen benutzt. Jedoch wollten die Leute bei jedem Online-Dienst E-Mails an Freunde und Kollegen bei anderen Diensten senden. Um diesen Austausch zu ermöglichen, mußten die proprietären Online-Dienste sogenannte *Internet-Gateways* (Verbindungen ins Internet) anbieten, durch die E-Mails von einer Person bei einem Netzwerk zu einer anderen Person bei einem anderen Netzwerk übertragen werden konnten. Firmen folgten diesem Beispiel mit ihren innerfirmlichen E-Mail-Systemen, und das Internet wuchs schnell und ebnete damit dem Web und anderen Online-Ressourcen den Weg.

Obwohl wir uns in einem Zeitalter des multimedialen Web befinden, bestehen E-Mail zumeist immer noch nur aus unformatiertem Text (also kein **fett**, <u>unterstrichen</u> oder *kursiv*) ohne Grafiken. Sogar kuriose und nervende Probleme wie etwa der Hang dazu, eine Nachricht in viele kürzere Zeilen aufzuspalten, werden beibehalten. Jedoch ist E-Mail ein immer wichtigeres Kommunikationsmedium und ein Schlüsselwerkzeug für Online-Marketing.

Genauso wie echte Post (oder *snail mail*, Schneckenpost, wie die von der Deutschen Post AG) ist E-Mail ein verlockender Marketing-Kanal. Die Leute haben sich an Werbebriefe in ihrer normalen Post gewöhnt, obwohl *Junk-Mail* (im Deutschen: Werbemüll) der herabsetzende Ausdruck für diese Art von Post ist, was zeigt, was die meisten Leute davon halten. E-Mail jedoch ist – im Gegensatz zu gewöhnlicher Post – für die Leute etwas ganz besonderes: sie nehmen ihren E-Mail-Eingangskorb persönlicher als ihren Briefkasten. Wenn Sie also E-Mail für Marketing benutzen, seien Sie vorsichtig (vergleiche dazu Kapitel 8).

Wenn Sie E-Mail für Online-Marketing benutzen, sollten Sie vor allem Folgendes beachten:

✔ **Stellen Sie sicher, daß auf E-Mails, die an Leute in Ihrer Firma gesendet werden, geantwortet wird.** Wenn Sie eine E-Mail-Adresse auf eine vielbesuchte Website setzen, können Sie leicht mit E-Mail überschüttet werden. Stellen Sie sicher, daß Sie keine möglichen Kunden ignorieren und daß sie schnelle und angemessene Antworten erhalten.

✔ **Versuchen Sie sicherzustellen, daß E-Mails, die an Leute außerhalb Ihrer Firma gesendet werden, positiv und informativ sind.** Jede dieser E-Mails ist, zumindest teilweise, eine Werbebotschaft.

✔ **Verschicken Sie keine ungewollte E-Mail, wie etwa Massen-E-Mails (*Spam*), wie sie manche Firmen an mögliche (und schon bald *ehemals* mögliche) Kunden versenden.** Die meisten Empfänger ignorieren Spam-E-Mails; andere antworten aggressiv darauf, mit verärgerten Mitteilungen oder sogar mit *Mail-Bomben* (automatische Massenmailings zurück an den Absender), was dessen Mail-System in die Knie zwingen kann.

Listserver oder *Mailing-Listen* sind eine der nützlichsten Formen von E-Mail, vor allem für den Marketing-Bereich. Eine Mailing-Liste ist einfach eine Liste von Leuten, die über ein bestimmtes Thema informiert werden wollen. Ein kurzer Nachrichtenaustausch einer Mailing-Liste sehen Sie in Abbildung 1.3.

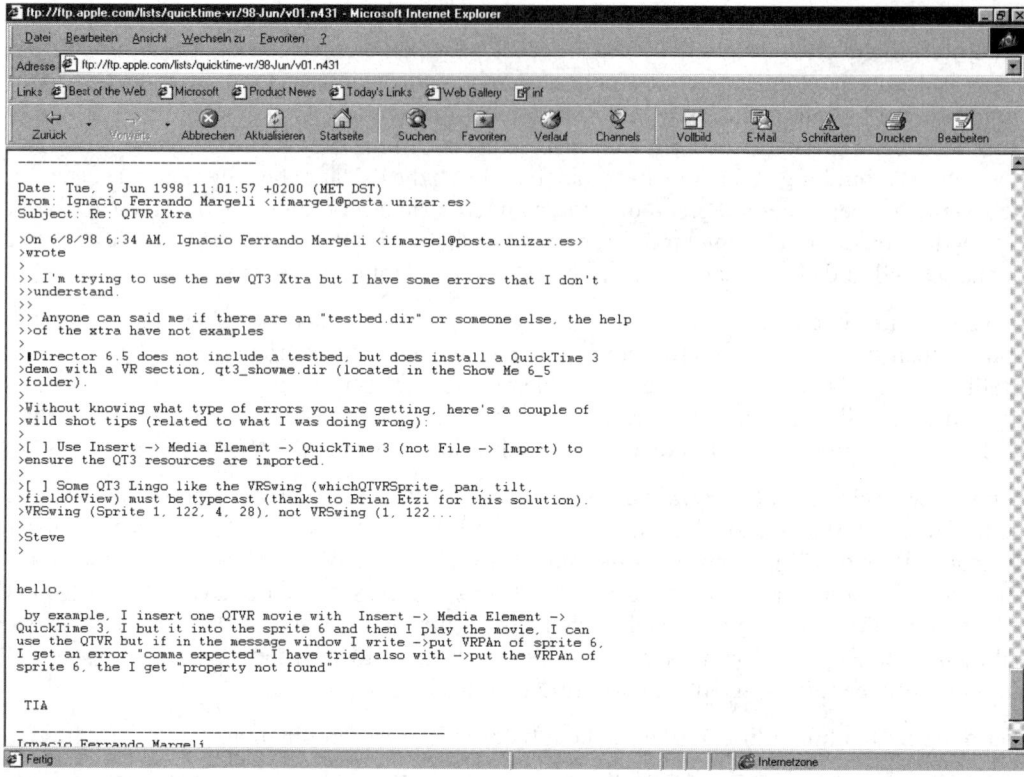

Abbildung 1.3: Ein Austausch zweier Leser einer Quicktime VR (ein Videoprogramm) Mailing-Liste

Sowohl E-Mail-Nachrichten als auch Mailing-Listen sind Marketing-Werkzeuge, die am besten mit einem Hauch Marketing benutzt werden, also nicht explizit als Marketingmittel, sondern als technische und informierende Mitteilungen, die Ihre Marketing-Botschaften unterstützen. Wir beschreiben die effektive Nutzung von E-Mail und das Erstellen, Instandhalten und Beeinflussen einer Mailing-Liste in Kapitel 8.

Newsgroups: Drohung und Verheißung

Erinnern Sie sich an die Pentium-Schreckensmeldungen im Winter 1994? Ein PC-Benutzer an einer Universität testete die mathematischen Funktionen seines neuen Pentium-Rechners und fand heraus, daß der Chip von Intel eine Reihe von Fehlern in gewissen ungewöhnlichen, aber nicht unmöglichen Situationen produzierte. Einige der Leute, mit denen er Kontakt hatte, benutzten *Usenet Newsgroups* – Online-Diskussionsforen für Nachrichten zu einem bestimmten Thema – um seine Ergebnisse zu veröffentlichen und andere Leute zu bitten, die Tests zu wiederholen. Sie taten es. Sie bestätigten die Probleme und fragten dann bei Intel nach, wie die Firma dem Problem abhelfen wolle.

Die Leute bei Intel ignorierten anfangs die Nachrichten. Dann antworteten sie, ziemlich tolpatschig. Zuerst versuchten sie, das Problem kleinzureden. Dann versuchten sie, den Fehler softwaremäßig zu beheben. Dann ein Austauschplan. Letztendlich mußte Intel anbieten, alle Pentiums, die bis zu diesem Zeitpunkt verkauft worden waren, zurückzurufen und auszutauschen, was sowohl viel Geld als auch einiges des bis dato positiven Image von Intel kostete.

So ist es in der aufregenden Welt der Usenet Newsgroups. (Obwohl ähnliche Foren bei Online-Diensten und auf Webseiten existieren, ist Usenet das größte davon mit Zehntausenden von Newsgroups und Millionen versandter Nachrichten.) Angestellte verschiedener Firmen, die unter kaum einer oder gar keiner Aufsicht agieren, verleumden sich gegenseitig und ihre Produkte ohne Rückhalt. Verrückte Verschwörungstheorien sind in Umlauf, Firmen überreagieren oder reagieren zu wenig, lügen und bedrohen die Benutzer.

Natürlich passieren in den Newsgroups auch eine Menge guter Sachen. Probleme werden gelöst, Kunden werden beruhigt, Leute haben Spaß, und keiner wird (physikalisch) verletzt. Abbildung 1.4 zeigt eine Nachricht in einer Newsgroup. Aber zuerst sind es die potentiellen Probleme, die die Aufmerksamkeit von Leuten im Online-Marketing erregen.

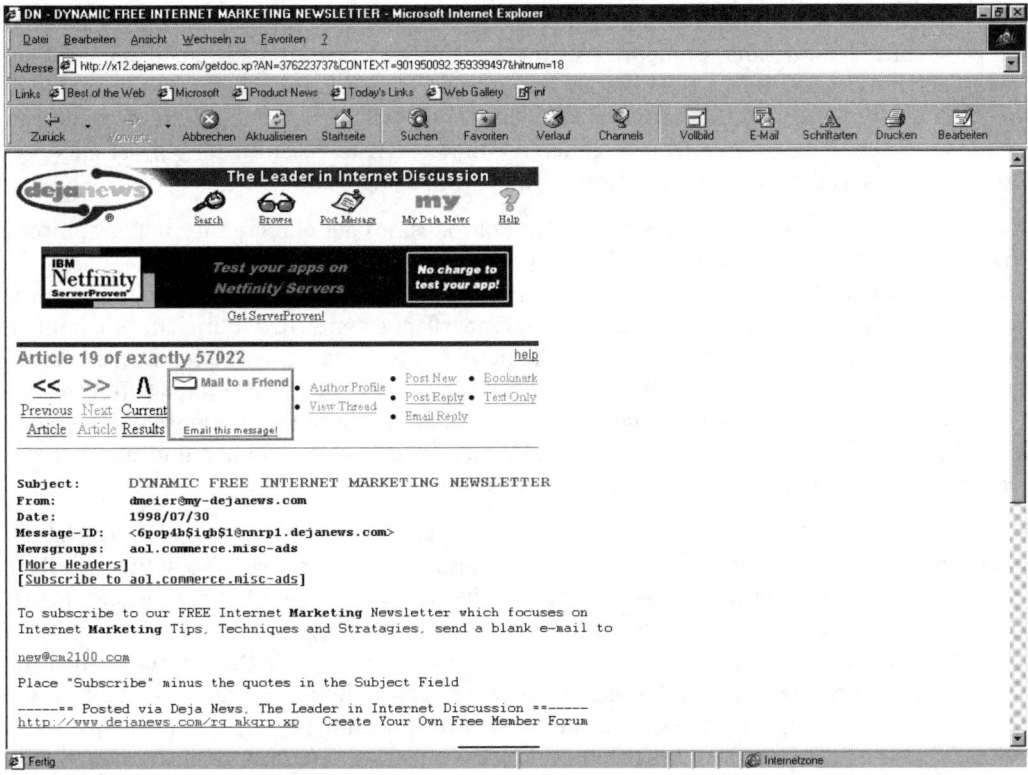

Abbildung 1.4: Newsgroups können Dr. Jekylls oder Mr. Hydes sein.

Um Newsgroups effektiv zu nutzen, um auf Kundenanliegen zu antworten und Ihre Marketing-Informationen öffentlich zu verbreiten, müssen Sie Leute in Ihrer Firma bitten, sich selbst als Repräsentanten Ihrer Firma gegenüber der Außenwelt zu fühlen, es zu vermeiden, negativ zu sein, stattdessen aufmerksam, positiv und hilfsbereit, und es anderen in der Firma mitzuteilen, wenn sie von irgendwelchen Problemen hören. Sie können selbst dabei behilflich sein, indem Sie sicherstellen, daß Ihre Marketing-Botschaften von den Leuten in Ihrer Firma mindestens genauso gut verstanden werden wie von der Presse und den Kunden, für die Sie sie erstellen. Wie beschreiben in Kapitel 10 detailliert, wie Sie Newsgroups finden und benutzen.

America Online und Online-Dienste

Online-Dienste sind der Grund dafür, daß so viele Computerbenutzer sich Modems anschafften. Frühe Modems waren lumpige Geräte die mit 300, 1200 oder 2400 Bits pro Sekunde (bps) liefen, weniger als ein Zehntel der Geschwindigkeit der mächtigen 22.8, 33.6 oder 56 Kilobits pro Sekunde (tausend Bits pro Sekunde, oder Kbps) Modems von heute. Eine wundersame Fülle von Online-Diensten tauchte auf, jeder für einen leicht unterschiedlichen Zweck.

Heute ist das Angebot an Online-Diensten etwas übersichtlicher: America Online (AOL) – das neulich seinen Hauptrivalen CompuServe aufgekauft hat – sowie einige Dienste, die viel kleiner sind. Mit momentan über 10 Millionen Benutzern weltweit hat America Online dreimal so viele Benutzer wie das an zweiter Stelle rangierende, zwischenzeitlich eingestellte Microsoft Network, und mehr Benutzer als alle anderen Online-Dienste zusammen. AOL ist auch der größte einzelne Gateway für E-Mail, Usenet Newsgroups und das Web.

America Online und seine Rivalen sind wie ein Mikrokosmos des offenen Internet: graphische Präsentationen, die Webseiten ähneln, proprietären E-Mail-Schnittstellen, die Textnachrichten und Dateien mit fast jedermann austauschen können, und Nachrichtenbereichen wie in Newsgroups. Abbildung 1.5 zeigt die Benutzeroberfläche von AOL. Online-Dienste können eine wundervolle Ressource für Leute sein, die neu im Internet sind. Sie bieten Dienstleistungen wie zum Beispiel kostenloses Webseiten-*Hosting* (das bedeutet, Sie können Ihre Webseite auf deren Web-Server ablegen, so daß andere sie sehen können) und technische Unterstützung durch Mitbenutzer, die sich oft in vielen Bereichen sehr gut auskennen und zum Beispiel wissen, wie man Computer und die Online-Welt benutzt.

Wie ist es nun, Online-Dienste für Online-Marketing zu benutzen? Nun gut, das Web ist ein beliebtes Ziel für Benutzer von Online-Diensten und auch für andere, also sollten Sie Ihre Bemühungen zumindest anfangs auf das Web richten – so erreichen Sie die meisten Leute. Dann untersuchen Sie die größeren Online-Dienste um herauszufinden, ob einer davon die richtige Mischung von Leuten aufweist, die Sie gerne als Kunden hätten. Zum Beispiel hat CompuServe einen großen Anteil professioneller und gewerblicher Nutzer und ist allgemein für seine hochqualitativen Angebote bekannt. Mit America Online erreichen Sie mehr Privatnutzer und Besitzer von Macintosh-Computern (so hat die große amerikanische Buchkette Barnes&Noble ein exklusives Multimillionen Dollar-Abkommen mit America Online geschlossen, damit sie ihre Bücher auf diesem Dienst vermarkten und verkaufen dürfen). Die AOL-

Foren werden von professionellen Nutzern eher gemieden. Der größte deutsche Online-Dienst, T-Online, ist vor allem für Homebanking bekannt, so daß Sie auch dort eher den Privatnutzer auffinden. Die Foren und eigenen Angebote von T-Online genießen unter Profis keinen guten Ruf, was Sie bei Ihren Marketing-Bemühungen beachten sollten.

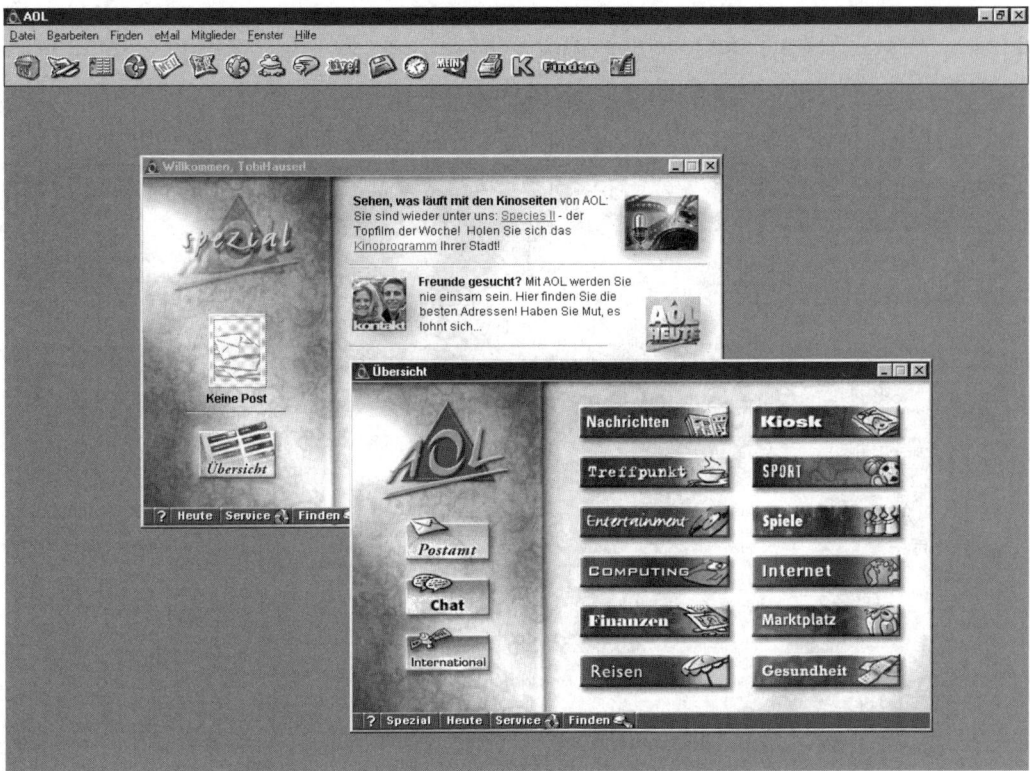

Abbildung 1.5: Weltweit gehen Leute mit AOL online.

 Online-Dienste helfen auch dabei, Online-Neukunden zu gewinnen, so daß sie sich im Glanz Ihrer Online-Präsenz aalen können. Wenn es der Erfolg Ihrer Online-Marketing Bemühungen verlangt, mehr von Ihren bisherigen Kunden online zu bekommen, damit Sie eine stärkere und andauernde Beziehung mit ihnen eingehen können, ist es eine gute Möglichkeit dafür, sie dazu zu ermutigen, sich bei einem Online-Dienst anzumelden. Wie man Leute online bekommt und andere Wege, die Möglichkeiten von America Online und den anderen zu nutzen, werden in Kapitel 10 beschrieben. Sie können auch einen Internet Service Provider (ISP) verwenden, um Leute zu vernetzen. Ein in Deutschland bekannter Provider ist zum Beispiel UUNet.

Push-Technologie

Push-Technologie ist die neueste Möglichkeit Ihre Botschaft an alle, die online sind, herauszutragen. Im momentanen Kindesstadium nimmt die Push-Technologie zwei Hauptformen an. Die erste und bekannteste Umsetzung von Push-Technologie ist das PointCast Network, eine hübsch gestaltete Schnittstelle zu Nachrichten- und Informationsdiensten, wie in Abbildung 1.6 gezeigt. Die Web-Adresse (oder, um ganz exakt zu sein, die URL, oder Uniform Resource Locator) für PointCast, Inc. ist `www.pointcast.com`; Sie können die Software kostenlos auf Ihren Rechner überspielen.

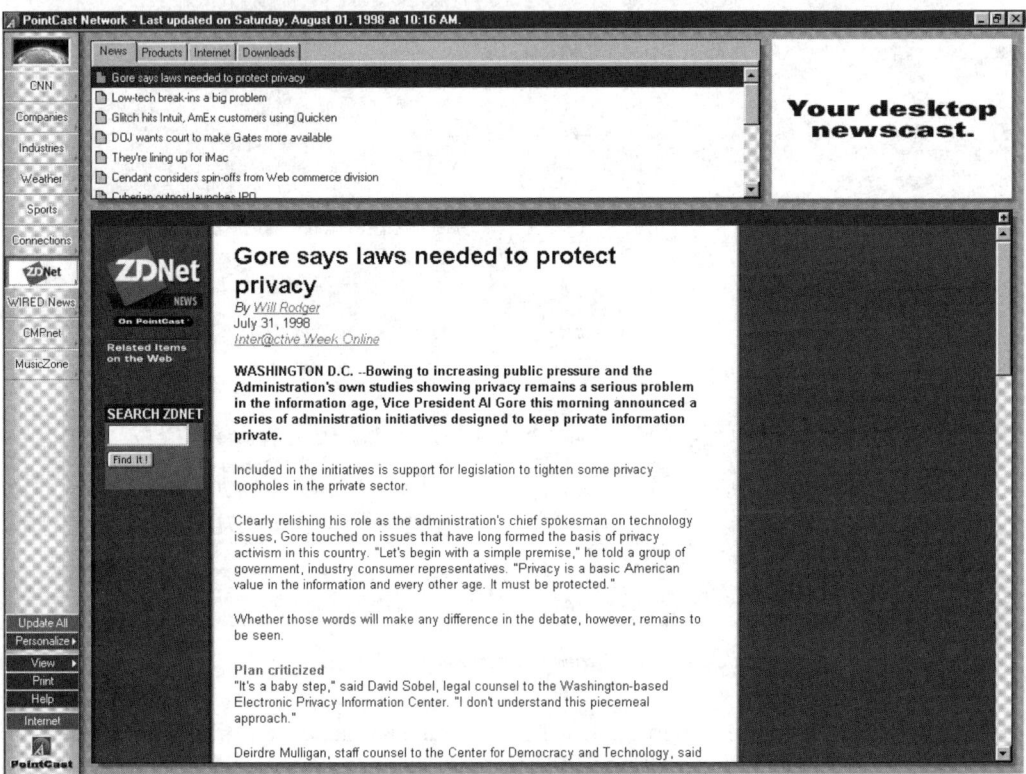

Abbildung 1.6: PointCast ist die Nummer 1 in der Push-Technologie.

Die neuere Form der Push-Technologie, *Web Channels*, baut auf »gepushten« Informationen von Webseiten auf und wird durch den PointCast Connections Dienst, durch den Internet Explorer oder durch das Push-Werkzeug Netscape Netcaster angezeigt. Der Ansatz von Netcaster basiert auf einer Technologie, die Castanet von Marimba, Inc., genannt wird. Es handelt sich hierbei um eine innovative Firma, die die bekannte Programmiersprache Java dazu benutzt, funktionsreiche Push Channels (Kanäle) zu unterstützen. Die Ansätze von PointCast und dem Internet Explorer sind zu dem von Netscape inkompatibel.

Die Push-Technologie funktioniert in vielen Teilen so wie das Web. Anstatt daß Websites angesurft werden, abonnieren Push-Benutzer *Channels* (Kanäle). Die Channels liefern dem Benutzer in periodischen Abständen (stündlich, wöchentlich oder seltener) neue Informationen. Benutzer können per Knopfdruck auch sofort Informationen erhalten. Anstatt daß die Informationen mit einem Web-Browser angesehen werden, benutzen Push-Abonnenten eine Software, die *Push-Client* genannt wird. Der Internet Explorer 4.0 hat den Push-Client in den Browser eingebaut, wohin wahrscheinlich der Trend der Zukunft geht. In dem Netscape Communicator Programmpaket ist der Push-Client eine separate Anwendung.

Für das Online-Marketing hat die Push-Technologie Vor- und Nachteile. Gut daran ist, daß Leute, die Ihren Push-Channel abonnieren, von Ihnen neue Informationen auf regulärer Basis erhalten können. Schlecht daran ist jedoch, daß sie Ihren Kanal nicht abonnieren, um bloß Marketing-Material oder Werbung zu erhalten. Um Benutzer anzuziehen und zu binden, müssen Sie einen informationsreichen Channel erstellen, in dem Marketing-Botschaften zwar vorkommen, aber eher zurückhaltend.

Im Vergleich zu den anderen Dingen die wir in diesem Buch beschreiben, steht die Push-Technologie in technologischem Sinne wirklich auf Messers Schneide, da Microsoft und Netscape eine hitzige Schlacht um Standards ausfechten, und die Benutzer sich mit den daraus resultierenden Inkompatibilitäten arrangieren müssen. Die Push-Technologie ist jedoch wirklich gut dafür geeignet, sicherzustellen, daß die Leute, die Ihre Nachrichten sehen *wollen*, dieses auch können, und daß sie untereinander eine Art Gemeinschaftsgefühl entwickeln. Wir erklären in Kapitel 2, wie Sie die Push-Technologie anwenden können, um gut informiert zu bleiben.

Finden Sie Ihren Online-Markt

Die Bevölkerung der Online-Welt ist eine andere als die der Bundesrepublik Deutschland oder der gesamten Welt. Wenn Sie entscheiden, wie viel Zeit, Energie und Geld Sie für Ihre Online-Marketing-Bemühungen verwenden wollen, müssen Sie sich wirklich ein wenig Zeit nehmen, um herauszufinden, wer online ist, und das mit dem Typ Mensch vergleichen, den Sie mit Ihren Marketing-Bemühungen erreichen wollen.

Um mehr darüber herauszufinden, wer ein Bewohner der Online-Welt ist, können Sie die Ergebnisse einiger Umfragen und Studien im und über das Web verwenden. Die hierzulande bekannteste ist die W3B-Umfrage, die mehrmals jährlich Online-Nutzer in ganz Europa dazu einlädt, ein paar Fragen über sich und ihr Online-Verhalten zu beantworten. Wenn Sie an so einer Umfrage teilnehmen, erhalten Sie gleichzeitig ein Paßwort, mit dem Sie einige Ergebnisse dieser Umfrage nach der Auswertung abrufen können. Allein aus diesem Grund empfehlen wir Ihnen, sich ein paar Minuten Zeit zu nehmen, die Website `www.w3b.de` aufzurufen und dort den Fragebogen auszufüllen, falls gerade eine Umfrage läuft. Wenn Sie jedoch schnell an ein paar Umfrageergebnisse herankommen wollen, können Sie bei W3B eine Zusammenfassung der Ergebnisse einsehen oder weiterlesen.

Das Problem mit mancher Umfrage ist, daß sie entweder an zu wenig Teilnehmern krankt oder die Ergebnisse nur gegen Bares einzusehen sind. Löbliche Ausnahme ist die Umfrage des Graphics, Visualization and Usability (GVU) Center des Georgia Institute of Technology (einen Fragebogen von GVU sehen Sie in Abbildung 1.7). Diese Aktion diente als Vorbild für W3B. Inzwischen hat W3B das amerikanische Pendant in Sachen Teilnehmerzahl überholt; dennoch sind beide für die Informationssuche sehr wichtig – GVU legt den Fokus auf Amerika, W3B auf Europa.

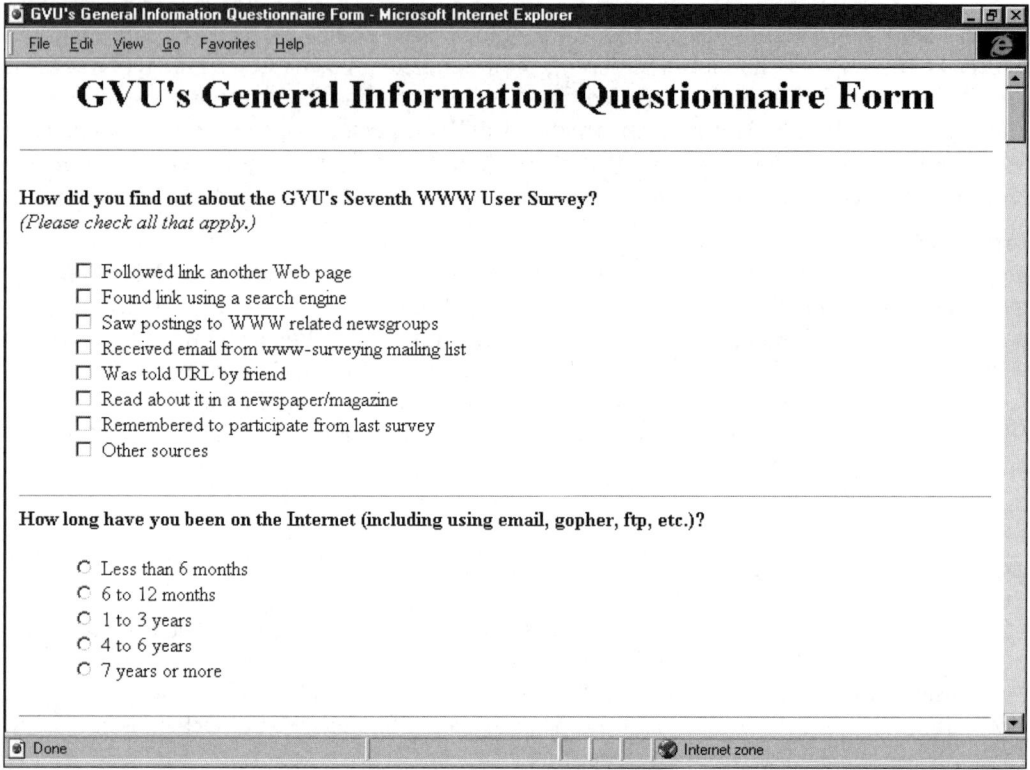

Abbildung 1.7: Die GVU-Umfrage kann Ihnen eine ganze Menge darüber erzählen, wer online ist.

 Statistiken sind ein Versuch, eine Momentaufnahme der Wirklichkeit zu machen, und bis auf ein paar Prozent akkurat zu sein – oder jedoch vollkommen voreingenommen, mißinterpretiert und mißbraucht. Die Statistiken, die wir Ihnen hier präsentieren, sind die besten kostenlosen, die wir gefunden haben. Prognosen sind ein Versuch, die Zukunft *durch Raten einzuschätzen* und taugen daher nicht viel, außer natürlich wenn Nostradamus bei Ihnen arbeitet (aber auch der hat sich schon einmal geirrt – Anm. d. Übers.) oder Sie Kaffeesatz lesen können. Wir empfehlen Ihnen, daß Sie sich bei der Planung Ihrer Marketing-Bemühungen für die Online-Welt (und generell für Ihre Marketing-Bemühungen) stark auf Statistiken

verlassen, Prognosen jedoch wenig Beachtung schenken. Wenn Sie etwas Amüsantes (auf englisch) über die Probleme mit Vorhersagen lesen wollen, lesen Sie die Kolumne von Robert X. Cringley unter `www.pbs.org/cringley/archive/dec397_main.html`.

Die Ergebnisse der Umfragen von W3B und GVU sind aus dem Blickwinkel eines Marketing-Profis faszinierend. Sie finden die Umfrageergebnisse unter `www.w3b.de` (wie gesagt, als Teilnehmer sieht man mehr) bzw. unter `www.gvu.gatech.edu/user_surveys` (uneingeschränkter Zugang) – bitte beachten Sie den Unterstrich (Shift -) hinten in der URL. In den nächsten Abschnitten beschreiben wir einige der Resultate dieser Studien (die sich mit den Ergebnissen anderer Studien und unserer Erfahrung decken) sowie deren Auswirkungen auf das Online-Marketing. (Bei den Resultaten von W3B, die wir hier veröffentlichen, liegt das Copyright bei Fittkau & Maass, `www.w3b.de`. Wir bedanken uns recht herzlich für die Erlaubnis, ein paar Ergebnisse zitieren zu dürfen. Die Copyright-Informationen zu den GVU-Ergebnissen finden Sie unter Abbildung 1.7. Sofern keine Quelle angegeben ist, stammen die Ergebnisse von GVU.)

Die Leute reden gerne davon, wie schnell sich die Online-Welt verändert, aber die Resultate der Umfragen von GVU und W3B sind erstaunlicherweise recht konsistent. Obwohl die Anzahl der Internet-Benutzer stark anwächst, sich in weniger als einem Jahr fast verdoppelt, bleiben die Charakteristika der Internet-Benutzer – zum Beispiel der prozentuale Anteil der Männer, die vertretenen Berufsgruppen und so weiter – relativ konstant (nur in Deutschland wächst der Frauenanteil recht stark). Sie können also heute Entscheidungen über Ihre Internet-Präsenz treffen und sich dabei ziemlich sicher sein, daß sich die Internet-Bevölkerung, wenn Sie Ihre Entscheidungen umsetzen, ziemlich ähnlich zusammensetzen wird, auch wenn sie dann größer ist.

Wie die Umfragen ablaufen

Anhand der GVU-Umfrage wollen wir die allgemeine Vorgehensweise bei so einer Web-Umfrage verdeutlichen. Andere Umfragen, wie zum Beispiel die von W3B, laufen ähnlich ab:

Die GVU WWW User Survey wird von der Georgia Tech Research Corporation durchgeführt. Sie ist im Web unter `www.gvu.gatech.edu/user_surveys` erreichbar. Sie läuft nun schon seit über vier Jahren.

Die GVU-Umfrage funktioniert folgendermaßen: Zweimal pro Jahr fordern die Leiter der Umfrage Web-Benutzer dazu auf, einen Umfragebogen auszufüllen. Sie benutzen Pressemitteilungen, Links, Online-Anzeigen und andere Arten von Werbung sowie die Aussicht auf einen kleinen Geldpreis, um Leute dafür zu gewinnen, den Fragebogen auszufüllen. Ungefähr 20 000 Leute nehmen an einer einen Monat lang dauernden Umfrage teil. Das GVU-Zentrum analysiert dann die Resultate und veröffentlicht sie im Web.

Das System birgt jedoch auch ein paar Nachteile. Da die Benutzer freiwillig an der Umfrage teilnehmen und nicht per Zufallsgenerator ausgewählt werden, kommen eher häufige Internet-Benutzer zum Zug (die eher durch eine Anzeige oder einen Link auf die Umfrage stoßen als andere) sowie die Leute, die sich die Zeit nehmen wollen, die Umfrage auszufüllen. Die Daten der GVU-Studie kommen jedoch sehr nahe an die anderer Studien, wie zum Beispiel der Find/SVP Studie (bei der per Zufalls ausgewählte Internet-Benutzer am Telefon befragt werden) heran. Insgesamt sind die Studien von GVU und W3B ein exzellenter Ausgangspunkt, wenn Sie herausfinden wollen, wer im Web ist und wie viele Ihrer potentiellen Kunden online sind.

Profil der Online-Benutzer

Wer ist online? Zunächst mal benutzt fast jeder, der online ist, das Web. Laut der Find/SVO 1997 American Internet User Survey, deren Homepage Sie in Abbildung 1.8 sehen, benutzen ungefähr 90% aller Leute, die online sind, das Web. (Wir können hier natürlich nicht W3B zu Rate ziehen, denn um an der Umfrage teilzunehmen, muß man im Web sein!) Die anderen 10% benutzen E-Mail oder ausschließlich einen kommerziellen Online-Dienst wie zum Beispiel AOL, aber nicht das Web. Eine Zusammenfassung der Find/SVP Umfrage finden Sie bei `etrg.findsvp.com/internet/overview.html`. Im folgenden finden Sie die Auswirkungen der vorherrschenden Web-Benutzung und andere Folgerungen, die aus den Ergebnissen der W3B-, GVU- und Find/SVP-Umfragen sowie aus anderen Erhebungen in der Online- und Offline-Welt gezogen werden können.

✔ **Über 30 Millionen Menschen sind online:** Ungefähr 30 Millionen Menschen – weniger als ein Prozent der gesamten erwachsenen Bevölkerung der Welt – sind online. Von den ungefähr 120 Millionen Computern, die momentan benutzt werden, ist nur ein Viertel mit der Online-Welt verbunden, in Deutschland sogar etwas weniger. **Folgerung: Das Internet ist nicht der beste Weg, eine Masse weltweit zu erreichen.**

✔ **Die Online-Welt spricht englisch:** Die meisten Leute im Web sprechen englisch oder verstehen zumindest ein wenig davon. Nur ungefähr die Hälfte der Europäer halten es für wichtig, daß Online-Informationen in ihrer Landessprache vorliegen. Die nach Englisch am verbreitetsten Sprachen sind (in absteigender Reihenfolge) Deutsch, Französisch und Japanisch. **Folgerung: Wenn Sie nicht nur auf deutsche Kunden ausgerichtet sind, bieten Sie eine englische Version Ihrer Website an.**

✔ **Die Online-Welt ist männerdominiert:** Wenn ein Kundenstamm wächst, richtet er sich für gewöhnlich an der Gesamtbevölkerung aus; insofern ist es überraschend, daß das Verhältnis Männer zu Frauen im Internet in Amerika recht konstant bei Zwei zu Eins bleibt. In Deutschland dürfte die Zahl momentan noch niedriger liegen, sich aber mittelfristig auf dasselbe Verhältnis einpendeln. **Folgerung: Ihre Online-Marketing-Bemühungen erreichen hauptsächlich Männer.**

✔ **Online-Benutzer sind nicht arm:** Das mittlere Haushaltseinkommen von Web-Benutzern liegt laut der GVU-Umfrage bei ungefähr 58 000 $ pro Jahr (etwa 100 000 DM). Im Gegensatz dazu ist das mittlere amerikanische Haushaltseinkommen laut www.census.gov ungefähr 41 000 $ pro Jahr (ungefähr 75 000 DM). **Folgerung: Benutzen Sie das Web, um Leute zu erreichen, die obere Mittelklasse (oder sogar *reich*) sind.**

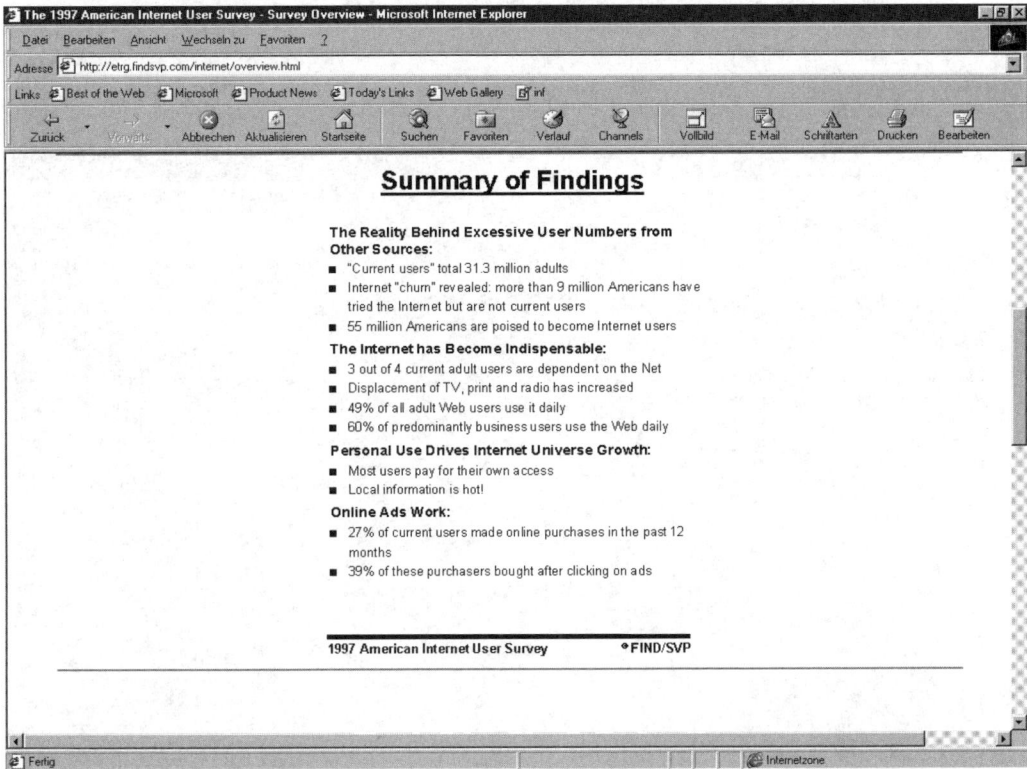

Abbildung 1.8: Die Find/SVP-Umfrage ist sehr ausführlich, aber Details kosten Geld.

✔ **Die meisten Benutzer sind zwischen 25 und 50 Jahren alt:** Ungefähr ein Fünftel der Webbenutzer ist 19 bis 25 Jahre alt, was ein viel höherer Anteil ist als der an der Gesamtbevölkerung, und ungefähr ein Achtel ist über 50, was ein kleinerer Anteil als der an der Bevölkerung ist. Zwei Drittel der Webbenutzer sind 25 bis 50 Jahre alt. **Folgerung: Benutzen Sie das Web zuerst dazu, jüngere Leute zu erreichen.**

✔ **Ungefähr die Hälfte aller Online-Benutzer arbeiten im Computerbereich oder in der Ausbildung:** Laut der GVU-Umfrage arbeiten umgefähr 30% der Web-Benutzer im Computerbereich; 14% sind Studenten, und andere Ausbildungsberufen fügen nochmal 10% hinzu. Auf Grund dieser Verhältnisse findet man Angehörige anderer Berufsgruppen nicht so stark in der Online-Welt vertreten, wie sie das in der Offline-Welt sind. **Folgerung: Firmen mit Produkten und Dienstleistungen im Computer- oder Ausbildungsbereich sollten stark online investieren; andere sollten da vorsichtiger sein.**

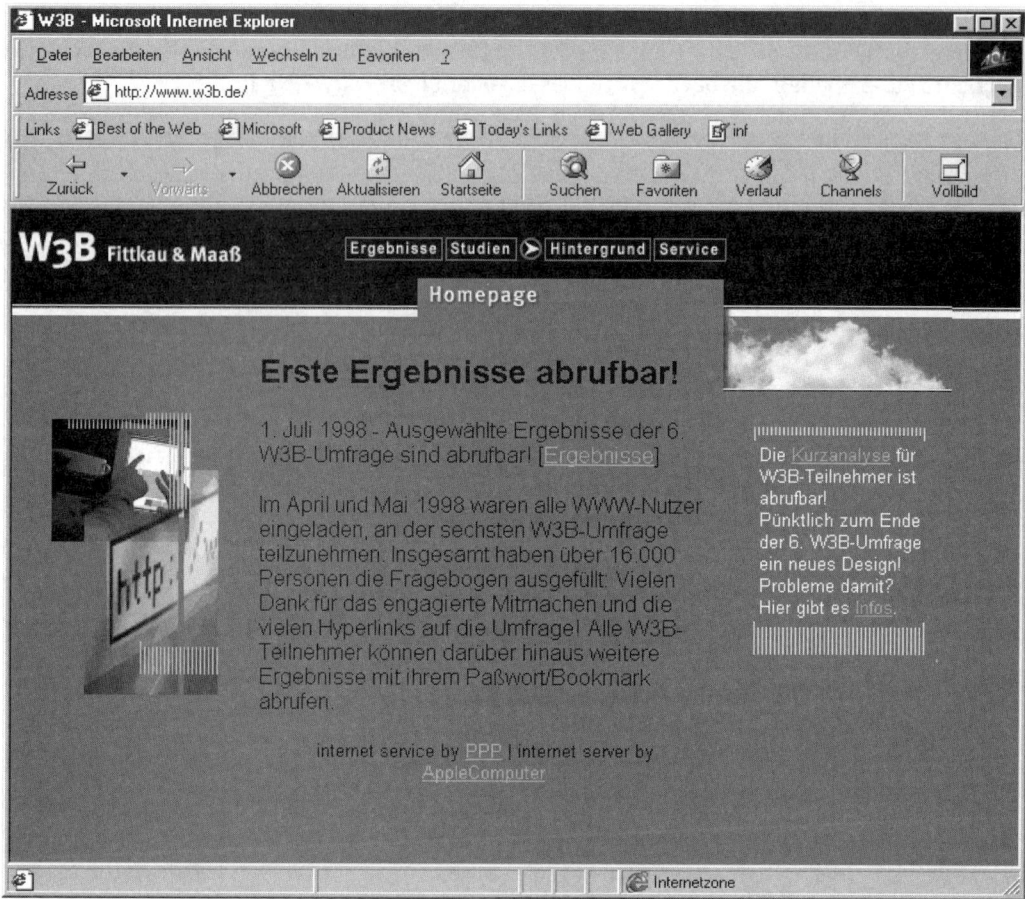

Abbildung 1.9: Die W3B-Umfrage wird europaweit in insgesamt neun Sprachen durchgeführt.

Einige der Fakten und Folgerungen sind offensichtlich, und die Auswirkungen auf Ihre Marketingsstrategien sind leicht zu verwenden. Andere jedoch brauchen länger, um erfaßt zu werden. In der Offline-Welt beispielsweise sind ältere Leute in der Regel reicher. Die Tatsache, daß das Web sowohl eine überdurchschnittlich junge Bevölkerung als auch eine überdurchschnittlich reiche Bevölkerung hat, bedeutet, daß es einen sehr hohen Prozentteil von Leuten geben muß, die sowohl jung *als auch* reich sein müssen. (Bedeutet das, daß Sie mit Gold überzogene Skateboards im Web vermarkten sollten? Wir bezweifeln das.)

Fragen Sie Ihre Kunden

Sie müssen gegebenenfalls wissen, wie viele Ihrer bestehenden und potentiellen Kunden wirklich online sind. Der beste Weg, das herauszufinden, ist, sie zu fragen! Sie können schon aufgrund der Angaben von ein paar Dutzend Kunden eine grobe Schätzung abgeben. Um mehr Details zu erhalten, benutzen Sie eine Telefon- oder schriftliche Umfrage. Fragen Sie bei der IHK und anderen Quellen nach kostenlosen Informationen über Ihren Geschäftszweig nach. Um besonders detaillierte Daten über *Ihre* Kunden zu erhalten, ziehen Sie es in Erwägung, eine Marktforschungsfirma zu beauftragen. (Das ist natürlich teuer, weshalb wir Ihnen in diesem Kapitel so viele Wege zu kostenlosen Daten wie möglich aufzeigen!)

Computer-Charakteristika der Online-Benutzer

Wenn Sie Ihre Website erstellen und testen, oder enscheiden, welche Botschaften Sie an die Online-Welt schicken, ist es oft wichtig, die Computerausstattung der Leute da draußen zu kennen. Wenn Sie wissen, welche Computerausrüstung die Leute benutzen, kann Ihnen das bei der Erstellung Ihrer Website und anderen Aspekten von Nutzen sein: so können Sie mehr Leute, und die effektiver, erreichen. Hier sind ein paar Details zu diesem Thema:

✔ **Macintosh-Benutzer sind en masse online:** Obwohl in diesem Jahr nur etwa 4% aller verkauften PCs Macintosh-Computer sein werden, benutzen ungefähr 26% aller Teilnehmer an der GVU-Umfrage einen Mac. Andere Umfragen sprechen von einem kleineren Prozentteil – ungefähr 10% – aber das ist immer noch mehr, als der Marktanteil von Macintosh-Computern vermuten läßt. **Folgerung: Macintosh-Benutzer sind ein großer Online-Markt.**

✔ **Unix-Benutzer sind einflußreich:** Obwohl nur ungefähr 5% der Teilnehmer an der GVU-Umfrage Unix benutzen, sollten Sie nicht vergessen, daß das Internet mit Unix begann und viele einflußreiche *Webmaster* (Leute, die Websites erstellen und pflegen) und andere immer noch Unix benutzen. An deutschen Universitäten ist dieses Betriebssystem immer noch weit verbreitet. **Folgerung: Beleidigen Sie Unix-Benutzer nicht!**

✔ **60% des gesamten Zugriffs auf das Internet geschieht von Zuhause:** Häufige Internet-Benutzer, wie zum Beispiel die, die an den Umfragen von GVU und W3B teilnehmen, verbringen ihre meiste Online-Zeit zu Hause – obwohl sie von dort aus auch arbeiten oder nach berufsbezogenen Informationen suchen. Die 6. W3B-Umfrage April/Mai 1998 (auf die wir uns in diesem Abschnitt immer beziehen, wenn wir von W3B reden) ergab, daß knapp 70% das Web sehr oft für private Zwecke nutzen, nur 55% sehr oft für berufliche Zwecke (Mehrfachnennungen waren möglich). **Folgerung: Gehen Sie nicht davon aus, daß die Benutzer an ihrem Arbeitsplatz sitzen, wenn sie sich einwählen.**

✔ **Die Hälfte der Benutzer hat eine langsame Modem-Verbindung.** Obwohl viele Websites nur gut funktionieren, wenn man eine schnelle Verbindung auf Netzwerk-Basis hat, benutzt laut W3B ungefähr die Hälfte der Web-Benutzer ein Modem mit 33,6 Kbps (Kilobytes pro Sekunde; 18%) oder mit einer langsameren Geschwindigkeit. **Folgerung: Erstellen Sie Ihre Online-Präsenz für Benutzer mit einem langsamen Modem. Halten Sie sich also mit riesigen Grafiken und anderen fetten Dateien zurück.**

✔ **Die Hälfte der Benutzer hat kleine Bildschirme:** Ungefähr die Hälfte aller Benutzer hat Monitore mit einer Bildschirmdiagonale von 15 Zoll oder weniger, und mehr als die Hälfte verwenden die Auflösung 800x600 oder weniger. In Abbildung 1.10 sehen Sie eine typische Website bei verschiedenen Auflösungen. (Diese Screenshots haben wir mit dem Netscape Navigator 4.0 gemacht, um den Unterschied zu zeigen. Die meisten anderen Bildschirmfotos in diesem Buch wurden mit dem Internet Explorer 4.0 aufgenommen.) **Folgerung: Erstellen Sie Ihre Online-Präsenz für kleine Bildschirme.**

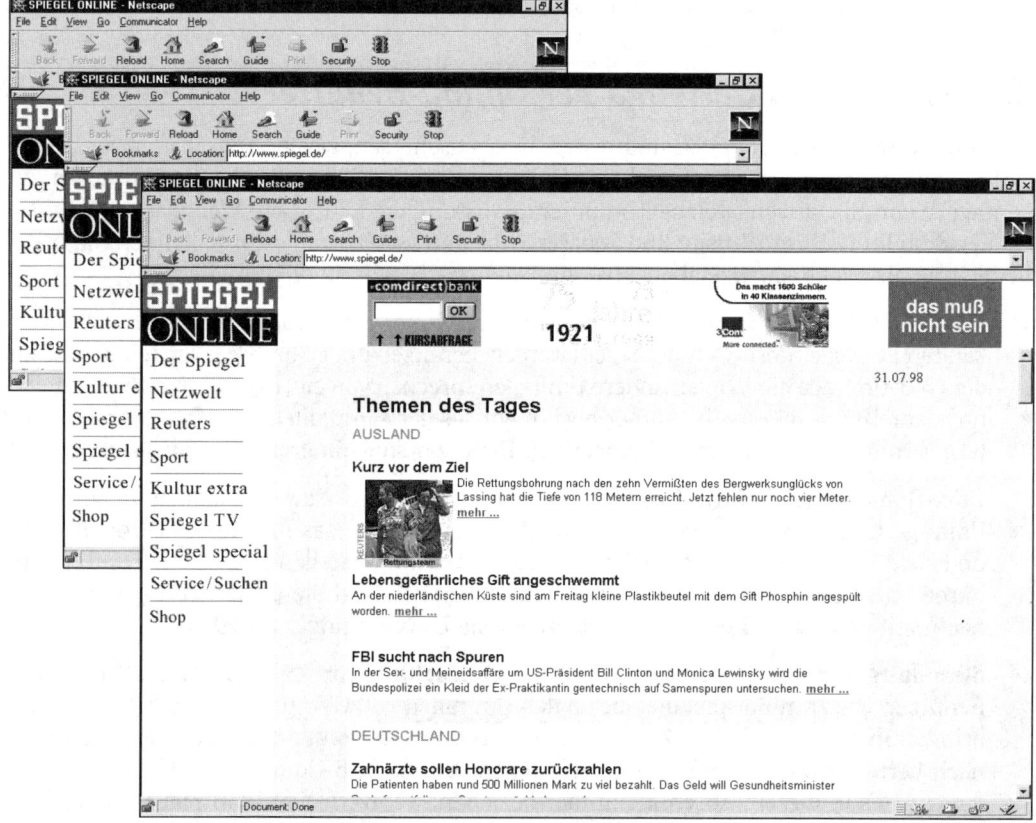

Abbildung 1.10: Typische Web-Bildschirmfotos bei einer Auflösung von 640x480, 800x600 und 1024x768 Pixeln

Sie können für die Bewohner der Online-Welt also nicht den stereotypen Windows 95-Benutzer annehmen, der in seinem Büro mit einer schnellen Internet-Verbindung und großem Bildschirm sitzt. Ein Student mit einem Macintosh im Studentenwohnheim, eine Programmiererin, die zu Hause vor Ihrem PC samt Modem und mittelgroßem Bildschirm sitzt – all das ist im Web ganz normal. Übertreiben Sie es mit Ihrer Online-Präsenz nicht: Erstellen Sie eine Site, die gut aussieht, schnell geladen wird und auch noch auf einem kleinen Bildschirm voll zur Geltung kommt. (Noch mehr Informationen über die Bildschirmgröße finden Sie in Kapitel 6.)

Wie wird das Internet benutzt?

An anderer Stelle in diesem Kapitel zeigen wir Ihnen die wichtigen Werkzeuge der Online-Welt und erzählen Ihnen, wer online ist – beides wichtige Punkte für alle Online-Marketing-Bemühungen. Nun decken wir auf, was die Leute online *tun*. Einige der folgenden Punkte werden Sie überraschen!

Wie Online-Ressourcen benutzt werden

Wie wir im vorherigen Abschnitt beschrieben haben, ist es sehr nützlich zu wissen, wer online ist: So können Sie über die Stärke Ihrer Marketing-Bemühungen in der Online-Welt entscheiden. Zu wissen, wie die Leute Online-Ressourcen benutzen, hilft Ihnen dabei, Ihre Marketingbemühungen gezielt dorthin zu leiten, wo sie die größten Erfolgsaussichten haben. Hier sind einige Fakten darüber, wie die Leute Online-Ressourcen benutzen, und welche Auswirkungen das auf Ihre Marketingbemühungen hat:

✔ **Das Web ist das Online-Schwergewicht:** Wie wir schon weiter oben in diesem Kapitel erwähnt haben, benutzen 90% aller Online-Benutzer (ungefähr 30 Millionen Menschen weltweit) das Web. Das Web ist außerdem das bekannteste und flexibelste Online-Medium. **Folgerung: Konzentrieren Sie Ihre Online-Marketing-Bemühungen auf das Web.**

✔ **Fast jeder, der online ist, benutzt E-Mail:** Laut W3B benutzen 95,8% der Online-Gemeinde E-Mail; der Einsatz von E-Mails für Massenwerbung (*Spamming*, siehe Kapitel 8) ist jedoch *sehr* unbeliebt. **Folgerung: Benutzen Sie E-Mail beim Online-Marketing, aber setzen Sie sie *behutsam und unaufdringlich* ein.**

✔ **Nur ein Drittel der Online-Benutzer benutzt Newsgroups:** Diese Information haben wir wieder einmal aus der 6. W3B-Umfrage. In Amerika liegt der Prozentsatz immerhin bei etwa 50%, aber wie wir in Kapitel 10 beschreiben werden, sind Newsgroups nicht für jedermann ein gutes Marketing-Vehikel – aber Sie können sie auch nicht ignorieren. **Folgerung: Benutzen Sie Newsgroups sparsam.**

✔ **Benutzer sind oft online:** Laut der GVU-Umfrage wählen sich 85% der Benutzer täglich ins Internet ein. Die Hälfte davon ist mehr als zehn Stunden pro Woche online. (Viele Benutzer sehen dafür weniger fern oder stellen andere Aktivitäten zurück, manche machen sogar beides gleichzeitig.) In Deutschland liegt der Prozentsatz zwar etwas niedriger (vor allem aufgrund der Telefongebühren), aber der Trend ist klar erkennbar. **Folgerung: Ihre Benutzer bringen der Online-Welt eine Menge Aufmerksamkeit entgegen.**

✔ **Das Web wird vor allem zum Nachschlagen von Informationen benutzt:** Die GVU-Studie hat ermittelt, daß das Web vor allem zum Nachschlagen von allgemeinen Informationen, Nachrichten und Produktinformationen benutzt wird. In Abbildung 1.11 sehen Sie die Site von Focus, die diese drei Informationsarten vereint. **Folgerung: Stellen Sie Produktinformationen online. Fügen Sie Hintergrundinformationen hinzu, um mehr Besucher zu erhalten.**

Abbildung 1.11: Focus bietet Hintergrundinformationen, Nachrichten und Produktinformationen

✔ **Die Leute arbeiten im Web:** Zwei Drittel der Benutzer zahlen für ihren Online-Zugang. Online-Benutzer verbringen den größten Teil ihrer Zeit damit, Informationen abzufragen, gefolgt vom Suchen, ziellosen Herumsurfen, Arbeiten und Weiterbilden. All dies zusammen wird von mehr als 50% der Benutzer getan; Unterhaltung, Kommunikation und vor allem Einkaufen bekommen nicht soviel Zeit zuerkannt. **Folgerung: Nehmen Sie Ihre Site ernst – Ihre Benutzer tun das auch.**

 Sie sehen, daß Leute ihre Online-Zeit ernst nehmen. Leute, die im Netz surfen, tun das oft, sie finden das Internet wertvoll, und sie arbeiten hart daran, die Informationen aufzuspüren, nach denen sie suchen. Aus all diesen Informationen kann

man Folgendes ableiten: Obwohl sich viele Sites damit abmühen, dem Auge etwas zu bieten, indem Animationen, Videos und so weiter eingesetzt werden, können Sie viele Ihrer Online-Marketing-Ziele einfach damit erreichen, Informationen, die die Leute sehen sollen, zur Verfügung zu stellen und so leicht auffindbar wie möglich zu machen.

Wenn Sie dennoch zusätzliche Arbeit hineinstecken wollen, um Leute anzulocken, muß sich eine High-Tech Lösung nicht unbedingt auszahlen. Wichtige Referenzinformationen wie zum Beispiel ein paar Zahlen über den Geschäftszweig, in dem Sie tätig sind, können mehr Besucher anlocken – mehr Besucher von dem Typ, den Sie bevorzugen – als blinkende Multimediaeffekte. Nehmen Sie Ihre Benutzer ernst, und sie werden das auch tun.

Wie Leute surfen

Wenn Sie Leute auf Ihre Website locken wollen, sollten Sie wissen, wie sie das Internet benutzen und was sie nicht mögen. Hier sind ein paar Tips:

✔ **Leute finden Sites mit Suchmaschinen:** Um eine spezifische Site zu finden, benutzen mehr als 80% Suchmaschinen und Links. (Wir zeigen Ihnen in Kapitel 2, wie Sie den schwarzen Gürtel bei der Online-Suche erhalten können – oder sich zumindest solange verteidigen können, bis Hilfe eintrifft. In Kapitel 7 geben wir Ihnen eine Anleitung, anhand derer Sie sicherstellen können, daß Ihre Site bei den verschiedenen Suchmaschinen auftaucht, so daß Ihre potentiellen Online-Kunden Ihre Site auch finden können.) Andere Quellen sind Printmedien, Freunde und Newsgroups. **Folgerung: Stellen Sie sicher, daß Suchmaschinen und andere Sites auf Ihre Site verweisen.**

✔ **Leute benutzen Lesezeichen (Bookmarks), um Sites aufzurufen:** Laut der W3B-Studie nehmen 80% der Online-Benutzer eine Site, die ihnen gut gefällt, in ihre Bookmark-Liste auf. Das ist im übrigen auch viel bequemer, als eine URL einzutippen. **Folgerung: Ermutigen Sie Ihre Besucher dazu, auf Ihre Site ein Lesezeichen zu setzen.**

✔ **Die größten Probleme sind Telefongebühren, die Auffindbarkeit von Sites und die Geschwindigkeit.** Dies sind die Ergebnisse der 6. W3B-Umfrage. Drei Viertel halten zu hohe Telefongebühren für ein Problem, 60% finden es schwierig, WWW-Angebote zu finden, und über die Hälfte findet die Verbindungen zeitweise zu langsam. **Folgerung: Halten Sie Ihre Website(s) klein.**

✔ **Die Benutzer sorgen sich um Zensur, Privatsphäre und Navigation:** Zensur ist eines der Hauptanliegen der Internet-Benutzer; ungefähr ein Drittel der Teilnehmer an der GVU-Umfrage nennt sie als Hauptsorge. Ein Viertel sorgt sich um Datenschutz und Privatsphäre, und in der GVU-Studie finden Sie eine Menge Informationen darüber, was der Meinung der Benutzer zufolge in dieser Richtung getan werden sollte. Der nächste Punkt sind Navigationsprobleme: ungefähr einer von acht Benutzern hat Probleme damit, sich im Web und dem Internet insgesamt zurechtzufinden. **Folgerung: Schützen Sie die Benutzerinformationen und achten Sie darauf, daß Ihre Website leicht zu navigieren ist.**

✔ **Leute wollen nicht fürs Surfen zahlen:** Ungefähr zwei Drittel aller Benutzer sagen, sie würden nicht zahlen, um eine Site zu besuchen. Die Erfahrung bestätigt das: nur wenige Sites, die Geld verlangt haben, haben überlebt. Die einzige größere Ausnahme ist nicht jugendfreies Material – in diesem Bereich wird online am meisten Geld gemacht. **Folgerung: Planen Sie nicht, für den Zugang zu Ihrer Site Geld zu verlangen.**

 Die Fakten, die hier aufgelistet worden sind, geben ein paar gute Ratschläge wieder, die Sie immer und immer wieder hören werden, sei es in diesem Buch und anderswo: Machen Sie Ihre URL bekannt, sehen Sie zu, daß Ihre Website mit Suchmaschinen einfach zu finden ist, und halten Sie sie auf dem neuesten Stand, indem Sie neue Informationen hinzufügen und ins Leere laufende Links eliminieren.

In der Online-Welt arbeiten

Sie haben dieses Buch gekauft, um effektives Online-Marketing zu betreiben. In diesem Kapitel geben wir Ihnen eine Menge Informationen, die Ihnen dabei helfen sollen, in der Online-Welt Fuß zu fassen. Sie lernen verstehen, woraus sie besteht, wer die Bewohner sind, und wie Sie Ihre Marketing-Ziele daran ausrichten können. Hier sind ein paar Merksätze, die Sie im Rest des Buches begleiten sollten:

✔ **Sie müssen online sein:** Nein, nicht jeder ist online, aber die Leute, die online sind, sind jung, wohlhabend und einflußreich. Wenn Sie sie nicht erreichen, können Sie sicher sein, daß es Ihre Konkurrenten tun werden. Sie müssen Ihre Firma nicht von Grund auf neu aufbauen und komplett auf das Web ausrichten. Wenn Sie jedoch die Online-Welt ignorieren, führt Sie das über kuz oder lang ins Verderben.

✔ **Fangen Sie mit dem Web an:** Das Web ist der beliebteste Internet-Dienst. Beginnen Sie jetzt Ihre Online-Bemühungen, indem Sie die Erstellung einer Website planen – sollten Sie noch keine haben oder diese nicht regelmäßig aktualisieren.

✔ **Benutzen Sie andere Internet-Dienste:** Sie müssen ein Auge auf Internet-Newsgroups werfen, um sich vor Beleidigungen, Gerüchten und Schlimmerem zu schützen. Positiv ist zu bemerken, daß es eine beliebte Methode ist, durch Newsgroups URLs zu erhalten. E-Mail ist ein wichtiger Teil Ihrer Web- und allgemeinen Marketing-Bemühungen. Benutzen Sie die detaillierten Informationen in diesem Buch, um jeden Internet-Dienst einzeln zu betrachten und zu entscheiden, wie Sie ihn am besten nutzen.

✔ **Gehen Sie die Sache vorsichtig an:** Online-Benutzer wollen eine sich schnell ladende und leicht zu navigierende, aktuelle Website, die auf einem mittelgroßen Bildschirm gut aussieht. Sie wollen Produkt- und weiterführende Informationen und wollen nicht viel Mühe aufwenden, um sie zu finden. Sie müssen für Ihre Firma keine große Hochglanz-Online-Präsenz einsetzen. Ihr Web-Auftritt sollte einfach kompetent, akkurat, informativ und auf dem neuesten Stand sein.

Der Rest dieses Buchs zeigt Ihnen, wie Sie eine effektive Online-Marketing-Präsenz erstellen können, und zwar so schnell, einfach und günstig wie möglich.

Marketing-Informationen online finden

In diesem Kapitel:

▷ Suchen im Internet

▷ Den Internet Explorer 4 für die Suche verwenden

▷ Den Netscape Navigator 4 zur Suche einsetzen

▷ Die Suche über Kategorien in Yahoo!

▷ Die Suchmaschine Excite in der praktischen Anwendung

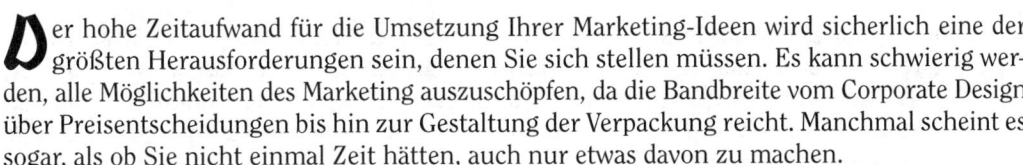

Der hohe Zeitaufwand für die Umsetzung Ihrer Marketing-Ideen wird sicherlich eine der größten Herausforderungen sein, denen Sie sich stellen müssen. Es kann schwierig werden, alle Möglichkeiten des Marketing auszuschöpfen, da die Bandbreite vom Corporate Design über Preisentscheidungen bis hin zur Gestaltung der Verpackung reicht. Manchmal scheint es sogar, als ob Sie nicht einmal Zeit hätten, auch nur etwas davon zu machen.

Eines der Dinge, für das Sie, erschlagen von Ihren anderen Verpflichtungen, vielleicht noch keine Zeit hatten, ist, ein Experte in Sachen Internet und World Wide Web zu werden. Sie waren wahrscheinlich zu beschäftigt mit Besprechungen, Telefonaten, dem Verfassen eines Strategieplans und einigem mehr, um viel Zeit mit Surfen zu verbringen. Sicherlich haben Sie in diesem Fall noch nicht so viel darüber gelernt, wie man im Netz Marketing-Informationen gewinnen kann, und Sie haben die gebräuchlichen Interaktionen noch nicht kennengelernt.

Verlinkt zu sein – das bedeutet, in Online-Mailing-Listen und auf Webseiten eingetragen sowie bei Chats und in einigen anderen »Quellen« präsent zu sein – ist heutzutage nahezu eine Grundvoraussetzung für erfolgreiches Marketing. Wenn Sie eine beständige Online-Präsenz aufbauen möchten, sollten Sie deshalb immer wissen, was in der »Netzwelt« vor sich geht.

Das folgende Kapitel zeigt Ihnen, wie Sie ein gewiefter Pfadfinder für Marketing-Informationen im Internet werden. Sobald Sie die Quellen finden, die Sie benötigen, bekommen Sie einen Eindruck aus erster Hand, was im Internet möglich ist – und was nicht. Sie werden sehen, welche Arten von Marketing-Seiten bereits verfügbar sind, wie viele Firmen und Privatpersonen ihren Internet-Auftritt gestalten, und Sie werden einen Eindruck davon gewinnen, was Ihre aktuellen und Ihre potentiellen Kunden von Ihnen in der »Netzwelt« erwarten.

Online-Quellen für das Marketing verwenden

Mittels der Quellen, die Sie im Internet zum Thema Marketing finden werden, können Sie folgende Schlüsselinformationen recherchieren:

✔ **Marktdefinition und Marktaufteilung:** Wenn Sie am Erstellungsprozeß eines neuen Produkts beteiligt sind, werden Sie vor die Frage gestellt, welchen Markt Ihr Produkt oder Ihre Dienstleistung bedienen soll. Bei einem bereits existierenden Produkt sollten Sie sich die Frage stellen, ob es profitablere Märkte dafür gibt. Quellen im Internet helfen Ihnen, einen Markt oder eine Nische für Ihr Produkt zu definieren, indem sie Ihnen relevante Informationen über mögliche Zielgruppen geben.

✔ **Markttrends und demographische Entwicklungen:** Wächst Ihr Zielmarkt? Schrumpft er? Unterstützen demographische Trends Ihr Marketing-Konzept oder entlarven sie eine Idee, die Sie für hochprofitabel hielten, als unbrauchbar?

✔ **Beurteilung des Wettbewerbs:** Wo tobt der Wettbewerb – sowohl online als auch offline? Sie können alles über beide Wettbewerbsfelder im Internet herausfinden. Beispielsweise lassen Konkurrenten oftmals wertvolle Informationen, wie etwa Besonderheiten von neuen Produkten, in Newsgroups durchsickern.

✔ **Chancen und Gerüchte:** Was für neue Chancen gibt es? Was ist »in« – und was nicht? Abbildung 2.1 zeigt die Nachrichtenseite von CNET unter der Adresse `www.news.com`, eine der führenden Nachrichtendienste im Internet. Leider gibt es ihn nur in Englisch. Die Netzwelt ist mehr als eine Schnittstelle, sie ist voller Informationen über zukünftige Entwicklungen und Trends.

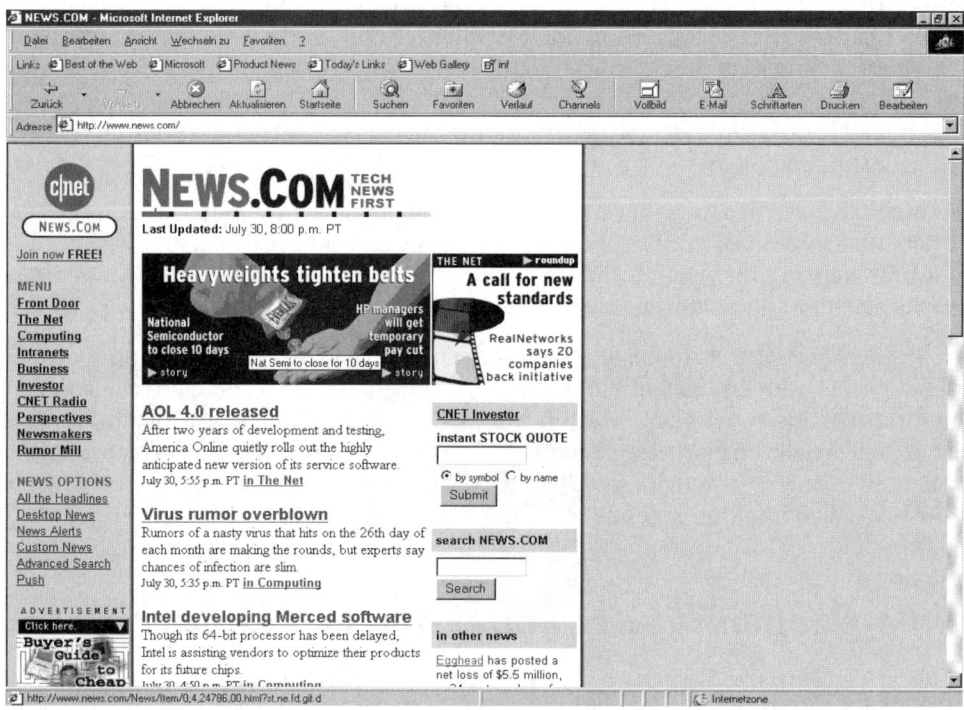

Abbildung 2.1: CNETs NEWS.COM

Sobald Sie wissen, wo Sie suchen müssen, können Sie einen großen Teil Ihres Informationsbedarfs im Internet decken.

Verwenden Sie das Verzeichnis dieses Buches als Start, um sich eine eigene Liste mit wichtigen Quellen und Adressen rund ums Marketing zu erstellen.

Sie sollten vor allem auf Wettbewerber achten, die Ihnen im Online-Bereich Konkurrenz machen. Denn auch wenn Ihnen eine kleine Präsenz im Internet ausreicht, um Offline-Konkurrenten in Schach zu halten, wird dies für etablierte Unternehmen oder reine Internet-Unternehmen, die sich nur auf den Wettbewerb im Netz konzentrieren, nicht ausreichen. Wenn Sie also von einem neuen Konkurrenten hören, der nur über das Internet arbeitet, und Sie vielleicht sogar Marktanteile an Ihn verlieren, dann müssen Sie Ihre Internet-Präsenz schleunigst ausbauen. Um gegen diese Art von Wettbewerb gewappnet zu sein, sollten Sie alle Ratschläge für die Vermarktung und Verbesserung Ihres Internet-Angebots aus diesem Buch befolgen.

Hightech ist im Netz das Wichtigste

Auch wenn die Nutzer des Internets sehr verschieden sind, so haben sie doch einiges gemeinsam: Sie sind alle Computer-Nutzer, und sie sind alle im Internet. Diese Information mag vielleicht banal klingen, und doch sind solche selbstverständlichen Dinge die Quelle für viele Marketing-Erkenntnisse. Der bedeutsame Hintergrund hinter der einfachen Nachricht ist in diesem Fall, daß Sie erwartungsgemäß eine Masse an Daten und Informationen über Computer, das Internet und Hightech im Allgemeinen finden werden. Ebenso werden Sie Unmengen an Informationen über alles finden, was Internet-Freaks interessiert – Informationen zur Geldanlage, sicherlich einige obskure TV-Shows und Filme (beispielsweise solche, die irgendetwas mit »Star Trek« im Namen haben) und einiges zu esoterischen oder intellektuellen Themen. Trotz des Schwerpunkts auf technisch orientierte Benutzer, findet sich im Internet auch über Landwirtschaft oder über Bildhauerei eine unvergleichbare Informationsfülle.

Wie nützlich diese Quellen für Ihr Online-Marketing sein werden, hängt davon ab, wie sich Ihre Interessen im Vergleich zu den Interessen der technologiebegeisterten Computer-Nutzer verhalten. Wenn Sie im Computerbereich oder einem verwandten Marktsegment arbeiten, werden Sie wahrscheinlich eine Reihe hervorragend für Sie geeigneter Informationen im Netz antreffen. Wenn nicht, dann ist es oftmals schwieriger, das Benötigte zu finden. Allerdings sei Ihnen versichert, daß durch das ständige Wachstum des Internets auch zu nichttechnischen Bereichen zukünftig immer mehr Informationen zur Verfügung stehen werden.

Ziele und Kosten der Online-Suche

Wenn Sie den Dreh bei der Online-Suche erst einmal heraus haben, werden Sie eine Menge Spaß dabei haben und einen nicht enden wollenden Strom an Ergebnissen zu Tage fördern. Vielleicht finden Sie nie genau die Information, die Sie am Anfang eigentlich haben wollten, aber Sie werden auf Ihrer Suche eine Menge ähnlich nützlicher Informationen am Wegrand entdecken. Lassen Sie allerdings Vorsicht walten - die augenscheinliche Vielfalt an Suchergebnissen überdeckt ein Problem, das vielen Bemühungen, die im Netz unternommen werden, gemeinsam ist:

Das Internet macht Spaß, es ist interessant und erscheint nützlich, aber am Ende eines Tages sorgt es nicht immer dafür, daß die Rechnungen bezahlt werden. Und wie rechtfertigen Sie, daß Sie eine schnellere Verbindung zum Internet brauchen, wenn Sie den Wert Ihrer Arbeit im Netz nicht vorführen können?

Der größte Kostenfaktor bei fast allen Suchaktionen ist Ihre Zeit. Es ist deshalb oftmals günstiger, Geld in Datenbanken und andere Quellen im Internet wie beispielsweise Genios und WhoisWho (Online-Datenbanken, deren Abfrage Geld kostet) zu investieren, als Ihre wertvolle Zeit auf der Suche nach »der« kostenlosen Information zu verschwenden. Und wie wir schon am Anfang des Kapitels festgestellt haben, ist Zeit das einzige, was Marketingleuten oft fehlt.

Deshalb sollten Sie am Anfang der Online-Recherche ein klares Ziel im Kopf haben und es nicht aus den Augen verlieren. Legen Sie fest, was Sie suchen und wie lange Sie im Höchstfall mit der Suche zubringen wollen. Wenn die von Ihnen festgelegte Zeit abgelaufen ist, sollten Sie zu Plan B übergehen – der kann sein, jemanden, der davon Ahnung hat, anzurufen oder ihm eine E-Mail zu schicken. Alternativ können Sie auch jemanden einstellen, der für Sie sucht. Achten Sie darauf, nicht einfach online zu gehen, um stundenlang Informationen zu suchen und sich dann von einer »Fun-Seite« wie der Kaffekamera-Webseite (www.menet. umn.edu/coffeecam/), die zeigt, ob jemand Kaffe gekocht hat, ablenken zu lassen. Sie würden sich zwei Stunden später sicher fragen, warum Sie eigentlich ins Netz gegangen sind …

Die Stärken der Online-Quellen

Besondere Vorteile von Marketing-Quellen im Internet sind, daß sie günstig, immer erreichbar und aktuell sind. Sie können im Netz fast alle benötigten Informationen finden, auch wenn es nur eine Telefonnummer oder ein Buchvorschlag zu einem bestimmten Thema ist. Mit ein bißchen Erfahrung werden Sie selbst effektiv suchen. Oftmals ist zum Erfolg Ihrer Suche nur eine kurze, präzise Antwort oder ein Hinweis auf die richtige Antwort nötig; dafür ist das Internet ideal geeignet.

Die aktuellsten und wichtigsten Informationen beziehen Sie im Internet aus verschiedenen Quellen: aus dem WWW, den Newsgroups, den E-Mail-Mailing-Listen sowie aus Push-Channels und Online-Diensten (T-Online, AOL, CompuServe …). Allerdings fehlt es den Online-Quellen oftmals an Tiefe, Vollständigkeit und Neutralität. Der Grund dafür liegt in dem Glauben der Informationsanbieter, sie täten Ihnen einen Gefallen, wenn sie alles auf einmal ins Netz stellen. Sie fühlen sich nicht verpflichtet, einen Zusammenhang oder gar einen Vergleich zwischen Informationen zu ermöglichen. Außerdem fehlen zuverlässige Informationen älteren Datums. Daran ist zum einen das junge Alter des Internets, zum anderen die Tendenz, ältere Informationen zu Gunsten von neueren zu löschen, schuld.

Trotz dieses ärgerlichen Umstands, sollten Sie den schnellen Austausch der Informationen zu Ihrem Vorteil verwenden: Achten Sie auf bahnbrechende Neuigkeiten, die neuesten Presseberichte, auf Fragen von Kunden und auf Gerüchte im Allgemeinen. Dann verwenden Sie die Printmedien und fragen Sie Experten, um Ihren Nachforschungen Tiefe zu verleihen und verschiedene Sichtweisen aufzunehmen.

 Viele Bücher wie dieses enthalten ellenlange Listen mit Marketing-Quellen im Internet. In diesem Buch gibt es zwar auch einen Anhang mit einer Menge Links zu guten Marketing-Quellen, aber wir glauben dennoch an das alte Sprichwort: »Geben sie jemandem einen Fisch, dann sättigen sie ihn für einen Tag, lehren sie ihn fischen, sättigen sie ihn für sein ganzes Leben.« Niemand kann Sie mit all den speziellen Quellen ausstatten, die Sie für Ihren Job brauchen. Deshalb geben wir Ihnen die Techniken an die Hand, die Ihnen auch noch nützlich sein werden, wenn sich Ihre Interessen und Bedürfnisse oder die Quellen im Internet geändert haben. Daher sollten Sie die Techniken für die Internet-Suche im nächsten Absatz und für die Push-Technologie am Ende des Kapitels genau studieren und sie dazu verwenden, Ihren eigenen »Zugang« zur Online-Welt zu finden.

Auf den Spuren der Experten

Wenn Sie im Internet nach Informationen suchen, denken Sie daran, wie es anderen auf der Suche nach Ihrer Homepage gehen könnte. Alle, die viel und oft im Internet präsent sind, sind mit einigen Ausnahmen Experten. Da die Online-Welt aber immer noch neu ist, machen auch diese Experten eine Menge Fehler. Im Folgenden haben wir einige Fehler im Online-Marketing aufgezählt und daraus abgeleitet, worauf Sie bei Ihrer Planung achten sollten:

✔ **Schwer zu findende Webseiten:** Das Internet hat keine geheimen Suchmaschinen und Stellen, wo all die »coolen« Leute Seiten sehr einfach finden – wenn Sie also Probleme haben, eine Firma oder ein Produkt im Internet ausfindig zu machen, dann haben eine Menge anderer Leute genau dasselbe Problem. Sorgen Sie deshalb dafür, daß die Firmen- und Produktinformationen Ihres eigenen Unternehmens einfach zu finden sind. Kapitel 7 behandelt dies im Detail.

✔ **Langsam zu ladende Webseiten:** Wenn Sie von einer langsam zu ladenden Webseite, die mit Grafiken überfrachtet ist, frustriert werden, behalten Sie das für die Gestaltung Ihrer eigenen Seiten in Erinnerung. Wenn Ihre Seite sich nicht schnell genug lädt, werden die Besucher sicherlich nicht wieder vorbeischauen.

✔ **Fehlende Informationen:** Oftmals finden die Nutzer eine Seite sehr schnell und bringen dann Minuten damit zu, eine Information zu suchen, die eigentlich am Anfang der Seitenhierarchie stehen müßte. Beispielsweise findet sich bei vielen Firmen keine Adresse aus der »realen Welt« oder eine Telefonnummer, über die man mehr Informationen erfragen kann. Stellen Sie diese Informationen zur Verfügung! Und bauen Sie Ihre Seiten so auf, daß die wichtigsten Informationen, die der Nutzer von der Seite erwarten könnte, schnell erreichbar sind.

✔ **Unbeantwortete Kritik in Newsgroups, Gästebüchern oder Mail-Listen:** Erstaunlicherweise findet sich oft in den unternehmenseigenen Newsgroups und Mail-Listen die schärfste Kritik am Unternehmen und seinen Produkten – aber noch erstaunlicher ist es, daß sie in vielen Fällen nicht beantwortet wird. Denken Sie deshalb darüber nach, wie Sie im Netz auf Kritik an Ihrer Firma und Ihren Produkten effektiv und konstruktiv reagieren können. In Kapitel 10 wird dieses wichtige Thema ausführlicher behandelt.

✔ **Aggressive E-Mails:** Wenn Firmen auf Kritik antworten, dann meist mit aggressiven E-Mails, egal ob eher barsch oder höflich formuliert. Sie sollten aber dafür sorgen, daß jeder, der für Ihr Unternehmen im Internet spricht, dies positiv tut. Das alte Sprichwort »Man muß Feuer mit Feuer bekämpfen« gilt im Netz definitiv nicht!

✔ **Unbeantwortete Registrierungen oder E-Mails:** Mögen Sie es, wenn Sie sich auf einer Webseite registrieren oder eine E-Mail schreiben und dann keine Reaktion erhalten? Besucher Ihrer Webseite werden es sicher auch nicht schätzen, wenn sie so behandelt werden. Finden Sie Möglichkeiten, mit Leuten in Dialog zu treten, die Ihnen ihre Daten oder eine E-Mail senden, und stellen Sie sicher, daß alle eingegangenen E-Mails und Registrierungen bearbeitet und beantwortet werden. In Kapitel 8 und 9 finden Sie detailliertere Informationen über E-Mail-Kommunikation.

✔ **Datenschutz:** Haben Sie sich jemals gefragt, was mit den persönlichen Daten passiert, die Sie im Internet angeben? Leute, die sich auf Ihrer Seite registrieren, werden sich das fragen. Tatsächlich legen Internet-Nutzer gemäß der W3B-Studie viel Wert auf Ihre persönlichen Daten und wollen Ihnen vertrauen, bevor sie die Daten preisgeben. Machen Sie sich deshalb Gedanken darüber, nach wievielen Informationen Sie die Nutzer online fragen und wie Sie ihnen erklären können, was Sie mit den Daten machen.

Die Suche nach Marketing-Informationen im Internet

Die meisten Internet-Nutzer, nahezu 80%, verwenden zum Suchen Suchmaschinen. Trotzdem wissen nur wenige von ihnen Bescheid über die Grundlagen für eine wirklich effektive Suche.

Eine sinnvolle Bookmark-Liste erstellen

Beim Marketing dürfen Sie es sich nicht erlauben, der Letzte in Ihrem Geschäft zu sein, der eine Neuigkeit hört – der Erste zu sein, ist hingegen ein großer Vorteil gegenüber der Konkurrenz. Um wertvolle Seiten für Neuigkeiten einfach wiederbesuchen zu können, sollten Sie eine gute und ausführliche Liste von Bookmarks haben (synonym für Bookmarks werden die

Begriffe Lesezeichen (Navigator), favorits und Favoriten (beide Explorer) verwendet). Wir empfehlen Ihnen, etwas Zeit in den Aufbau einer sinnvollen Bookmark-Liste zu investieren – im Folgenden finden Sie einige wertvolle Tips dazu:

✔ **Themenbezogene Ordner:** Lassen Sie Ihre Bookmark-Liste nicht zu einem unübersichtlichen Mischmasch von privaten und geschäftlichen Seiten werden, die in keiner Verbindung zueinander stehen. Erstellen Sie deshalb themenbezogene Ordner – Themen könnten sein: Die Seiten Ihrer Partner, Seiten der Wettbewerber, Seiten mit demographischen Daten, Marketing offline, Marketing online und so weiter. Themenbezogene Ordner machen die zukünftige Suche wesentlich einfacher und schneller.

✔ **Zeitbezogene Ordner:** Erstellen Sie Ordner für Seiten, die Sie in regelmäßigen Abständen besuchen wollen, egal ob täglich, wöchentlich, monatlich oder nur gelegentlich. (Scheuen Sie sich nicht davor, eine Seite sowohl in einem themen- als auch in einem zeitbezogenen Ordner einzutragen.) Mittels der zeitbezogenen Ordner können Sie sich Ihre Zeit, die Sie zum Surfen verwenden wollen, besser einteilen.

✔ **Aktualisieren Sie die Bookmark-Liste oft:** Um immer auf dem neuesten Stand zu bleiben, sollten Sie Ihre Bookmark-Liste oft aktualisieren. Sie sollten alle Links, die Sie nicht genutzt haben und in naher Zukunft nicht benötigen, aus Ihrer Liste entfernen. Denn je weniger »tote Links« Sie unter Ihren Bookmarks haben, umso häufiger werden Sie die Bookmark-Liste benutzen. (Sollten Sie einen Link in ferner Zukunft eventuell wieder benötigen, ist es sinnvoller, ihn dann erneut zu suchen.)

✔ **Teilen Sie Ihre Bookmarks:** Eine Möglichkeit, die Diskussion mit Ihren Kollegen inhaltlich auf eine höhere Ebene zu bringen, besteht darin, ihnen die Gelegenheit zu geben, genauso gut informiert zu sein, wie Sie es sind. Senden Sie den Kollegen dazu Ihre Bookmark-Liste als E-Mail-Anhang und zeigen ihnen, wie sie Ihre Bookmark-Liste in ihre eigene unterbringen können. Wenn andere für Sie oder Sie mit anderen zusammen in einem Projekt-Team arbeiten, dann ist das Teilen von Bookmark-Listen der beste Weg, alle auf die gleiche Seite zu bringen.

✔ **Die Eigenheiten des Browsers beachten:** Netscape Navigator 4 und Internet Explorer 4 haben beide ihre eigenen Tricks für das Suchen, das Arbeiten mit Bookmarks, die History-Liste und für viele andere Dinge. (Da das Suchen im Zusammenhang mit Online-Marketing eine so große Bedeutung besitzt, geben wir Ihnen später in diesem Kapitel einige allgemeine Informationen über das Suchen mit beiden Browsern.) Wählen Sie den Browser, den Sie bevorzugen.

Sie können sich die jeweils aktuellste Version der beiden Browser aus dem Web *downloaden* (der englische Begriff für das Transferieren einer Datei vom Internet auf Ihre Festplatte):

Den Internet Explorer finden Sie unter www.microsoft.de, den Netscape Navigator unter www.netscape.com.

Welcher Browser ist besser?

Internet Explorer und Netscape Navigator sind beide exzellente Browser, die jeweils ihre eigenen Vorteile haben. In der aktuellen Version 4 ist der Internet Explorer dem Navigator in Bezug auf die Suche, die History-Funktion und die nicht mehr so gebräuchliche Push-Technologie überlegen. Allerdings hat er auch mit einigen Bugs zu kämpfen. Sie sollten also den Browser verwenden, der Ihnen persönlich besser gefällt. Wir legen aufgrund der besseren Such- und History-Funktion in diesem Buch das Schwergewicht auf den Internet Explorer, möchten aber nochmal ausdrücklich vor seinen Instabilitäten warnen, die uns im Arbeitsalltag schon oft zum Netscape Navigator getrieben haben.

Den Internet Explorer 4 zur Suche verwenden

Eine gute Bookmark-Liste ist, wie schon erwähnt, eines der wichtigsten Werkzeuge, um das Internet effektiv nutzen zu können. Geeignete Seiten für diese Bookmark-Liste findet man am einfachsten, indem man sucht. Der Internet Explorer erleichtert die Suche mit einem hohen Maß an Bedienkomfort: Er zeigt die Suchergebnisse an der linken unteren Seite des Fensters an, und gleichzeitig haben die gesuchten Seiten im rechten Teil des Fensters Platz. Gut zu sehen ist dies in Abbildung 2.2. Um die Suchmaschine zu wechseln, muß man nur das Pull-Down-Menü anwählen und eine andere Suchmaschine auswählen. Die links aufgelisteten Suchergebnisse erlauben es Ihnen, einfach durch die gefundenen URL´s und Themen (Topics) durchzuscrollen; so können Sie entscheiden, welche Seiten Sie näher anschauen möchten. Durch einen einfachen Klick erhalten Sie die Seite, die Sie interessiert, im rechten Fenster. Sollten Sie diese Seite im Vollbild anschauen wollen, klicken Sie einfach wieder auf den Suchen-Button in der Menüleiste, und das Suchfenster auf der linken Seite verschwindet in der Versenkung.

 Im Abschnitt über Yahoo! zeigen wir Ihnen, wie Sie die Webseite von Yahoo! direkt erreichen, da Sie auf diesem Weg mehr Informationen erhalten. Aber für die schnelle Suche ist der Suchen-Button des Internet Explorer 4 nach wie vor die erste Wahl.

Folgen Sie den folgenden Schritten für die schnelle Suche mit dem Internet Explorer 4:

1. **Starten Sie den Internet Explorer 4.**

2. **Klicken Sie auf den Suchen-Button oder gehen Sie über das Menü Wechseln zu/suchen im Web.**

   Die Suchen-Leiste erscheint, wie in Abbildung 2.2 gezeigt.

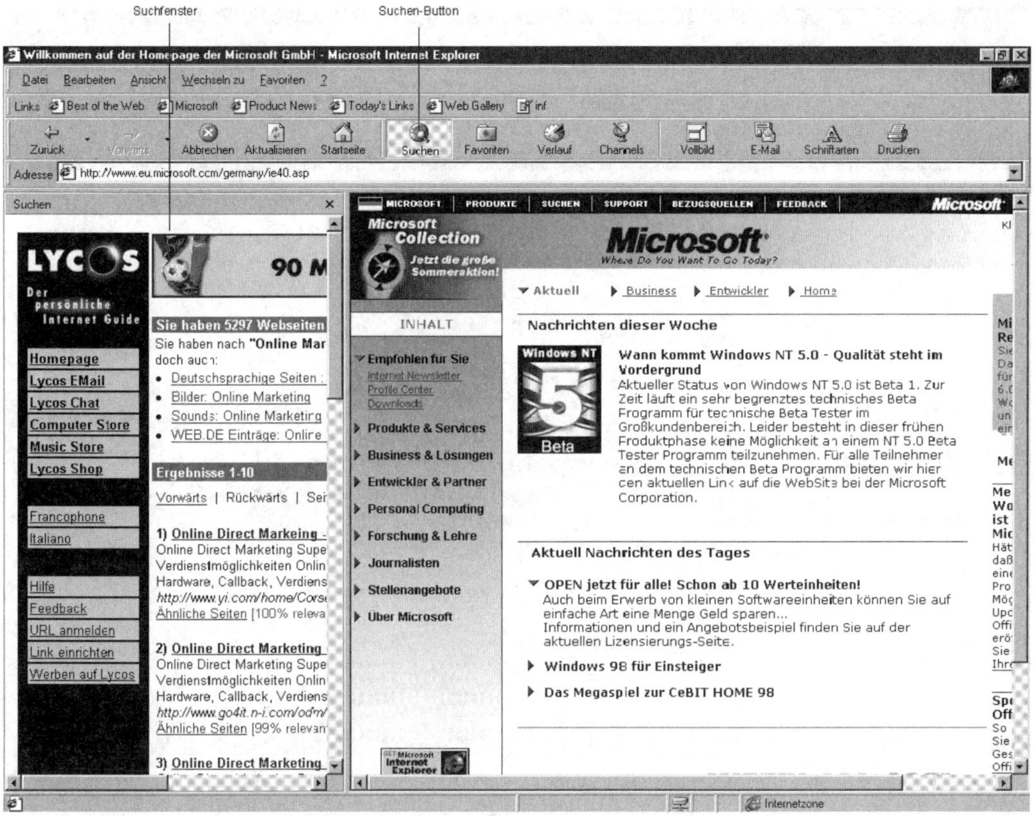

Suchfenster   Suchen-Button

Abbildung 2.2: Internet Explorer 4.0 macht suchen einfach.

3. Wählen Sie eine Suchmaschine aus dem Pull-Down-Menü.

Wir bevorzugen Excite als Suchmaschine, da sie viele Optionen für eine schnelle Suche beinhaltet. Sie bietet außerdem viele Möglichkeiten, Suchwörter mit logischen Operatoren zu verknüpfen. Dies hilft bei Wörtern, die mehrere Bedeutungen haben.

 Sie können die letzte Option: »Liste aller Suchmaschinen« verwenden, um eine Webseite aufzurufen, die Dutzende Suchmaschinen aufzählt, darunter auch spezielle für die Suche im Usenet, auf Chatseiten und so weiter. Diese Seite sehen Sie in Abbildung 2.3.

4. Geben Sie den oder die Begriffe ein, nach denen Sie suchen, und klicken Sie dann auf den Suchen-Button.

Die Top-Ten-Suchergebnisse erscheinen im Suchfenster. In Abbildung 2.4 sehen Sie ein Beispiel für die Suche nach dem Begriff »Online-Marketing«. In der folgenden Liste finden Sie einige interessante Fakten über die Suchergebnisse bei Excite:

Abbildung 2.3: Die Option »Liste aller Suchmaschinen« gibt Ihnen viele Wahlmöglichkeiten.

◈ **Titel:** Die Worte, die unterstrichen im Suchfenster auftauchen, sind der Titel der Webpage (engl: title). Der Titel ist nicht auf der Internetseite sichtbar, sondern ist versteckt im Html-Code. In Kapitel 5 erklären wir, wie das funktioniert.

 **URL:** Wenn Sie mit dem Cursor über den Titel fahren, sehen Sie die URL (Uniform Ressource Locator – oder kurz: die Internet-Adresse) der Webseite, die sich hinter dem Titel verbirgt. Die URL kann Ihnen manchmal einen Hinweis auf den Inhalt der Seite geben. Beispielsweise erkennen Sie den Namen eines Unternehmens, einer Universität oder ähnlicher Dinge, von denen Sie auf den Produzent der Seite und damit auf den Inhalt schließen können.

◈ **Zusammenfassung:** Klicken Sie auf den Excite-Button neben dem jeweiligen Suchergebnis, um eine kurze Zusammenfassung über die jeweilige Seite zu sehen. Diese Zusammenfassung besteht aus den ersten Worten, die im Body des HTML-Code erscheinen, inklusive der zugehörigen Kommentare. (Siehe Kapitel 5 zu HTML.) Wenn Sie erneut auf den Excite-Button klicken, verschwindet die Zusammenfassung wieder.

◈ **Treffergenauigkeit:** Excite beurteilt mittels eines Ratings, wie genau die Seite auf Ihre Suchwörter paßt. Wenn Sie die Suchergebnisse durchgehen, sollten Sie immer auch auf die Treffergenauigkeit achten. Wenn sie nämlich stark abfällt, sinken Ihre Chancen, bei diesen Ergebnissen noch passende Informationen zu finden.

5. Klicken Sie auf ein Suchergebnis, um die Webseite im rechten Fenster zu sehen.

Wenn man die Suchergebnisse im linken Fenster noch sichtbar hat, während man im rechten eine Vorschau auf die Seite bekommt, kann man schnell beurteilen, ob das angewählte Suchergebnis den eigenen Erwartungen entspricht.

6. Um das Suchergebnis im Vollbild zu sehen, müssen Sie auf den Suchen-Button in der Navigationsleiste klicken (ein Beispiel sehen Sie in Abbildung 2.5).

Verwenden Sie die Vollbildansicht der Suchergebnisse, um Ihre Suche zu verfeinern. Die Optionen, die sich Ihnen in der Vollbildansicht bieten, sind besonders bei Wörtern mit mehreren, sehr unterschiedlichen Bedeutungen nützlich (z.B. Marke: die Polizeimarke oder Nivea als Produktmarke).

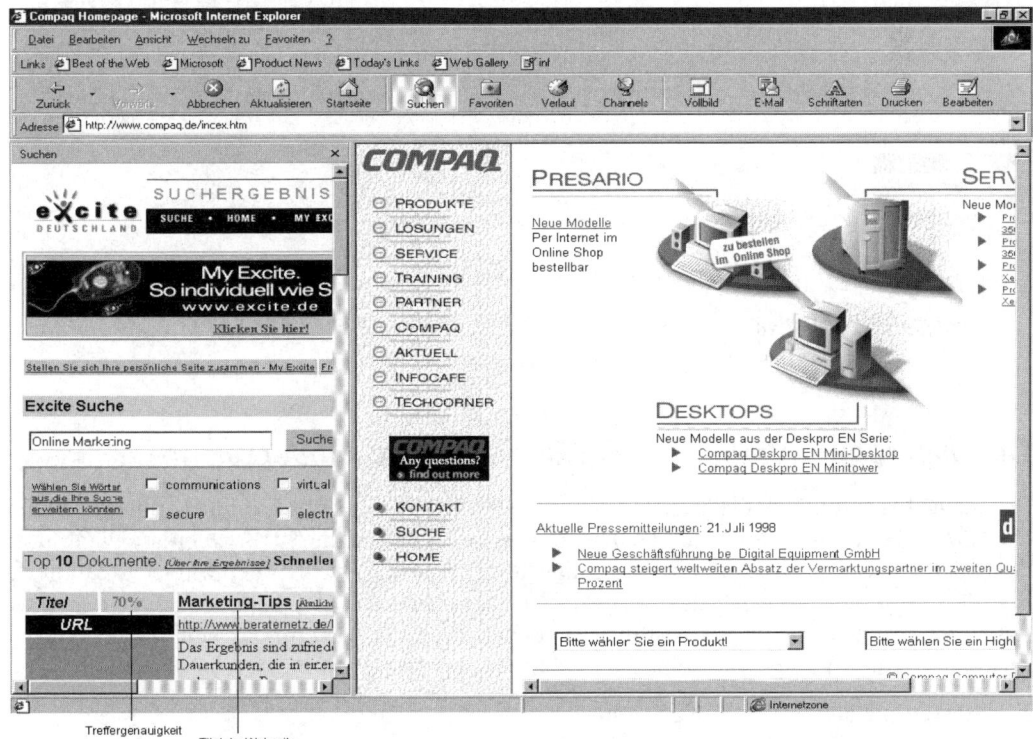

Abbildung 2.4: Excite und die anderen Suchmaschinen liefern eine Menge Ergebnisse.

7. Verwenden Sie die Links für weitere Suchergebnisse, um sich durch die Trefferliste zu bewegen. Schauen Sie sich die Zusammenfassungen an, bis Sie eine Seite gefunden haben, die Sie erkunden wollen.

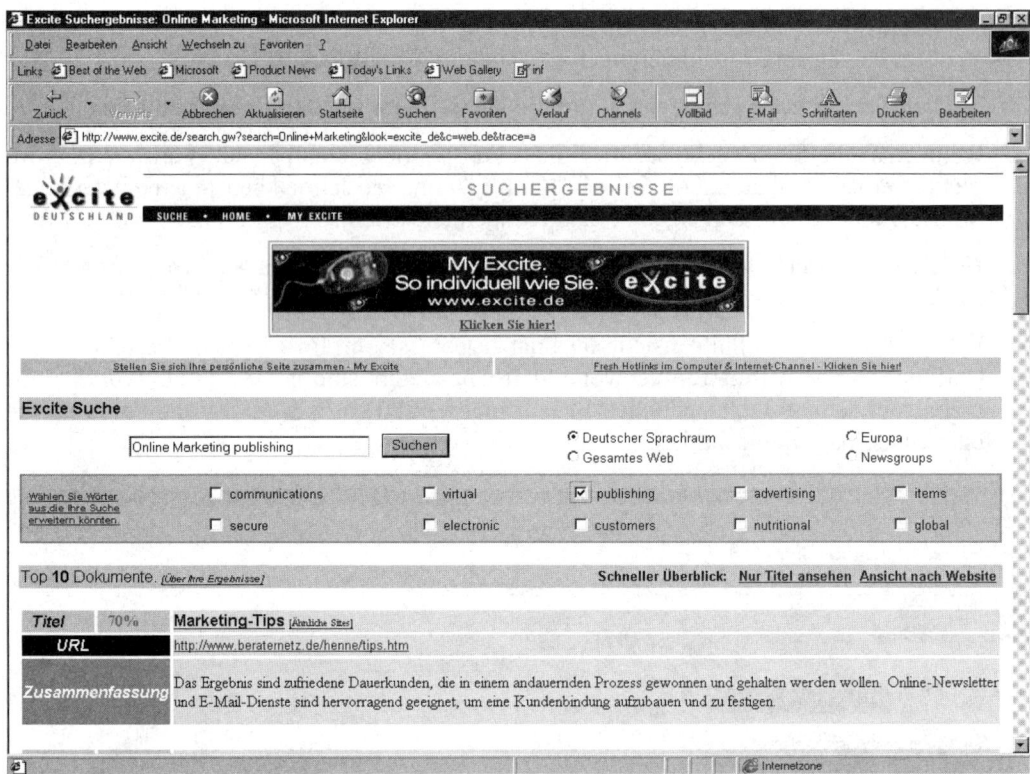

Abbildung 2.5: In Excite finden Sie in der Vollbildansicht natürlich noch wesentlich mehr Informationen.

Den Netscape Navigator 4 für die Suche einsetzen

Der Navigator beinhaltet alle Suchfunktionen, die auch der Internet Explorer anbietet, außer der Möglichkeit, mit zwei Frames zu arbeiten, wobei einer für die Suchergebnisse dient, und der andere die Webseiten zeigt (siehe vorangegangener Abschnitt über den Internet Explorer). Stattdessen gelangt man bei der Suche in Netscape direkt in das Vollbildsuchfenster. Dies spart Zeit, wenn man sowieso ausführlich suchen muß oder häufig das Vollbildsuchfenster verwenden will. Im Folgenden wird die Suche mit dem Navigator 4 beschrieben.

1. **Starten Sie den Netscape Navigator 4.**

2. **Klicken Sie auf den Suchen-Button oder gehen Sie über das Menü** BEARBEITEN/INTERNET DURCHSUCHEN.

   Die Suchen-Seite taucht auf, und der Navigator sucht automatisch eine Suchmaschine für Sie aus.

3. **Wenn nicht die Suchmaschine ausgewählt wurde, die Sie verwenden wollen, dann können Sie sie über die Buttons, die die Suchmaschinen aufzählen, aussuchen.**

Die Suchen-Seite enthält beim Laden ein Feld, in das Sie Ihre Suchwörter eingeben (siehe Abbildung 2.6). Die Suchmaske für Excite enthält Optionen, wie beispielsweise die Zusammenfassung, die für Online-Marketing-Fachleute sehr nützlich sind.

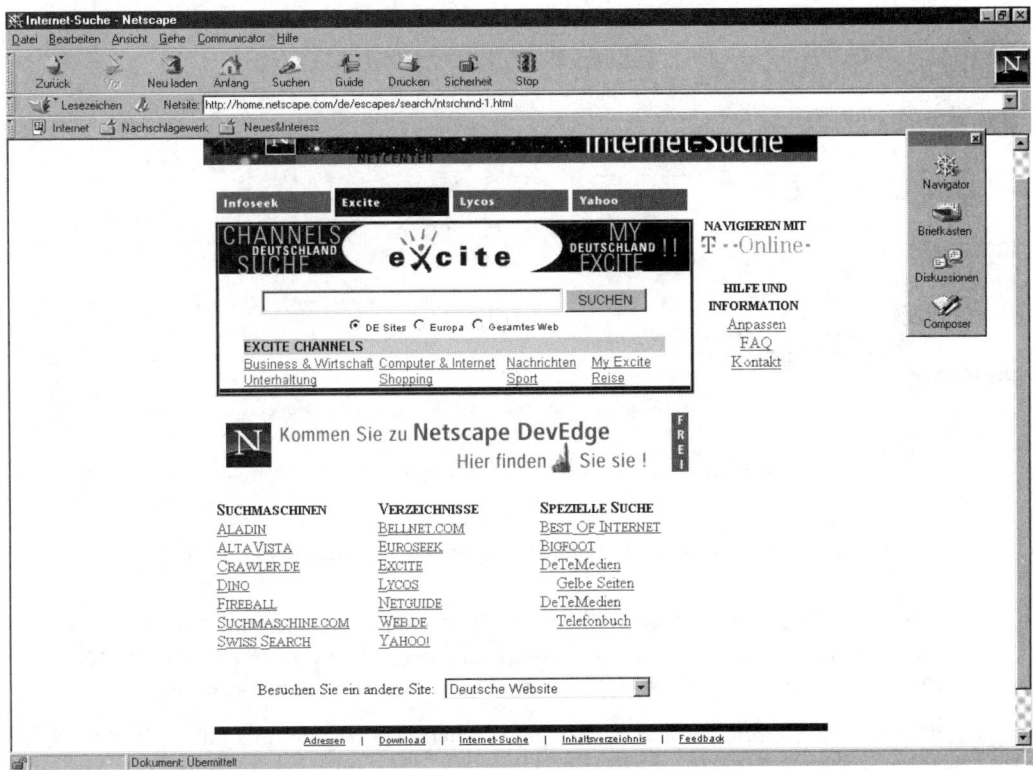

Abbildung 2.6: Die Netscape-Suche bietet Ihnen viele nützliche Suchoptionen.

 Im Gegensatz zum Internet Explorer müssen Sie nicht extra aus einem zusätzlichen Menü wählen, wenn Sie zusätzliche Suchoptionen benötigen; alle Wahlmöglichkeiten sind über einfaches Scrollen auf der gleichen Seite erreichbar.

4. **Geben Sie den oder die Begriffe ein, nach denen Sie suchen und klicken Sie dann auf den Suchen-Button. In Abbildung 2.7 haben wir nach dem Wort »Online Marketing« gesucht.**

Die Top-Ten-Suchergebnisse erscheinen im Suchfenster. In der folgenden Liste finden Sie einige interessante Fakten über die Suchergebnisse bei Exite:

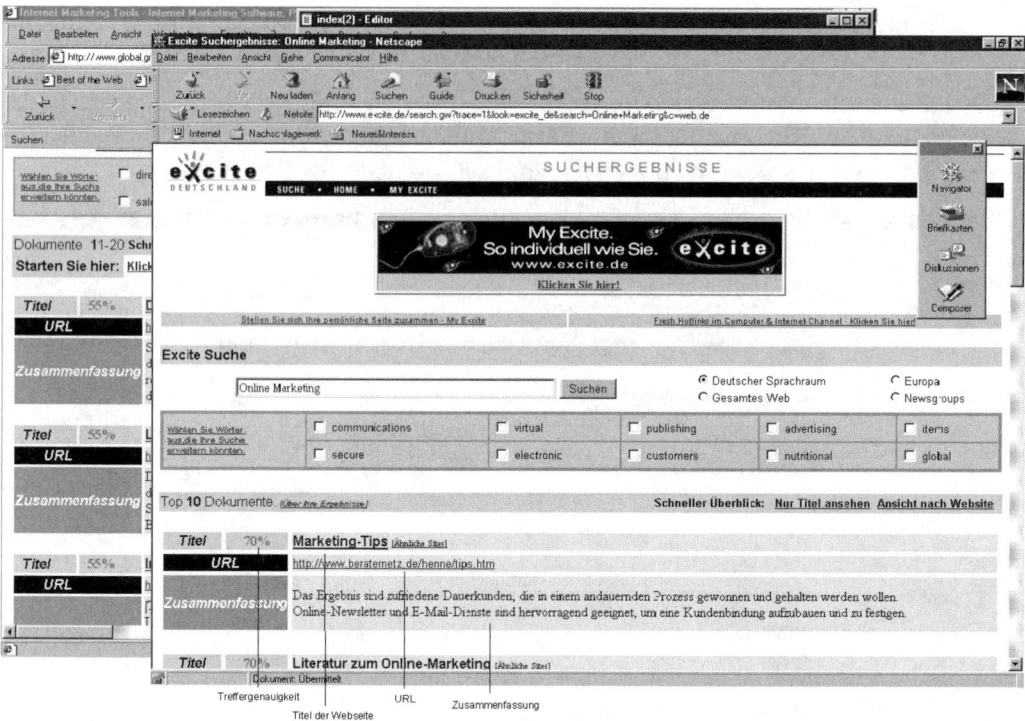

Abbildung 2.7: Im Netscape Communicator finden Sie detaillierte Ergebnisse.

⬥ **Titel:** Die Worte, die unterstrichen im Suchfenster auftauchen, sind der Titel der Webpage (engl: title). Der Titel ist nicht auf der Internetseite sichtbar, sondern ist versteckt im HTML-Code. In Kapitel 5 erklären wir, wie das funktioniert.

 **URL:** Bei der Suche mit dem Navigator sehen Sie im Gegensatz zum Internet Explorer die URL (Uniform Ressource Locator – die Internet-Adresse) sofort. Sie kann Ihnen auch hier einen wertvollen Hinweis auf den möglichen Inhalt der Seite, die dahinter steckt, geben.

⬥ **Zusammenfassung:** Sie besteht aus den ersten Worten, die im Body des HTML-Code erscheinen, inklusive der zugehörigen Kommentare. (Siehe Kapitel 5 zu HTML.) Im Navigator erscheint die Zusammenfassung sofort.

⬥ **Treffergenauigkeit:** Diese Option stellt Ihnen das Excite-Rating zur Verfügung, das heißt, die Seiten werden danach beurteilt, wie genau sie auf Ihre Suchwörter passen.

5. **Verwenden Sie die Optionen am oberen Ende der Treffer-Liste, um mehr über die Ergebnisse herauszufinden.**

Excite findet alle vordefinierten Kategorien, die zu Ihren Suchwörtern passen; Sie können zu jeder dieser Kategorien direkt wechseln. Wir haben auf diesem Weg eine Menge guter Marketing-Links gefunden. Außerdem lassen sich auch nur die Titel der Seiten anzeigen oder die Suchergebnisse in der Reihenfolge der Webseiten ordnen.

6. **Verwenden Sie die Optionen unter der Suchergebnis-Liste, um mehr über die »Feineinstellungen« der Suche zu erfahren.**

   Unter der Suchergebnis-Liste finden Sie neben den Optionen, die wir in Schritt 5 beschrieben haben, zusätzliche Suchwörter, die Sie durch Anklicken in Ihre Suche aufnehmen können. Beispielsweise wäre »Werbung« ein gutes Suchwort, um es zu »Marketing online« dazuzunehmen.

7. **Verwenden Sie die Links für weitere Suchergebnisse, um sich durch die Trefferliste zu bewegen. Schauen Sie sich die Zusammenfassungen an, bis Sie eine Seite gefunden haben, die Sie erkunden wollen.**

Yahoo! verwenden, um nach Kategorien zu suchen

Yahoo! ist eine Suchmaschine, die mit jedem Browser sehr gut funktioniert – inklusive älterer Versionen des Internet Explorers und des Netscape Navigators sowie anderer Browser (z.B. Opera). Yahoo! war ein Internet-Pionier, ins Leben gerufen von drei, heute berühmten Stanford-Studenten, die aus Spaß ein Verzeichnis für Internetseiten erstellen wollten. Yahoo! wurde immer populärer und nahm immer mehr Zeit in Anspruch. Deshalb brachen die Drei die Universität ab und gründeten eine Firma. Yahoo! ist mittlerweile eine feste Größe im Silicon Valley und eine Firma, die sicherlich zu den langzeitigen Gewinnern im Web gehört. (Yahoo! ist die Art von Erfolgsstory, die Sie mit Ihren Marketing Bemühungen auch anstreben sollten!)

Yahoo! hat beim Einsatz für die Zwecke des Online-Marketing große Stärken, da es in Kategorien einteilt, in denen »normale« Menschen denken. Wenn Sie beispielsweise nach Firmen auf einem bestimmten Gebiet suchen, können Sie mit Yahoo fünf bis sechs Ebenen tief in die Kategorien eindringen und in einer, schon sehr eng gefaßten, Unterkategorie suchen. Außerdem zeigt Yahoo! Ihnen häufig verwandte Quellen, wie beispielsweise industrielle Verzeichnisse oder Mail-Listen, passend zu Ihrer Suche.

Wenn Sie also alle guten Quellen in einem Feld sehen möchten, ist Yahoo! der beste Startpunkt. Und wenn Sie in einem sehr eingegrenzten Rahmen suchen wollen – beispielsweise nach Gewinnern im Bereich Marketing, die an der Börse bisher noch nicht gewonnen haben – dann ist Yahoo! die erste Wahl.

Sie sollten für eine Suche im Web immer ein bißchen Zeit mitbringen, aber bevor Sie eine Suche in Yahoo! starten, sollten Sie mindestens eine halbe Stunde Zeit investieren. Sie werden wahrscheinlich soviel interessantes Material finden, daß Sie das Mittagessen verpassen, während Sie im Web stöbern und nützliche Seiten bookmarken.

In unseren Screenshots haben wir den Internet Explorer 4 verwendet, aber Yahoo! funktioniert, wie schon erwähnt, mit allen Browsern. Sie sollten Yahoo! allerdings in der Vollbildansicht verwenden, da es bei Yahoo! sinnvoll ist, viel Platz für die Übersicht zu haben. Im folgenden erfahren Sie, wie Sie das bewerkstelligen:

1. **Starten Sie Ihren Webbrowser.**

2. **Gehen Sie zur Yahoo! Webseite unter www.yahoo.de (siehe Abbildung 2.8).**

 Denken Sie daran, die Yahoo! Seite zu bookmarken oder sie sogar zur Standardseite des Browsers, die immer beim Start erscheint, zu machen. (Yahoo! ist nicht umsonst die beliebteste Seite im Netz.) Die Funktion »Mein Yahoo!« erlaubt es Ihnen, Yahoo! an Ihre eigenen Bedürfnisse anzupassen, so daß Sie spezifische Informationen über Ihre Industrie oder über Marketing bekommen. Sie können ebenso nach anderen Leuten im Netz Ausschau halten (immer wertvoll, um in Verbindung mit Ihren Marketing-Kontakten zu bleiben), Sie haben außerdem die Möglichkeit, über Internet eine kostenlose E-Mail-Adresse zu erhalten und dort E-Mail zu empfangen (dieselbe Dienstleistung finden Sie beispielsweise auch unter Hotmail.com).

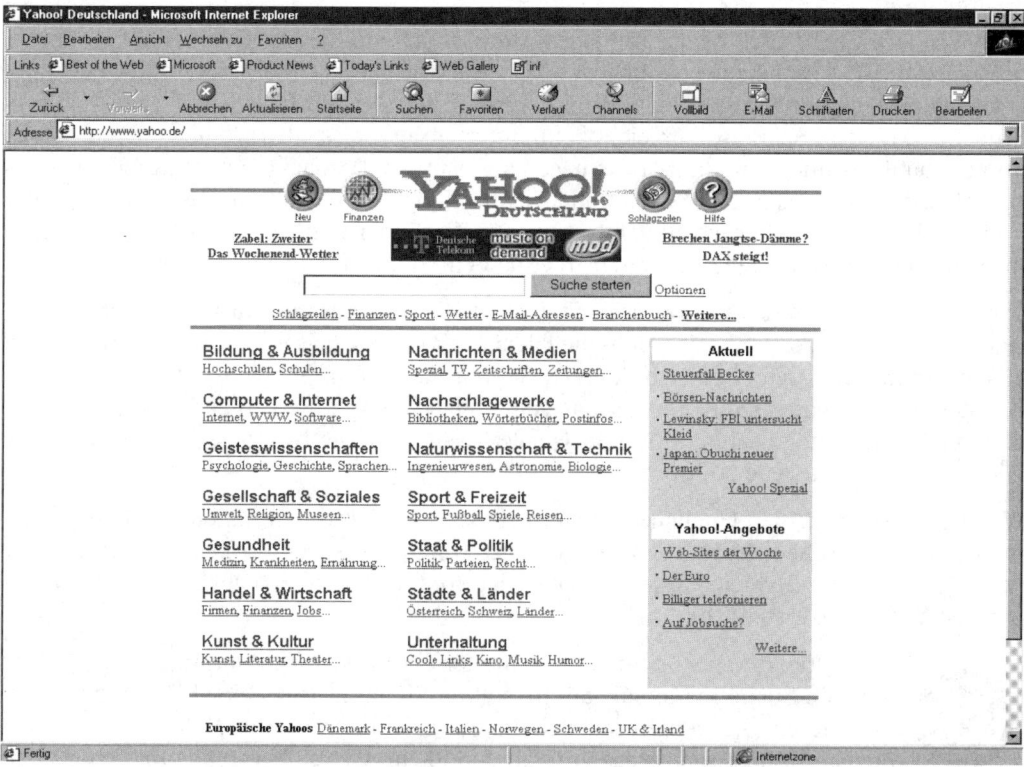

Abbildung 2.8: Die Homepage von Yahoo! Deutschland

3. Klicken Sie auf eine Kategorie, die Sie interessiert.

Die Unterseite für die Kategorie taucht auf; ein Beispiel sehen Sie in Abbildung 2.9. Im folgenden finden Sie die Hauptfunktionen:

◆ **Eingeschränkte Suche:** Sie können in einer speziellen Kategorie nach beliebigen Suchwörtern suchen. Allein diese Möglichkeit kann Ihnen eine Menge Zeit sparen. Wenn Sie beispielsweise etwas über das Marketing in Ihrer Branche wissen wollen, dann gehen Sie in die Kategorie für Ihre Industrie. Geben Sie das Suchwort »Marketing« ein und klicken auf den zweiten Radiobutton, um die Suche auf die aktuelle Kategorie zu beschränken.

◆ **Highligths:** Unter dem Suchfeld sind einige Optionen, die sich von Kategorie zu Kategorie unterscheiden. Schauen Sie hier nach Neuigkeiten, Chats und anderen speziellen Informationen.

◆ **Unterkategorien:** Die Unterkategorien sind sorgfältig ausgewählt, auch wenn es Sie mal in obskure Gebiete verschlägt. (Erinnern Sie sich: Yahoo! startete in Stanford, und eine Menge aufgeweckter Studenten arbeitete an den Datenbanken.)

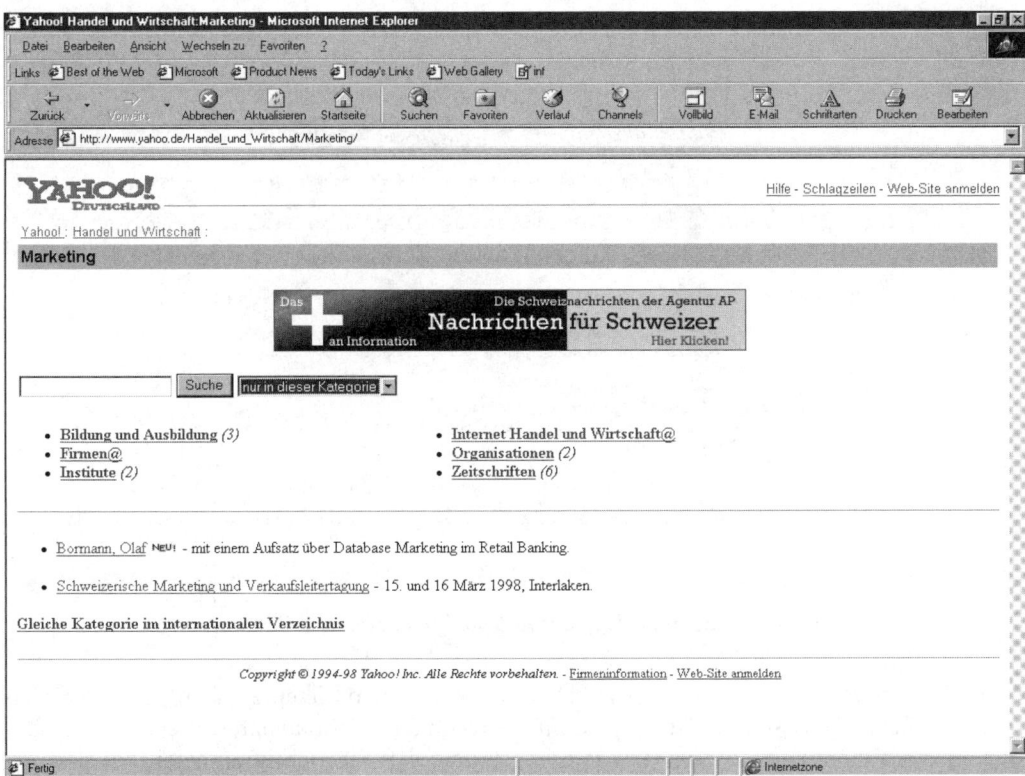

Abbildung 2.9: Die Unterkategorien von Yahoo! sind weit verzweigt.

◈ **Unterstützte Links:** Yahoo! listet unter den Subkategorien eine Menge alphabetischer Links und hilfreicher Quellen, wie zum Beispiel Newsgroups, auf. Diese Liste eignet sich hervorragend, um Quellen für das Marketing zu finden. Sie können hier ein paar Perlen entdecken, aber auch Pleiten erleben. Halten Sie sich damit aber nicht zu lange auf, sondern wenden Sie sich wieder der normalen Suche zu.

4. **Bewegen Sie sich weiter durch die Kategorien und suchen Sie, bis Sie den Bereich finden, den Sie brauchen.**

5. **Geben Sie spezielle Suchwörter ein, um die Information zu finden, die Sie benötigen.**

   Die Suchergebnisse erscheinen wie in Abbildung 2.10 zu sehen. Beachten Sie, daß in den Suchergebnissen sowohl die Kategorie als auch das Suchwort hervorgehoben ist.

Abbildung 2.10: Suchen Sie innerhalb der Kategorien, um bessere Resultate zu erzielen.

Wenn Sie bereits eine Internet-Präsenz haben (oder nachdem Sie eine haben), stellen Sie sicher, daß Sie in die passende Kategorie kommen. Wenn dies nicht klappt, sollten Sie die Angestellten von Yahoo! kontaktieren, um sicherzustellen, daß Sie richtig eingeteilt werden. Da Yahoo! so weit verbreitet ist, erhalten Sie kostenlose Werbung, die Sie nicht mißachten können. In Kapitel 7 erfahren Sie Details, wie Sie ein gutes Ranking in Yahoo! erreichen.

 Wenn Sie in Yahoo! oder in anderen Suchmaschinen suchen, sollten Sie immer ein Auge auf Mail-Listen, Chats, Newsgroups und andere, nicht webspezifische Quellen, die Sie zur Information nutzen können, haben.

Andere Suchmaschinen verwenden

Obwohl Excite und Yahoo! meist sehr gute Resultate liefern, haben auch andere Suchmaschinen ihre Stärken. Wir haben Ihnen oben schon beschrieben, wie Sie über Ihren Browser auf die verschiedenen, dort empfohlenen, Suchmaschinen zugreifen können. Manchmal ist es aber sinnvoller, direkt auf die Homepages der Suchmaschinen zu wechseln, damit Sie alle Suchoptionen ausschöpfen können. Im folgenden finden Sie die Adressen von einigen wichtigen Suchmaschinen:

✔ **AltaVista:** Eine schnelle Suchmaschine, die vor allem durch einen sehr großen Katalog besticht. Sie ist auf Grund ihrer Geschwindigkeit gut geeignet, wenn Sie die Suche erst mit einem größeren Thema beginnen und sie dann einschränken. Sie ist unter `www.altavista.digital.com` gehostet.

✔ **Fireball:** Eine große deutsche Suchmaschine. Da sie kein Ableger einer amerikanischen Suchmaschine ist, ist ihr deutscher Katalog von guter Qualität. Sie finden sie unter `www.fireball.de`.

✔ **Web.de:** Ein deutscher Katalog, der wie Yahoo! nach Kategorien sortiert ist. Für eine schnelle Suche ist Web.de hervorragend geeignet. Die Adresse ist `www.web.de`.

✔ **HotBot:** Die Suchmaschine, die im Internet die meisten Seiten abdeckt. (Ihre Reichweite beträgt über 30%.) Sie ist dennoch sehr schnell und liefert gute Ergebnisse. Die URL ist `www.hotbot.com`.

✔ **Newsgroups:** Auf die Suche in Newsgroups ist DejaNews spezialisiert. Mehr dazu finden Sie in Kapitel 10. Wenn Sie vorher schon mal einen Blick auf DejaNews werfen wollen: `www.dejanews.com`.

✔ **Chat:** Um nach aktuellen Chats zu suchen bietet sich `www.yack.com` an. Leider führen, wie meist im Internet, die meisten Suchergebnisse zu englischen Chats.

✔ **Four11:** Wenn Sie eine E-Mail- oder eine reale Adresse suchen, dann ist `www.four11.com` das Richtige für Sie. Die riesige Adressdatenbank wurde vor kurzem von Yahoo! aufgekauft, und ist deshalb auch über die Homepage von Yahoo! zu erreichen. In Abbildung 2.11 sehen Sie die Homepage von Four11.

✔ **Suchen.de:** Ein E-Mail-Verzeichnis aus deutschen Landen. Es ist nicht so umfangreich wie Four11, aber manchmal hat man auch hier Glück. Zu finden ist es unter `www.suchen.de`.

✔ **MetaCrawler:** Er sucht simultan in mehreren Suchmaschinen nach Ihren Suchbegriffen. Es gibt mittlerweile viele dieser Metasuchmaschinen, aber `www.metacrawler.com` ist nach wie vor eine der besten.

✔ **Search.com:** Die CNET Webseite rund ums Suchen.

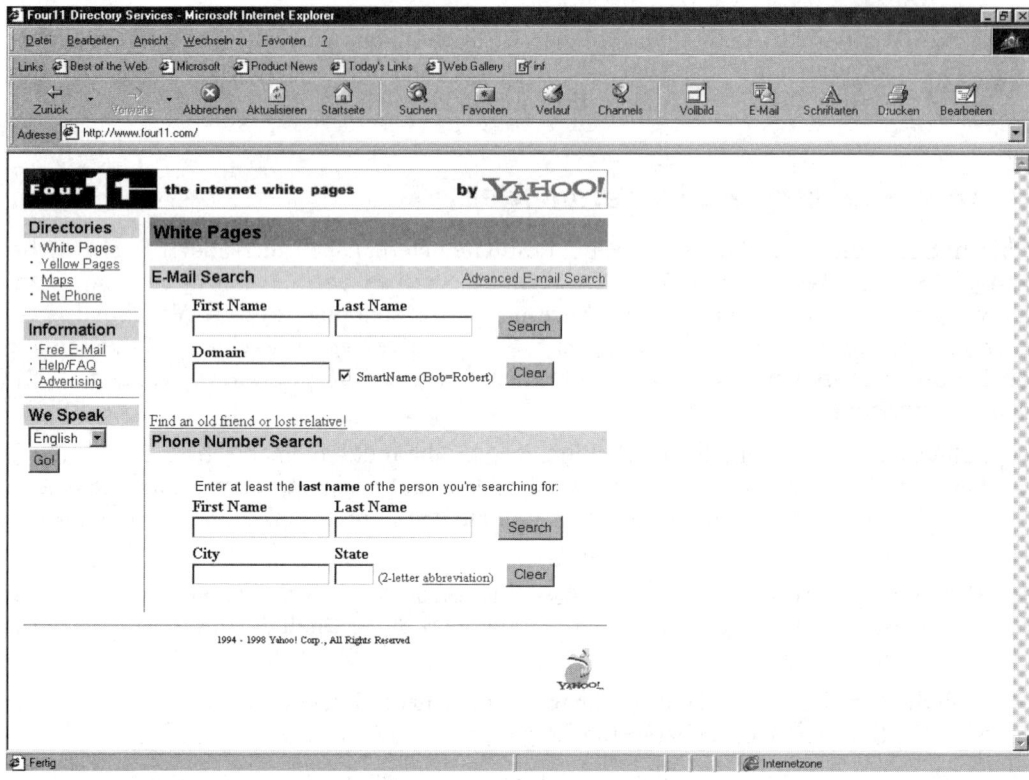

Abbildung 2.11: Die Homepage von Four11

Das Durchsuchen von speziellen Datenbanken

Obwohl das Web eine reichhaltige und wundervolle Ressource für Informationen ist und immer mehr qualitativ hochwertige Informationen ins Web wandern, kann es dennoch die Qualität der Informationen in kostenpflichtigen Datenbanken, wie beispielsweise Genios, nicht erreichen. Diese Datenbanken sind vor allem für branchenspezifische Business-Informationen wichtig. Ein Nachteil dieser Datenbanken sind die relativ hohen Kosten. So verlangt Genios für eine Suchanzeige inklusive Headline und Kurzanzeige zur Auswahl des Volldokuments 2 DM. Dokumente kosten zwischen 3,60 und 4,80 DM, Statistiken gibt es für 6 DM. Dafür erhält man über Genios Zugang zu den Inhalten von 120 Fachzeitschriften, 500 Online-Datenbanken, 60 Millionen Artikeln und 200 Millionen Seiten. Die Seiten lassen sich über eine einfach zu bedienende Oberfläche suchen. Weitere kostenpflichtige Datenbanken finden Sie unter den Kategorien in Yahoo! oder über Online-Dienste wie AOL und CompuServe.

Informationen über Push-Kanäle erhalten

Die Push-Technologie ist für die meisten Online-Nutzer hilfreich und für Marketing-Zwecke geeignet. Sie ist ein relativ neuer Internetservice und liefert die Informationen direkt zum Nutzer. Lange Zeit wurde die Bedeutung der Push-Technologie übertrieben, und obwohl sie im Internet Explorer und im Netscape Navigator der Version 4 implementiert ist, wird sie von den Usern nicht besonders akzeptiert. Das könnte daran liegen, daß Internet-Nutzer sich aktiv informieren wollen, anstatt alles vorgekaut zu bekommen, angefüllt mit unnötigem Ballast. Trotzdem kann die Push-Technologie sinnvoll eingesetzt werden.

Push-Programme, wie beispielsweise PointCast 2.0 oder die beiden Browser senden Ihnen tagesaktuelle Neuigkeiten und Informationen zu jedem Thema, das Sie ausgewählt haben. Die besten Programme schicken zusätzlich zu den Themen passende Weblinks mit. Die Push-Technologie ersetzt dennoch nicht die Zeit, die Sie mit Surfen zubringen werden; sie hilft Ihnen nur, diese Zeit effektiver zu nutzen. Das Programm sendet Ihnen die Informationen, von denen Sie wissen, daß Sie sie brauchen. Anschließend können Sie dazugehörige Informationen über die Links ins Web finden und von dort auf eigene Faust zum Surfen aufbrechen.

Die meistgenutzten Push-Clients sind heute, wie oben erwähnt, PointCast 2.0 und die zwei Browser. Im Internet Explorer ist der Push-Client direkt im Browser eingebaut, im Netscape Communicator ist die Push-Technologie im Zusatzprogramm Netscape Netcaster untergebracht.

Für Leute, die Online-Marketing betreiben, bietet die Push-Technologie sowohl Probleme als auch Chancen. Die wichtigste Chance ist, daß Nutzer, die den Push-Kanal beantragen, Ihnen die Möglichkeit geben, bei jedem Update neue Marketing-Informationen mitzuschicken. Das Problem dagegen ist, daß Nutzer normalerweise keine Kanäle wählen, die nur Werbung senden. Deshalb müssen Sie genug brauchbare Informationen beifügen, um den Usern guten Nutzwert zu bieten.

Im folgenden finden Sie einige Tips und Tricks im Umgang mit Pointcast 2.0. Es ist Marktführer im Bereich der reinen Push-Programme. Deshalb ist Pointcast nicht nur ein Pionier im Bereich Push-Technologie, es ist genauso ein erfolgreicher Träger von Werbebotschaften. Wann immer Sie also Pointcast verwenden, sollten Sie darüber nachdenken, wie Sie damit ihre eigenen Werbebotschaften übermitteln können.

Up-to-date mit Pointcast

Wie schon erwähnt, ist Pointcast das ursprüngliche Programm für die Push-Technologie. Die meistgenutzte Funktion von Pointcast ist der Screensaver, der immer die aktuellen Börsenkurse und Schlagzeilen auf den Bildschirm holt, wenn Sie den Rechner gerade nicht verwenden. (Diese Funktion versetzte die Leute in großes Erstaunen, als Pointcast 1996 auf den Markt kam; heute gehört sie zum Alltag.)

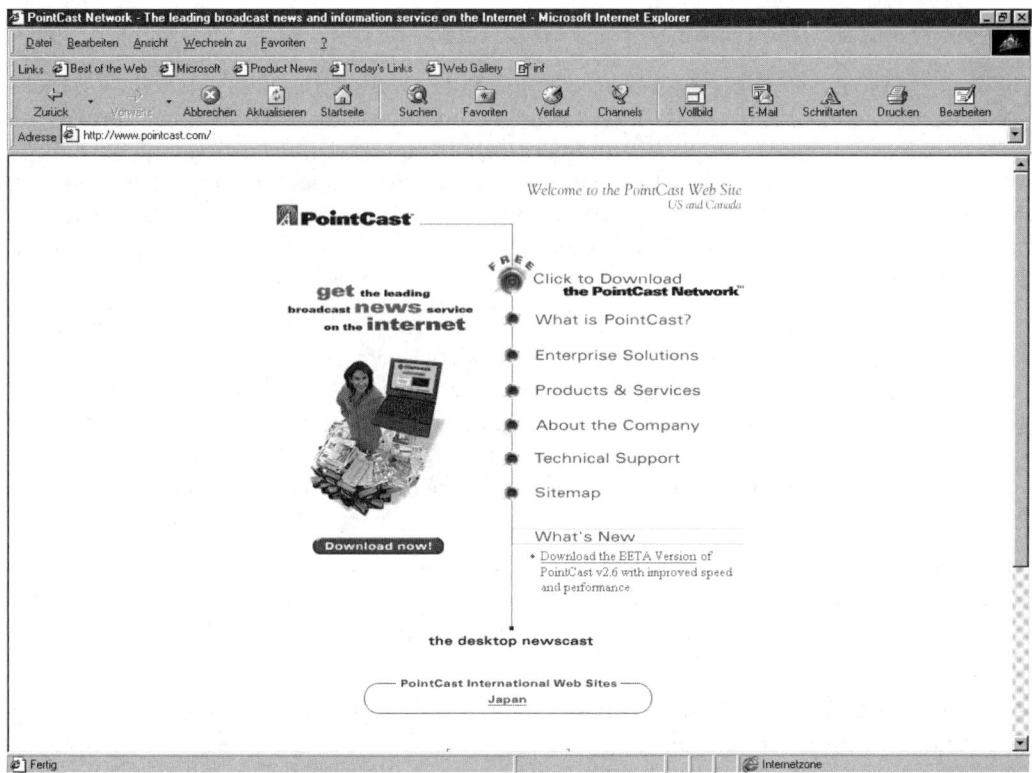

Abbildung 2.12: Die Homepage von Pointcast

 Pointcast benötigt eine Internet-Verbindung, um ein Informations-Update zu beziehen. Dies funktioniert entweder über eine Wahlverbindung per Modem oder über eine Direktverbindung per Netzwerk. In der Hilfe von Pointcast finden Sie dazu Näheres.

Wie funktioniert das »Pushen« mit Pointcast? Nun, Ihr Computer fordert von Zeit zu Zeit aktuelle Informationen von den Push-Servern im Internet an. Wenn Sie Pointcast eingerichtet haben, müssen Sie nicht mehr im Web surfen, um die Informationen abzurufen, sondern sie werden Ihnen automatisch gemäß Ihren Voreinstellungen zugesandt. Sobald das geschehen ist, okkupiert Pointcast Ihren Bildschirm – deshalb Push? – und stellt Ihnen die Informationen vor die Nase. (Sie können den Pointcast Screensaver natürlich auch ausschalten.)

Obwohl PointCast in nahezu jeder Hinsicht erfolgreich ist, wurde es dennoch wegen einiger Dinge kritisiert. Beispielsweise kann der Screensaver, so gut er auch ist, doch schnell nervig werden. Außerdem kann es zu Kapazitätsproblemen in einem hauseigenen Netzwerk kommen, wenn die Informationen für mehrere Benutzer gleichzeitig aktualisiert und übers Netz geschickt werden. Ein anderer Kritikpunkt ist, daß die Informationen über E-Mail einfacher und ressourcenschonender gesendet werden können. Dabei muß man allerdings auf Bilder verzichten.

Im nächsten Abschnitt beschreiben wir, warum PointCast trotz der oben angeführten Kritikpunkte für Marketing-Fachleute ein gutes Werkzeug darstellt. Ein Grund ist sicherlich, daß die meisten Spielarten des Marketing einen sehr großen Informationsbedarf haben. Außerdem hat Pointcast, um Probleme im Netzwerk zu vermeiden, einige frei erhältliche Utilitys herausgebracht, die dem Netzwerk-Administrator das Leben leichter machen. Die neuesten Informationen dazu finden Sie auf der PointCast-Homepage unter `www.pointcast.com` (siehe Abbildung 2.12).

Acht Push-Kanäle, die hervorragend für Marketing geeignet sind

Sowohl PointCast, als auch der Internet Explorer eignen sich hervorragend für die Verwendung von Push-Kanälen. Für PointCast gibt es allerdings nur englische Kanäle, deshalb stellen wir Ihnen hier noch zwei deutsche Kanäle für den Internet Explorer 4 vor, die sich gut zum Online-Marketing, bzw. zur Informationsgewinnung eignen:

Die PointCast-Kanäle:

✔ **Der »Connections Superchannel«:** Dieser Kanal macht es Ihnen besonders einfach, da er viele spezialisierte Kanäle enthält. Bereits wenige »Connections« helfen Ihnen schon sehr, immer up-to-date zu bleiben. (Unsere persönlichen Favoriten: die »Internet Advertising discussion list« und »David Strom's Web Informant Newsletter«)

✔ **»The Industries and Companies channels«:** Dieser Kanal bietet Ihnen Informationen aus verschiedenen Branchen. Sie können aus 50 Branchen bis zu 10 auswählen. Dann erhalten Sie zu diesen aktuelle Informationen.

✔ **The Wall Street Journal:** Das weltberühmte Wall Street Journal flattert Ihnen völlig kostenlos ins Haus.

✔ **ZDNet und CMPnet:** Zwei gute Quellen für Neuigkeiten aus der Computerbranche. ZDNet legt den Schwerpunkt eher auf Produkte und CMPnet auf Neuigkeiten aus der Branche.

✔ **Wired News:** Das Wired-Magazin ist nach wie vor eine wichtige Stimme in der Online-Welt, und die News können Ihnen dabei helfen, Ihre eigene Online-Präsenz zu verbessern.

Die Internet-Explorer-Kanäle

✔ **Der Spiegel-Kanal:** News aus deutschen Landen in gewohnter Qualität.

✔ **Der Compaq-Kanal:** Informationen rund um Computer. Meist sehr aktuell und interessant.

 »Connections Superchannel« und »Industries and Companies channels« liefern eine Menge Pressemitteilungen, aber auch unabhängige Nachrichten. Diese Mischung ist fürs Marketing sehr wertvoll. Sie sollten allerdings immer auf die Quelle achten, aus der die Nachricht kommt.

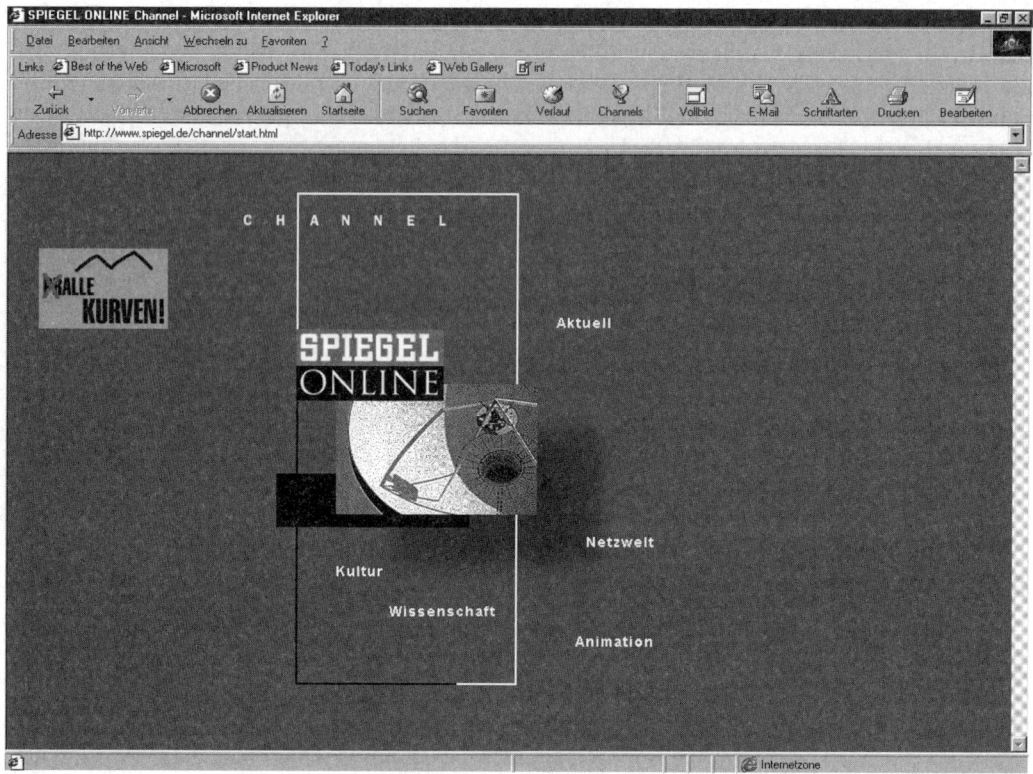

Abbildung 2.13: Der Spiegel-Kanal des Internet-Explorer

Effektives Online-Marketing

3

In diesem Kapitel:

▶ Schätzen Sie Ihren Marketing-Aufwand ab

▶ Finden Sie heraus, was Ihre Konkurrenten im Internet anbieten

▶ Bestimmen Sie Größe und Umfang Ihrer Marketing-Bemühungen im Internet

▶ Erstellen Sie Ihren Marketingplan und binden Sie ihn ein

*W*ir haben uns für dieses Kapitel an ein altes Sprichwort erinnert aus den Tagen, als die Computer begannen, die ersten Geschäftsprozesse zu automatisieren (nein, nicht: »Never touch a running system!«): »Ein schlechtes Konzept zu nehmen und es in den Computer zu bringen, macht daraus kein gutes.« Die Lehre, die man oftmals daraus zog, war, die Geschäftsprozesse an den Computer anzupassen, bevor man sie umsetzte.

Dies gilt natürlich auch für Ihre Marketing-Bemühungen. Wenn Sie einen mickrigen oder unvollständigen Marketing-Auftritt im Netz haben, werden Sie auch nur mickrige Resultate ernten.

Heißt das, daß Sie online noch nichts tun können, bevor Sie nicht auch das kleinste Problem bei Ihrem bestehenden Marketing-Auftritt beseitigt haben? Natürlich nicht. Aber es bedeutet, daß Sie Ihren Marketing-Aufwand im Internet gering halten sollten, bis Sie Ihren klassischen Marketing-Auftritt offline effektiv gestaltet haben. Denken Sie daran, bevor Sie ein Internet-basierendes Geschäft aufbauen, daß die meisten Ihrer Kunden noch nicht online sind. Für die meisten Märkte und Geschäftsbereiche ist Online-Marketing das Sahnehäubchen; und das klassische Marketing ist der Kuchen. Kuchen sollte mit Sahnehäubchen serviert werden, nicht Sahne mit Kuchen.

Deshalb sollten Sie, um ein konstant erfolgreiches Online-Marketing zu starten, mit kleineren Zielen beginnen, und sie realisieren. Ergänzen Sie dann ehrgeizigere Ziele, und warten Sie, bis Sie diese erreicht haben. Dies sollte immer so weitergehen. Bei jedem dieser Schritte müssen Sie über die Verbindung zwischen Ihrem klassischen Marketing in der Welt außerhalb des Computers und Ihrem Online-Marketing nachdenken. Sie sollten Ihr Marketing in beiden Welten weiterentwickeln und die Parallelen nutzen, um Zeit zu sparen.

Dieses Kapitel wird Ihnen näherbringen, wie Sie Ihren Marketing-Aufwand für das Internet planen, um auf Anhieb Erfolg zu haben. Dabei sollten Sie trotz der Notwendigkeit, zu planen, dennoch nie die »Just do it«-Mentalität aus den Augen verlieren, denn sie hat lange Tradition in der Online-Welt. Wenn Sie es wirklich sehr eilig haben, etwas ins Internet zu stellen, dann lesen Sie Kapitel 4, in dem Sie erfahren, wie man einen geeigneten Domain-Namen findet, und Kapitel 5, wo die Erstellung einer grundlegenden Webseite behandelt wird.

Den Marketing-Aufwand abschätzen

Der erste Schritt auf dem Weg zu einer effektiven Marketing-Präsenz im Internet, ist, den Ist-Zustand Ihrer bisherigen Marketing-Bemühungen abzuschätzen. Nahezu jede traditionelle Marketingschiene kann zum Bekanntmachen Ihres Internet-Auftritts genutzt werden. Und fast jedes Marketing-Dokument und jede Idee kann umgestaltet und inhaltlich unverändert, aber neu aufbereitet für das Online-Marketing verwendet werden. Deshalb ist es für einen hohen Nutzen des Online-Marketing unabdingbar, zu wissen, wo man im Offline-Marketing steht.

Sie müssen nicht nur Ihre aktuellen Marketing-Aufwendungen betrachten, sondern auch die Aufwendungen für alles, was Sie verkaufen – die Produkte oder Dienstleistungen, auf denen die Existenz Ihrer Firma begründet liegt. Dann können Sie sich am besten entscheiden, wie Sie sich selbst im Internet darstellen wollen.

Was ist Ihre Rolle?

Wenn Sie Teil einer kleinen Firma oder Organisation sind, dann sind Sie wahrscheinlich für so ziemlich alles verantwortlich: die Unternehmensstrategie, die Produkte, die Dienstleistungen, die PR und die Internet-Präsenz. Aber in einer mittleren oder größeren Firma sind Sie vermutlich nur für einen Teil zuständig: eine Abteilung oder ein spezielles Produkt.

Selbst wenn alle Fäden in Ihrer Hand zusammenlaufen, Sie müssen immer mit anderen zusammenarbeiten, um eine effektive Internet-Präsenz aufbauen und sie sauber in die Marketing-Bemühungen des gesamten Unternehmens einflechten zu können. Aber auch wenn Sie nur einen Teil der Entscheidungen unter sich haben, sollten Sie die Schritte in diesem Kapitel nachvollziehen. Sie helfen Ihnen, die Zusammenhänge zu verstehen und mögliche Problemstellungen konsequent zu strukturieren.

Den Marketing-Aufwand Ihres Unternehmens einschätzen

Um für Ihr Unternehmen eine effektive Marketing-Strategie zu erstellen, müssen Sie seine Stärken verstehen lernen, um sie herausstellen zu können. Und Sie müssen sich seiner Schwächen bewußt sein, um dazu beitragen zu können, sie durch neue Produktentwicklungen, strategische Partnerschaften und andere Bemühungen zu beseitigen. Stellen Sie sich zum Einstieg in diese Thematik ein paar Fragen zu Ihrer Firma:

✔ **Was verkauft Ihre Firma?** Listen Sie alle Produkte und Dienstleistungen auf, die Ihre Firma verkauft. (Wenn Sie für eine sehr große Firma arbeiten und Ihre Abteilung nur einen kleinen Teil des Online-Auftritts ausmacht, sollten Sie sich bei der Beantwortung der Fragen auf diesen Bereich und die dazugehörigen Produktgruppen beschränken.) Dann sollten Sie einen Überbegriff für Ihre Produkt- und Dienstleistungen finden. Typische Antworten könnten sein: Autoreifen, Computersoftware oder Versicherungen. Dieser Überbegriff zeigt Ihnen, in welchem Kontext Sie am besten werben.

✔ **Wer sind Ihre Kunden?** Listen Sie die wichtigsten Kundengruppen Ihrer Firma auf. Unter Ihren Kunden könnten Freiberufler, Hausfrauen, Manager oder Golfer sein. Wenn Sie Ihre Kunden gut kennen, haben Sie auch schon ein genaueres Bild von den verschiedenen Kundentypen im Kopf, oder aber Sie kennen einen oder mehrere repräsentative Kunden. Vergleichen Sie die Profile Ihrer Kundentypen mit den Informationen über Demographie aus Kapitel 1, um den Teil Ihrer Kunden, der am häufigsten online ist, herauszufinden.

✔ **Was unterscheidet Ihre Firma von anderen Firmen?** Sagen Sie beispielsweise nicht, Sie sind »schnell«, wenn Sie nicht die schnellsten am Markt sind oder sich auf dem Weg dorthin befinden. Sagen Sie auch nicht, Sie sind »kundenorientiert«, wenn Sie nicht durch das Feedback Ihrer Kunden oder durch Service-Preise in Ihrer Meinung bestätigt werden, eine der kundenorientiertesten Firmen Ihrer Branche zu sein. »Die Größten« zu sein, ist von Vorteil, aber bezogen auf welchen Markt? Verwenden Sie die Informationen in Kapitel 2 für die Suche nach dem Wettbewerb und den Wettbewerbern in Ihrem Bereich, um Ihre eigenen Vorteile zweifelsfrei identifizieren zu können. Hoffentlich finden Sie am Ende ein oder zwei Differenzierungskriterien, die eindeutig belegbar sind.

Seien Sie nicht überrascht, wenn Ihre Firma nicht so viel zu bieten hat, wodurch sie aus der Zahl der Mitbewerber herausragt. Viele Firmen haben in gewissen Phasen Ihrer Existenz wenig starke Qualitäten und Differenzierungskriterien, die aus der Masse der Mitbewerber hervorstechen. Aber wenn Sie gar keine Differenzierungskriterien haben, ist das ein Warnsignal dafür, daß Sie den differenzierten Wettbewerbern gegenüber verwundbar sind. Denn diese werden ihre eigenen Vorteile ohne Rücksicht kommunizieren.

Ein gutes Beispiel für die Notwendigkeit, sich gegenüber Wettbewerbern zu differenzieren, ist Apple – eine Firma für die wir beide gearbeitet haben (der eine als Berater, der andere sieben Jahre als Mitarbeiter). Kurz nach der Gründung hatte Apple den Bestseller Apple II im Programm. Nachdem das Prädikat »Bestseller« an die IBM-PCs wechselte, ging Apple dazu über, den Computer zu bauen, der am einfachsten zu bedienen war, den Macintosh. Nachdem Microsoft Windows aber dafür sorgte, daß dieser Vorteil dahinschmolz, litt die Firma sehr darunter. Seit neuestem plaziert Apple seine Computer der G3-Serie als die schnellsten PCs der Welt. Diese erneute Differenzierung spricht vor allem High-End-User und User mit finanziellem Background an – dieser Schritt weist Apple im Moment den Weg zurück zum Erfolg.

Schätzen Sie deshalb Ihren existierenden Marketing-Aufwand ein. Sammeln Sie Ihr Logo, feststehende Informationen, sämtliche Press-Releases und Pressemitteilungen, Kataloge, Printanzeigen, TV- und Radio-Spots, Jahresberichte, Reden von Firmenvertretern, alle Webseiten, die Sie vielleicht schon haben, und vieles mehr. Denken Sie an einige ähnliche Firmenlogos – an das Ihrer Hausbank oder des nächsten Fast-Food-Restaurants, an das Logo von Computerfirmen und Autoherstellern (viele von ihnen haben in den letzten Jahren ihr Logo verändert oder erneuert, um ihrer Marktpräsenz ein anderes Gewicht zu verleihen). Vergessen Sie nicht die Firmenlogos Ihrer Konkurrenten. Welchen Eindruck machen diese verschiedenen Logos auf Sie? Das Logo einer Bank ist beispielsweise meist einfach, klar und schlicht; es soll Seriosität, Sicherheit und Rentabilität vermitteln. Ein Autohersteller möchte mittels seines Logos etwas über die Art von Autos, die er herstellt, aussagen – so verwendet Mercedes seinen Stern, um Komfort, Sicherheit und Luxus zu visualisieren; Ferrari hingegen zeigt mit dem springenden Pferd Stärke und Kraft. Schauen Sie nun auf das Logo Ihrer eigenen Firma und überprüfen Sie, ob es zum Marketing-Bemühen der Firma paßt. Wenn es das tut, verwenden Sie es Online. Ansonsten sollten Sie über eine Neugestaltung nachdenken. Abbildung 3.1 zeigt eine Firma, die Logos erstellt. Wenn Sie bei der Gestaltung eines neuen Logos Hilfe brauchen, finden Sie im Web eine Menge geeigneter Firmen.

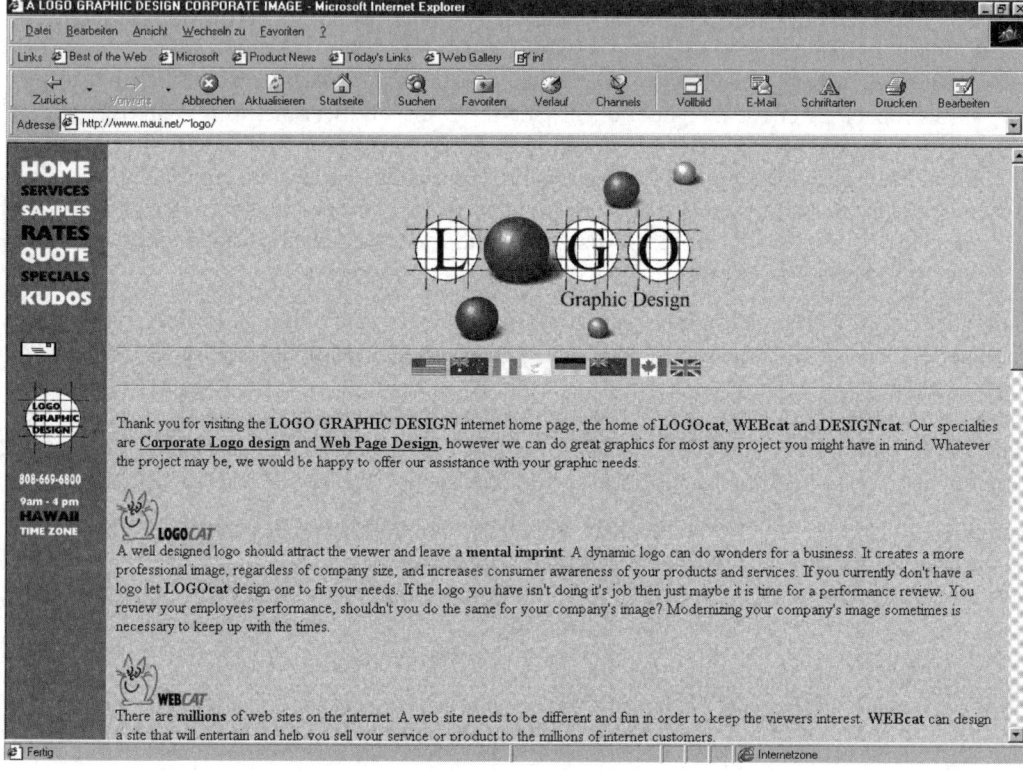

Abbildung 3.1: Die Homepage einer Firma, die Logos kreiert.

Versuchen Sie nicht, das Image Ihrer Firma im Internet völlig umzugestalten. Sie verleihen Ihrer Firma durch einen Internet-Auftritt natürlich den Glanz eines technologiebegeisterten Unternehmens. Man wird Sie als innovativ und trendbewußt erachten. Allerdings läßt dieser Effekt immer mehr nach, je mehr Unternehmen im Internet sind. Verwenden Sie am besten die demographischen Informationen aus Kapitel 1, um Ihr Image im Internet auf Ihre Zielgruppen zuzuschneiden. Aber achten Sie darauf, daß die Veränderungen sich mit Ihrem Image in der realen Welt vertragen, denn es wäre unsinnig, ein konservatives Unternehmen im Internet zu einem jungen und verrückten machen zu wollen.

 Wenn das Image Ihrer Firma wirklich einer Erneuerung bedarf, kann das Internet bei diesem Wandel eine Schlüsselrolle spielen. Erwägenswert wäre es beispielsweise, einen erfahrenen Berater zu engagieren, um die Entwicklung des Firmenimage in die richtige Richtung zu lenken. Aber versuchen Sie bloß nicht, das Firmenimage nur im Internet zu ändern. Ändern Sie stattdessen das komplette Firmenimage inklusive Corporate Identity.

Online-Marketing auf Unternehmensebene

Viele Leute, die Sie schlußendlich im Netz finden, sind nur an einfachen Fakten interessiert, beispielsweise wo Sie Ihren Firmensitz haben, welcher Branche Ihr Unternehmen angehört, wie viele Angestellte Sie haben und wieviel Umsatz und Gewinn Sie machen. Aus diesem Grund ist es so wichtig, eine einfache, informative und kompakte Basis-Internet-Präsenz zu haben, die diese Informationen bietet.

Firmen-Marketing, egal ob on- oder offline, ist eine schwer meßbare, schwammige Angelegenheit. Denken Sie nur an die vielen Image-Kampagnen im Fernsehen von großen Finanzdienstleistern oder Computerfirmen. Diese Firmen verkaufen Ihnen nichts und Sie werden vielleicht nie etwas direkt von der Firma kaufen. Sie legen nur den Grundstein für detailliertere Marketing-Aktionen.

Die Umsetzung

Einer der häufigsten Fehler in dieser Phase des Marketing ist, die Differenzierungskriterien zu sehen, die man gerne sehen möchte, und nicht die, die wirklich da sind. Wenn Sie also auf ein Adjektiv stoßen, das nicht den Ist-, sondern den Soll-Zustand beschreibt, dann denken Sie darüber nach, wie Sie es in die Praxis umsetzen können. Finden Sie Trainingsprogramme und Übungen heraus, mit denen Sie Ihr Unternehmen zum besten im Bereich Kundenservice machen können. Beispielsweise arbeiten Autowerkstätten mit Checklisten, damit die Mechaniker ihre Arbeit besser verrichten können (das hilft leider nicht immer). Suchen Sie nach Wegen, die Benutzerfreundlichkeit und die Anwendungsmöglichkeiten Ihres Produkts zu steigern. Achten Sie auf die Maßnahmen Ihrer Konkurrenten und reagieren Sie auf deren Differenzierungsversuche, um Sie schließlich mit ihren eigenen Waffen zu schlagen.

Marketing ist mittlerweile zu einem der beherrschenden Teile im Unternehmen geworden. Es hat sich von der Abteilungsangelegenheit zur Chefsache entwickelt (dies ist auch der Grund dafür, warum so viele Geschäftsführer und Vorstände aus dem Bereich Marketing kommen), da der Wettbewerb jedes Unternehmen zum marktorientierten Denken zwingt. Wenn Sie darüber nachdenken, wie Sie Ihre Produkte und Dienstleistungen verbessern können, machen Sie sie gleichzeitig marktgerechter und damit erfolgreicher.

Die Aufgabe von Marketing als Imagewerbung ist es, die Schlüsselattribute des Unternehmens zu transportieren und einen hohen Bekanntheitsgrad bei den Kunden zu schaffen, um damit die produktspezifischen Marketing-Aktionen vorzubereiten. Diese Imagewerbung hilft Ihnen außerdem, Investoren zu finden. Abbildung 3.2 zeigt die Homepage von Superscape, einer mittelgroßen Firma mit einem guten Verständnis dafür, wie sie ihre Produkte und ihr Image online darstellt.

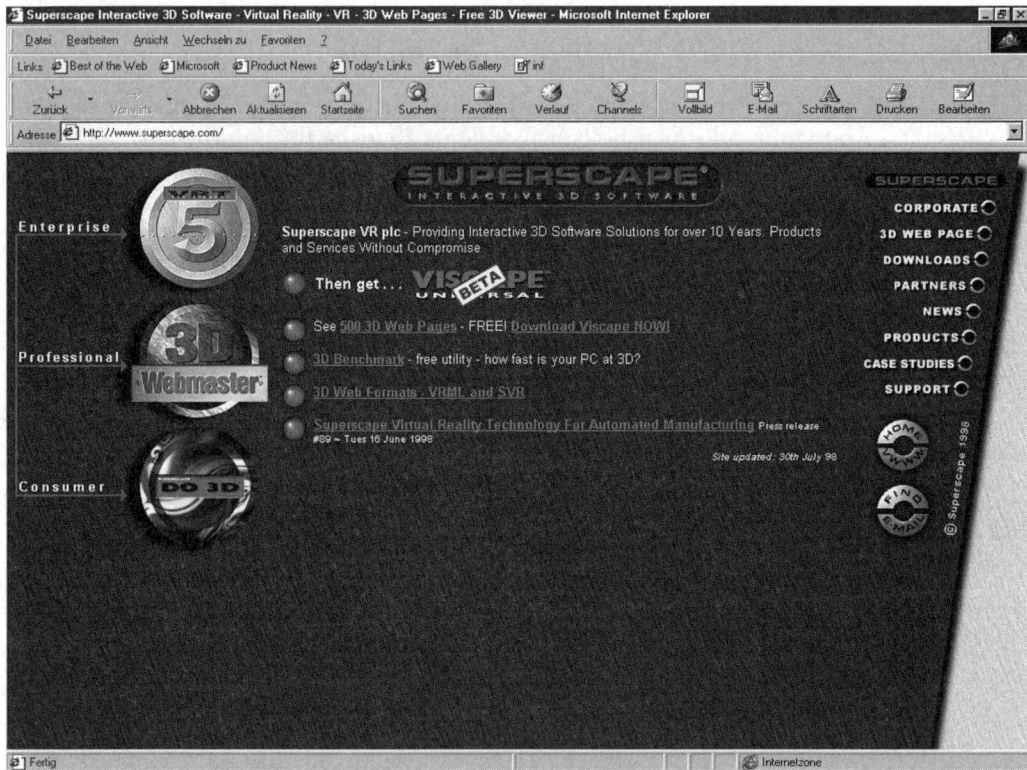

Abbildung 3.2: Superscapes vorbildliche Online-Präsenz

Den Marketing-Aufwand für aktuelle Produkte abschätzen

Ihre Produkte können Waren, Dienstleistungen oder ein Mix aus beidem sein. Vielleicht haben Sie auch aus Ihren Waren und Dienstleistungen ein eigenständiges Paket geschnürt, das selbst schon wieder ein Produkt ist. Dies erreichen Sie durch die Standardisierung einiger wichtiger Faktoren des Pakets, beispielsweise der Dauer, der Art der Dienstleistung etc. Wenn Sie noch keine Pakete anbieten, sollten Sie sich überlegen, solche in Ihr Programm aufzunehmen. Denn dadurch vereinfachen Sie für Ihre Besucher im Internet den Preisvergleich und den Überblick über Ihr Angebot.

 In diesem Buch verwenden wir den Begriff Produkt für Waren, Dienstleistungen und Pakete. Wenn es um eine Idee geht, die nur Dienstleistungen betrifft, schreiben wir dies dazu. Generell sollten Sie bei Produkten immer an die Produkte denken, die Sie selber verkaufen.

Denken Sie nun darüber nach, was Ihr Produkt von anderen Produkten auf dem Markt unterscheidet. Wenn Sie beispielsweise meinen, Ihr Produkt sei auf seinem Gebiet das Beste, dann überlegen Sie, was »das Beste« in dieser Produktkategorie ausmacht. Listen Sie Möglichkeiten auf, diese Position zu verteidigen, wenn sie angegriffen wird. Beispielsweise wird Ihr Produkt aus qualitativ sehr hochwertigen Materialien produziert, von sehr erfahrenen Leuten gefertigt, oder von Kunden gekauft, die ihrerseits für exzellente Produkte berühmt sind. Wenn Ihr Produkt das preiswerteste ist, definieren Sie preiswert genauer: beispielsweise als niedrigsten Anschaffungspreis oder als niedrigste Wartungskosten.

Um für Ihre Aussagen Zeugenaussagen zu ergattern, sollten Sie das Web und andere Online-Ressourcen, wie in diesem Buch beschrieben, verwenden. Kapitel 2 sagt Ihnen, wie Sie effektiv im Internet suchen. Die gelben Seiten dieses Buchs enthalten nicht nur Webseiten, sondern auch Newsgroups und andere Online-Quellen, die wertvolle Marketing- und Produktinformationen offerieren.

Bemühen Sie sich, die Wettbewerbsvorteile, wodurch sich Ihr Produkt von anderen unterscheidet, herauszufinden und zu sichern. Produkte, die sich nicht differenzieren, sind nicht nur gegenüber Konkurrenzprodukten verwundbar, sondern auch wenig profitabel. Abbildung 3.3 zeigt die Webseite eines Produkts, das die Konkurrenten nicht direkt erwähnt, sondern die eigenen Vorteile geschickt in den Vordergrund stellt.

Starten Sie das Online-Produktmarketing, indem Sie die existierenden Marketing-Materialien für das Produkt sichten; fühlen Sie sich von ihnen aber nicht zu sehr gebunden. Meistens werden Sie eher damit Erfolg haben, das Image eines einzigen Produktes als das Image der ganzen Firma im Internet zu ändern. Der Grund dafür ist, daß das Firmenimage normalerweise Ereignisse aus der Vergangenheit, aktuelle Arbeitsweisen und die Einstellung der Mitarbeiter widerspiegelt – alles Dinge, die sich nur schwer ändern lassen. Produkt-Images sind im Gegensatz dazu viel leichter abzuwandeln, solange die bekannten Produktmerkmale nicht mißachtet werden.

Denken Sie darüber nach, wie Sie das Image eines Produkts im Internet ändern können. Beispielsweise lassen sich den Internet-Nutzern die technischen Vorteile und Stärken eines Produkts leichter vermitteln, als dies offline möglich ist. Wenn Sie einen Rasenmäher vermarkten wollen, bietet Ihnen das Medium Internet die Möglichkeit, durch detaillierte Fotografien und Beschreibungen die Vorteile Ihres Rasenmähers besser zu transportieren, als das über einen Katalog der Fall wäre. Wenn das Online-Produktmarketing gut funktioniert, sollten Sie überlegen, wie Sie das neue Image auf Ihr Offline-Marketing übertragen.

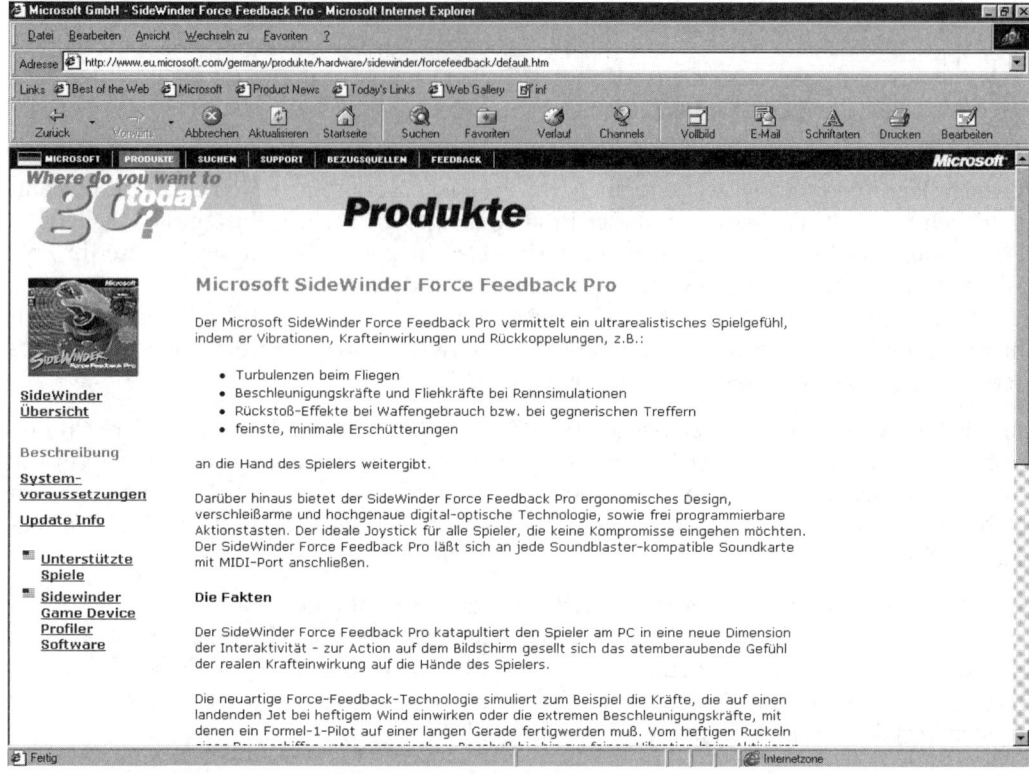

Abbildung 3.3: Hier sehen Sie ein Produkt, dessen Vorteile gut herausgestellt wurden.

Produkte im Internet vermarkten

Sie haben fast unbegrenzte Möglichkeiten, Online-Marketing zu betreiben – von der einzelnen Webseite bis hin zum komplexen Internet-Auftritt, mit E-Mail-Service, Newsgroups, Online-Service-Teil und vielem mehr. Sie entscheiden außerdem, ob Sie Ihr gesamtes Produktspektrum oder nur einen Ausschnitt daraus im Internet verkaufen wollen.

Beim Verkaufen übers Netz verschmelzen, wie schon im vorigen Abschnitt beschrieben, die Grenzen zwischen Ware und Dienstleistung. Ein gutes Beispiel dafür ist Abbildung 3.4; auf dieser Homepage wird die Dienstleistung »Webhosting« als eigenständiges Produkt verkauft.

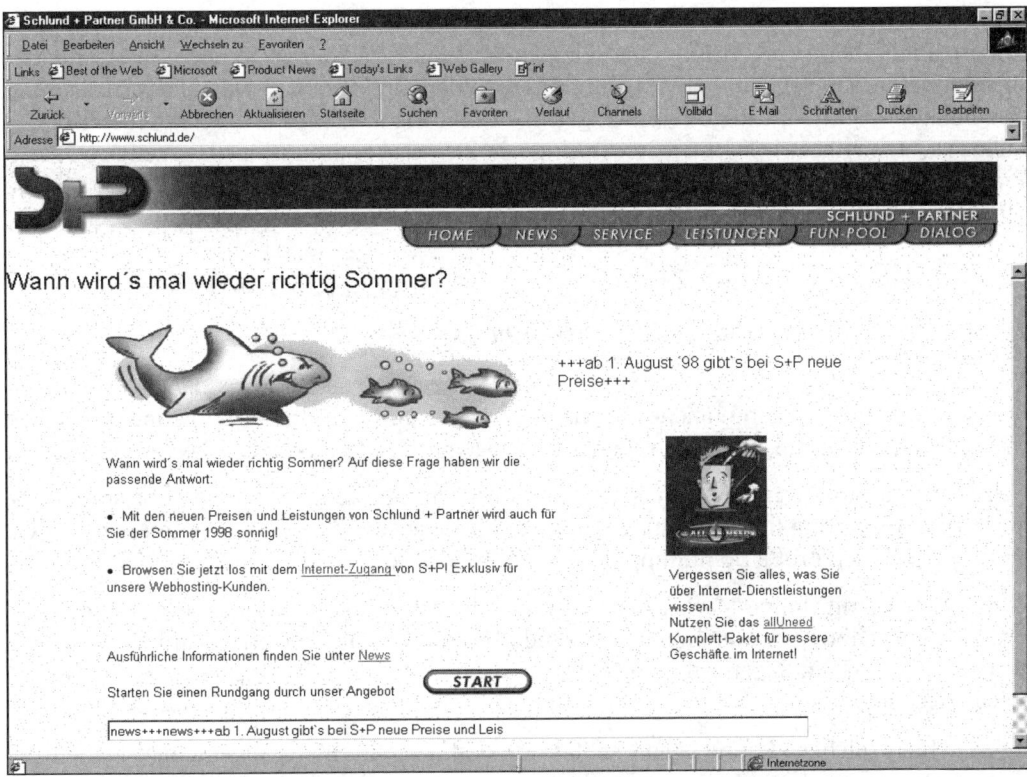

Abbildung 3.4: Dienstleistungen im Paket als Produkt

Online-Marketing für ein Einmann-Unternehmen

Was ist, wenn Ihr Unternehmen nur aus Ihnen besteht – einem unabhängigen Berater, Autor, Freiberufler oder einem anderen einsamen Wolf? Brauchen Sie eine Internet-Präsenz? Wenn Sie den Aufwand in vertretbaren Grenzen halten, sollte die Antwort ja heißen.

Wenn Sie zu den Einzelunternehmern gehören, die Tag und Nacht arbeiten, haben Sie vielleicht schon die Kommunikationsmöglichkeiten des Internet genutzt. Ansonsten sollten Sie sich über einen Internet Service Provider (ISP: T-Online, AOL, CompuServe, UUNet ...) Zugang zur Online-Welt verschaffen. Hierbei kann Ihnen sicherlich das Buch *Internet für Dummies* von John Levine, erschienen bei ITP, Bonn, helfen.

Im Gegensatz zu den meisten größeren Firmen, ist ein Beginn mit Online-Marketing vor dem traditionellen Marketing für Sie vielleicht durchaus sinnvoll. Als Freiberufler bestanden Ihre Marketing-Bemühungen wahrscheinlich aus Mund-zu-Mund-Propaganda und persönlichen Kontakten. Sie haben vermutlich nur Marketing-Basics, wie Visitenkarte, Anrufbeantworter und Fax. Massen-Mailings, Einträge in Branchenbücher etc. sind auf Grund ihrer Kosten für Sie nicht möglich.

Wenn diese Beschreibung in etwa Ihrer Situation entspricht, macht eine maßvolle Intenet-Präsenz für Sie viel Sinn. Mittels eines kleinen Web-Auftritts können Sie sich selbst und Ihre Referenzen beschreiben sowie Ihre technischen Stärken und Ihre Zuberlässigkeit transportieren. Auch wenn nur eine ungewöhnlich geringe Zahl Ihrer aktuellen und potentiellen Kunden online ist, empfehlen wir Ihnen, dennoch eine sehr kleine, aber professionell wirkende Internet-Präsenz aufzubauen, wie sie in Kapitel 5 beschrieben wird. Zusätzlich sollten Sie andere, kostengünstige Online-Marketing-Möglichkeiten, wie in diesem Buch beschrieben, ausschöpfen.

Ist Ihr traditionelles Marketing ausreichend?

Wenn Sie die Marketing-Materialien betrachten, die Ihre Firma oder Ihr Produkt darstellen, werden Sie an einigen Stellen manches vermissen, was Sie gerne in Ihrem Marketing-Mix hätten (beispielsweise einen ausführlichen Katalog, Anzeigen in der Zeitung etc.). Das ist normal.

Sollten Sie aber gravierendere Versäumnisse in Ihrem Marketing-Konzept – beispielsweise keine Differenzierung Ihrer Produkte und Ihrer Firma gegenüber Konkurrenten - feststellen, dann werden auch große Bemühungen beim Online-Marketing Ihre Probleme nicht lösen.

Der beste Weg, mit Online-Marketing zu starten, ist, bestehende Dinge, wie Logo, Layouts und Produktbeschreibungen, aus Ihren existierenden Marketing-Materialien zusammenzusuchen. Wenn solche »Grundlagen« fehlen, dann wird der Online-Marketing-Auftritt wesentlich schwieriger und teurer.

Beim Fehlen solcher »Grundlagen« sollten Sie deshalb mit einem allgemeinen Marketing-Plan starten. *Marketing für Dummies* (ITP) von Alexander Hiam steht Ihnen dabei mit Rat und Tat zur Seite. Entscheiden Sie sich für einen Offline-Plan als Startpunkt, wenn viele Ihrer Kunden noch nicht im Netz sind, oder für einen Online-Plan. Wenn Sie einen Offline-Plan als Ausgangspunkt gewählt haben, sollten Sie für den Anfang nur ein eingeschränktes Online-Angebot ins Internet stellen, während Sie Ihr traditionelles Marketing-Portfolio aufbauen. Wenn allerdings viele Ihrer aktuellen oder anvisierten Kunden bereits im Netz sind, sollten Sie mit einer starken Online-Marketing-Präsenz beginnen und diese dann auf andere Medien wie Print, Fernsehen etc. ausdehnen. Online-Marketing übernimmt in diesem Fall die leitende Rolle. Dadurch erhöht sich natürlich auch die Qualität des Online-Marketing, da alles auf dieses Medium zugeschnitten ist.

Vergleich zwischen Ihrem Kundenstamm und den Internet-Nutzern

Sie haben einen Blick auf Ihre existierenden Marketing-Aufwendungen geworfen und dabei vielleicht ein paar Löcher entdeckt, die es zu stopfen gilt. Hoffentlich haben Sie auch neue Anregungen und Ideen für Ihr Firmenimage, für die Vermarktung Ihrer Produkte und für die

Entwicklung Ihres traditionellen Marketings bekommen. Außerdem sind sie motiviert und überzeugt, eine Online-Präsenz aufzubauen. Dies ist gut, denn jetzt ist es Zeit, zum ersten Mal zu prüfen, ob Erwartungen und Wirklichkeit übereinstimmen.

Diese Prüfung ist einfach: Wie viele Ihrer aktuellen und potentiellen Kunden sind online? Verwenden Sie Kapitel 1, um einen Eindruck von der Gesamtheit der Internet-Nutzer zu bekommen und um einen Weg zu finden, wie Sie die Zahl Ihrer Kunden im Netz abschätzen können. In Kapitel 2 haben wir Ihnen gezeigt, wie Sie herausfinden, wer noch alles im Netz ist, um Ihre Kunden anzusprechen. Wenn Ihr Kundenstamm keine Gruppen enthält, die in besonders hoher Zahl im Netz sind, sollten Sie anfangs eine moderate Online-Präsenz aufbauen und dann Ihr traditionelles und Ihr Online-Marketing im Gleichschritt entwickeln.

Sie müssen sorgfältig untersuchen, wie viele Kunden Ihres Kundenstamms online sind – dies kann von der einfachen Befragung Ihrer persönlichen Kontakte bis hin zur Auftragsvergabe für eine ausführliche Studie gehen. Fragen Sie Ihre Kunden, was sie von Ihnen online erwarten, und ob sie frustriert und enttäuscht über Ihre fehlende Internet-Präsenz sind. Fragen Sie sie, welche Dienste im Internet sie nützlich finden und wie sie diese verwenden. (Seien Sie nicht überrascht, wenn Ihre Kunden kein Multimedia-Brimborium, sondern handfeste Informationen über Ihre Firma und Ihre Produkte wollen, die sie bei ihrer Arbeit verwenden können.)

Sie erhalten ein allgemeines Bild über das Online-Profil Ihres Kundenstammes, wenn Sie Ihre aktuellen und potentiellen Kunden in Gruppen einteilen, die online oder nicht online sind. Eine eingehendere Beschreibung bietet Ihnen Kapitel 1.

Im folgenden finden Sie Produkte, die unbedingt im Internet sein sollten:

✔ **Computer-Produkte:** Alles, was mit Computern zu tun hat, muß online sein. Der Anteil an Computer-Nutzern ist im Internet nicht nur extrem hoch, wie Sie sich vorstellen können, sondern diese Leute denken, da sie ja gerade einen Computer benutzen, um zu surfen, auch viel über Computer nach. Sie erwarten deshalb, Produkte, die mit Computern zu tun haben, online zu finden.

✔ **Produkte rund ums Lernen:** Fast alles, was mit Lernen zu tun hat, ist für den Online-Verkauf hervorragend geeignet. Es sind nämlich nicht nur eine große Zahl Schüler und Studenten im Netz, sondern auch ein Großteil ihrer Eltern. Sowohl Schüler als auch Eltern sind deshalb interessiert an den Online-Angeboten von öffentlichen und privaten Universitäten, an Lern-CD-ROMs, Büchern und Kassetten. Ein Produkt rund ums Lernen muß also online sein, egal ob es nur ein Radiergummi oder ein ganzes Lernprogramm ist. Abbildung 3.5 zeigt eine Seite für Lernprodukte.

✔ **Produkte für professionelle Anwender (Business to Business):** Am häufigsten sind Computerprofis online, aber die anderen Branchen folgen dicht dahinter. Und da professionelle Anwender oft während ihrer Arbeitszeit surfen, kommen ihnen Seiten mit hohem Informationsgehalt und klarem Aufbau besonders entgegen.

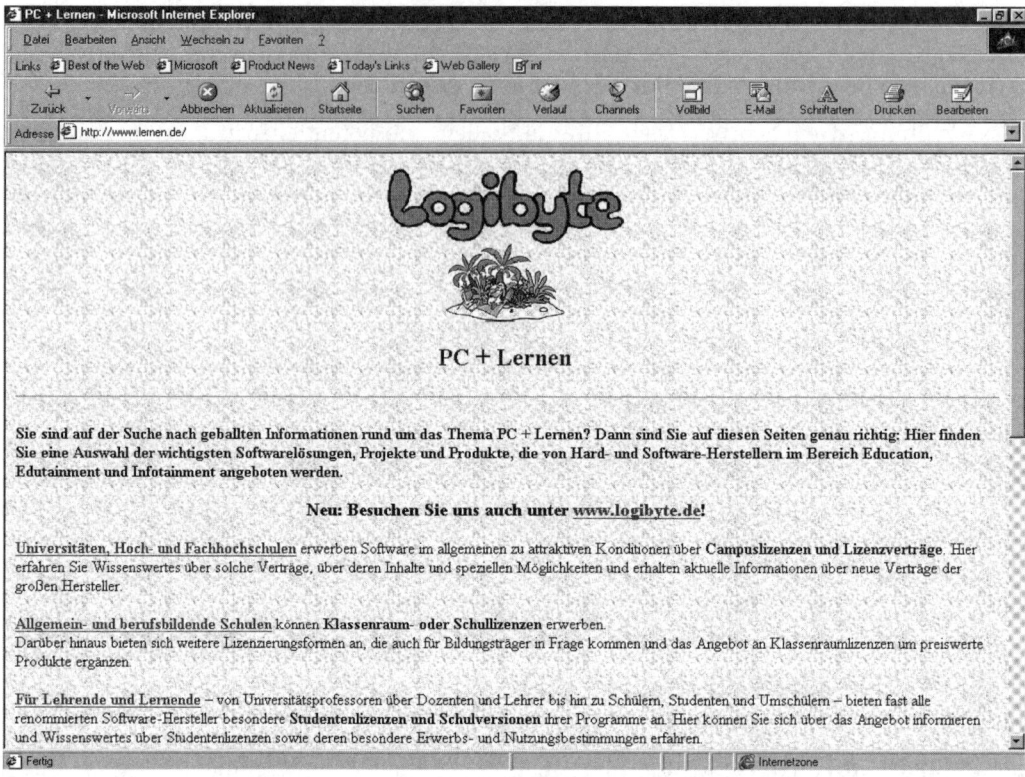

Abbildung 3.5: Eine Seite zum Thema Lernen im Internet

✔ **Alle Produkte, die etwas mit Hightech zu tun haben:** Produkte mit der neuesten Techno-logie zu haben, gehört zu den wichtigsten Differenzierungsmerkmalen, da diese Produkte meist auch hochprofitabel sind. Das Internet ist für solche Produkte das ideale Medium, da es mit Hightech assoziiert wird. Deshalb braucht jeder, der ein Produkt mit dem Siegel Hightech verkaufen will, einen starken Internet-Auftritt.

 Vergleichen Sie Ihre Kunden-Profile mit den Internet-Nutzern nicht nur für Ihre gesamte Firma, sondern auch für einzelne Produkte. Sie finden möglicherweise Produkte, die besser für einen frühen Einstieg ins Internet geeignet sind als andere.

Es ist für Sie eventuell weniger zwingend, online zu gehen, wenn Ihre Kunden ein geringeres Einkommen haben, im Freien arbeiten oder keine Computer besitzen oder benutzen. Sollten Sie während der Umfrage, wie viele Kunden im Netz sind, nur wenig Rücklauf haben, reicht es, wenn Sie Ihren Internet-Auftritt langsamer aufbauen.

Was tun, wenn Ihr Kundenstamm nicht so stark im Internet vertreten ist?

Auch wenn der Vergleich zwischen Ihrem Kundenstamm und den Internet-Nutzern (siehe Kapitel 1) ergeben sollte, daß nur wenige Ihrer Kunden online sind, gibt es doch drei Gründe, warum Sie Online-Aktivitäten starten müssen.

Erster Grund:

Denken Sie daran, daß nahezu jedes Geschäft ein Potential darstellt. Es müssen nicht nur Ihre Kunden sein, die Sie ansprechen wollen; es können auch die Presse, Analysten, Investoren und andere einflußreiche Leute sein. Diese Gruppen sind alle in hohem Maße unter der Schar der Internet-Nutzer vertreten. Dies spricht auf jeden Fall für eine Online-Präsenz. Der Knackpunkt hierbei ist, daß Sie diese Leute nicht durch besonders aufwendig gestaltete Seiten beeindrucken müssen. Diese Leute benötigen eine Seite, die auf dem neuesten Stand, kompetent, einfach und komplett ist. Das Wichtigste aber ist, daß die Seite oft aktualisiert wird. Dies wirft ein positives Licht auf Ihre Firma.

Zweiter Grund:

Der zweite Grund dafür, daß Sie heute schon, unabhängig von Ihrem Geschäftsbereich, wenigstens eine kleine Internet-Präsenz benötigen, ist, daß sich die Zusammensetzung der Online-Gemeinde von Tag zu Tag ändert. Zwar ändert sich nach der GVU-Umfrage (siehe Kapitel 1) die Zahl der Internet-Nutzer wesentlich schneller als deren Zusammensetzung. (Nach wie vor sind die besserverdienenden Männer mit höherer Bildung im Internet in der Mehrzahl und der Anteil der Studenten hat immer mehr nachgelassen.) Aber die Zusammensetzung der Nutzer wird sich in Zukunft sicherlich gravierend durch neue Techniken, wie WebTV oder Internet per Handy verändern. Diese Techniken werden Zielgruppen anziehen, die bisher im Web unterrepräsentiert sind. Und Sie wollen sicherlich nicht, daß Ihre Kunden oder potentielle Kunden, die nach und nach ins Web kommen werden, einen schlechten Eindruck von Ihnen bekommen, weil Sie nicht oder nur mit einer mickrigen Seite präsent sind.

Und der dritte Grund:

Für uns sind die Unwägbarkeiten des Marketing der dritte Grund, schon jetzt einen Internet-Auftritt aufzubauen. Schon viele Firmen haben sich bei der Einschätzung ihres eigenen Erfolgs im Internet verschätzt, andere wurden dagegen von dem riesigen Erfolg überrascht, wenn nicht sogar überrollt. Wenn Sie also den Aufwand für Ihren Internet-Auftritt anfangs gering halten, bleibt damit auch das Verlustrisiko gering. Und dennoch können Sie durch einen frühen Start Ihres Internet-Angebots den Grundstein für Ihren Erfolg im Netz legen. Große Chancen, kleines Risiko – was will man mehr?

Was bringt Ihnen das Internet, wenn Sie regional arbeiten?

Wieviel sollten Sie in Ihre Internet-Präsenz investieren, wenn Sie nur in einem begrenzten, regionalen Gebiet arbeiten? Für die meisten Internet-Nutzer liegt der Gedanke fern, beispielsweise den nächsten Copy-Shop oder das nächste Café im Internet zu suchen. Und für regionale Anbieter ist es eine schwere Entscheidung, Geld in ein weltumspannendes Medium zu investieren, das tausende, ja Millionen Nutzer erreicht, von denen 99 Prozent auf Grund der Entfernung sicher nicht zu deren Laden fahren.

Um eine Entscheidung für oder gegen einen Internet-Auftritt zu treffen, sollten Sie deshalb die Bevölkerungsdichte im Einzugsgebiet Ihres regionalen Geschäfts herausfinden. Bei der Prozentzahl der Internet-Nutzer pro tausend Einwohner gibt es in Deutschland nur äußerst geringe regionale Unterschiede (etwa 12% auf 1000 Einwohner). Deshalb erreichen Sie in einem Gebiet mit hoher Bevölkerungsdichte wesentlich mehr Internet-Nutzer als in einem Gebiet mit niedriger. Besonders eignen sich daher Städte für regionale Internetwerbung. Wenn Sie dann für Ihren Internet-Auftritt noch in lokalen Printmedien oder auf speziellen lokalen Seiten (evtl. Seiten der Gemeinde, Seiten von Citynetzen etc.) werben, können Sie auch regional großen Erfolg haben.

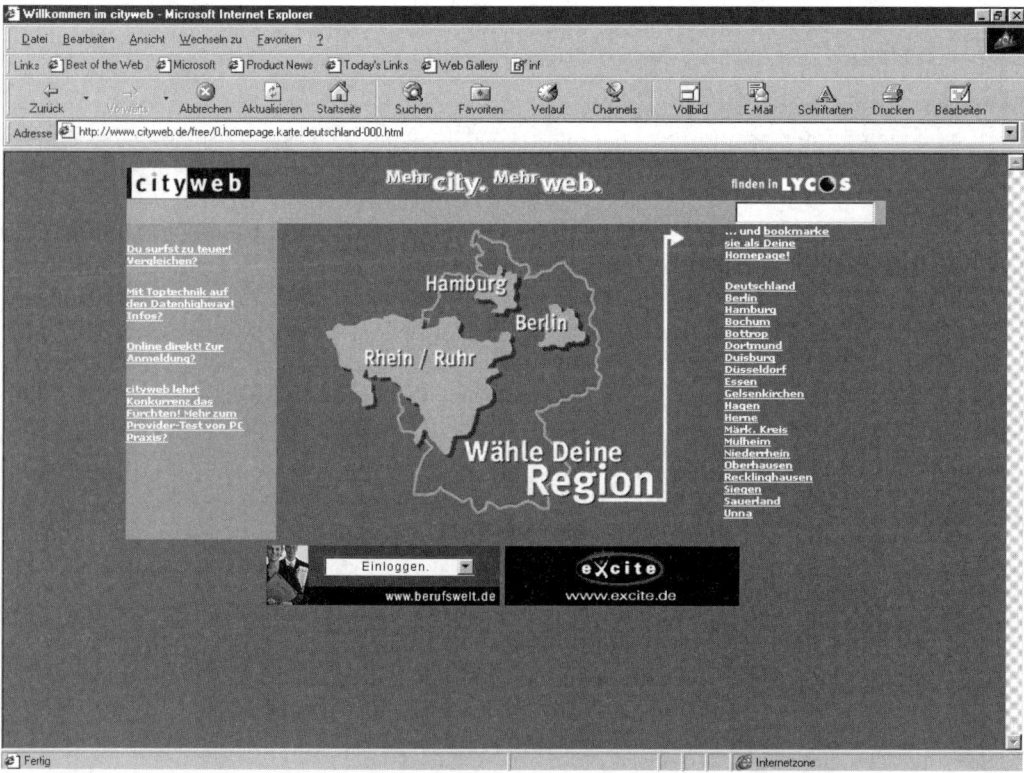

Abbildung 3.6: Das Cityweb, eine Sammlung von regionalen Angeboten

Herausfinden, was Ihre Konkurrenz online anstellt

Ein wichtiger Schritt bei der Entscheidungsfindung für den Aufwand, den Sie in Ihre Internet-Präsenz stecken wollen, ist, die Seiten Ihrer Konkurrenten genau zu analysieren. Sie sind zweifellos schon auf die Internet-Angebote Ihrer Konkurrenten gestoßen: Vielleicht haben Sie ihre Homepage besucht, sind anderweitig im Internet auf sie aufmerksam geworden, haben ihre Pressemitteilungen zum Thema gelesen oder die Hinweise auf ihren traditionellen Marketing-Materialien, wie Visitenkarten etc., gesehen. (Sollte keiner Ihrer Konkurrenten online sein, dann halten Sie Ausschau nach Konkurrenten aus verwandten Geschäftsfeldern oder aus anderen Regionen.) Schauen Sie sich zusätzlich die Seiten von Zulieferern, Kunden und jedem anderen Geschäfts- oder Industriezweig an, mit dem Sie zusammenarbeiten. Verwenden Sie die Kategorien von Yahoo! (www.yahoo.de), um größere, etablierte Industriezweige zu durchforsten, und wählen Sie eine schnelle und weitreichende Suchmaschine, wie Fireball oder Hotbot (www.fireball.de; www.hotbot.com), um neu entstandene oder kleinere Industriezweige zu finden.

Erstellen eines Vergleichs per Tabelle

Sich umzuschauen und Eindrücke zu gewinnen ist sehr wertvoll; aber noch wertvoller ist es, die Internet-Auftritte Ihrer direkten Konkurrenten untereinander und mit Ihrem eigenen zu vergleichen. Dies ist nicht weiter schwierig: Der einfachste Weg ist, in einer Tabelle aufzuschreiben, was die Internet-Präsenz des jeweiligen Konkurrenten ausmacht und wo ihre Stärken und Schwächen liegen.

Am besten suchen Sie sich für die Tabelle Fragen, auf die Sie klare Antworten wie Ja, Nein oder eine Zahl geben können. Hüten Sie sich für den Anfang vor qualitativen Aussagen, wie »armselig«, »langsam« oder ähnlichem, denn Sie sind sicherlich nie völlig objektiv gegenüber Ihrer Konkurrenz, oder? Eine klare Bewertung erleichtert Ihnen außerdem die Auswertung und den Vergleich unter den Konkurrenten. In Abbildung 3.7 sehen Sie ein Beispiel für so eine Tabelle.

OPTIONEN:	Konkurrent 1	Konkurrent 2	
Web-Seite	Nein	Ja	
Aktiv in Newsgroups?	Nein	Nein	
Online mail lists?	Nein	Ja	
Foren von Online-Diensten?	Ja	Nein	
Web URL	x	www.kon.de	
Zahl der Webseiten	x	12	

Abbildung 3.7: Konkurrenzanalyse

Nun eine kurze Anleitung zur Erstellung einer solchen Tabelle. Nehmen Sie zuerst ein großes Blatt weißes Papier und zeichnen Sie darauf eine Tabelle mit vier Spalten. Die erste Spalte enthält die Funktion, die Sie überprüfen wollen; sie kann etwas schmaler sein. Die anderen drei stehen für jeweils einen Konkurrenten. Beschränken Sie sich für den Anfang auf drei Konkurrenten (sollten Sie weniger haben, beneiden wir Sie). Dann zeichnen Sie die Reihen der Tabelle mit den Funktionen ein. Die ersten Reihen sollten Fragen enthalten, die einfach mit Ja, Nein oder einer Zahl beantwortbar sind. Allgemeine Fragen könnten sein:

Hat der Konkurrent eine Webseite (Ja/Nein)? Ist er aktiv in Newsgroups (Ja/Nein)? Hat er eine Mailing-Liste (Ja/Nein)? Besitzt er überhaupt eine E-Mail-Adresse (Ja/Nein)? Wie lange dauert es, bis eine E-Mail im Schnitt beantwortet wird (Zahl)?

Da die Webseiten sicherlich der aufwendigste und teuerste Teil Ihrer Internet-Präsenz sein werden, sollten Sie bei den Nachforschungen noch mehr ins Detail gehen: Welche URL, die Zahl der Seiten, die Hierarchie des Internet-Auftritts (wieviele Hierarchie-Ebenen?) etc.?

Lassen Sie sich nicht dazu verführen, ein Rennen um den größten und teuersten Internet-Auftritt mitzumachen. Zu viele technische Spielereien, wie Push, Animationen etc., können eine einfache Produktseite völlig überladen und mehr Probleme hervorrufen, als sie lösen. Kapitel 5 bis 7 erläutern die Erstellung einer Internet-Präsenz, die zu Ihrer Firma und Ihren Produkten paßt.

Jetzt ziehen Sie für die wichtigsten Bereiche der Webseiten Ihrer Konkurrenten eine neue Reihe in Ihrer Tabelle. Solche Bereiche könnten die Firmenphilosophie, die Produkte, die Neuigkeiten, der Support oder das Feedback-Formular sein. Wenn Sie noch genug Energie haben, dann notieren Sie hinter jeden Bereich die Zahl der vorhandenen Webseiten.

Zum Schluß können Sie ein neues Kästchen zeichnen, in das Sie Ihre eigene Meinung über die Qualität der Webseiten Ihrer Konkurrenz zu Papier bringen. Suchen Sie dazu ein oder zwei Pluspunkte und ein oder zwei Minuspunkte für jeden Wettbewerber – Beispiele hierfür wären, ob die Seiten komplette Produktbeschreibungen enthalten, ob sie schnell oder langsam laden, ob der Text darauf gut geschrieben ist, und am wichtigsten, ob die Seiten aktuell sind. Schreiben Sie auf, wenn eine Hauptkategorie fehlt, die bei den anderen Konkurrenten vorhanden ist oder umgekehrt. Natürlich dürfen Sie auch festhalten, ob Sie die Seite attraktiv oder häßlich finden – seien Sie aber nicht überrascht, wenn andere Ihre Meinung nicht teilen. Fühlen Sie sich jedoch nicht verpflichtet, Romane über die Seiten der Konkurrenz zu schreiben. Wenn eine Seite kompetent, aber nicht besonders spektakulär ist, müssen Sie nichts darüber sagen.

Auch wenn Sie nur an einem Produkt aus der Palette einer Firma interessiert sind, kann sich der Firmenvergleich dennoch als sehr wertvoll entpuppen, da die Firmenhomepage oft die Basis für die Online-Vermarktung des Produkts darstellt. Sie können die eben beschriebene Methode natürlich für jedes Produkt durchspielen, das Sie vermarkten wollen. Erstellen Sie dazu Kategorien, die die Funktionen und die Vermarktung des Produkts widerspiegeln. Schätzen Sie dann die Leistungen der Konkurrenten in den jeweiligen Bereichen ein.

Nachdem Sie das alles gemacht haben, sollten Sie zur allgemeinen Tabelle zurückkehren und aus Gründen der Vollständigkeit einige Vergleichspunkte ergänzen oder variieren und ein oder zwei Wettbewerber hinzufügen. Um die Tabelle übersichtlicher zu gestalten, können Sie ein neues Blatt oder ein Zeichenprogramm am Computer verwenden. Zeigen Sie Ihre Konkurrentenanalyse einigen Kollegen, und holen Sie sich für Ihre Arbeit Feedback.

Der Einsatz Ihrer Tabelle

Wahrscheinlich haben Sie am Ende Ihrer Analyse ein paar gute und ein paar schlechte Neuigkeiten erhalten. Die häufigste schlechte Nachricht ist, daß mindestens einer Ihrer Konkurrenten online wesentlich aktiver ist als Sie. Wenn es Ihnen so geht wie uns, dann werden Sie bei der Betrachtung der mannigfaltigen Aktivitäten dieser Konkurrenten nervös. Sollten Sie gar noch die Kosten und den Aufwand ausrechnen wollen, den Sie treiben müssen, um die Konkurrenten einzuholen, dann brauchen Sie den Rest des Tages frei.

Die gute Nachricht ist, daß Sie aus der Analyse eine Menge wertvoller Informationen und Ideen für Ihren eigenen Internet-Auftritt ziehen können: Sie sehen die Bereiche, in die die Konkurrenten ihre Webseiten einteilen, die Größe ihres Web-Auftritts und die Themen, die sie eingebunden haben. Dies alles sind wertvolle Anregungen für die Planungen Ihrer eigenen Marketing-Bemühungen im Internet. Außerdem ist diese Analyse ein guter Motivator, um Ihre Kollegen von der Notwendigkeit eines Internet-Auftritts zu überzeugen, und um vom Management Geld und Leute für die Umsetzung zu bekommen.

Die aufs Internet beschränkten Konkurrenten einschätzen

Nehmen Sie sich Zeit, um die Konkurrenten herauszufinden, die nur oder hauptsächlich übers Internet ihre Leistungen verkaufen. Wenn Sie eine lokal operierende Firma sind, die Waren verkauft, bei denen persönliche Betreuung und Support eine große Rolle spielen, sind reine Internet-Konkurrenten keine Gefahr. Anders verhält sich dies bei Produkten, die ohne hohen Beratungsaufwand, ohne Vorortinstallation etc. verkauft werden. Hier hängt es davon ab, ob man diese Produkte verkaufen kann, ohne die heimische Tastatur zu verlassen. Abbildung 3.8 zeigt den reinen Internet-Buchladen Amazon (`www.abc.de` in Deutschland), der immensen Erfolg hat, ohne daß jemals ein Buchladen in der realen Welt existiert hätte. Bücher eignen sich für den reinen Internetverkauf hervorragend: Meist ist eine Beratung nicht vonnöten, Support gibt es nicht und die einzigen Kosten für den Anbieter sind die Versand- und Logistikkosten.

 Ein Weg, um Seiten zu finden, die online verkaufen, ist, Suchwörter zu verwenden, die mit Bestellungen zu tun haben. Ein gutes Suchwort wäre beispielsweise »Bestellung«. Wenn Sie den Boolschen Operator + verwenden, um das Suchwort »Bestellung« mit dem Suchwort für die Kategorie (beispielsweise »Bücher«) zu verknüpfen, werden Sie Online-Shops zum Thema schnell finden. In unserem Beispiel finden wir mit »Bestellung + Bücher« sicherlich schnell zum ABC-Büchershop.

 Bei starker Konkurrenz, die rein auf Internetbasis arbeitet, können die Kunden durch das Angebot surfen, kaufen und alle nötigen Handlungen online vornehmen. Dabei haben Sie als Konkurrent keine Chance, einzugreifen, alles geschieht innerhalb von Sekunden. Dieser Markt wird vom heutigen, noch sehr bescheidenen Stand, ins unermeßliche wachsen. Denken Sie deshalb frühzeitig darüber nach, ob Sie nicht selbst online verkaufen wollen.

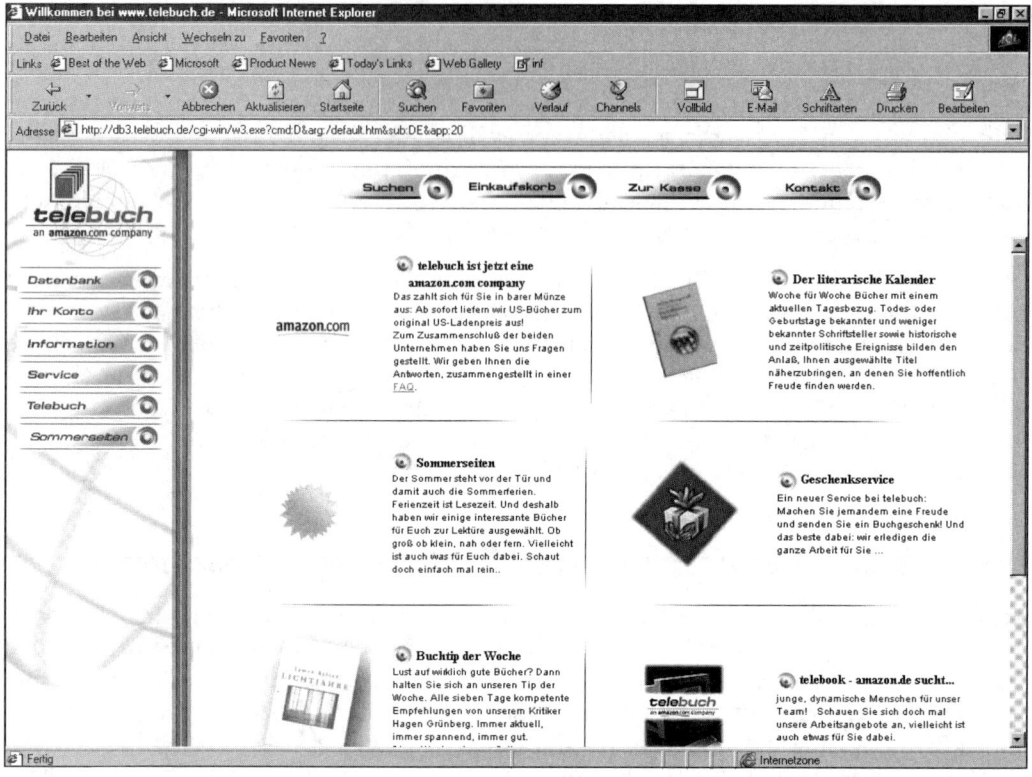

Abbildung 3.8: Telebuch ist der älteste Buchshop im deutschen Internet.

Den Marketing-Aufwand für Ihre Internet-Präsenz abschätzen

Wenn Sie sich vom Beginn des Kapitels bis hierher durchgearbeitet haben, dann haben Sie Ihren bisherigen Marketing-Aufwand abgeschätzt, Ihren Kundenstamm mit den Internet-Nutzern verglichen und das Vorgehen Ihrer Konkurrenten im Netz analysiert. Diese Arbeit, verbunden mit dem allgemeinen Internet-Hype (=Euphorie), der uns alle ergriffen hat, hat Sie vielleicht ein wenig in Panik versetzt.

Atmen Sie tief durch und entspannen Sie sich. Der große Run auf das Internet hat gerade erst begonnen, und nur ein sehr kleiner Teil des Handels läuft schon übers Internet.

Es ist zwar mittlerweile zu spät, auf die erste Hype-Welle des Internet noch aufzuspringen, dies hat aber auch Vorteile: Sie können aus den Fehlern und Erfolgen Ihrer Vorgänger im Internet lernen und vermeiden es, im ersten Enthusiasmus mit fliegenden Fahnen unterzugehen. Es ist vielleicht sogar besser, heute eine stabile und langsam wachsende Internet-Präsenz aufzubauen, als durch das Unwetter der Gründerjahre gegangen zu sein.

Was ist, wenn sie nicht online sind?

In diesem Buch vertreten wir eine konservative Methode beim Aufbau einer Internet-Präsenz. Der Grund dafür sind die vielen überladenen Webseiten, die sehr schnell und enthusiasmiert aufgebaut wurden und dann wegen ihres schlechten Designs und der unregelmäßigen Aktualisierung floppten.

Ein konservativer Start ist außerdem sinnvoll, wenn Ihre Konkurrenten schon eine komplette und kompetente Internet-Präsenz ihr eigen nennen – oder im schlimmsten Fall bereits eine innovative, technisch hervorragende Webseite haben und die anderen Dienste des Internet hervorragend nützen. Denn dann werden Sie sehr viel Zeit und Geld benötigen, um wieder aufzuschließen. Mit einem langsamen Start schützen Sie sich dabei vor »Schnellschüssen« und allzu heftigen Gegenreaktionen Ihrer Konkurrenten.

Auf der anderen Seite ist es natürlich möglich, daß Ihre Konkurrenten noch keinen oder nur einen kleinen Internet-Auftritt haben. Dann sollten Sie überlegen, ob Sie nicht mittels eines größeren Aufwands eine hervorragende Internet-Präsenz errichten. Sie gewinnen dann einen Vorsprung gegenüber Ihren Konkurrenten, statt nur aufzuholen. Obwohl der Internet-Hype mittlerweile schon etwas abgeflaut ist, sind die Leute nach wie vor von der sich ständig verändernden Online-Welt fasziniert und begeistert. Mit einem hohen Anfangsaufwand, der Ihnen in Ihrem Geschäftsbereich die Führungsrolle im Internet verschafft, erreichen Sie deshalb zweierlei: Zum einen erwecken Sie im Internet einen positiven Eindruck, zum anderen können Sie Ihre Führungsrolle im Internet auch in der Offline-Welt gut vermarkten.

Verwetten Sie nicht Haus und Hof auf diese Art von Vermarktung, denn Ihre Konkurrenten stellen vielleicht schon neue, verbesserte Seiten ins Netz, während Sie Ihren Plan umsetzen. Aber ergreifen Sie die Chancen, die Ihnen das neue Medium bietet!

Das Online-Marketing positionieren

Jetzt ist es an der Zeit, die Größe für die erste Internet-Präsenz festzulegen – sie bildet die Basis für den weiteren Weg. Nehmen Sie dazu die Tabelle aus dem vorigen Abschnitt zur Hand – sollte sie nicht mehr aktuell sein, müssen Sie die Seiten noch einmal besuchen und unter Umständen weitere Konkurrenten hinzufügen. Denken Sie daran, daß Ihre Kunden, die Presse, Ihr Management und die Aktionäre oder andere Investoren Sie an den Leistungen Ihrer Konkurrenten messen. Entscheiden Sie sich dann, wie Sie sich bezüglich der Internet-Entwicklung positionieren wollen:

✔ **Innovativ:** Möglicherweise wollen Sie das Internet auf neue Wege führen. Das bedeutet, daß Ihre Online-Präsenz im Vergleich zur Konkurrenz größer und teurer ist und mehr innovative Funktionen hat. Als Innovator werden einige Investitionen für Ihren Internet-Auftritt kostspielige Fehler sein, andere wiederum werden über Ihre Branche hinaus bekannt und berühmt. Sie werden der erste sein, der online verkauft; und Sie werden Ihre

Verkaufsangebote ausbauen, auch wenn sie noch nicht so profitabel sind. Sie müssen Geld ausgeben, um Ihre Online-Präsenz in der Offline-Welt zu vermarkten, und Sie gehen strategische Partnerschaften mit anderen Innovatoren aus dem Internet ein.

✔ **Schneller Nachzügler:** Ein kluger Weg, im Kampf um Innovationen mitzuhalten, ist, schnell nachzuziehen. Das bedeutet, daß Sie Ihre Konkurrenten und andere Entwicklungen beobachten, die guten Ideen übernehmen und auf Ihr Konzept anpassen müssen. Dadurch lassen Sie andere die teuren Fehler für Sie machen. Wenn Sie das richtig anstellen, werden Sie online weniger ausgeben als Ihre direkten Konkurrenten, und im Gegensatz zu diesen verschwenden Sie keine einzige Mark. Sie halten die gesunde Balance zwischen Ihren Aufwendungen für Online- und traditionelles Marketing.

✔ **Konkurrent:** Eine andere gangbare Option wäre ein Internet-Auftritt, der irgendwo in der Mitte angesiedelt ist. Sie implementieren einige innovative Elemente, verlassen sich aber hauptsächlich auf Bewährtes und ergänzen nur, wenn sich der Erfolg schon abzeichnet. Dadurch bleibt Ihr Expansionsdrang eher gering, die Wirkung aber ist hoch. In diesem Szenario dominiert das traditionelle über das Online-Marketing

✔ **Konservativ:** Als vierte Option besteht die Möglichkeit, im Moment nur mit einer minimalen Webseite im Netz präsent zu sein und den Konkurrenten die Führungsrolle zu überlassen. Dann können Sie natürlich im traditionellen Marketing mehr Aufwand betreiben. Als Beispiel mag Abbildung 3.9 dienen, eine Webseite, die Cosmo Software, eine Tochter von Silicon Graphics, für ein 3D-Autorenpaket ins Netz gestellt hat. Sie weist ausschließlich auf die Existenz der Software hin. (Seit dem letzten Foto wurde dieses Angebot allerdings wesentlich vergrößert.) Alternativ kann es vielleicht sein, daß Sie kaum Aufwand ins Marketing stecken wollen, und Ihre Ressourcen lieber in Forschung, Vertrieb oder andere Geschäftszweige stecken. (Aber warum haben Sie sich dann dieses Buch gekauft?)

 Wie innovativ Sie online sind, hängt nicht davon ab, wie innovativ Ihre Produkte sind. Sie müssen nicht unbedingt ein Hightech-Unternehmen erster Güte sein, um die Führungsrolle im Internet in Ihrer Branche zu übernehmen. Vermeiden Sie trotzdem Verwirrung bei Ihren Besuchern im Netz. Wenn Ihre Firmenkultur also eher konservativ ist, versuchen Sie nicht, online besonders »hipp« oder flippig zu wirken. Falls Sie sich dafür entscheiden, online innovativ zu sein, dann tun Sie das im Rahmen eines klassischen Designs, und ohne Ihre Kunden zu verwirren. Sie sollten statt unnötiger Internet-Technologien, die noch keiner nützen kann, und statt abgedrehten, experimentellen Designs lieber nützlichen Inhalt und brauchbare Funktionen bieten. Dies verschafft Ihnen garantiert eine Führungsrolle im Internet.

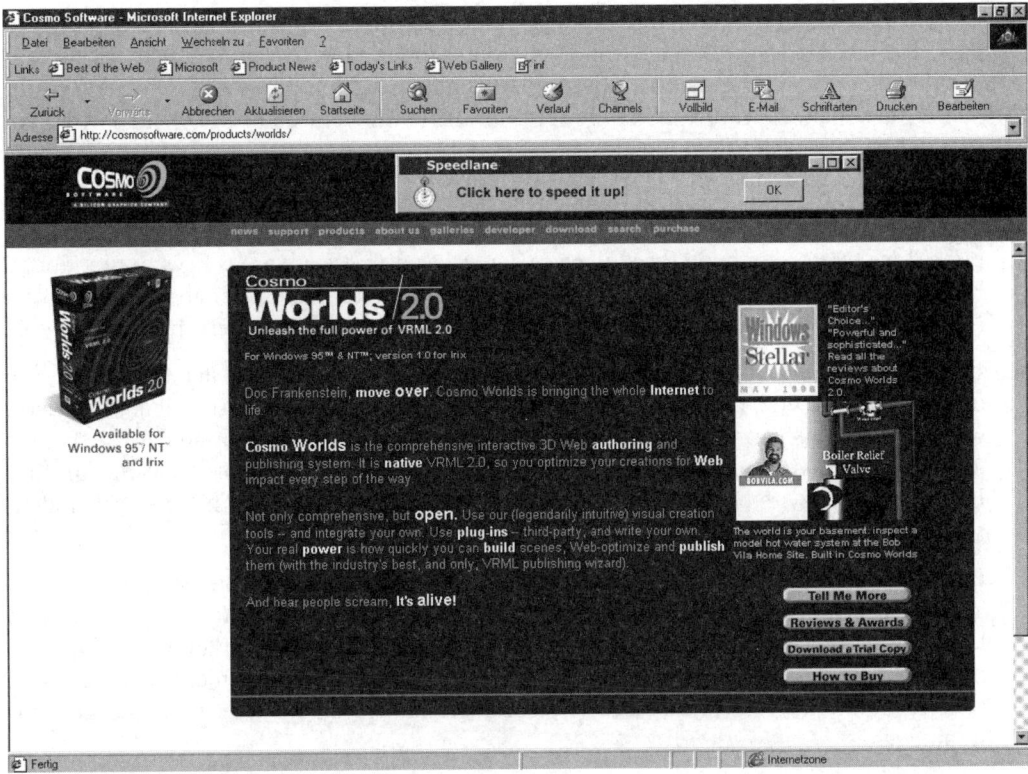

Abbildung 3.9: Cosmos Worlds begann mit einer einfachen Webseite, mittlerweile ist es ein komplettes Angebot.

Ihre Ressourcen auf die verschiedenen Bereiche im Internet aufteilen

Ihr erster Marketing-Aufwand wird sich entweder auf eine, auf mehrere oder gar auf alle Bereiche des Internets beziehen. Vergleichen Sie, was Ihre Konkurrenten tun und was Ihre eigene Firma braucht, und entscheiden Sie dann, was in den jeweiligen Bereichen zu tun ist:

✔ **Webseiten:** Sie sind die Basis Ihres Online-Auftritts. Zur Erstellung von Marketing-Webseiten finden Sie alles Wissenswerte in den Kapiteln 4 bis 7. Wenn Sie bisher nur eine sehr kleine oder gar keine Webseite haben, sollten Sie Ihre Ressourcen zuerst in diesen Bereich investieren. Die Analyse der Webseiten der Konkurrenz wird Ihnen viele Ideen geben, was Ihre Kunden von Ihrer Homepage erwarten könnten. Wenn Sie hinter Ihren Konkurrenten zurückliegen, sollten Sie auf jeden Fall versuchen aufzuschließen. Falls Sie aber bereits eine gute Homepage haben, orientieren Sie sich für Verbesserungen sowohl an Ihren Konkurrenten, als auch an den Wünschen Ihrer Kunden.

✔ **E-Mails und Listen-Server:** Gutes Online-Marketing sollte unbedingt beinhalten, die Angestellten der Firma im Umgang mit E-Mails zu schulen, um damit die Marketing-Bemühungen zu unterstützen (siehe Kapitel 8). Zusätzlich sollten Sie erwägen, einen *Listen-Server* (der Name kommt von dem Programm LISTSERV) für den Kundensupport einzurichten (wie das geht, lesen Sie bitte in Kapitel 9).

✔ **Newsgroups:** Selbst ein sehr geringer Online-Aufwand sollte beinhalten, die relevanten Newsgroups ausfindig zu machen, auch wenn das nur bedeutet, mit DejaNews (siehe Kapitel 2) nachzuforschen, ob Ihre Firma in den relevanten Newsgroups Erwähnung findet. Für mittleren Online-Aufwand sollte man einen Mitarbeiter haben, der ab und zu aktiv an Newsgroups teilnimmt. In Kapitel 10 finden Sie zu diesem Thema mehr Informationen.

✔ **Online-Dienste:** Beobachten Sie die Aktivitäten in den Chat-Foren der Online-Dienste und der Konkurrenz. (Versuchen Sie nicht, bei jedem Forum dabei zu bleiben. Es reicht, wenn Sie sich von den wichtigsten Online-Diensten (CompuServe, T-Online, AOL ...) einen Account besorgen und gelegentlich nachforschen.) Wenn Sie mehr Aufwand für Ihre Internet-Präsenz treiben wollen, sollten Sie über ein eigenes Forum für den Kundensupport bei einem Online-Dienst nachdenken.

✔ **Push-Technologie:** Wenn Sie eine komplette Web-Präsenz haben, bietet sich die Push-Technologie an, um Ihren Kunden ein Zusatzangebot zur Verfügung zu stellen; man könnte auch sagen, Ihr Kunde kann Ihrem Angebot nicht mehr entkommen. Kapitel 2 behandelt die Push-Technologie ausführlich. Wenn Sie im Web noch nicht sehr weit sind, sollten Sie die Finger von der Push-Technologie lassen, da sie sehr zeit- und geldaufwendig ist.

Das Budgetieren und Aufteilen der Ressourcen für den Online-Auftritt

Ihre Position beim ständigen Innovationswandel im Internet ist natürlich auch von den Ressourcen, die Ihnen zur Verfügung stehen, abhängig. Sie brauchen Leute in Ihrer Firma, die Zeit haben, Sie zu unterstützen, und Sie benötigen genug Know-How im Entwickeln von Webseiten mit HTML, Javascript und Grafiken. Ebenso brauchen Sie Know-How für die anderen Online-Dienste, in denen Sie Marketing betreiben wollen. Natürlich können Sie sich dieses Wissen auch extern dazukaufen; dies verlangt allerdings nach einem größeren Budget. Wichtig für eine gute Online-Präsenz ist auch ein guter Schreibstil und der Inhalt der Texte. Optimal ist es, wenn beides in der Firma vorhanden ist. Ansonsten müssen Sie sich auch hier Verstärkung von außen holen.

Wenn Sie nicht die Ressourcen zur Verfügung haben, schnell zu starten, starten Sie langsam und bauen Ihre Internet-Präsenz stetig aus. Erreichen Sie zuerst die Position des »Konkurrenten« (siehe die Beschreibung im Abschnitt »Das Online-Marketing positionieren«), und zeigen Sie dann anderen Leuten in Ihrer Firma die Vorteile der Internet-Präsenz. Sammeln Sie positive Kommentare der Besucher Ihrer Webseite, egal ob von Kunden, Geschäftspartnern oder anderen. Bewahren Sie die E-Mails auf, die Einkäufe online, Verbesserungen Ihrer

Produkte oder andere Vorteile Ihrer Webseite betreffen. Kopieren Sie E-Mails, Listen-Server Nachrichten (Kapitel 9) oder Aussagen aus den Newsgroups (Kapitel 10), die ein positives Licht auf Ihre Online-Aktivitäten werfen. Dann beschreiben Sie, wie zusätzliche Investitionen die Vorteile der Online-Präsenz noch vermehren könnten.

Wie für jede andere Aufwendung, die ein Unternehmen tätigt und die mit großer Expansion verbunden ist, braucht man für die Internet-Präsenz auch einen Plan. Der Plan sollte die in diesem Kapitel behandelten Punkte wie die Einschätzung des aktuellen Marketing-Aufwands, den Vergleich zwischen Kundenstamm und Internet-Nutzern und die Positionierung enthalten. Auf welche Weise man diesen schriftlichen Plan erstellt, wird im nächsten Abschnitt beschrieben.

Das Spannende an der Online-Welt ist, daß sich die eigene Position, gerade bezüglich der Innovationen, sehr schnell wandeln kann. Während Sie dieses Buch lesen oder eigene Erfahrungen machen und lernen, was man zur Erstellung einer starken Internet-Präsenz braucht, werden Sie sich vielleicht dafür entscheiden, Ihren Aufwand ein bißchen zurückzuschrauben oder sich auf einen bestimmten Bereich zu spezialisieren. Vielleicht tritt auch das Gegenteil ein, und Sie erhöhen Ihren Aufwand, um selbst soviel Erfolg zu haben wie Ihre Konkurrenten. Und Sie sollten niemals vergessen, daß es den Unternehmenseignern, den Aktionären oder dem Topmanagement von heute auf morgen einfallen kann, daß ihr Unternehmen eigentlich schon gestern zur Kategorie der besonders innovativen Unternehmen im Internet gehört haben müßte.

Im Gegensatz zu gedruckten Informationen können Online-Informationen schnell und preisgünstig aktualisiert werden. (Wenn Sie eine Aussage in einer Produkt-Broschüre mit einer Auflage von 5000 Stück drucken, müssen Sie alle 5000 verteilen, bevor Sie neue drucken. Im Web können Sie dieselbe Aussage ändern, und nur wenige Leute werden sie gelesen haben.) Für größere Änderungen, die schnell erfolgen müssen, sollten Sie sich immer der Unterstützung Ihrer Firma vergewissern. Solche Probleme können Sie aber durch eine sorgfältige und professionelle Planungsphase bei der Ersterstellung Ihrer Online-Präsenz vermeiden.

Den schriftlichen Plan erstellen

Bevor Sie Geld und Zeit in die Erstellung und den Erhalt eines Internet-Auftritts stecken, sollten Sie zumindest einen kurzen Plan geschrieben haben. Firmen unterscheiden sich darin, wieviel Wert sie auf diesen Plan legen. Passen Sie den Plan deshalb den Gepflogenheiten in Ihrer Firma an. Ein Mittelweg zwischen besonders ausführlich und »nur ein paar Zeilen« könnte ein Plan sein, der die folgenden Punkte enthält:

✔ **Die Einschätzung des Marketings:** Beschreiben Sie kurz Ihre aktuellen Marketing-Ziele und -Mittel und den Stand Ihrer Online-Marketing-Bemühungen. Setzen Sie diese ins Verhältnis zur Zahl Ihrer Kunden, die online sind. Legen Sie der Einschätzung alle Feedbacks über die Online-Präsenz bei, die Sie erhalten haben. Das Material dafür sollten Sie spätestens nach dem Durcharbeiten des Abschnitts »Einschätzung des aktuellen Marketingaufwands« (vorher in diesem Kapitel) vorliegen haben.

✔ **Die Einschätzung Ihrer Konkurrenten:** Ein Problem, das Geschäftsleute haben, ist, daß sie immer über Gewinn und Verlust nachdenken, während Internet-Fachleute über Hits pro Tag und andere technische Maßeinheiten (siehe Kapitel 7) reden. Die Einschätzung der Konkurrenten sollte von der Internet-Fachsprache in Ausdrücke übersetzt werden, die Geschäftsleute verstehen – zum Beispiel: Wer ist führend? Wer liegt zurück? Wenn Sie den Abschnitt über die »Einschätzung der Konkurrenten« bereits durchgearbeitet und die dort vorgeschlagene Tabelle erstellt haben, dann ist das genau das Richtige. Ansonsten sollten Sie das Versäumte jetzt nachholen.

✔ **Ziele:** Präzisieren Sie Ihre Ziele für die Online-Marketing-Bemühungen an Hand dessen, was die Kunden benötigen und was die Konkurrenten bieten. Verwenden Sie als konkrete Begriffe die Namen der Hauptbereiche, die Sie für Ihre Webseiten planen, die Namen der Service-Foren, die Sie beobachten wollen, die Newsgroups, die Sie erstellen etc. (Eine Beschreibung dazu finden Sie im Abschnitt »den Aufwand für Ihre Internet-Präsenz abschätzen«)

✔ **Ressourcen:** Auch wenn Sie den Großteil Ihrer Arbeit im eigenen Haus vornehmen möchten, sollten Sie Angebote von externen Dienstleistern einholen, um zu sehen, ob die Einschätzung des Arbeitsaufwands realistisch war. Wann immer Sie auf interne Ressourcen zurückgreifen, um die Internet-Präsenz zu erstellen, forschen Sie nach, welche andere Arbeit dabei liegen bleibt. In vielen Fällen ist es besser, in der Planungsphase mit externen Ressourcen zu rechnen, wie es im vorigen Abschnitt »Das Budgetieren und Aufteilen der Ressourcen für den Online-Auftritt« beschrieben wurde.

✔ **Budget:** Listen Sie die einzelnen Punkte Ihres Budgets auf oder erstellen Sie ein neues Budget. Klären Sie zur Budget-Bestimmung, daß Marketing ein entscheidender Faktor für den Verkauf ist, und bemessen Sie Ihr Online-Marketing-Budget am Prozentsatz der Kunden, die Sie übers Internet erreichen können. Wenn Sie also beispielsweise 10% Ihrer Kunden über das Internet erreichen, dann setzen Sie für den Online-Auftritt auch 10% des Marketingbudgets ein. Wenn Sie über die Budgetierung im Marketing mehr wissen wollen, dann lesen Sie dazu *Marketing für Dummies* von Alexander Hiam (ITP).

✔ **Zeitrahmen:** Legen Sie einen Zeitrahmen für die ersten Marketing-Bemühungen fest. Gestehen Sie sich mehr Zeit zu, als Sie am Anfang für notwendig halten. Je mehr Arbeit Sie selbst erledigen wollen, umso mehr Zeitpuffer sollten Sie einrechnen. Teilen Sie die Zeit bis zur Fertigstellung in kleine Abschnitte mit jeweils eigenen Endterminen ein, um immer die Übersicht und Kontrolle zu behalten. Am Ende sollten Sie noch eine ausreichend große Testphase einkalkulieren, bevor Ihre Seiten ins Netz kommen. Verwenden Sie ein Diagramm oder eine Zeitleiste, mit der Sie den Zeitplan und die verschiedenen Deadlines optisch darstellen. Zum Erstellen eignen sich viele Textverarbeitungs- oder Zeichenprogramme. Am besten sind allerdings spezialisierte Programme wie zum Beispiel Microsoft Projekt dazu geeignet.

✔ **Wartung:** Der Aufwand, den Sie in Ihre Online-Präsenz stecken, endet nicht mit der Ersterstellung und dem Laden auf den Webserver. Legen Sie, als Teil Ihres Plans, fest, welchen Aufwand an Wartung und Updates Ihre Internet-Präsenz benötigt. Dies schließt die

Beantwortung der eingehenden E-Mails, das Hinzufügen von weiterem Inhalt zur bestehenden Seite, die Beobachtung der Newsgroups und Online-Service-Foren und das Beantworten von Fragen in Mailing-Listen ein. Seien Sie deshalb bitte nicht überrascht, wenn die Wartung der Internet-Seiten länger dauert als erwartet – wenn Sie sich nicht darauf vorbereiten, werden Sie im Netz nicht lange Erfolg haben.

✔ **Die nächsten Schritte:** Wenn jemand in Ihrer Firma nach einer größeren Online-Präsenz drängt und sie schnell realisiert haben möchte, wird er vielleicht von Ihrem zurückhaltenden, vorsichtig aufbauenden Plan enttäuscht sein. (Im Klartext: Wenn niemand, der Ihren Plan sieht, enttäuscht ist, dann ist Ihr Plan vielleicht übertrieben ehrgeizig.) Geben Sie, um diese Enttäuschung auszugleichen, einen Ausblick auf zukünftige Möglichkeiten, die nach der erfolgreichen Umsetzung des jetzigen Plans in Angriff genommen werden können. (Heben Sie die Erwartungen dennoch nicht in den Himmel, sonst werden Sie später darauf festgenagelt.)

Wem gehört Ihre Online-Präsenz?

Die Antwort: dem Marketing. Die Computerfachleute mögen zwar dafür verantwortlich sein, daß der Server läuft und Sie Statistiken bekommen (und Sie benötigen diese Leute, deshalb besteht auch kein Grund, deren Leistung gering einzuschätzen). Aber am Ende des Tages ist immer die Marketing-Abteilung für das Aussehen, den Inhalt und all die anderen Aspekte der Internet-Präsenz verantwortlich. Sie sollten technische Dienstleistungen, wie etwa das Betreiben eines Servers für Ihre Seiten, möglichst *outsourcen* (außer Haus geben). Dadurch lassen sich Kosten besser kontrollieren und zusätzliche Dienste schneller und einfacher hinzufügen. Außerdem vermeidet man so hohe Anfangsinvestitionen.

Wenn Ihre Firma, Abteilung oder Produktgruppe bereits eine Online-Präsenz hat, die nicht von der Marketing- sondern einer anderen Abteilung betrieben wird, sollten Sie versuchen, für den Moment mit dieser Abteilung zusammenzuarbeiten (und langsam, aber sicher mit der Marketing-Abteilung die Kontrolle über die Online-Präsenz übernehmen). Dies hängt, wie meist, vom Geld ab. Deshalb sollten Sie versuchen, mit der Marketing-Abteilung die meisten der Rechnungen zu zahlen.

Auch wenn das Marketing bei der Online-Präsenz federführend ist, sind, ob Sie wollen oder nicht, auch andere Abteilungen am Internet-Auftritt beteiligt. Jede E-Mail und jeder Kommentar in einer Newsgroup über den Firmenaccount, die ein Angestellter der Firma tätigt, ist eine Marketing-Nachricht der ganzen Firma. Lesen Sie Kapitel 8-10, um herauszufinden, wie Sie jeden in der Firma dazu bringen, die Firma nach außen gut zu repräsentieren, oder zumindest nicht in Mißkredit zu bringen.

 Während Sie an dem Plan arbeiten, sollten Sie weiterhin Informationen sammeln. Behalten Sie die Änderungen bei Ihren Konkurrenten und beim Kundenverhalten gegenüber Internet-Auftritten im Auge. Wenn Ihre Internet-Präsenz erfolgreich ist, erhalten Sie vielleicht eine Menge hervorragender E-Mails von potentiellen und aktuellen Kunden – von allen, deren Antwort Sie erwartet und erhofft hatten. Eine kleinere Firma oder eine mittlere Produktgruppe erhält vielleicht so viele E-Mails, daß sie zum Beantworten einen eigenen Mitarbeiter bräuchte. Lesen Sie Kapitel 8, wie Sie mit einem Strom von E-Mails fertig werden, und stellen Sie keine E-Mail-Adresse ins Netz, bevor Sie nicht sicher wissen, daß Sie die Mails auch beantworten können.

Nachdem Sie den Plan erstellt haben, dürfen Sie mit Recht stolz auf sich sein. Sie haben eine Menge Arbeit bewältigt und die Richtung für die Online-Präsenz Ihrer Firma auf Jahre hinaus festgelegt. Aber Sie müssen immer noch einige Dinge klären oder sich ihrer zumindest bewußt werden:

✔ **Die Kosten rechtfertigen:** Auch wenn der Senior-Manager am Anfang begeistert von dem Projekt war, wird er doch oft zusammenzucken, sobald er den Preis hört. Marketing-Ausgaben sind immer schwer zu rechtfertigen, denn es sind Kosten, deren Einfluß auf den Verkauf nicht direkt meßbar ist und die natürlich auch nicht zu einer Kostensenkung führen. Sie werden dazu gedrängt, das Budget zu kürzen oder mehr Arbeit hausintern zu erledigen. Verteidigen Sie die Notwendigkeit eines Internet-Auftritts mit dem Hinweis auf die analysierten Aktivitäten der Konkurrenten. Wenn jemand dann Kosten senken möchte, zeigen Sie ihm exakt, welcher Teil der Online-Präsenz darunter leiden würde. Um die Verwendung von externen Ressourcen zu unterstützen, sollten Sie herausstellen, daß die zusätzliche Erfahrung und die schnelle Verfügbarkeit der externen Arbeitskräfte das Risiko minimiert.

✔ **Risiken:** Ein altes Sprichwort sagt: »Vorhersagen zu treffen ist gefährlich, vor allem wenn sie die Zukunft betreffen.« Sie sehen Ihren Plan wahrscheinlich eher optimistisch, haben aber mehr Risiken darin, als Sie denken. Der Aufwand für eine Online-Präsenz liegt, was die Häufigkeit des Scheiterns oder des Termin-Überziehens angeht, irgendwo zwischen dem Aufwand, ein Buch zu schreiben, und dem, eine Software zu entwickeln. (Es heißt, daß die Hälfte aller Software-Projekte scheitert, das bedeutet nicht nur, daß sie zu spät fertig werden, nein, sie verschwinden einfach in der Versenkung. Je komplexer ein Web-Auftritt ist, desto eher geht er vom Aufwand und Risiko her in Richtung Software.)

✔ **»Aber Sie sagten doch …«:** Bei Plänen dieser Art taucht oft ein Problem auf, das wir »Aber Sie sagten doch …« nannten, weil diese Redewendung es am exaktesten beschreibt. Man wird Sie auf Aussagen in Ihrem Plan festnageln, und wenn sich in der Zwischenzeit ein anderer Sachverhalt ergeben hat, dann werden Sie den Satz »Aber Sie sagten doch …« zu hören kriegen. Wenn Sie also Ihre Ziele im Laufe des Projekts modifizieren, werden Sie sicherlich auf Leute stoßen, die enttäuscht oder gar verärgert sind. Um solche Probleme zu vermeiden, sollten Sie daher in Ihrem Plan relativierende Floskeln wie »es ist zu erwarten«, »abhängig von den Ressourcen«, und »wie der Vergleich mit den Konkurrenten erkennen läßt« verwenden.

Wenn Sie Ihren ersten Plan fertiggestellt haben, zeigen Sie ihn niemandem. (Wenn Sie mit einer Gruppe daran gearbeitet haben, behalten Sie ihn für ein oder zwei Tage ohne die Gruppe.) Schlafen Sie eine Nacht darüber und schauen sich den Plan dann wieder an. Verbessern Sie ihn. Passen Sie ihn darauf an, daß nur noch die wichtigsten Elemente, die Sie zum Erreichen Ihrer Ziele benötigen, enthalten sind. Entfernen Sie alles, was Sie nicht unbedingt brauchen, um in der Online-Welt erfolgreich zu sein. Dadurch reduzieren Sie die Kosten für das Projekt, erhöhen die Chancen auf Erfolg und schaffen dadurch gegenüber Ihrem Management eine Atmosphäre des Vertrauens, durch die Sie bei der Erweiterung das Geld bekommen werden, das Sie benötigen.

 Es ist sinnvoller einen Online-Marketing-Plan zu erstellen, wenn man dabei auf den allgemeinen Marketing-Plan Bezug nehmen kann. Leider ist oftmals kein solcher vorhanden, oder er ist nicht mehr aktuell. Wenn Sie also wirklich perfekte Arbeit abliefern wollen, sollten Sie zuerst einen allgemeinen Marketing-Plan erstellen. Wenn es in Ihrem Fall wichtiger ist, zuerst die Online-Präsenz fertigzustellen, schreiben Sie zuerst den Online- und dann den allgemeinen Marketing-Plan.

Den Online-Marketing-Plan implementieren

Gratulation, wenn Sie bisher alle Schritte in diesem Kapitel mitverfolgt haben. Sie sind besser vorbereitet, online Erfolg zu haben, als die meisten anderen, die ohne Plan und Ziel ins Netz gehen.

Der Rest dieses Buches gibt Ihnen eine praktische Anweisung, wie Sie Ihren Online-Marketing-Plan Schritt für Schritt umsetzen: Ihre Webseiten gestalten und aufbauen, E-Mails und Listen-Server verwenden, Präsenz in Online-Diensten schaffen und vieles mehr. Verwenden Sie dieses Buch, und, wenn nötig, andere Quellen, die sich eingehend mit jedem Element Ihrer Online-Präsenz beschäftigen.

Wenn Sie mit anderen bei der Umsetzung des Plans für die Online-Präsenz zusammenarbeiten, fragen Sie sie regelmäßig nach Berichten über ihre Fortschritte oder lassen Sie sich die Fortschritte vorführen. (Die quietschende Tür wird geölt, und der Kollege oder Kunde, der regelmäßig nach einem Projekt fragt, wird derjenige sein, der mehr Informationen und Aufmerksamkeit bekommt.) Stellen Sie die Vorteile für Ihre Kollegen heraus: Durch die ständige Kontrolle können Zeit- oder Budget-Probleme schnell erkannt und beseitigt werden.

Wenn Sie Ihren Online-Marketing-Plan umsetzen, sollten Sie es festhalten, falls Sie von dem Marketing-Plan abweichen müssen. Gründe dafür könnten beispielsweise sein, daß Ihr Internet-Auftritt größer sein müßte als geplant, oder daß Sie, wenn Ihnen ein Gestaltungsvorschlag im Webbrowser nicht gefällt, neue Entwürfe machen müssen. Ebenso müssen Sie sich vielleicht dafür entscheiden, irgendwo Einsparungen vorzunehmen, damit Sie noch im Budget bleiben. Bewahren Sie einen kurzen Bericht über jede von Ihnen gefällte Entscheidung, den Grund dafür und ihre Auswirkungen auf Zeit und Budget auf. Solche Berichte helfen Ihnen sehr, wenn Sie den Gesamterfolg des Projekts einschätzen und den Plan fassen, Ihre Online-Präsenz zu überarbeiten. (Die einzige Konstante in der Online-Welt ist der Wechsel.)

Sollten Sie ein rein Internet-basierendes Geschäft eröffnen?

In der Planungsphase oder an deren Ende, wenn Sie den Plan anderen Unbeteiligten zeigen, werden Sie vielleicht gefragt, ob Electronic Commerce auch ein Teil Ihres Projekts sein wird. Verkaufen im Internet ist wichtiger Bestandteil der Zukunft, aber es ist nicht wirklich ein Marketing-Thema, obwohl man sagen könnte, daß erfolgreiches Online-Marketing die Grundlage für den Verkauf über das Netz ist. Aus gutem Online-Marketing, bei dem man ja im eigentlichen Sinne ein Image und Kaufargumente verkauft, sollte dann ein Online-Markt werden.

Planen Sie einen Online-Shop als eigenständiges Geschäft mit Einkommen, Ausgaben, und (hoffentlich) Gewinn.

Teil II

Marketing im World Wide Web

The 5th Wave · By Rich Tennant

»Unsere Web-Präsenz läuft ziemlich gut. Wir haben einige Bestellungen erhalten, ein paar Anfragen sowie neun Kerle, die das Model auf unserem Logo kennenlernen möchten.«

In diesem Teil... Der Hype bezüglich des World Wide Web erreicht ungeahnte Höhen, so daß das Web das wichtigste neue Marketingwerkzeug seit der Einführung des Fernsehens sein könnte. In diesem Teil lassen wir den technischen Jargon beiseite und zeigen Ihnen ganz genau, wie Sie eine einfach zu findende und effektive Webpräsenz erstellen können, egal ob Sie die ganze Arbeit selbst machen oder mit anderen zusammenarbeiten.

Eine eigene Domain

In diesem Kapitel

▶ Einen ISP für Online-Marketing auswählen

▶ Wie Domain-Namen funktionieren

▶ Ihren Domain-Namen auswählen

▶ Ihren Domain-Namen registrieren

Dieses Kapitel handelt von demjenigen Puzzlestück des Online-Marketing, dem die meisten Firmen – und ihre Angestellten – wenig Beachtung schenken, obwohl es Ihre Online-Präsenz mehr als alles andere beeinflussen kann. Eine Domain kann so einprägsam sein wie www.dummies.com, wo Sie alles über die Dummy-Reihe finden, oder so ein merkwürdiges Gebilde wie home.provider.de/user/webhosting/bayern/konto88/~by2342 (welche der beiden können Sie sich wohl besser merken?). Dies ist Ihr *Domain-Name*.

Leute benutzen Ihren Domain-Namen, um Sie über die verschiedenen Internet-Dienste zu erreichen – E-Mail, FTP und das Web, die alle kurz in Kapitel 1 beschrieben worden sind. Zukünftige Internet-Dienste werden Ihren Domain-Namen wahrscheinlich auch benutzen. Ein Domain-Name ist Ihre Identifikationsmarke im Cyberspace – eine Art Mischung aus einem Firmennamen, einer Geschäftsadresse und einem CB-Funk-Namen. Den richtigen Domain-Namen zu erhalten ist extrem wichtig. Die gute Nachricht: Sie können den Domain-Namen, den Sie wollen, schnell und für eine mehr oder weniger geringe Gebühr registrieren, wie wir das später in diesem Kapitel beschreiben werden. Die schlechte Nachricht: Jemand könnte in Bezug auf Ihren Wunschnamen schneller gewesen sein, was wir auch später in diesem Kapitel erklären werden.

Wenn Sie in einer Firma arbeiten oder eine gründen wollen, die noch keinen Domain-Namen besitzt, sagen Sie alle Termine ab, hängen Sie Ihr Telefon aus und lesen Sie sofort dieses Kapitel. Die Online-Präsenz, die Sie sich sichern, könnte Ihnen gehören. Wenn Ihre Firma oder Organisation schon einen Domain-Namen hat, lesen Sie trotzdem dieses Kapitel – Sie wollen vielleicht Ihren Domain-Namen ändern, inklusive Ihrer E-Mail-Adressen und Web-URL, zugunsten einer besseren, oder einen neuen Domain-Namen für ein Produkt oder eine Dienstleistung einrichten, an der Sie gerade arbeiten. Tausende neuer Domain-Namen werden jeden Tag eingerichtet; wer zuerst kommt, mahlt zuerst.

Aber ganz abgesehen von der Auswahl des Domain-Namens sollten Sie ein paar Minuten darüber nachdenken, wer Ihnen den Onlinezugang für Ihre Online-Marketing-Bemühungen bietet. Wollen Sie bei Ihrem momentanen Online-Provider bleiben, oder zu einem anderen wechseln, der das Registrieren von Domain-Namen und Webhosting besser handhabt? Der nächste Abschnitt gibt Ihnen einen tiefen Einblick.

Einen ISP für Online-Marketing auswählen

Sie haben wahrscheinlich schon in irgendeiner Form einen Internet-Zugang. Sie benutzen vielleicht einen **I**nternet **S**ervice **P**rovider (ISP) wie SpaceNet oder Nacamar, oder einen Online-Dienst wie T-Online. Online-Dienste bieten Ihnen eine Menge an proprietären Inhalten, die Sie nicht auf eine andere Art und Weise abrufen können, und eine gute Menge an Diensten; ISPs bieten ein Grundpaket an Software und Dienstleistungen an, haben aber wenig eigene Inhalte.

Es ist ein Unterschied, ob man einen Internet Service Provider oder Online-Dienst für den Internet-*Zugang* oder für Online-*Marketing* auswählt. Ihre Anforderungen an einen Online-Zugang sind viel niedriger. Alles, was Sie fürs Sufen im WWW und dem Lesen von Newsgroups benötigen, ist eine zuverlässige Verbindung ins Internet. Wenn Ihr ISP verkauft wird oder pleite geht, können Sie einfach einen anderen nehmen.

Fürs Online-Marketing sind Ihre Anforderungen jedoch viel höher. Sie müssen einen Partner wählen, der aus dem Folgenden einiges oder alles tun kann:

✔ **Ihren Domain-Namen registrieren:** Wenn Sie Ihren Domain-Namen selber registrieren wollen, werfen Sie einen Blick auf den Abschnitt »Wie Domain-Namen funktionieren« weiter unten in diesem Kapitel. Wenn Sie wollen, daß das Ihr ISP für Sie erledigt, nehmen Sie einen, bei dem Sie darauf vertrauen können, daß er es richtig macht.

 Wenn Sie Ihren Domain-Namen von einem ISP oder Online-Dienst registrieren lassen, stellen Sie auf jeden Fall sicher, daß Sie am Ende das alleinige Nutzungsrecht für den Domain-Namen haben. Einige skrupellose ISPs registrieren die Domains auf ihren Namen und fordern für den späteren Übergang des Nutzungsrechts einen hohen Betrag, was für Sie in Hinblick auf dieses wichtige Merkmal eines virtuellen Zuhauses ein großer Nachteil ist. Sie können den Whois-Dienst, der später in diesem Kapitel im Abschnitt »Einen Firmen-Domain-Namen auswählen« beschrieben ist, dazu nutzen, einzusehen, wer der registrierte Benutzer irgendeines Domain-Namens ist.

✔ **E-Mails empfangen und weiterleiten:** Sie benötigen einen ISP oder Online-Dienst, der schnell und zuverlässig Ihre E-Mails empfangen und versenden kann. (Ihr ISP empfängt alle E-Mails, die an Sie geschickt werden, und leitet Sie dann an Sie weiter.) Gelegentliche Fehlleitungen sind unvermeidlich, aber regelmäßige Ausfälle, Abstürze und Verluste von E-Mails sind es nicht.

✔ **Sie unterwegs unterstützen:** Wenn Sie und andere in Ihrer Firma reisen, benötigen Sie Zugang zu lokalen Einwahlknoten an so vielen Orten wie möglich, um die Kosten niedrig zu halten.

✔ **Ihnen Zugang zu Newsgroups bieten:** Ihr Internet Service Provider muß Ihnen Zugang zu den tausenden von Newsgroups im Internet geben – Weiteres zu diesem Thema finden Sie in Kapitel 10.

✔ **Ihre Website hosten:** Ihr Internet Service Provider muß Ihre Website zu vernünftigen Preisen hosten können. Vergleichen Sie sorgfältig die Grundkosten für kommerzielle Webseiten, von der Besucheranzahl abhängige Zusatzkosten sowie die Kosten für den Speicherplatz, auf dem Sie den Inhalt Ihrer Webseiten ablegen. Einige Provider verstecken hohe Zusatzkosten in diesen Rubriken. Sie sollten vielleicht auch darüber nachdenken, Ihre Website bei einem aufs Hosting spezialisierten Anbieter abzulegen. Hosting-Dienste beschreiben wir im nächsten Kapitel.

✔ **Ihnen Unterstützung geben:** Obwohl Sie nicht erwarten können, daß Ihr ISP Ihre Online-Präsenz für Sie managt, ist es notwendig, daß Sie jemanden ans Telefon bekommen können, der Ihnen bei der Erweiterung Ihrer Online-Präsenz hilft oder Ihnen bei Problemen zur Seite steht.

✔ **Nicht pleite gehen:** Im Vergleich mit all den anderen Dingen, die für Sie bei der Auswahl Ihres Internet Service Providers wichtig sind, ist das wichtigste, daß er im Geschäft bleibt. Der Konkurrenzkampf ist hart, und so ist ein Konkurs eine traurige Tatsache. Die Begleiterscheinungen eines sterbenden ISPs in seinen letzten Monaten können Ausfälle, Abrechnungsprobleme, plötzliche Preiserhöhungen und mehr beinhalten. Nehmen Sie einen großen nationalen ISP oder einen großen Online-Dienst, oder gehen Sie das Risiko ein, daß Ihr ISP Probleme haben wird oder gänzlich verschwindet.

Einen ISP auswählen

Bei Ihrer besten Wahl fürs Online-Marketing kann es sich gut um einen *Nur*-ISP handeln. (Im technischen Sinne sind auch Online-Dienste ISPs, da sie den Leuten Internet-Dienste anbieten. Mit *Nur*-ISPs meinen wir einen ISP, der nicht auch noch ein Online-Dienst ist.) Wenn Sie mit dem Internet allein ausreichend zufrieden sind, ist ein Nur-ISP vielleicht die beste Wahl für Sie.

 Um einen ISP fürs Online-Marketing zu finden, suchen Sie nach einem größeren, deutschlandweiten Provider, der lange genug im Geschäft ist, um in bekannteren Magazinen besprochen zu werden. Suchen Sie nach solchen Tests und vergleichen Sie sorgfältig. Als Beispiel sei hier die Zeitschrift internetworld genannt (www.internetworld.de), die in jeder Ausgabe ein oder zwei ISPs kritisch beäugt. Generelle Hinweise des *PC Magazine*, leider mehr für den amerikanischen Markt zugeschnitten, finden Sie im ZDNet unter www.zdnet.com/anchordesk/story/story_460.html.

Für Online-Marketing wollen Sie auch einen ISP, der technisch sachverständig und auf dem neuesten Stand ist. Unter anderem sollte er eine breite Palette von Internetanwendungen und –diensten unterstützen, nicht bloß das Web und E-Mail. Wenn Sie keinen Zugang zum Internet Relay Chat (IRC) haben, können Sie es sicher auch nicht fürs Marketing benutzen. (Chat wird recht detailliert in Kapitel 7 beschrieben.)

Jetzt (das heißt, bevor Sie mit Ihren Online-Marketing-Bemühungen anfangen) ist es an der Zeit, zu einem ISP zu wechseln, der mit Ihrer Website mithalten kann. Durch den Konkurrenzkampf sollten Sie einen guten Preis für ein Paket von Dienstleistungen erhalten, das Ihre Anforderungen erfüllt.

Obwohl ein ISP für das Hosten Ihrer Website eine gute Wahl sein kann, ist ein spezialisierter Hoster auch nicht zu verachten. Schließen Sie einen Hoster in Ihre Überlegungen mit ein, wenn Sie viele Besucher – hundert pro Woche oder mehr – auf Ihrer Website erwarten. Und stellen Sie sicher, daß Sie Ihren Domain-Namen registrieren, so daß Sie Ihren Hoster jederzeit wechseln können.

Einen Online-Dienst auswählen

Wenn Sie ganz neu in der Online-Welt sind und viel an der Hand geführt werden wollen oder müssen, ist ein Online-Dienst eine gute Wahl für das Hosten Ihrer Webpräsenz. Die Online-Dienste tendieren dazu, gute Telefonunterstützung zu bieten und viele Leute zu haben – sowohl Angestellte als auch andere Kunden – die Ihnen bei Problemen Hilfestellungen geben.

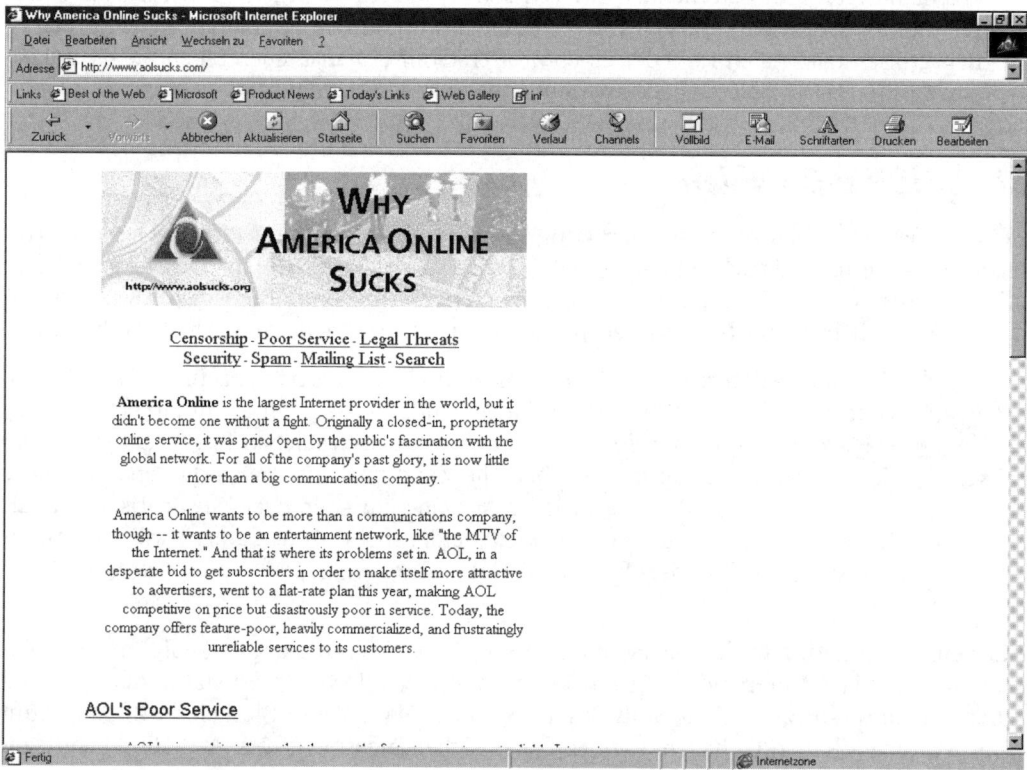

Abbildung 4.1: America Online hat nicht nur Bewunderer.

Jedoch ist die Stabilität für Online-Dienste genauso wichtig wie für Nur-ISPs, wie wir im vorherigen Abschnitt erläutert haben. Wir haben früher immer CompuServe empfohlen, aber America

Online (AOL) hat diesen Dienst inzwischen aufgekauft. Das sehr gut bewertete Zugangsnetzwerk von CompuServe wurde von WorldCom aufgekauft, kurz bevor auch noch der amerikanische Telefongigant MCI (der übrigens einen eigenen ISP unterhält) geschluckt wurde. Obwohl CompuServe immer noch ein exzellenter Dienst ist (vor allem im Vergleich mit der deutschen Konkurrenz), weiß dennoch keiner, wie unabhängig er in der Zukunft von AOL sein wird.

Zu den anderen großen deutschen Online-Diensten sei soviel gesagt: das Microsoft Network wurde mittlerweile eingestellt. T-Online ist Deutschlands größter Online-Dienst, hat aber neben inhaltlichen Defiziten vor allem ein Imageproblem im professionellen Bereich. Wir gehen später in diesem Kapitel näher darauf ein.

Wenn Sie Ihre eigene Domain (darüber im nächsten Abschnitt mehr) über Ihren Online-Dienst verwalten wollen, sollten Sie einen näheren Blick auf CompuServe werfen. Mit *Business Welt* bietet CompuServe seinen Kunden die Möglichkeit, eine Website unter ihrer eigenen Domain einzurichten. Anstatt der URL `ourworld.compuserve.com/homepages/Kundenname` bekommt man das etwas schickere `www.IhreFirma.de`, sofern dieser Name noch nicht vergeben ist. Hierbei werden mehrere unterschiedliche Pakete angeboten, die sich unter anderem im verfügbaren Speicherplatz auf dem Webserver unterscheiden. Nähere Informationen dazu finden Sie unter `www.businesswelt.de` (siehe Abbildung 4.2). Auch T-Online plant, so einen Service einzuführen. Der wird dann voraussichtlich T-Online Business Homepage heißen, Anfang 1999 starten und etwa 20 Megabyte an Speichervolumen zur Verfügung stellen.

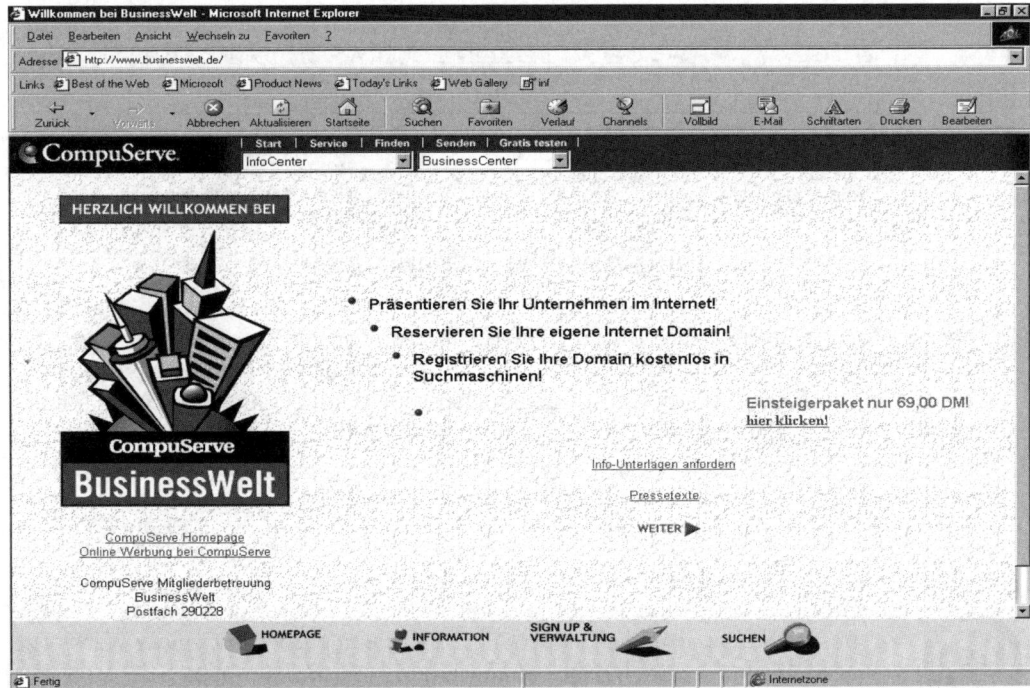

Abbildung 4.2: CompuServe Business World

Wie Domain-Namen funktionieren

Nur wenige Geschäftsleute wissen, wie Domain-Namen funktionieren. Es zu wissen ist jedoch genau so, wie in der Lage zu sein, eine Karte des Cyberspace zu lesen – mit diesem Wissen können Sie Ihr Geschäft, Ihr Produkt oder Ihre Dienstleitung auf einen markanten Punkt dieser Karte plazieren.

Sie kennen wahrscheinlich die Domain-Namen Ihrer täglichen E-Mail-Korrespondenz und von Webseiten, die Sie regelmäßig besuchen. Aber was tun Sie, wenn Sie die Marketing-Seite einer Firma im Web finden wollen und Sie sich mit dem Domain-Namen nicht so sicher sind? Natürlich können Sie, wie wir in Kapitel 2 beschreiben, nach den entsprechenden Schlüsselwörtern suchen. Aber noch besser ist es, wenn der richtige Domain-Name eine Firma viel leichter auffindbar macht. Ein gut gewählter Domain-Name kann darüber hinaus die Marketing-Kommunikation erleichtern, indem er Ihre Marketing-Adresse (vielleicht so etwas wie `verkauf@ihreproduktseite.de`) viel einprägsamer macht.

Werfen Sie einen kurzen Blick auf die URL in Abbildung 4.3 – eine Adresse einer persönlichen Homepage auf der GeoCities Website – und finden Sie darin den Domain-Namen. Die URL besteht aus drei Teilen (durch Punkte oder Querstriche getrennt):

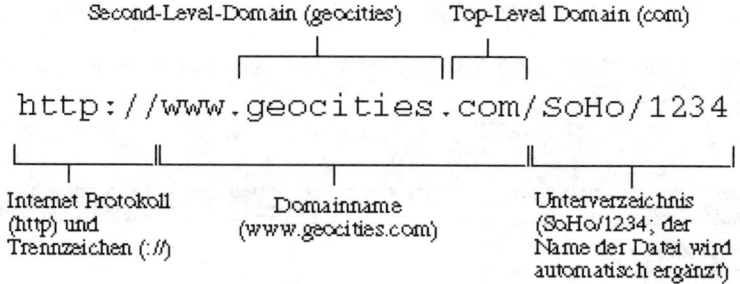

Abbildung 4.3: Der Domain-Name ist in der Mitte der URL.

✔ **Internet-Protokollname.** Jeder Internet-Dienst hat seine eigene spezielle Kennung, oder *Protokoll*, um seine Nachrichten zu entziffern. Das World Wide Web benutze das *HyperText Transfer Protocol*, oder HTTP, was im Web üblicherweise mit `http` angezeigt wird. (Abkürzungen sind normalerweise in Großbuchstaben, aber die Unix-Gemeinde – der Ursprung des Internets und vieler anderer wichtiger Dinge in der Computerwelt – neigt dazu, das zu vermeiden.) Ein Doppelpunkt und ein doppelter Querstrich werden als Trennzeichen benutzt, so daß der Internet-Protokollname innerhalb einer URL immer so aussieht: `http://`

 In den aktuellen Versionen des Microsoft Internet Explorer und Netscape Navigator müssen Sie den Protokollnamen nicht mehr eingeben, um zu einer Website zu gelangen. Wenn Sie zum Beispiel auf die amerikanische Dummies-Seite zugreifen wollen, können Sie einfach `www.dummies.com` in das Eingabefeld eintippen.

✔ **Domain-Name.** Der Domain-Name identifiziert eine Maschine und eine Gruppe zusammengehöriger Maschinen und wird von einem spezifischen Internetserver unterstützt. Der Teil des Domain-Namens, dem Sie die meiste Beachtung schenken müssen, ist der Punkt und die zwei- oder dreibuchstabige Endung ganz hinten (`.de`, `.com` und so weiter, genannt *Top-Level Domain* (TLD)) und die Zeichenkette vor dem letzten Punkt im Domain-Namen, in obiger Abbildung 4.3 ist das `geocities`, genannt *Second-Level Domain*.

✔ **Unterverzeichnis und Dateiname.** Das Unterverzeichnis und der Dateiname identifizieren einfach die spezifische Datei, die der Benutzer will. (Wenn kein spezifischer Dateiname angegeben wird, sucht der Webserver normalerweise nach einer Datei namens `index.htm` oder `index.html` als Voreinstellung.) Wenn Sie je DOS oder Unix benutzt haben, kennen Sie diese Art von Verzeichnis- und Dateinamen schon sehr gut. Unter Windows und auf dem Macintosh spielen Ordner die Rolle von Unterverzeichnissen, und die Dateiendung wird mehr oder weniger versteckt.

Domain-Namen aufschlüsseln

Die ursprüngliche Rolle eines Domain-Namens ist die eines gemeinsamen Namens für eine Gruppe von Computern, die mit dem Internet verbunden sind. Jede Maschine im Internet hat eine spezifische identifizierende Nummer, die *IP Adresse* genannt wird, aber die Leute haben Schwierigkeiten, sich lange Zahlen zu merken. Also können Maschinen auch Namen zugeteilt werden. Die Namen und dazugehörigen Nummern werden auf einem Internetserver namens Domain Name Server, oder DNS, abgespeichert – die Abkürzung kennen Sie vielleicht vom Einstellen von Programmen, die Sie mit dem Internet verbinden.

Domain-Namen erlauben es einer Organisation, allen Ihren Maschinen, die mit dem Internet verbunden sind, einen Namen zu geben. So kann zum Beispiel eine Organisation mit dem Domain-Namen `meinefirma.de` alle Maschinen, die sie besitzt, `franz.meinefirma.de`, `hauptserver.meinefirma.de` und so weiter nennen.

Das verwirrende mit den Domain-Namen ist, daß sie von hinten nach vorne gelesen werden: zuerst die Top-Level Domain, oder TLD (so wie `.de` oder `.com`) am hinteren Ende, denn die Second-Level Domain direkt davor, und so weiter, wie in Abbildung 4.3 gezeigt. Es gibt momentan nur wenige verbreitete Top-Level Domains, und Sie können an ihnen recht gut ablesen, mit welcher Art von Organisation oder Firma Sie es zu tun haben, wie in Tabelle 4.1 gezeigt.

Top-Level Domain	Bedeutung
`.com`	Kommerzielle Organisation, Firma
`.edu`	Amerikanische Colleges und Universitäten
`.org`	*Nonprofit organizations*, gemeinnützige Organisationen, Vereine
`.gov`	Nicht-militärisches Organ der US-Regierung
`.mil`	Militärisches Organ der US-Regierung

`.net`	Organisationen, die dafür verantwortlich sind, das Internet zu unterstützen (wird als prestigeträchtig angesehen)
`.int`	Internationale Organisationen, die per Vertrag oder als Teil der Internet-Datenbankinfrastruktur gebildet wurden
`.de`	Top-Level Domain für Deutschland. Keine Unterscheidung zwischen kommerziell/privat
`.uk`, `.at`, und so weiter	Ländercodes, die von einem ISO Standardkomittee bestimmt wurden. Eine komplette Liste finden Sie unter `www.iana.org/in-notes/iana/assignments/country-codes`

Tabelle 4.1: Top-Level Domains (TLDs)

Bemerkung: Die amerikanischen TLDs `.com`, `.org` und `.net` stehen auch auf für den nicht-amerikanischen Otto Normalverbraucher zur Verfügung. So kann sich hinter dem Domain-Namen `iloveamerica.org` auch ein kommerzieller deutscher Anbieter verbergen.

So weit es um Online-Marketing geht, ist der wichtigste Teil eines Domain-Namens die Second-Level Domain. Diese Domain ist der Mittelteil einer tyischen Web-URL – zum Beispiel die `computerz`-Komponente von `www.computerz.de`. Die Second-Level Domain, die Sie auswählen, muß Ihre Firma und Organisation so gut wie möglich innerhalb dieser wenigen Grenzen repräsentieren:

✔ **Keine Sonderzeichen.** Ihr Domain-Name kann nur aus Buchstaben, Ziffern und dem Bindestrich bestehen (also zum Beispiel nicht aus dem Unterstrich »_«). Für `.de`-Domains ist zusätzlich zu beachten, daß der Domain-Name nicht ausschließlich aus Ziffern bestehen darf. Die Domain `1234567890.de` können Sie also nicht registrieren. Der Name darf auch nicht mit einem Bindestrich anfangen oder aufhören.

✔ **Nicht zu lang.** Ihre (amerikanische) Second-Level Domain kann nur 22 Zeichen lang sein. Für `.de`-Domains gilt diese Beschränkung allerdings nicht.

✔ **Noch nicht in Benutzung.** Das ist der schwierige Teil. Die Kombination Ihrer Second-Level und Top-Level Domains, wie zum Beispiel `firma.de`, `smallbusiness.com`, `bigcollege.edu` oder `nonprofit.org`, muß neu sein (noch nicht in Benutzung). Wenn sie schon in Benutzung ist, müssen Sie entweder den momentanen Besitzer des Nutzungsrechts dazu bewegen, die Domain aufzugeben, oder Sie müssen sich einen neuen Namen ausdenken (weiter hinten in diesem Kapitel erfahren Sie mehr darüber.)

✔ **Weitere Einschränkungen.** Nicht so gravierend, aber es lohnt sich auf jedenfall, bei `www.nic.de` vorbeizuschauen und dort die Vergaberichtlinien zu lesen, bevor man sich auf einen Domain-Namen festlegt. Dort gibt es übrigens auch eine Suchfunktion nach bereits vergebenen Domains.

 Der DE-NIC und der InterNIC Online Domain-Registrationsservice, die wir am Ende dieses Kapitels beschreiben, überprüfen jeden Domain-Namen, den Sie eingeben, um sicherzugehen, daß er die oben genannten Bedingungen auch erfüllt.

Die Second-Level Domain Ihrer Wahl, in Kombination mit der passenden Top-Level Domain ist das, was Sie für die Benutzung im Internet registrieren. Unterhalb der Second-Level Domain können Sie tun, was Sie wollen. Zum Beispiel benutzen viele Leute die Third-Level Domain `www.`, um eine Webseite anzuzeigen – aber das ist nur das verbreitete Vorgehen. Einige Organisationen benutzen Third-Level Domains, um Abteilungen in der Firma anzuzeigen. Als zum Beispiel Bud Smith Mitglied des QuickTime VR Teams bei Apple war, war dessen Domain-Name `www.qtvr.apple.com`. Diese Verwendung von Third-Level und Forth-Level Domains verschwindet zunehmends, denn die Leute haben Schwierigkeiten damit, sich mehrteilige Domain-Namen zu merken. Die Abteilung hat dann irgendwann angefangen, stattdessen `www.quicktimevr.com` zu benutzen. »WWW« läßt sich eben leicht merken und ist inzwischen auch in Deutschland zu einem Art »Laienstandard« geworden.

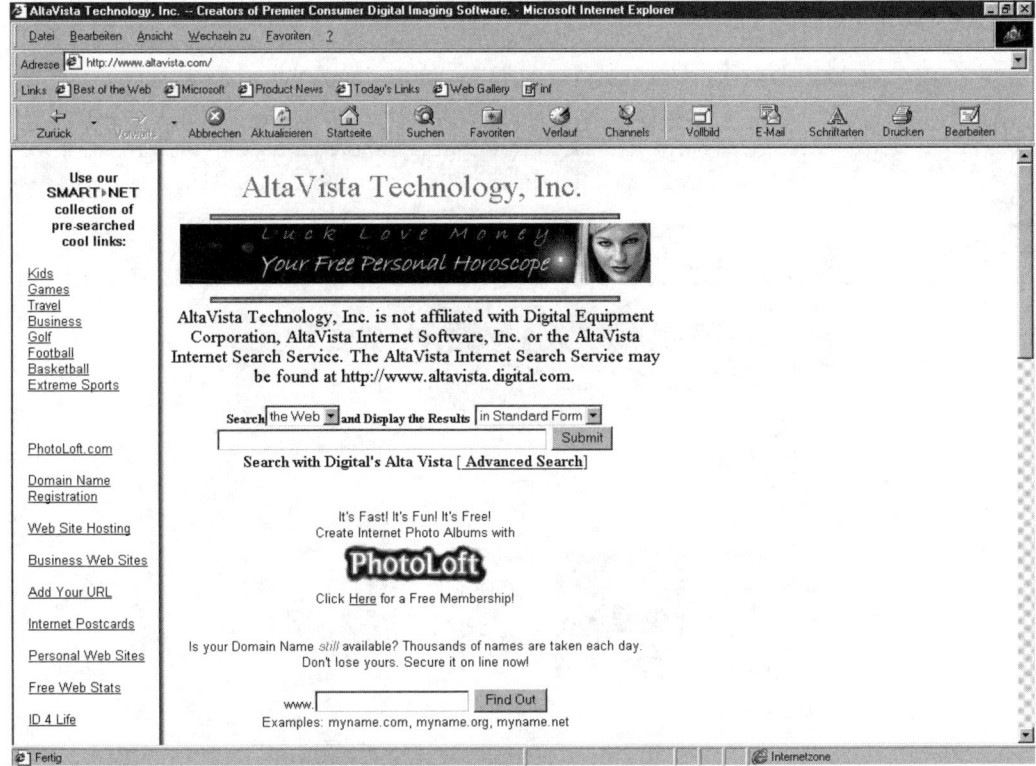

Abbildung 4.4: Die Website von AltaVista Technology – zumindest noch Ende Juli 1997.

Die Probleme von AltaVista

Die Suchmaschine AltaVista von Digital Equipment Corp. (DEC) ist ein Mittel von DEC zu zeigen, daß sich die Firma im Netz auskennt – aber der Service hat nicht den richtigen Domain-

Namen. Um AltaVista zu benutzen, müssen Sie zu `altavista.digital.com` gehen – die meisten Leute, die sich nach der Suchmaschine umschauen, denken nicht an den `.digital` Teil. Wenn Sie zu `www.altavista.com` gehen, der logischen Stelle, wo man nach der Suchmaschine suchen sollte, kommen Sie zu AltaVista Technology, einer Internet-Postkartenfirma, deren Webseite in Abbildung 4.4 gezeigt ist. Die Suchmaschine sehen Sie in Abbildung 4.5. Die Webseite der Postkartenfirma erhält tausende zusätzliche Zugriffe (*Hits*), da sie den Domain-Namen zuerst hatte. Da der Domain-Name `altavista.com` schon vergeben war, hätten die Produktmanager der AltaVista Suchmaschine wohl einen anderen Namen finden sollen, einen mit einem guten möglichen Domain-Namen, der noch nicht an jemand anderen vergeben war.

Am Ende der Geschichte entschied jedoch das schnöde Mammon: für schlappe 3,35 Millionen Dollar wechselte die Domain Ende Juli den Besitzer; ab Ende August wird die Suchmaschine auch unter `www.altavista.com` zu finden sein. Sie sehen also: Wenn Sie nicht den richtigen Domainnamen haben, kann das einmal teuer werden

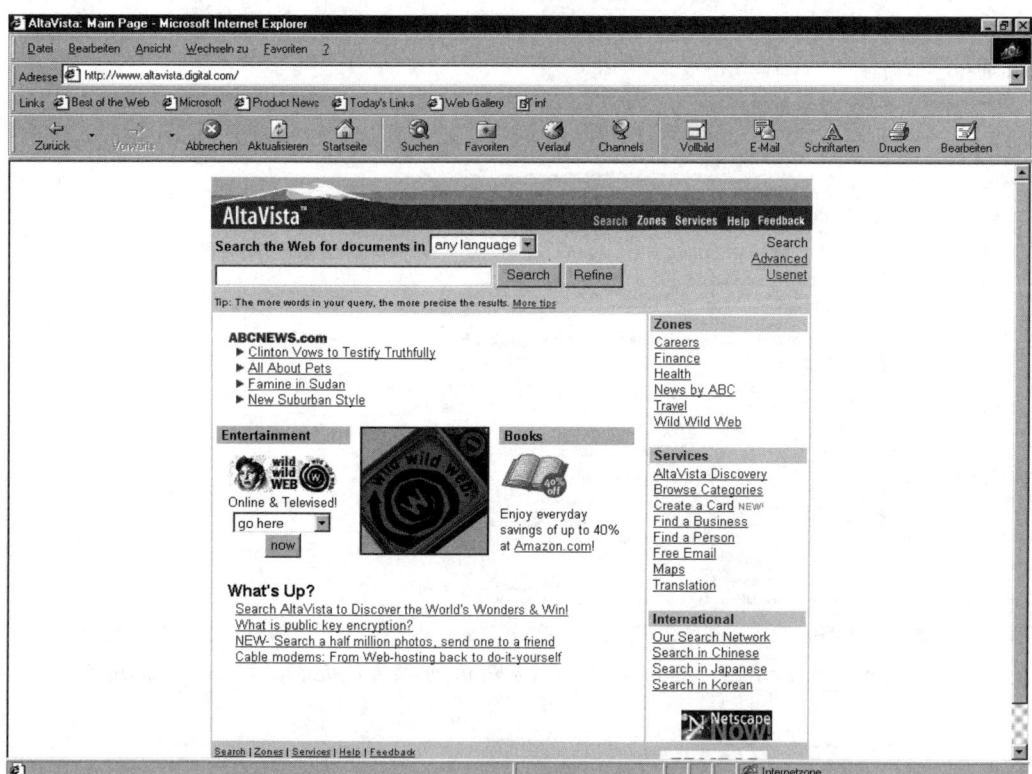

Abbildung 4.5: Die Suchmaschine AltaVista

Der Kampf um Domain-Namen

Laut InterNIC ist .com die am meisten verbreitete Top-Level Domain Amerikas. In Tabelle 4.1 sehen Sie Top-Level Domainregistrierungen, Stand Mitte 1997. Viele dieser Domains sind inzwischen aufgrund von schlechtem Zahlungsverhalten und Nichtbenutzung gelöscht worden, so daß die aktuelle Anzahl deutlich niedriger sein dürfte. Wie Sie jedoch in Tabelle 4.2 sehen können, sind über 1,5 Millionen der insgesamt 1,7 Millionen amerikanischen Domains – also weit über 80 % – eine .com-Domain.

Top-Level Domain	Anzahl der Registrierungen	Prozentsatz
.com	1.538.298	87 %
.edu	4.005	< 1 %
.org	107.683	6 %
.net	118.938	7 %
.gov	628	< 1 %
andere	229	< 1 %
Total	1.769.781	100 %

Tabelle 4.2: Top-Level Domains (TLDs) Mitte 1997

 Für die Vergabe von .mil- und .gov-Domains gelten besondere Richtlinien! Bitte erkundigen Sie sich bei rs.internic.net, bevor Sie so eine Top-Level Domain haben wollen!

In Deutschland waren am 17. Juli 1998 übrigens 168.175 Domains vergeben. Der Kampf um die verbleibenden Namen ist hart. In Abbildung 4.6 sehen Sie den Zuwachs an Domains, die mit .de enden. Alle paar Monate verdoppelt sich deren Zahl. Sie sollten Ihr Gebiet schnell abstecken, bevor es ein anderer tut!

Warum Domain-Namen so wichtig sind

Ein Unternehmensberater sagte einmal: Die drei wichtigsten Dinge, um ein Geschäft zu starten, sind der Ort, der Ort und der Ort. Ihr Domain-Name ist der Ort, zu dem all Ihre E-Mails und Websitebesuche kommen. Sie werden ihn wahrscheinlich auf Visitenkarten, Briefpapier und Anzeigen drucken und ihn auch unschuldigen Opfern im Lift auf die Nase binden.

Wenn Leute das Internet benutzen, wollen sie typischerweise die Informationen schnell erhalten. Wenn Sie von Ihrer Firma in der Offline-Welt gehört haben, werden sie vielleicht versuchen, Ihre Webadresse zu erraten und sie in ihren Browser einzugeben. Wenn Sie die URL haben, die diese Leute erwarten – www.[*eine vernünftige Version Ihres Firmennamens*].de – werden sie Sie im ersten oder zweiten Versuch finden. Falls nicht, haben Sie ein Problem.

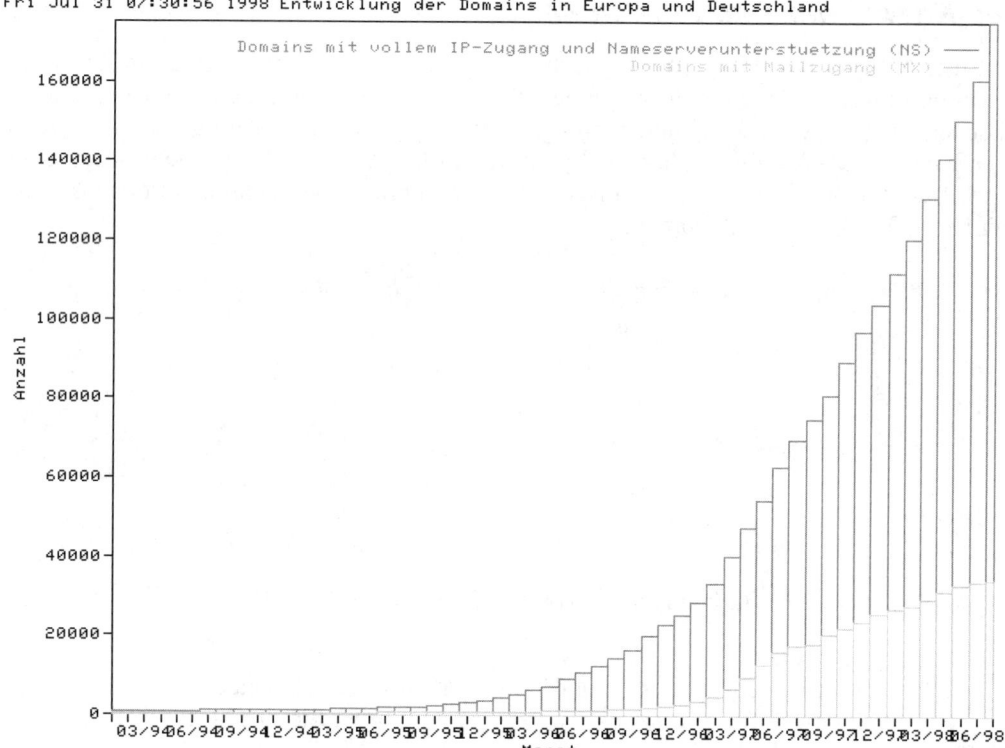

Abbildung 4.6: Diese Daten von DE-NIC (`www.denic.de`) zeigen, daß `.de`-Domains wie Unkraut wachsen.

Nachdem die Web-Surfer – darunter Kunden, Investoren, Journalisten, die gerade an einem Bericht über Ihren Industriezweig schreiben, oder auch Leute, die einfach nur neugierig sind – Sie nicht gefunden haben, können sie mehrere Dinge tun. Am häufigsten surfen sie einfach irgendwo anders hin. Oder sie versuchen, Sie mit einer Suchmaschine zu finden. Aber auch wenn diese Suche erfolgreich ist (und besonders, wenn sie das nicht ist), haben Sie jemanden frustriert, der für Sie wichtig sein könnte.

Als allererstes müssen Sie sicherstellen, daß Sie einen *eigenen* Domain-Namen erhalten. Wenn Sie Ihre Webseite in der Domain von jemand anderem ablegen, bedeutet es, daß Sie für den Benutzer viel schwerer zu erreichen sind, da dann Ihre URL ungefähr so aussieht: `http://www.IhrHoster.de/IhreArmeFirma`. Leute werden Schwierigkeiten damit haben, Ihre arme Firma zu finden, und falls sie das dann tun, werden Sie sich über Ihre billige Webpräsenz wundern. Stellen Sie sich Firmenbriefköpfe vor: Sie werden nicht das unbenutzte Briefpapier einer anderern Firma kaufen, den Firmennamen und das Logo durchstreichen und dann ein Etikett mit Ihren Kontaktinformationen darüber kleben. Ein billiger Domain-Name wie obiger ist im Grunde genommen nichts anderes.

Das zweite, was Sie beachten müssen, ist, daß Sie einen guten Domain-Namen erhalten – einen, den jemand, der nach Ihrer Firma sucht, einfach erraten kann. In vielen Fällen ist das Herausfinden eines guten Domain-Namens einfach. Ihr Firmenname dient gleichzeitig als einfach zu erratende Second-Level Domain, der Domain-Name, den Sie wollen (Ihre gewünschte Second-Level Domain und die passende Top-Level Domain wie zum Beispiel .de) ist erhältlich, und Sie sind dabei. Manchmal jedoch ist es viel schwieriger, den passenden unbenutzten Domain-Namen herauszufinden, vor allem wenn nur einer besonders gut paßt, und dieser Name schon vergeben ist.

Die Vorteile eines richtigen Domain-Namens liegen auf der Hand. Jedes Mal, wenn Sie Ihren Firmennamen bewerben oder ihn in irgendeinem Zusammenhang mitteilen, vermarkten Sie auch effektiv Ihre Online-Präsenz.

Stellen Sie sich ein Telefonbuch vor, daß ein dünnes erstes Kapitel mit Firmennamen in alphabetischer Reihenfolge hat, und einige dickere Folgekapitel, in denen die Firmennamen in zufälliger Reihenfolge stehen. In welchem Teil des Buches würden Sie lieber stehen? Organisationen mit dem richtigen Domain-Namen stehen im ersten Kapitel; die Leute können direkt zu ihnen online gehen. Organisationen, deren Webpräsenz in einem Unterverzeichnis von einer fremden Domain steht, oder die einen schlechten Domain-Namen haben, stehen im hinteren Buchteil und sind schwer zu finden.

Die agressiven Strategien eines Marketingprofis beim Reservieren von Domain-Namen können Sie in dem Artikel »The Smart Marketer's Strategy for Reserving Domain Names« von Andy Bourland bei `www.clickz.com/archives/112897.html` nachlesen. Sie müssen allerdings nicht alles für bare Münze nehmen. Der Artikel ist zudem auf den amerikanischen Domainmarkt zugeschnitten.

Mögliche neue Domain-Namen

Zu dem Zeitpunkt, als dieses Buch geschrieben wurde, wurde der Vorschlag, neue Top-Level Domains (TLDs) einzuführen, von den verschiedenen Parteien im Web diskutiert. Zu den Vorschlägen gehören unter anderem `.firm` für geschäftliche Websites, `.shop` für Online-Läden, `.web` für Organisationen, deren Tätigkeitsgebiet mit dem World Wide Web in direktem Zusammenhang steht und andere. Details zu diesem Vorschlag finden Sie im Global Top Level Domain Memorandum of Understanding Web site bei `www.gtld-mou.org`. Diese Site beinhaltet Verweise auf interessante Informationen über das bestehende Domain-Namensystem und über die vorgeschlagenen Veränderungen.

Obwohl die Vorschläge kontrovers diskutiert werden und ihre Umsetzung schon über ein Jahr lang auf sich warten läßt, kann es sehr gut sein, daß ein paar neue Top-Level Domains eingeführt werden. Was jedoch noch nicht feststeht ist, ob diese neuen Domains akzeptiert und auch benutzt werden. Halten Sie sich hier laufend auf dem neuesten Stand und ziehen Sie es in Betracht, neue, passende Domain-Namen, die aufgrund dieser Vorschläge eingeführt werden, zu registrieren. In Deutschland werden diese neuen Domains lustigerweise schon beworben, es wäre aber aus oben genannten Gründen ziemlich töricht, solche Angebote anzunehmen.

Ihre (n) Domain-Namen auswählen

Wenn Sie ein wenig darüber nachdenken, wie Leute Domain-Namen benuzten, werden Sie verstehen warum es so wichtig ist, den (die) Domain-Namen, den (die) Sie brauchen, zu registrieren. Ziehen Sie es in Betracht, die folgenden Arten von Domain-Namen zu registrieren:

✔ **Den idealen Firmennamen:** Finden Sie den idealen Domain-Namen für Ihre Organisation heraus, wie wir das im folgenden Abschnitt beschreiben werden, und registrieren Sie ihn, falls er immer noch erhältlich ist.

✔ **Ein oder zwei Alternativen:** Wenn Sie vernünftige alternative Domain-Namen für Ihre Firma haben – Namen, die Leute versuchen könnten –, und diese auch noch verfügbar sind, ziehen Sie es in Erwägung, diese auch zu registrieren. Sie können dann auch Ihren Webserver so einstellen, daß er für die alternative Domain die richtige Website anzeigt.

✔ **Produkt-Domain-Namen:** Wenn Sie ein Computerprodukt oder eine Dienstleistung oder ein Massenmarktprodukt verkaufen, das sehr bekannt ist – alles, was eine bemerkenswerte Zahl an momentanen oder zukünftigen Web-Surfern interessant finden könnte – registrieren Sie den Domain-Namen, der am besten dafür paßt, und das schnell, bevor jemand anderes Ihnen den Namen wegschnappt. Machen Sie dasselbe für Produkte, die noch in der Entwicklung sind.

✔ **Top-Level Domains:** Für eine deutsche Firma ist die Top-Level Domain .de Pflicht. Wenn Sie jedoch einen internationalen Kundenstamm haben, sollten Sie sich überlegen, ob Sie nicht vielleicht auch die Top-Level Domain .com registrieren wollen. Verkaufen Sie nur in Deutschland und Österreich, sollten Sie sich nach der österreichischen TLD erkundigen (.at).

 Im Gegensatz zu einigen anderen Leuten empfehlen wir nicht, daß Sie jeden verfügbaren alternativen Domain-Namen für Ihre Firma, irgendwelche Abteilungen davon, alle Ihre Produkte und potentielle Produktnamen registrieren. Wenn Sie zu viele Namen haben, verschlimmert das die Lage, daß zu viele Firmen zu wenigen Namen hinterherjagen. Außerdem werden Ihre Kunden ab einem gewissen Grad an verschiedenen Namen auch verwirrt. Entscheiden Sie nach gesundem Menschenverstand darüber, wie viele Domain-Namen Sie registrieren, und beeilen Sie sich dann, alle zu registrieren, die Sie ausgewählt haben.

Unfug mit Domain-Namen

Ihr Domain-Name bietet Ihnen *keine* Gelegenheit, den Namen Ihrer Firma online zu ändern, ihn aber offline beizubehalten. (Wenn Sie mit Ihrem Firmennamen nicht zufrieden sind, ändern Sie ihn – und überlegen Sie dann, welche Domain-Namen nun in Frage kommen und noch verfügbar sind.) Er bietet Ihnen auch keine Gelegenheit dazu, niedlich, lustig, interessant, geheimnisvoll oder irgendetwas anderes außer *leicht zu erraten* zu sein.

Der ideale Domain-Name ist der, den ein gewöhnlicher Internetnutzer als erstes erraten würde, der den Namen Ihrer Firma kennt, wenn er Ihre Firma im Web finden will. Die einfachste Übersetzung, die Sie mit Ihrem Firmennamen machen können, ist, ihn in ein einfaches Wort ohne Leerzeichen, Kommata, Punkte oder andere Satzzeichen umzuwandeln.

 Wie wir in diesem Kapitel bereits erwähnt haben, sind die einzigen erlaubten Zeichen in einem Domain-Namen Buchstaben, Ziffern und der Bindestrich. Wir empfehlen jedoch, auf den Bindestrich zu verzichten – sich daran zu erinnern, wann ein Domain-Name einen Bindestrich hat und wo er hingehört kann schwierig sein und dazu führen, daß potentielle Kunden Ihre Site nicht finden. Bleiben Sie bei Buchstaben und Ziffern, sofern möglich.

Um einige Beispiele zu nennen, zeigen wir Ihnen in Tabelle 4.3 die 15 profitabelsten amerikanischen Firmen, die besten Domain-Namen für sie, Alternativen, die noch in Frage kommen würden, und die wirklichen Domain-Namen der genannten Firmen. Für deutsche Domain-Namen kann man ähnliche Überlegungen anstellen.

Firmenname	Ideale Domain	Alternativen	In Wirklichkeit registrierte Namen
General Motors (GM)	gm.com	generalmotors.com	gm.com
General Electric (GE)	ge.com		ge.com
Exxon	exxon.com		exxon.com
Philip Morris Companies	philipmorris. com	phillipmorris.com	kraftfoods.com, miller-brewing. com, und so weiter
IBM	ibm.com		ibm.com
Ford Motor Company	ford.com		ford.com
Intel	intel.com		intel.com
Citicorp	citicorp.com		citicorp.com
Merck	merck.com		merck.com
Du Pont de Nemours	dupont.com		dupont.com
Coca-Cola	cocacola.com	coke.com	cocacola.com, coke.com
Chase Manhattan	chase.com		chase.com
Pocter & Gamble	procter& gamble.com	proctergamble. com, pg.com	pg.com
Wal-Mart Stores	walmart.com	wal-mart.com	wal-mart.com
BankAmerica	bankamerica. com	bankofamerica.com	bankamerica.com, bofa.com

Tabelle 4.3: Domain-Namen der profitabelsten amerikanischen Firmen

Wenn Sie sich Tabelle 4.3 ansehen, denken Sie vielleicht, »Nun, diese Firmen sind alle groß und haben zweifelsohne eine Menge Anwälte, die daran arbeiten, die richtigen Domain-Namen und Rechte zu erhalten.« Tatsache ist jedoch daß die profitabelste amerikanische Firma 1995, General Motors, zu langsam war, sich den Domain-Namen generalmotors.com zu registrieren. So hat jemand anderes den Uniform Resource Locator (URL) www.generalmotors.com registriert. In Abbildung 4.7 sehen Sie, was Sie erhalten, wenn Sie versuchen, General Motors zu erreichen, indem Sie www.generalmotors.com in Ihren Webbrowser eintippen.

Abbildung 4.7: Die Site bei www.generalmotors.com *ist nicht unbedingt das, was Sie erwarten.*

General Motors ist nicht die einzige Firma, die hier Probleme hat. Einige der großen Firmen in Tabelle 4.3 haben keine offensichtlichen Alternativen zu ihren registrierten Namen. Procter & Gamble haben weder procter&gamble.com noch proctergamble.com. Wal-Mart hat nicht walmart.com, eine offensichtliche Alternative. BankAmerica Corp., die von ihren Kunden als Bank of America oder B of A bezeichnet werden, haben nicht bankofamerica.com, aber immerhin bofa.com.

Andere große Organisationen haben auch Probleme. Viele Benutzer, die nach der Stanford Universität im Web suchen, versuchen zuerst www.stanford.com, da sie gewohnt sind, bei englischsprachigen Angeboten `.com` im Domain-Namen einzutippen, aber diese URL bringt sie zu der Stanford Management Group und es gibt keinen Hinweis auf die Webseite der Stanford Universität..

Die Webseite der Stanford Universität ist `www.stanford.edu` – der passende Name, wenn Sie sich mit Domain-Namen auskennen, aber nicht die erste Wahl. Ähnlich ist es bei anderen Eliteuniversitäten: `www.yale.com` bringt Sie zu der Yale Materials Handling Corporation; `www.harvard.com` gibt es gar nicht.

Auch amerikanische Regierungsbehörden sind gegen dieses Problem nicht immun: `www.whitehouse.com` bringt Sie zu einer Pornoseite mit über einer Million Hits am Tag. Auch wenn Sie ebenfalls kein Freund von solchen Internetseiten und dem Mißbrauch von Domain-Namen sind, müssen Sie dennoch zugeben, daß das Registrieren dieses Domain-Namens ein kluger Schachzug war. (Wenn Sie dem amerikanischen Präsidenten eine E-Mail schreiben wollen, gehen Sie zu `www.whitehouse.gov`).

In Deutschland ist das zum Glück nicht so schlimm, es gibt ja nur die `.de` Top-Level Domain. Aber auch hier ist nicht alles, was es scheint: `www.marine.de` zum Beispiel führt zu Kleinanzeigen, nicht zu dem seefahrenden Teil der Bundeswehr.

Gute und schlechte Domain-Namen

Sie können anhand der Beispiele im vorherigen Abschnitt sehen, wie Sie den besten Domain-Namen für Ihre Firma auswählen können: Finden Sie ein Wort oder einen kurzen Satz, ohne Leerzeichen oder andere Satzzeichen, der Ihren Firmennamen am besten respäsentiert. Sie übersetzen einfach Ihren Firmennamen in einen Domain-Namen. (So können Sie testen, ob Sie den richtigen Domain-Namen haben: Kann jemand, der das Web regelmäßig benutzt, ihn im ersten Versuch erraten?)

Nicht alle Firmen kommen so nahe an die idealen Domain-Namen heran, wie das die meisten der 15 profitabelsten Firmen in Tabelle 4.3 getan haben. Viele Firmennamen sind auch schwierig in einen Domain-Namen umzuwandeln. Wenn Sie sich die Kategorie *Home Theater* im amerikanischen Yahoo! anschauen, sehen Sie einige interessante Beispiele für gute und nicht so gute Domain-Namen. Obwohl die meisten der folgenden Beispiele `.com`-Domains sind, gelten die folgenden Anmerkungen natürlich auch für deutsche Domains - es kommt ja auf die Second-Level Domain an.

✔ **Adrian's Home Theatre.** URL: `www.aros.net/~adrian`. Diese kleine Firma vermittelt den Eindruck, daß sie auch so klein bleiben will – obwohl ein Blick auf ihre Webseite offenbart, daß sie eine Adresse und eine Telefonnummer hat und sehr teure Artikel verkauft. Die Website der Firma ist in einem Unterverzeichnis einer fremden Domain abgelegt worden – was billiger ist, als sich seine eigene Domain zu beschaffen (und auch so aussieht). Die Firma sollte sich ihren eigenen Domain-Namen leisten, am besten `adrian-shometheatre.com` (`adrian.com` ist schon vergeben).

✔ **Ambiophonics.** URL: `www.ambiophonics.org`. Diese nicht auf Gewinn ausgerichtete Gruppe bewirbt eine realistische Musikreproduktion. Der Domain-Name ist sehr einprägsam, wenn man von dem `.org` absieht. Die Gruppe sollte sich auch `ambiophonics.com` (oder die jeweilige landesspezifische Domain) registrieren und eine Webseite bei `www.ambiophonics.com` einrichten, die den Benutzer zu der korrekten Webseite bei `www.ambiophonics.org` umleitet.

✔ **Audio Design Associates.** URL: `www.ada-usa.com`. Dieser Hersteller hat das Problem, daß der Domain-Name erster Wahl, `ada.com`, schon vergeben war, umgangen, indem eine geographische Identifikationskomponente hinzugefügt wurde: `-usa`. Diese Lösung ist nicht schlecht, aber leider wird wahrscheinlich niemand die URL erraten, wenn er nach der Firma im Web sucht. Der Bindestrich wird auch gerne vergessen. Die Firma hätte sich besser `audiodesign.com` registrieren sollen, falls das noch erhältlich ist, oder `adausa.com`, wenn nicht.

✔ **House of Natural Sound.** URL: `www.houseofnaturalsound.com`. Immer mehr Firmen mit langen Namen entscheiden sich für diese mutige Lösung: Wenn sie einen langen Firmennamen haben, machen sie aus dem ganzen einen Domain-Namen. Bei `.com`-Domains muß man nur noch die Beschränkung auf 22 Zeichen plus der Top-Level Domain beachten. Die Webseite von House of Natural Sound sehen Sie in Abbildung 4.8. Hier ist der lange Name eine gute Wahl, da keine kürzere, leicht zu erratende Alternative existiert. Wir würden jedoch empfehlen, daß sich die Firma auch `hons.com` als alternativen Namen registriert, da ihn manche Benutzer als Acronym versuchen werden.

✔ **Martin-Kleiser.** URL: `www.martin-kleiser.com`. Genauso wie die vorher schon einmal erwähnte Kette Wal-Mart hat diese Firma einen Bindestrich im Namen und behält diesen auch in der URL. Da jedoch keine anderen Sonderzeichen in Domain-Namen erlaubt sind, glauben manche Leute, daß auch der Bindestrich nicht erlaubt ist. Die Firma sollte sich auch `martinkleiser.com` als alternativen Namen für die Leute holen, die es ohne den Bindestrich probieren.

✔ **NAD Electronics Limited.** URL: `www.nad.co.uk`. Dieser Domain-Name ist typisch für eine nicht-amerikanische (aber dennoch englischsprachige) Firma, die nicht multinational erscheinen will. Hier gilt grundsätzlich das, was wir vorher über `.de`-Domains gesagt haben: wenn möglich, immer zuerst die Domain unterhalb `.de` registrieren!

✔ **NPR Audio.** URL: `home.aol.com/npraudio`. Diese Firma stellt über 1800 Produkte her, hat aber nicht nur keinen Domain-Namen registriert, sondern auch ihre Webseite in ein Unterverzeichnis von AOL gestellt – ein guter Weg anzufangen, aber eine armselige Erscheinung in der Öffentlichkeit. Einige langjährige Internet-Nutzer hassen AOL dafür, daß sie komplette Neulinge ins Netz bringen, und einige von AOLs eigenen amerikanischen Kunden hassen ihren Provider für Besetztzeichen (nachdem AOL in Amerika einen monatlichen Pauschalbeitrag eingeführt hat, war das System zeitweise chronisch überlastet) und andere Probleme. Wenn Ihr Domain-Name *wirklich* Ihr Zuhause im Cyberspace ist, ist zumindest dieser in einem ganz schlechten Viertel.

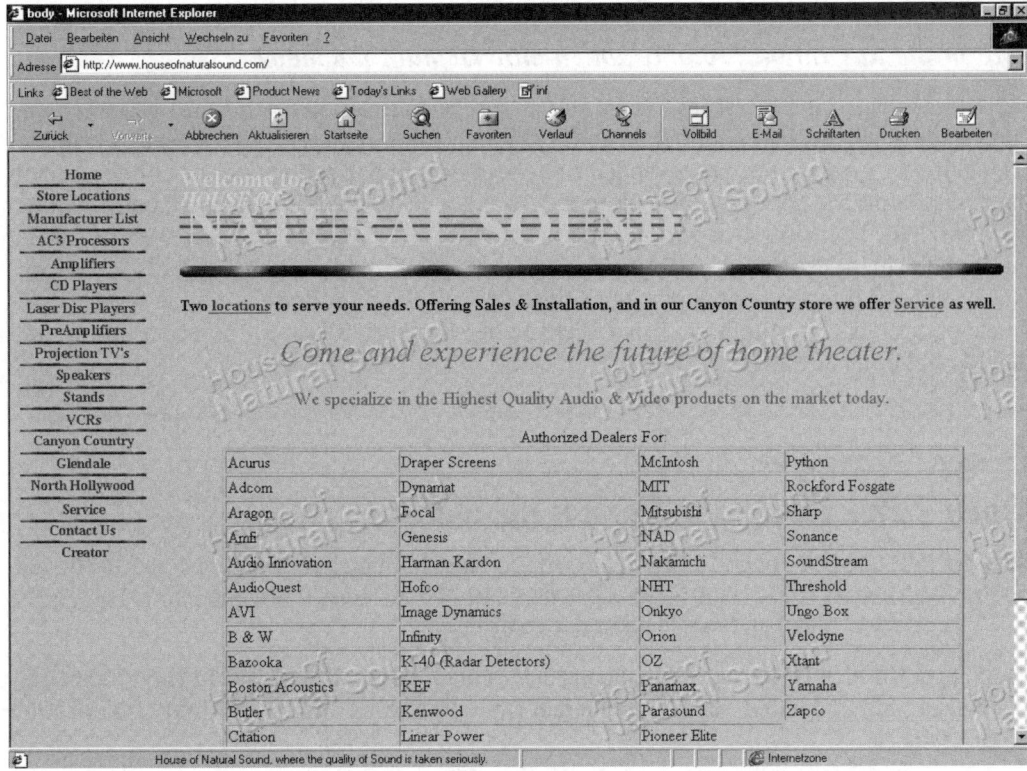

Abbildung 4.8: Besuchen Sie die Homepage von The House of Natural Sound.

✔ **Performance Imaging.** URL: `www.hdtvsystems.com`. Viele Firmen benutzen eine URL, die sich auf die *Art* von Produkten bezieht, die sie herstellen, und nicht auf ihren Firmennamen. Wir denken jedoch, daß der Firmenname die allererste Wahl sein sollte. In diesem Fall hat Performance Imaging auch `www.performanceimaging.com` registriert, was ein guter Name ist, aber sie werben mit `www.hdtvsystems.com` als ihre URL, obwohl diese wohl eher ein sekundärer Anlaufpunkt sein sollte.

✔ **Signature Technologies, Inc.** URL: `www.signaturetech.com`. Keine schlechte Wahl für einen Domain-Namen – tech ist eine gutbekannte Kurzform für Technologie. Darüber hinaus kann die Firma auch unter `www.signaturetechnologies.com` erreicht werden und hat so eine bessere Auswahl getroffen als manche großen bekannten Firmen.

Obwohl wir eine sehr enge Kategorie für diese Beispiele ausgewählt haben, hat wohl jede Gruppe von Organisationen ähnlich viele Beispiele für leicht und schwer zu erratende Domain-Namen. Stellen Sie nur sicher, daß Ihrer zu den leicht zu erratenden zählt!

Sollten Sie aus Ihrem Produktnamen eine Domain machen?

Ein interessantes Dilemma ist es, ob Sie aus Ihrem Produktnamen einen Domain-Namen machen sollten. Wir denken nicht, daß Sie den Namen Ihres Hauptproduktes als den Domain-Namen für die gesamte Firma verwenden sollten (in diesem Fall sollten Sie eher Ihren Firmennamen ändern!) Sie können es jedoch in Erwägung ziehen, die Namen von Hauptprodukten als zusätzliche Domain-Namen zu registrieren. Sie wollen vielleicht mal eine Website haben, die speziell einem Produkt gewidmet ist, oder Leute, die Ihren Produktnamen als URL eingeben, direkt auf Ihre Firmenhauptseite bringen. (Wenn Sie zum Beispiel www.kleenex.com eingeben, werden Sie automatisch zur Website der Kimberly-Clark Corporation umgeleitet, den Herstellern von Kleenex.)

Einen Firmen-Domain-Namen auswählen

Jetzt ist die Zeit gekommen, einen eigenen Domain-Namen auszuwählen (oder, wenn Sie schon einen haben und damit nicht zufrieden sind, einen neuen auszusuchen). Folgen Sie diesen Schritten, um einen Domain-Namen zu wählen:

1. **Setzen Sie sich mit einem Blatt Papier oder einem leeren Dokument in Ihrer Textverarbeitung hin und listen Sie alle möglichen Domain-Namen auf, die zu Ihrer Organisation passen.**

   Wir empfehlen, daß Sie .de als die Endung (Top-Level Domain oder abgekürzt TLD) für Ihren Domain-Namen verwenden. Sollten Sie jedoch einen großen *internationalen* Kundenstamm haben, sollten Sie erwägen, auch eine .com-Domain zu registrieren (siehe Schritt 10).

2. **Fragen Sie einige Freunde und Kollegen, die das Web benutzen, welche Domain Ihre Firma deren Meinung nach benutzen sollte.**

   Die meisten Leute treffen auf Domains als Teil einer Webadresse (URL), also fragen Sie sie, welche Webadresse Sie ihrer Meinung nach haben sollten. Erfahrene Webbenutzer versuchen, Webadressen zu erraten, ohne bewußt darüber nachzudenken, deshalb können Sie vielleicht auch ein paar Leute bitten, sich vor ihren Browser zu setzen und zu versuchen, die richtige URL für Ihre Firma einzutippen. Die Ergebnisse könnten Sie überraschen!

3. **Verkürzen Sie Ihre Liste auf die besten Kandidaten.**

   Schließen Sie Alternativen mit ein, die zwar nicht die erste Wahl sind, aber die einige Leute versuchen könnten – so sollte zum Beispiel ein Name mit der Abkürzung für Ihre Firma als Alternative behalten werden, auch wenn die Leute Ihre Firma normalerweise beim (vollen) Namen nennen.

4. Benutzen Sie die Suchfunktion bei DE-NIC, um herauszufinden, ob der gewünschte Domain-Name schon vergeben ist.

Starten Sie ihren Webbrowser und gehen Sie zu `http://www.nic.de/Domains/reservedDomains.html`. (Sie gelangen auch auf diese Seite, wenn Sie den Links bei `www.nic.de` folgen.) Die Suchmaske sehen Sie in Abbildung 4.9.

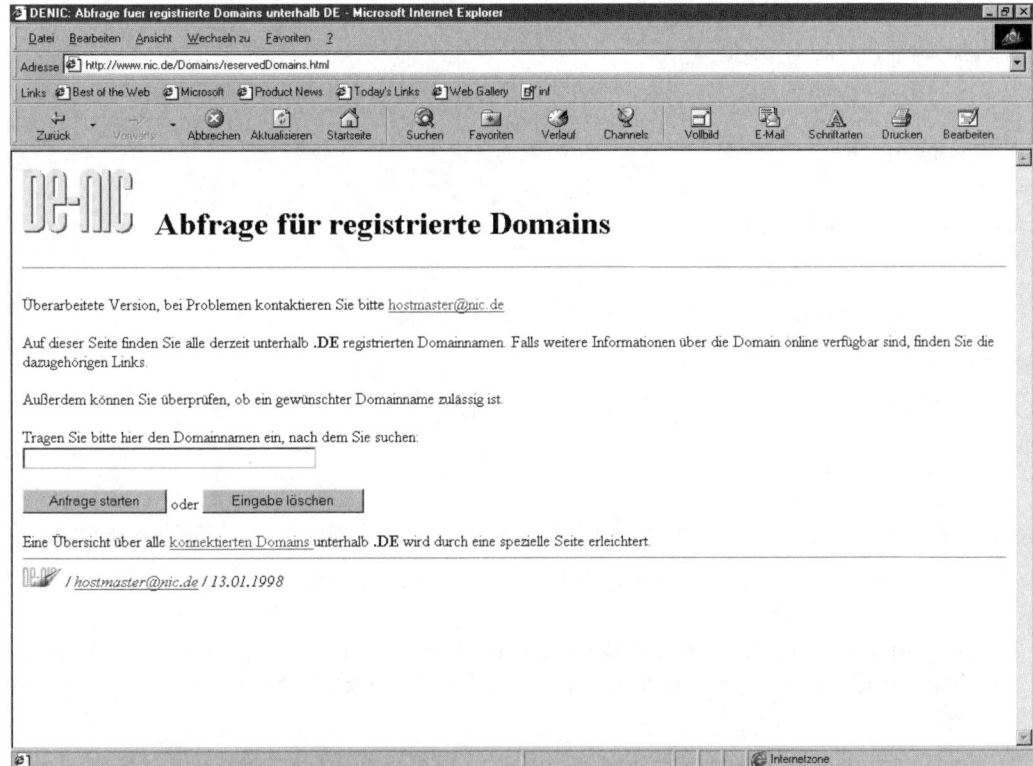

Abbildung 4.9: Finden Sie heraus, ob jemand anderes Ihren Domain-Namen hat.

5. Geben Sie den ersten Domain-Namen ein, den Sie überprüfen wollen. Als Domain-Name für das Buch könnten wir zum Beispiel `omfd.de` versuchen.

6. Klicken Sie auf »Anfrage starten«.

Das Suchpogramm sagt Ihnen, ob schon jemand Ihren Domain-Namen besitzt. Falls er noch erhältlich ist, sehen Sie eine positive Mitteilung wie in Abbildung 4.10. Falls nicht, sehen Sie eine Beschreibung der Person oder der Firma, die schneller war als Sie (siehe Abbildung 4.11).

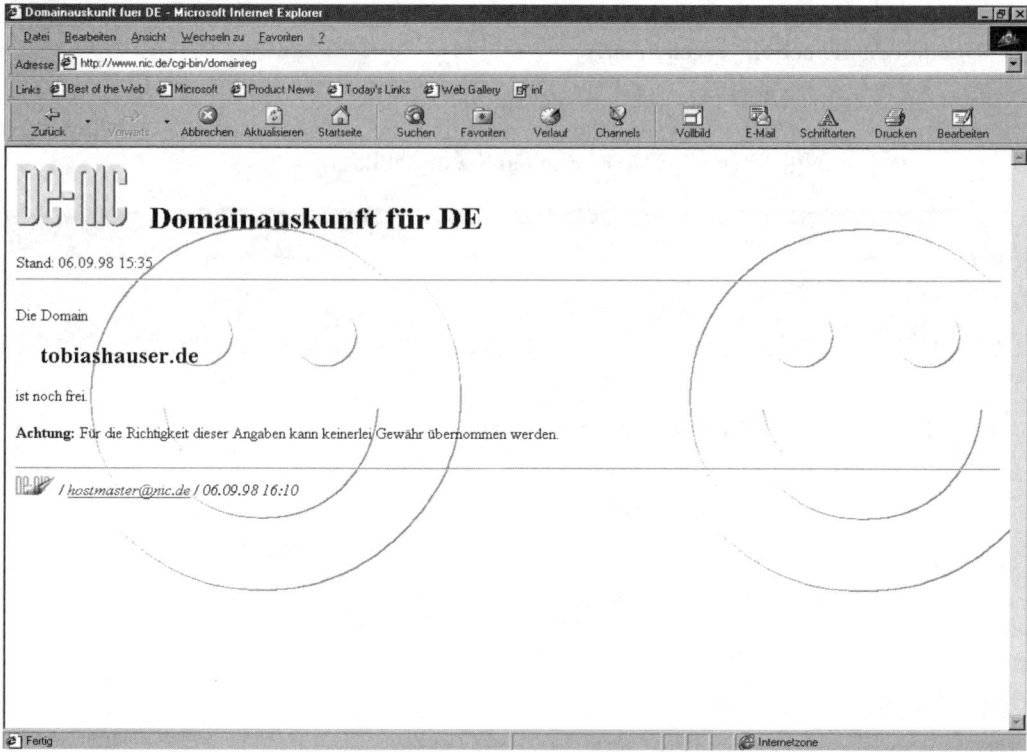

Abbildung 4.10: Dieses Ergebnis erhalten Sie, wenn Ihre Domain noch erhältlich ist.

7. **Überprüfen Sie alle Domain-Namen auf Ihrer Liste. Auch wenn Ihre erste Wahl noch erhältlich ist, prüfen Sie noch die anderen, falls Sie sie als Alternativen registrieren wollen.**

8. **Wenn Ihre erste Wahl oder gar Ihre ersten paar Alternativen vergeben sein sollten, drukken Sie die Kontaktinformationen über die Besitzer dieser Domains aus oder speichern Sie die Webseite mittels DATEI/SPEICHERN UNTER (Text ist leichter portierbar). Fragen Sie dann die Domainbesitzer, ob irgendjemand davon bereit ist, Ihnen den Domain-Namen für einen vernünftigen Preis oder sogar kostenlos zu überlassen.**

9. **Für diejenigen Namen, die schon vergeben sind, versuchen Sie, den Domain-Namen als URL in Ihren Webbrowser einzugeben (fügen Sie einfach vorne ein** `www.` **an) um zu sehen, ob der Domain-Name schon aktiv genutzt wird. Falls nicht, ist es eventuell leichter, in den Verhandlungen mit dem Besitzer den Domain-Namen für sich zu erhalten.**

10. **Wenn Sie auch im Ausland Kunden haben, ist für Sie eine** `.com`**-Domain empfehlenswert. Versuchen Sie, für jede** `.de`**-Domain, die Sie registrieren wollen, die entsprechende** `.com`**-Domain zu erhalten. Eine Suchmaske finden Sie unter** `rs.internic.net/ cgi-bin/whois`**. Dort können Sie auch nach** `.net`**- und** `.org`**-Domains suchen.**

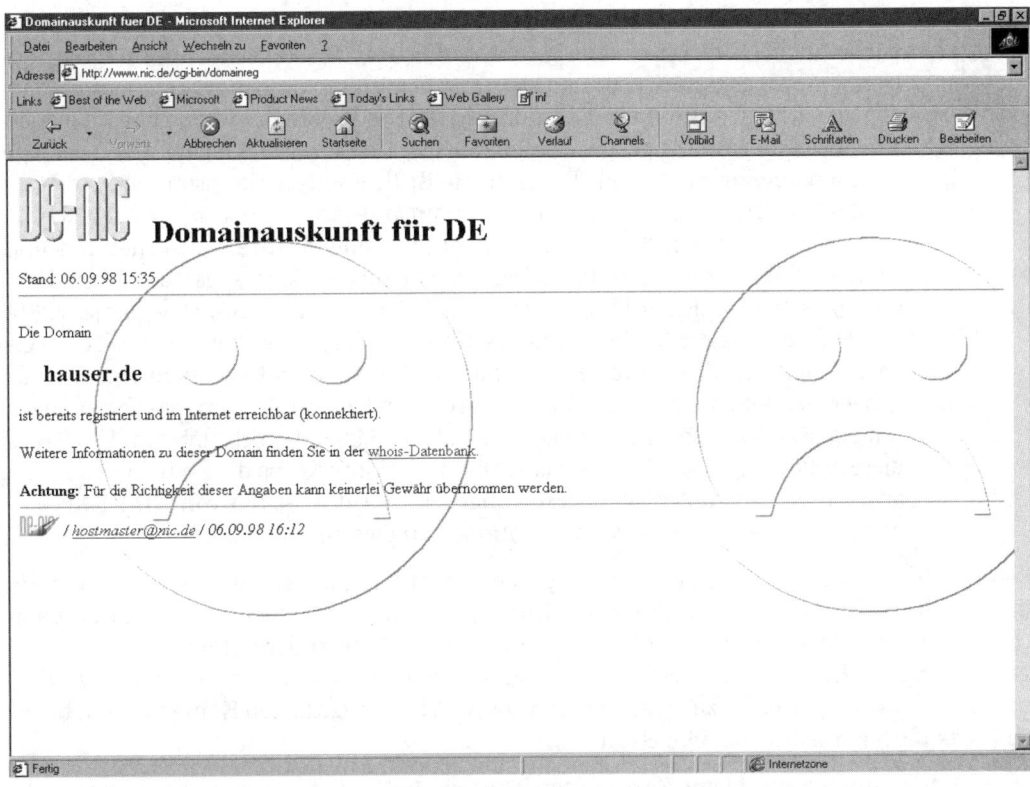

Abbildung 4.11: Dieses Ergebnis erhalten Sie, wenn Ihre Domain schon vergeben ist.

Falls Ihre allererste Wahl für einen Domain-Namen noch zu haben ist, können Sie zum nächsten Schritt übergehen und Ihre Domain registrieren. Wenn jedoch alle vernünftigen Möglichkeiten schon vergeben sein sollten, probieren Sie es mit einer Variante Ihrer Geschäftsbezeichnung. Angenommen, `abctischlerei` ist schon vergeben, versuchen Sie doch mal `abstischler` oder `abct`. Wenn Sie wirklich festsitzen, versuchen Sie, einen Bindestrich einzufügen – also beispielsweise `abc-tischlerei`. Die Bayern Tischlerei könnte so `baytisch`, `baytischlerei`, `bayerntischlerei` oder andere Varianten verwenden.

 Das deutsche DE-NIC behält sich das Recht vor, einen Registrierungsantrag aufgrund von Namensähnlichkeiten abzulehnen. Hier gilt die Devise: Probieren geht über Studieren!

Sie können auch mit dem momentanen Nutzer der Domain, die Sie benutzen wollen, in Kontakt treten und mal schaun, ob die Leute ihre Rechte daran aufgeben wollen. Falls der Domain-Name nicht aktiv genutzt wird und er nur für eine mögliche spätere Nutzung oder zur Vermeidung von »Domain Grabbing« (das Registrieren von möglichen Domains für bekannte Firmen, um sie teuer zu verkaufen) registriert worden ist, könnten Sie vielleicht Glück haben.

Einige Domain-Namen sind von sogenannten *Domainbrokern* registriert worden (siehe auch »Domain Grabbing« im vorherigen Absatz), also Spekulanten, die Domain-Namen reservieren, die sie nicht benötigen, um sie an den Meistbietenden zu verkaufen. Im Amerika ist das ein großes Problem, in Deutschland jedoch sind die ersten Urteile gefällt worden, die den Domain-Namen eine Kennzeichenfunktion zuerkennt. Auf gut Deutsch: Heißt Ihre Firma Thomson, und ein Herr Müller, der in keinster Weise mit »Thomson« etwas zu tun hat, registriert thomson.de, haben Sie vor Gericht gute Chancen, Ihren Anspruch auf den Domain-Namen durchzusetzen. Inzwischen scheint sich sogar die Auffassung durchzusetzen, daß ein Firmenname »mehr wert ist« als ein Privatname. Hätte also einer der Bearbeiter dieses Buches, Christian Wenz, die Domain wenz.de registriert, hätte das bekannte Versandhaus Wenz vor Gericht eventuell eine Chance gehabt, die Domain für sich zu nutzen (in diesem Fall war übrigens das Versandhaus um ein paar Tage schneller, also kein Grund zur Häme). Im bekanntesten Urteil, das diese Auffassung vertritt, mußte eine Online-Agentur Krupp die Domain krupp.de an den gleichnamigen Stahlriesen abgeben. Auf den Seiten von DE-NIC (www.nic.de) finden Sie weitere Informationen zu diesem Thema.

Falls der Nutzer der Domain, die Sie auch gerne gehabt hätten, diese aktiv nutzt, bitten Sie ihn um einen Link von seiner Webseite auf Ihre – genauso wie whitehouse.com, das schon vorher erwähnte Pornoangebot, auf whitehouse.gov linkt. Einer der Autoren hat das einmal gemacht, als die Kurzversion eines seiner Produktnamen von einem Berater benutzt wurde – um die Produktgruppe nicht zu verärgern und aus Angst vor rechtlichen Konsequenzen hat er den Link noch am selben Tag eingebaut.

Wenn Sie eine kleine Firma haben, aber ein großes Verlangen, im Internet erreichbar zu sein, könnten Sie es sogar in Erwägung ziehen, Ihren Firmennamen so zu ändern, daß er sich leicht in einen verfügbaren Domain-Namen umwandeln läßt. So könnte aus ABC Werkzeuge zum Beispiel Bayern Werkzeuge (Domain-Name bayernwerkzeuge.de) oder Toys Aren't Us (toysarentus.de) werden. Zumindest letzerer Vorschlag ist hierzulande wegen der leichten Verwechselbarkeit mit einer Spielwarenladenkette rechtlich bedenklich...

Nach all Ihren Bemühungen kann es passieren, daß Sie einen weniger wünschenswerten Namen verwenden müssen. Falls das so ist, registrieren Sie unverzüglich diesen weniger wünschenswerten Namen – bevor jemand Ihnen auch den wegschnappt! – und befolgen Sie unsere Schritte in Kapitel 5, Ihre Website via Link oder Suchmaschine leicht erreichbar zu machen.

Ihre (n) Domain-Namen registrieren

Nachdem Sie sich für einen verfügbaren Domain-Namen entschieden haben, müssen Sie ihn registrieren. Sie können dabei zwei verschiedene Wege einschlagen, von denen jeder seine Vorteile und Fallen hat.

In einem Unterverzeichnis anfangen

Wenn Sie im Cyberspace nasse Füße kriegen, können Sie auch damit anfangen, eine Website in einem Unterverzeichnis einer anderen Domain abzulegen. Hier sind einige Punkte, die Sie beachten sollten:

✔ **Benutzen Sie keine Domain von AOL oder T-Online:** T-Online und AOL sind die in Deutschland führenden Online-Dienste, und das Ablegen von eigenen Websites klingt verführerisch. Wenn Sie sich für AOL oder T-Online entscheiden, bekommen Sie etwa eine URL wie `members.aol.com/IhreFirma` oder `home.t-online.de/home/IhreFirma`. Diese Art von URL ist ein erster Rückschlag für Ihre Online-Marketing-Bemühungen. Vor allem AOL und T-Online hatten in der Vergangenheit viele weitveröffentlichte Probleme und einen schlechten Namen im Cyberspace. Es macht keinen Sinn, sich mit den Problemen von jemand anderem in Verbindung bringen zu lassen.

✔ **Benutzen Sie einen ISP:** Viele Benutzer entscheiden sich für unabhängige Internet Service Provider (ISPs), um cooler zu sein als so große Online-Dienste wie AOL oder CompuServe. Das empfehlen wir Ihnen auch. Ihre Web-Adresse sieht dann ungefähr so aus: `kunden.isp.de/IhreFirma`.

✔ **Bewerben Sie Ihre Unterverzeichnis-URL nicht zu ausgiebig:** Wenn Sie Ihre Website in ein Unterverzeichnis einer fremden Site setzen, geben Sie damit nicht allzu groß an. Sie bewerben damit nämlich den Umstand, daß Sie Ihre Webpräsenz noch nicht richtig fertiggestellt haben. Sie machen sich das Leben später auch viel schwerer, wenn Sie Ihren eigenen Domain-Namen bekommen und ihn dann bewerben müssen.

✔ **Holen Sie sich schnell Ihre Domain:** Die meisten ISPs helfen Ihnen für eine geringe Gebühr dabei, Ihre Website schnell auf Ihren eigenen Domain-Namen zu verschieben. Dann können Sie Ihre Website wirklich bewerben.

Den Domain-Namen selbst registrieren

Der erste Ansatz ist, es selbst zu tun. Die gute Nachricht ist, daß Sie den Domain-Namen registrieren können, indem Sie Ihre Daten bei der Inkassostelle von DE-NIC (`www.nic.de/Inkasso`) melden bzw. bei der InterNIC Website (`rs.internic.net`, für `.com`, `.net`, `.org`) ein Formular ausfüllen. Eine deutsche Domain schlägt zur Zeit mit 464 DM im ersten Jahr und 232 DM in allen Folgejahren zu Buche. Eine amerikanische Domain kostet momentan 35 Dollar pro Jahr, wobei die ersten beiden Jahre im voraus gezahlt werden müssen.

Um die Registrierung abzuschließen, müssen Sie jedoch zu zwei Maschinen, die mit dem Internet verbunden sind und auf denen eine Software läuft, durch die sie zu *Domain Name Servers* (oft redundant mit *DNS Server* abgekürzt) Zugang haben. Diese Computer enthalten Namenslisten von im Internet hängenden Maschinen und deren numerische Adressen. Die

DNS Server müssen mit dem Namen und der Adresse, die Sie benutzen wollen, aktualisiert werden. Wenn Sie nicht ein paar DNS-Server zur Hand haben, ist das hier nicht besonders praktisch. (Die Namen der beiden DNS-Server erhalten Sie von Ihrem Hoster.)

Einen ISP oder Hoster die Domain registrieren lassen

Die zweite Möglichkeit ist es, Ihren ISP oder Hoster die Domain für Sie registrieren zu lassen. Dabei ist vor allem in Deutschland zu beachten, daß Hoster, die gleichzeitig Mitglied bei der DE-NIC Genossenschaft sind, spezielle Rabatte auf Domains bekommen, so daß das Ganze am Ende für Sie günstiger werden könnte. Beachten Sie aber unbedingt unsere Hinweise am Ende dieses Abschnitts!

Neben den normalen Domain-Kosten verlangt ein seriöser ISP unter 100 DM für seinen Aufwand. Dafür sind die Formulare aber auch richtig ausgefüllt und die DNS Server korrekt mit Ihren Informationen eingestellt.

Wenn Sie einem ISP oder Hoster vertrauen, geben Sie allerdings die Verantwortung für Ihre Online-Präsenz – die Registrierung Ihres Domain-Namens – in fremde Hände. Halten Sie nach den folgenden möglichen Fallen Ausschau:

✔ **Zu hohe Preise:** Einige ISPs verlangen von Ihnen einen hohen Monatsbetrag wie zum Beispiel 100 DM für ein Paket aus Internet-Dienstleistungen inklusive Ihrem eigenen Domain-Namen. Schauen Sie sich nach einem vernünftigen Preis um, und versuchen Sie eine einmalige Einrichtungsgebühr für Ihre Domain zu zahlen und dann einen monatlichen Betrag für den Rest der Dienstleistungen. Seien Sie auch auf der Hut, wenn es heißt, Sie sollen einen monatlichen Betrag für die Domain bezahlen. Rechnen Sie diese Kosten für ein Jahr zusammen und vergleichen Sie sie mit den jährlichen Kosten für eine .de-Domain ab dem zweiten Jahr, wenn Sie sie selbst registrieren würden.

✔ **Das Namens-Recht:** Einige skrupellose Hoster oder ISPs haben die Domain-Namen Ihrer Kunden auf *sich selbst* registriert, nicht auf den Kunden. Der ISP wird dann zu einem Domain-Broker, wie wir ihn in »Einen Firmendomainnamen auswählen« beschrieben, und kann dann von Ihnen verlangen, den Domain-Namen bei einem Hosterwechsel »auszulösen«. Stellen Sie unbedingt sicher, daß Sie die Exklusivrechte für Ihren Domain-Namen haben.

✔ **Ungenügendes Backup:** Ihr ISP oder Hoster sollte von Ihrer Website ein Backup haben, indem eine andere Internetverbindung an einem anderen Ort als der Haupthost benutzt wird. So ist Ihre Site über den Backupserver weiterhin erreichbar, wenn ein Problem mit dem Haupthost auftritt.

✔ **Unterverzeichnisse:** Einige ISPs oder Hoster mit beschränkten technischen Möglichkeiten hosten Ihre Website in einem Unterverzeichnis Ihrer eigenen Domain, wie das eine Zeit lang einem der Autoren (Frank Catalano) passierte. Seine URL war www.catalano-consulting.com/catalano, und so waren die ganzen Bemühungen, einen eigenen

Domain-Namen zu erhalten, umsonst. Suchen Sie einen ISP, der Ihrer Webseite eine Domain ohne Unterverzeichnis geben kann.

✔ **Pleite gehen:** Sie wollen wirklich nicht, daß Ihr ISP oder Webhoster pleite geht – für das Online-Marketing ist das wie in alten Western, wenn der Gaul unter einem weggeschossen wird. Versuchen Sie sicherzustellen, daß Ihr ISP lange Zeit im Geschäft bleibt. (Wir diskutieren ein paar allgemeine Überlegungen bei der Wahl eines ISPs in dem Abschnitt »Einen ISP auswählen« weiter vorne in diesem Kapitel.)

✔ **Verwirrende Geschäftsbedingungen:** Sie müssen die Klauseln aller Verträge verstehen, die Sie unterzeichnen, vor allem wenn es um Ihren Domain-Namen und die Rechte daran geht. Stellen Sie sicher, daß der Vertrag klar aussagt, daß Sie Ihren Domain-Namen besitzen, und Sie ihn jederzeit zu einem anderen ISP oder Hoster transferieren können.

Sobald Sie sich sicher sind, daß Sie Ihren Domain-Namen besitzen, und Ihre Website ins Web gestellt worden ist und läuft, können Sie sich zurücklehnen und anderen Dingen nachgehen. Wenn jedoch die Rechnungen für Ihr Webseiten-Hosting zu steigen beginnen, können Sie immer online nach anderen Dienstleistern suchen, wie wir das in Kapitel 2 beschreiben. Wenn Sie bessere Preise bei einem Provider finden, der nach einer soliden Firma aussieht, verhandeln Sie entweder bessere Preise mit Ihrem momentanen Provider oder nehmen Sie Ihren Domain-Namen und gehen woanders hin.

Eine grundlegende Geschäfts-Website erstellen

5

In diesem Kapitel

▶ Eine einfache und effektive geschäftliche Website erstellen

▶ Den Inhalt der Seiten bestimmen

▶ Ein Design für die Seiten anfertigen

▶ Mit FrontPage Express die Seiten erstellen

---

*E*ine grundlegende geschäftliche Website ist wie der Gemüseeintopf der Online-Marketingwelt: nicht allzu aufregend, aber befriedigend und ein wichtiger Pfeiler Ihrer Marketingbemühungen (bzw. Ihrer Ernährung). Indem Sie eine Basis-Website für Ihre Firma erstellen, können Sie wahrhaftig behaupten, online zu sein, und Kunden, die Presse und Analysten mit allgemeinen Informationen über Ihre Firma und Ihre Produkte versorgen. Wenn diese anfänglichen Bemühungen erfolgreich sind, kann Ihre Seite der Grundstock für größere Online-Marketingbemühungen sein, vielleicht inklusive Online-Verkaufen.

Sie haben wahrscheinlich eine Menge fortgeschrittener Webtechnologie in aufwendigen Websites gesehen – Technologien wie Java, Dynamic HTML und beindruckende 3D-Welten. Diese Erfindungen sind alle gut, wenn sie passend eingesetzt werden, aber in einer geschäftlichen Basis-Website haben sie wenig zu suchen. Obwohl Planung im Geschäftsleben das A und O ist, wie wir in Kapitel 3 dargelegt haben, können Sie eine erste geschäftliche Website ohne allzu viel Planung erstellen. Sie können mit dem Anfertigen der Seite sogar beginnen, während Sie auch mit dem Planungsprozeß loslegen. Grundgedanke ist hier, aus der Lethargie zu erwachen und aus dem Stand Ihre Online-Präsenz zu erlangen, indem Sie eine kompetente Repräsentierung Ihrer Firma auf die Beine stellen – und das schnell.

In diesem Kapitel beschreiben wir, wie Sie Ihre anfängliche Site selbst oder in Zusammenarbeit mit einem Kollegen oder Beratern erstellen können.

Obwohl einige Firmen und Berater damit Werbung machen, daß Sie Ihnen eine Basis-Website für unter 1000 DM erstellen, sind viele diese Anzeigen Lockangebote, die Sie dazu bringen sollen, den Telefonhörer in die Hand zu nehmen und etwas anzuleiern, was in großen Ausgaben resultiert. Obwohl Sie Berater für größere Webauftritte in Anspruchen nehmen können und sollten, ist es vernünftig, den Grundstein selber zu legen. Indem Sie ein wenig Praxiserfahrung gewinnen, bekommen Sie auch ein Gefühl dafür, wofür Sie zahlen, wenn Sie eine Webdesignfirma beauftragen, Ihre (aufgrund der Angaben in diesem Kapitel schon bestehende und ein gutes Fundament bietende) Webpräsenz zu erweitern. Wenn Sie von Anfang an eine Firma beauftragen, benutzen Sie dieses Kapitel, um so viel Arbeit wie möglich selbst zu machen, und um irgendwelche Hinweise von außen zu überprüfen, damit Sie für Ihr Geld auch eine entsprechende Gegenleistung erhalten.

Leitregeln für einfache geschäftliche Sites

Eine erste geschäftliche Website ist wie eine einfache Hochglanzbroschüre, die Ihre Firma und Ihre Produkte beschreibt. Eine solche Site versichert den Leuten, daß Sie ein kompetenter Partner sind, der in absehbarer Zeit noch mitmischt und in den sie Vertrauen setzen können. Sie vereinfacht es den Benutzern auch, den Schritt vom Abrufen allgemeiner Informationen zu einer ersten Kontaktierung wie zum Beispiel einem Anruf, einem Brief oder einer E-Mail zu tun. Aber passen Sie bei letzterem Punkt auf, denn das kann Ihnen noch leid tun. Sie könnten so viel E-Mail erhalten, daß Sie Probleme damit haben, alle zu beantworten. In Kapitel 8 finden Sie mehr darüber.

Hier sind die Grundprinzipien, die Ihren Bemühungen, eine erste Website für Ihr Geschäft zu erstellen, zugrunde liegen sollten:

✔ **Schnelle Erstellung:** Von der Grundidee bis zur Veröffentlichung Ihrer ersten Website sollte wenig Zeit vergehen. Wenn Sie die ganze Arbeit selber machen und nicht die Zustimmung von jemand anderen benötigen, können Sie alles in zwei Wochen schaffen. Wenn Sie gewisse Aspekte Ihrer Site im voraus diskutieren müssen und eine Bestätigung für das Endresultat benötigen, brauchen Sie vielleicht einen Monat oder länger, um die Site fertigzustellen. Halten Sie die Projektzeit so kurz wie möglich.

✔ **Billig:** Eine erste Website kann von Firmenangestellten erstellt werden, vielleicht mit ein bißchen externer Hilfe in Hinblick auf das Design, und auf einem Webserver von einem Internet Service Provider (ISP) oder einem Webhoster publiziert werden – und das für recht wenig Geld. Rechnen Sie damit, daß eine Person ein paar Wochen für das Erstellen der Seite beschäftigt sein wird, und daß Sie irgendetwas zwischen 30 und 80 DM pro Monat für einen ISP aufbringen müssen, der die Seite auf seinem Server einstellt.

✔ **Effektiv:** Jede Marketing-Bemühung muß dazu dienen, einen möglichen Kunden im Verkaufskreislauf weiterzubringen. Eine allgemeine Website hilft potentiellen Kunden, Sie als einen möglichen Lieferanten einzuschätzen, und ermutigt ihn, Sie zu kontaktieren, um Weiteres zu besprechen. (Ebenso können Sie auch die Aufmerksamkeit von Presseleuten, Analysten und Investoren gewinnen.)

✔ **Für jedermann benutzbar:** In Kapitel 2 unterstreichen wir, daß nur ein kleiner Teil der Welt momentan online ist. Warum wollen Sie dieses Defizit noch vergrößern, indem Sie Ihre Seite für viele potentielle Besucher unbenutzbar machen? Eine allgemeine Website muß für jeden mit einer Internetverbindung und einem Web-Browser einzusehen sein. Sie sollte keine fortschrittliche Web-Technologie enthalten, die nicht von fast jedem verfügbaren Browser unterstützt wird. Diese Einschränkung bedeutet: keine Frames, kein Java, kein Dynamic HTML. Grafiken und Tabellen sind in Ordnung, obwohl Ihre Seite nicht ausschließlich auf Grafiken als Links (Verknüpfungen) zu anderen Teilen Ihrer

Website bauen sollte, so daß Benutzer, die entweder die Anzeige von Grafiken ausschalten oder beispielsweise blind sind (und ein Vorleseprogramm benutzen) dennoch durch Ihre Seiten navigieren können. Diese Art von Einfachheit erleichtert es Ihnen, die Website zu erstellen und zu benutzen.

✔ **Paßt in die Online-Welt:** Aufgrund seines Ursprungs unter Akademikern und Wissenschaftlern, hat das Internet gewisse Standards und Praktiken, die Sie auf keinen Fall ignorieren sollten. (Bis Anfang der 90er Jahre war jeglicher kommerzieller Gebrauch des Internet verboten, und sogar heute noch existiert ein gewisser Vorbehalt gegenüber Online-Kommerz.) Respektieren Sie die Geschichte des Mediums, indem Sie Übertreibungen, allzu starkes Eigenlob, oder allzu augenunfreundliche Layouts und Grafiken vermeiden. Ein konservativer Ansatz wird Ihnen anfangs sehr nützlich sein, bis Sie schließlich ein gutes Gefühl dafür bekommen, wo Sie ein bißchen Spaß haben können, ohne ganz aus der Reihe zu tanzen.

✔ **Schädigung fernhalten.** Im Asklepiadenschwur, dem Hippokrates-Eid, heißt es, man werde »Schädigung und Unrecht [von den Kranken] fernhalten«. Dieses Diktum sollte beim Marketing auch beachtet werden. Schreibfehler, schlechte Grammatik und inhaltliche Fehler im Text der Site schädigen das Ansehen Ihrer Firma in Hinblick auf Kompetenz. Webseiten mit riesigen Grafiken, die nur langsam übertragen werden, oder mit fortschrittlichen Technologien, die nicht jeder nutzen kann, irritieren potentielle Kunden. Wenn Sie es den Leuten ermöglichen, Ihnen E-Mail zu senden, die dann jedoch nicht beantwortet werden, können Ihnen Geschäfte entgehen. Seien Sie auf der Hut, und vermeiden Sie Probleme.

Den Inhalt Ihrer Site festlegen

Ihre Basis-Website sollten Sie nicht stark vermarkten oder bewerben. Die Site soll von Leuten gefunden werden, wenn sie nach Informationen im Web suchen. Also sollten die Inhalte einfach und sparsam sein, attraktiv aber nicht zu üppig. Um eine Analogie zum Fußball zu ziehen: Das Spiel ist erst im Anfangsstadium, und Sie wollen einen ersten positiven Akzent setzen, indem Sie Ihre Mannschaft offensiv ausrichten, ohne aber die Brechstange einzusetzen.

Eine einfache Website hat die Hauptfunktion, die jede Website im Marketing erfüllen muß, und zwar die eines Gütesiegels. Eine Webseite ist insofern ein Gütesiegel, als daß sie anzeigt, daß (oder ob) man mit Ihnen ins Geschäft kommen kann. Gütesiegel funktionieren hauptsächlich auf einem subliminalen Level. Wenn also keine Gütesiegel vorhanden sind, fühlen sich die Leute unwohl, was dazu führt, daß sich diese Leute – obwohl sie es nicht richtig erklären können – von Ihnen abwenden. Diese einflußreiche Rolle von Gütesiegeln ist der Grund dafür, daß Sie Ihre Website frei von Fehlern, technischen Barrieren und anderen Irritationen machen sollten, wie wir im vorherigen Abschnitt erklärt haben. (Würden Sie Vertreter aussenden, die schlecht eingearbeitet sind, von Ihren Produkten keine Ahnung haben und nicht dieselbe Sprache wie Ihre Kunden sprechen? Ähnliche Überlegungen sollten Sie auch für Ihre Website machen.)

Eine einfache Website muß ein fundamentales Informationsbedürftnis befriedigen, aber nicht viel mehr. Genauer gesagt, wenn Sie mehr Informationen in Ihre Seiten packen als unbedingt notwendig, wird dies Ihre Seite wahrscheinlich eher schwieriger zu navigieren als für den Web-Surfer nützlicher machen. Vermeiden Sie es, eine Menge Inhalt anzuhäufen, bis Sie auch etwas Zeit und Energie dafür opfern können, Ihre Website leicht navigierbar zu machen.

Wenn einiges Material nach einer guten Idee aussieht, aber nicht unbedingt notwendig ist, lassen Sie es fallen (oder – noch besser – setzen Sie es auf eine Liste für später). Ihre endgültige Inhaltsliste hängt von Ihrer Firma, Ihrem Industriezweig und den verfügbaren Informationsquellen ab, die Ihnen zur Verfügung stehen, und die sich für die Wiedergabe im Web eignen. Die meisten Sites jedoch beinhalten folgendes:

✔ **Kontaktinformationen.** Diese Information ist wirklich sehr, sehr wichtig, und viele Sites – sogar ganz große, die eine Menge Kohle für das Erstellen und die Instandhaltung verschlingen – haben diese Informationen nicht oder verstecken sie. Geben Sie Ihren Firmennamen, Adresse, zentrale Telefonnummer und Faxnummer an. (Geben Sie nicht Ihre E-Mail-Adresse an, bevor Sie Kapitel 8 gelesen haben.) Machen Sie Ihre Kontaktinformationen leicht auffindbar, über einen Link von Ihrer Leitseite aus erreichbar. Abbildung 5.1 zeigt Kontaktinformationen, die auf der relevanten Website angegeben sind.

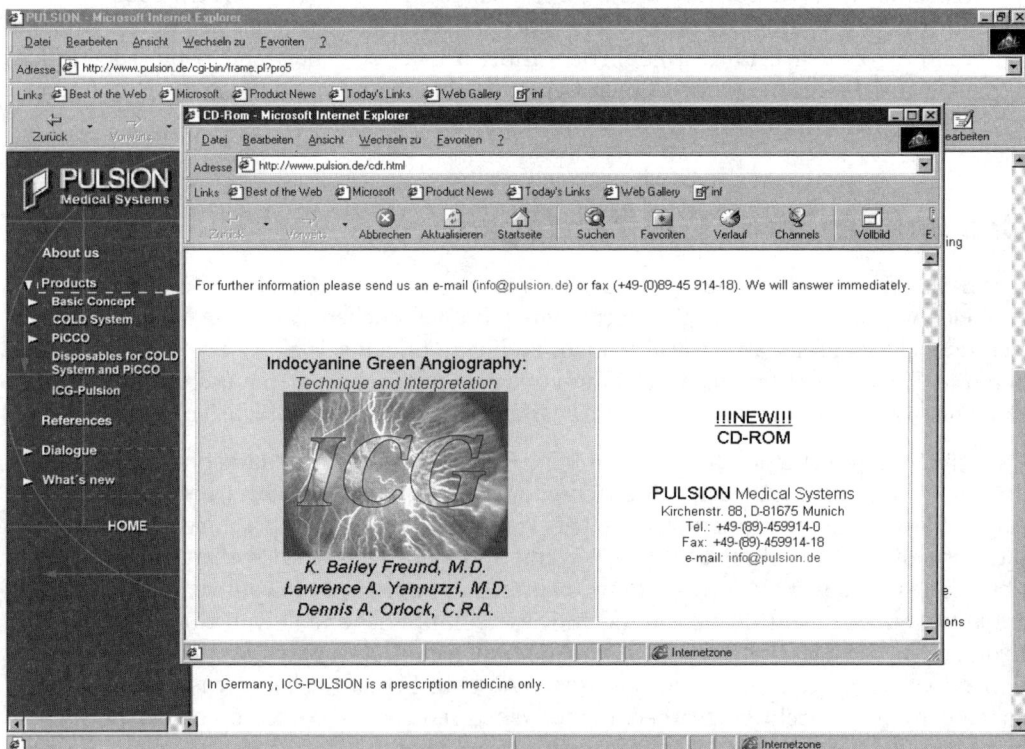

Abbildung 5.1: PULSION Medical Systems sind leicht zu kontaktieren.

✔ **Wo Ihr Betätigungsfeld ist.** Wenn Ihre geographische Ausbreitung begrenzt ist, geben Sie das möglichst früh und eindeutig an. Seien Sie subtil und positiv. Setzen Sie auf Ihre Homepage oder Kontaktseite einen Satz wie »Münchens größter Elektronikhändler« oder »Westeuropas innovativster Kontaktlinsenhersteller«. Erleichtern Sie es Leuten, für die Ihre Seite nichts ist, dies schnell herauszufinden.

✔ **Hauptpersonen.** Eine kurze Liste der Hauptpersonen (pro Person ungefähr ein Absatz mit einer Kurzbeschreibung) gibt dem Besucher Ihrer Website einen positiven Eindruck von Ihrer Firma. (Einige Firmen sind unwillig, diese Informationen zu veröffentlichen, da sie Angst haben, professionelle Headhunter anzulocken, aber der positive Effekt auf die Sitebesucher wiegen das Risiko auf.) Lassen Sie Sachen wie Kinder und Ehefrau(en) aus – nur Name, Titel, und eine kurze berufliche Biographie.

✔ **Hauptkunden.** Obwohl einige Firmen das nicht veröffentlichen wollen, weil sie fürchten, Konkurrenten anzulocken, ist eine Liste von Hauptkunden ein sehr starkes Gütesiegel Ihres Erfolgs. Listen Sie die Namen Ihrer Kunden auf, und ein oder zwei Sätze darüber, wie sie Ihr Produkt nutzen. (Nehmen Sie sich die Zeit, Ihre Kunden zu fragen, ob sie etwas gegen diese Aufnahme haben, und fragen Sie sie ob sie wollen, daß Sie einen Link auf deren Website einfügen.) Wenn Sie noch keine eindrucksvolle Liste von Kunden haben, lassen Sie dies einfach weg.

✔ **Firmen-, Produkt- und Servicegütesiegel:** Führen Sie positive Beschreibungen Ihrer Firma, Mitarbeiter, Produkte und Dienstleistungen von jeder angesehenen Quelle auf, einschließlich Berichten von Analysten, der allgemeinen Presse, der Handelspresse und individuellen Kunden von bekannten Firmen oder anderen Organisationen. Schließen Sie alle Preise oder Auszeichnungen, die Sie gewonnen haben, mit ein. Wie die Website Ihrer Firma selbst lassen diese Gütesiegel die Leute wissen, daß es Ihre Firma wert ist, mit ihr Geschäfte zu machen.

✔ **Produkte und Dienstleistungen:** Nehmen Sie einfache kurze Beschreibungen Ihrer Produkte und Dienstleistungen auf. Sie können auch detailliertere Informationen verlinken, aber fügen Sie die einfachen Beschreibungen zusammen und machen Sie sie leicht zugänglich. Leute können sie überfliegen, und erfahren so genug über Ihre Firma, um zu entscheiden, ob sie sich weiter bei Ihnen umsehen wollen.

✔ **Preis:** Nehmen Sie, wenn Sie können, Preisinformationen auf. Preise können vom Verkaufskanal, vom Zubehör oder vielen anderen Faktoren abhängen, was es schwierig machen kann, spezifische Preise anzugeben. Versuchen Sie aber, wenigstens einen groben Preisrahmen anzugeben. Es paßt ganz gut, den zu zahlenden Preis in ein paar Zusammensetzungen für Ihr Produkt anzugeben. Leute hassen es, Kunden abzuweisen, aber Leute, die sich Ihr Produkt nicht leisten können, dazu zu ermutigen, Sie zu kontaktieren (indem Sie sie Ihren Preisrahmen nicht wissen lassen) ist in niemands Interesse.

✔ **Wo und wie erhältlich:** Sagen Sie den Leuten, die Ihre Website besuchen, wo und wie Sie Ihre Produkte und Dienstleistungen erwerben können. Man könnte manchmal den Eindruck gewinnen, daß diese Art von Information ein Staatsgeheimnis ist – so wie sie auf all zu vielen Webseiten versteckt wird oder einfach fehlt. Wenn Sie mehrere Verkaufskanäle haben, listen Sie jeden einzelnen mit einer Kurzbeschreibung der jeweiligen Vorteile auf. Auch wenn Ihre Website nur aus einer Seite besteht, sagen Sie den Leuten, wo sie Ihr Produkt kaufen können – oder wie sie leicht herausfinden, wo. Eine Möglichkeit ist es, einen interaktiven Bereich in einer Webseite aufzubauen, wo Leute ihren Wohnort eingeben können und dann nahegelegene Verkaufsstellen erhalten (in Abbildung 5.2 sehen Sie so eine Suchmöglichkeit bei Compaq). Aber wenn Sie eine grundlegende Website erstellen und dies zu viel Arbeit bedeutet, ziehen Sie es in Betracht, eine kostenfreie Rufnummer als Zwischenlösung einzurichten, bis Sie so einen interaktiven Bereich konzipieren und umsetzen können.

✔ **Neuigkeiten:** Dieser Bereich ist am schwierigsten zu organisieren und zu pflegen, also halten Sie ihn so einfach wie möglich. Leute suchen nach Ihrer Website, wenn sie von Ihrer Firma hören, zum Beispiel in Verbindung mit Offline-Veranstaltungen wie Messen, Produktveröffentlichungen oder sogar von nervigen Gerichtsverfahren, die sich in Richtung Bundesgerichtshof bewegen (so manches Betriebssystem soll sich ja aufgrund von laufenden Gerichtsverfahren außerordentlich gut verkauft haben). Sie wirken konzeptlos, wenn Sie nicht ein paar grundlegende Dinge veröffentlichen: Messeteilnahmen, Produktveröffentlichungen, Pressemitteilungen, Artikel über Ihre Firma und so weiter. (Oh, Sie veröffentlichen nicht viele Pressemitteilungen? Jetzt ist die Zeit reif, damit anzufangen!) Abbildung 5.2 zeigt die Neuigkeiten-Abteilung einer gut aufgebauten Website. Bauen Sie diese Abteilung auf, nachdem Sie die anderen gezahnt haben, und verwenden Sie richtig Zeit und Energie darauf, diese richtig zu machen.

Die »Erhältlich bei« Krise

Anscheinend harmlose Inhalte online zu stellen, kann schwerwiegende Konsequenzen offline haben. Nehmen wir zum Beispiel »Erhältlich bei« Informationen. Eine Website, die von einem der beiden Autoren betreut wurde, beinhaltete Links zu allen Dienstleistern, von denen Kunden Hilfestellungen und Anpassungen für ein Software-Produkt erhalten konnten. Als wir diese Informationen zum ersten Mal anboten, hat das Konzept sehr gut funktioniert. Firmen, die auf unserer Website gelistet waren, erhielten viele Besucher auf ihren eigenen Websites über unseren Link. Im Laufe der Zeit entwickelten sich zwei Probleme:

✔ **Laute Forderungen von Servicefirmen nach Aufnahme in unserer Auflistung.** Weltweit sind innerhalb eines Jahres einige Dutzend neuer Firmen in den Markt eingestiegen. Diese Firmen sandten E-Mails an unser überlastetes E-Mail-Konto und baten um einen Link. Als wir mit der Bearbeitung nicht mehr nachkamen, erschienen diese Links nur langsam auf unserer Site. Böse E-Mails (die in das schwarze E-Mail-Loch fielen) folgten, dann Telefonrufe, dann persönliche Besuche in unserem Büro und zu unseren Messeauftritten. Dieses Problem war leichter zu beheben, nämlich indem die E-Mails aufgearbeitet wurden, als das folgende Dilemma.

✔ **Wiederholte Anfragen unserer führenden Servicefirma nach einer speziellen Plazierung, einem größeren Eintrag oder irgendeinem anderen besonderen Status auf unserer**

Website. Um ganz ehrlich zu sein, unsere führende Servicefirma verdiente diesen hervorgehobenen Status. Sie hatte mindestens doppelt so viele Angestellte und Kunden wie die Konkurrenten. Aber hätten wir dieser Firma eine besondere Hervorhebung verschafft, würden sich andere zuerst beschweren und dann selbst zumindest eine proportionale Repräsentation verlangen. Das hätten wir ohne eine Menge Arbeit und ohne aufdringliche Fragen zu stellen gar nicht machen können. Denn dann hätten wir genau nachhaken müssen, was all diese kleinen, sich in privater Hand befindlichen und oft geheimnistuerischen Firmen mit unserem Produkt gemacht haben.

Die Lösung dieses Problems war es, eine Reihe von aktuellen Abmachungen mit der führenden Servicefirma einzugehen, die dann im Neuigkeiten-Abschnitt unserer Site erwähnt werden konnten, was zu einigen wohlverdienten neuen Aufträgen für sie führte. Die Firma wollte immer noch mehr Hervorhebung in der Liste der Serviceprovider, aber sie waren zumindest ein wenig zufrieden mit dem, was sie bekommen haben. Natürlich haben all diese speziellen Abmachungen unsere anderen Servicefirmen irritiert …

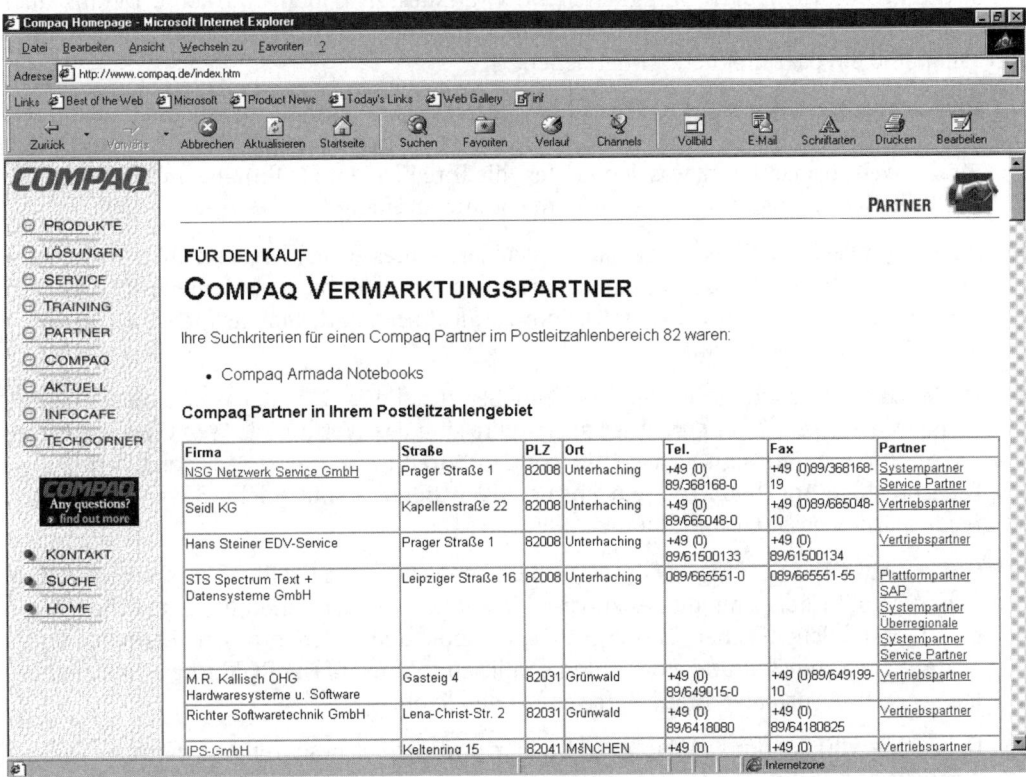

Abbildung 5.2: Die Suche bei Compaq ist technisch komplex, aber sehr nützlich.

Ein Design für Ihre Seiten anfertigen

Die meisten Marketing-Experten können gut mit Worten umgehen – entweder beim Schreiben, beim freien Sprechen, oder beides – und können dies sehr lebhaft. Wie vielen anderen Leuten jedoch auch fehlt es den meisten Marketing-Experten an Können in Hinblick auf grafisches Design.

Grafikdesign ist die Kunst, visuelle Elemente dazu zu nutzen, einen guten Eindruck auf den Betrachter zu machen, und es ist ein wichtiges Element im Website-Design – für einige Ihrer Besucher sogar das allerwichtigste.

Grafikdesign für das Web ist eine Spezialdisziplin. Benutzer betrachten die Webseiten einer Firma in verschieden großen Fenstern, mit verschieden großen Bildschirmauflösungen und verschiedenen Farbtiefen, von den unterschiedlichen Lichtverhältnissen gar nicht zu reden. Einige Leute haben benutzerspezifische Einstellungen, die die vom Designer gewählte Schriftart, -größe und Textfarbe überschreiben. Große Grafiken schauen vielleicht enorm attraktiv aus, benötigen jedoch eine lange Zeit zum Herunterladen, was Benutzer nervt und vertreibt.

Wenn Sie keine besonderen Fähigkeiten im Grafikdesign haben und keine Details über webspezifisches Design lernen wollen, brauchen Sie Hilfe beim Erstellen des Designs Ihrer Site. Hier sind ein paar mögliche Hilfequellen:

✔ **Bestehende Ressourcen:** Ihre Firma hat vielleicht schon ein »Design«, das auf dem Logo und Drucksachen wie etwa Jahresberichten basiert. Ziehen Sie es in Betracht, dieses Design für das Web zu adaptieren, was den Leuten, die Ihre Firma im Offline-Kontext kennen, ein positives Gefühl gibt, wenn sie Ihre Firma online »treffen«.

✔ **Andere gut designte Sites:** Das Design von anderen Sites zu stehlen, ist nicht ganz koscher. Andere Sites jedoch anzuschauen, die, die einem gefallen, herauszufinden und dieselben *Prinzipien* zu nutzen, ist jedoch in Ordnung. (Sie dürfen natürlich die Praktiken der Sites, die Sie irritieren, vermeiden!)

✔ **Online-Hilfen:** Es gibt online viele Hilfequellen für alle Aspekte der Webseitenerstellung, inklusive Grafiken. Zwei gute Ausgangspunkte sind das World Wide Web Consortium bei `w3.org` und die »Design advice site« von HotWired (`www.hotwired.com`), beides englischsprachige Angebote. Im deutschsprachigen Bereich sind solche Seiten leider noch recht spärlich gesät (zumindest die guten).

✔ **Quellen auf CD-ROM:** CD-ROMs mit professionell erstellten Grafiken, die für den Online-Gebrauch optimiert sind, gibt es zuhauf. Sie können vielfach schon für unter 100 DM ein paar Tausend Schaltflächen, Hintergründe, Symbole und andere grafische Elemente erhalten. Mit ein wenig Zeit und einer guten Grafiksammlung auf CD-ROM ist es ganz erstaunlich, was Otto Normalverbraucher so anfertigen kann.

✔ **Gedruckte Hilfestellung:** Viele gute Bücher und Artikel beschreiben, wie man Online-Grafiken erstellt und einsetzt. Besuchen Sie Online-Buchhandlungen wie beispielsweise Telebuch (`www.telebuch.de`). Für amerikanische Bücher empfehlen sich Amazon.com (www.amazon.com) sowie Barnes & Noble (www.barnesandnoble.com) – jedoch hat Amazon Telebuch kürzlich aufgekauft, so daß man innerhalb Deutschlands amerikanische Bücher zum dortigen Ladenpreis portofrei erhält.

Eine Ressource, auf die man immer zurückgreifen kann, ist Hilfe von außen. Ziehen Sie es in Erwägung, einen Grafikdesigner anzustellen, der Ihnen mit dem Aussehen Ihrer Website behilflich sein soll. Eine gute Methode, einen passenden Designer zu finden, ist es, die Suchmethoden, die wir in Kapitel 2 beschrieben haben, zu benutzen. Grafikdesigner, die im Web werben, haben wahrscheinlich schon einige Sites gestaltet, die Sie als Beispiele ihrer Arbeit anschauen können. Ein Beispiel einer Webpräsenz eines Designers wird in Abbildung 5.3 bezeigt.

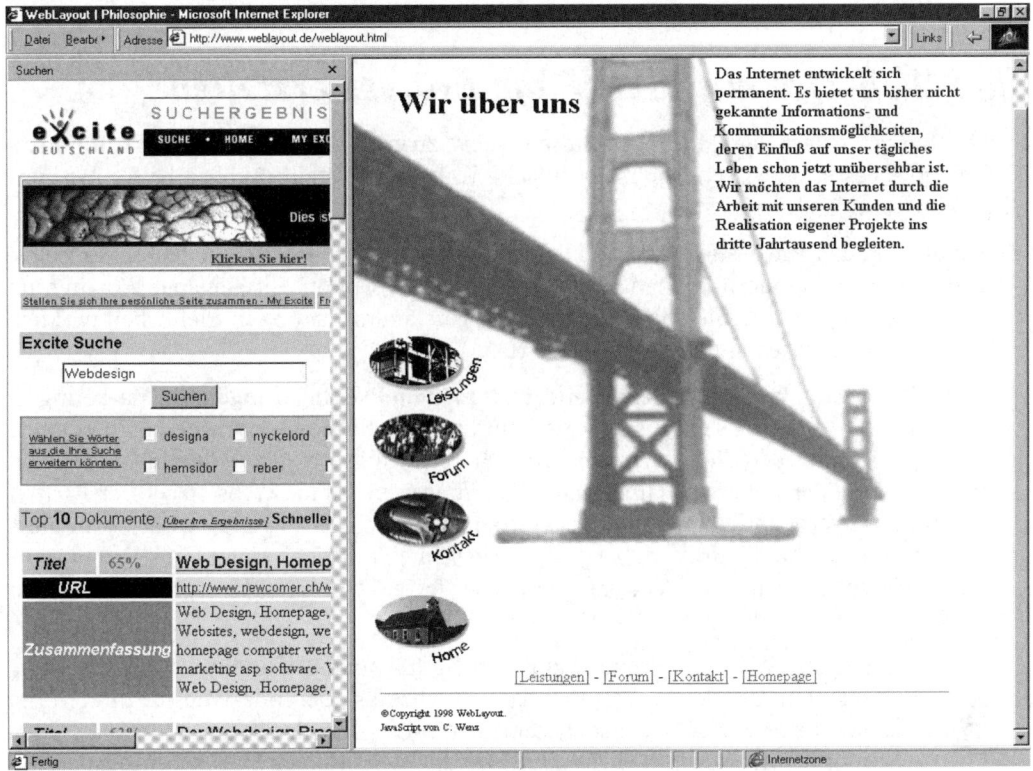

Abbildung 5.3: Heuern Sie den besten Designer an, den Excite finden kann.

Einen Grafikdesigner anzustellen ist etwas anderes als eine Webdesignfirma zu beschäftigen. Eine Webdesignfirma wird die gesamte Site für Sie aufbauen, ein Grafikdesigner wird nur am Aussehen arbeiten. Für eine erste Site, die Sie ja schnell und billig produzieren und dabei so viel wie möglich selbst lernen wollen, ist ein Grafikdesigner die zu bevorzugende Wahl. Sie können ihn oder sie schon früh, erst später oder sogar erst, nachdem die Site schon online ist, involvieren.

Sagen Sie dem Designer, wen Sie alles als Besucher online erwarten, zeigen Sie ihm alle existierenden Designs, die Sie haben, und lassen Sie ihn arbeiten. Erwarten Sie ein paar Alternativen und ein Angebot für das Aktualisieren Ihrer Site, um das Design einzubauen. (Der Designer kann auch anbieten, Ihre gedruckten Materialien auf den neuesten Stand zu bringen, was die Konsistenz verbessert.)

Am Ende der Arbeiten sollten Sie Eigentümer des Designs sein. Diese Vereinbarung wird *Lohnarbeit* genannt, und professionelle Designer, die an großen Projekten arbeiten, schauen vielleicht manchmal darauf hinab, aber es ist eine Lebensnotwendigkeit für kleinere Projekte und Designer, die sich selbst noch keinen großen Namen gemacht haben. Vermeiden Sie komplizierte Lizenzvereinbarungen, in denen der Designer gewisse Rechte an dem Design behält.

Eine Webseite mit FrontPage Express erstellen

Egal, ob Sie sich entscheiden, Ihre Web-Präsenz selbst zu erstellen, oder jemanden dafür anzustellen, ist es besser zu wissen, wie man einfache Webseiten erstellt und bearbeitet. Warum? Hier sind zwei Gründe:

✔ **Einblick in den Prozeß des Web-Publishing:** Wenn Sie wissen, daß Sie Webseiten selbst erstellen und verändern können, eröffnen Sie sich die Option, Ihre eigenen Arbeiten im Web zu erledigen, und Sie haben ein besseres Verständnis dafür, wie viel Arbeit wirklich nötig ist, wenn es jemand anderes für Sie tut.

✔ **Schnelleres Einarbeiten von neuen Informationen und Veränderungen:** Im Marketing ist Zeit gleich Geld, und das gilt insbesondere für das Web. Sobald Sie eine geschäftliche Site online stellen, werden Sie wahrscheinlich viele Änderungswünsche erhalten, angefangen von Schreibfehlern über das Hinzufügen von Verweisen auf die Webseiten Ihrer Partner bis hin zum Veröffentlichen von Pressemitteilungen. Wenn Sie genug wissen, um diese Aufgaben selbst durchzuführen, können Sie sie schnell erledigen, sofort Ihre Webpräsenz aktualisieren und damit zeigen, daß Sie in der Tat ein mit allen Wassern gewaschener Online-Marketer sind.

 Kostenlose Webprogramme sind großartig für Anfänger und für die Bearbeitung von Texten, die der Webmaster dann in Ihre existierende Website integrieren kann. Für größere Sites jedoch, die einen professionelles und sauberes Aussehen benötigen, müssen Sie wirklich HTML können. Haben Sie keine Angst davor, selbst ein wenig der Anfangsarbeit zu machen, inklusive dem Erstellen einer anfänglichen Grundwebsite. Aber seien Sie bereit, danach die Profis herbeizurufen – welche dann mächtigere Werkzeuge einsetzen und auch direkt in HTML arbeiten.

Sie können leicht selbst eine Webseite mit einer Anzahl von kostenlosen Webtools erstellen. Zwei der besten Gratiswerkzeuge sind bei den beiden verbreitetsten Webbrowsern mitgeliefert. Microsoft FrontPage Express ist beim Internet Explorer 4.0 dabei, und der Netscape Composer ist Bestandteil der Netscape Communicator Suite. (Beide Programme sind im WWW prinzipiell kostenlos erhältlich. Für den kommerziellen Gebrauch gibt es bei Netscape ggfs. Einschränkungen. Details finden Sie auf der Netscape Site `www.netscape.com`.)

In diesem Abschnitt zeigen wir Ihnen, wie Sie eine einfache Webseite mit FrontPage Express, was eine »Light«-Version des verbreiteten Microsoft FrontPage Editors ist, erstellen können. Sie können dieses Programm als Teil der Microsoft Internet Explorer Suite kostenlos im Internet (www.microsoft.com/ie) beziehen. Auch bei Beilage-CDs vieler Computerzeitschriften ist der »IE« (und auch das Pendant von Netscape) dabei.

Genau so wie Netscape Composer gestattet FrontPageExpress es Ihnen, Webseiten zu erstellen und zu bearbeiten, einschließlich Grafiken und Verweise auf andere Webseiten, ohne je den HTML (**H**yper**T**ext **M**arkup **L**anguage) Code sehen oder bearbeiten zu müssen, der Webseiten zugrunde liegt. Sie können Grafiken mittels Drag&Drop einfach an die gewünschte Stelle positionieren und Schaltflächen wie in der Textverarbeitung dazu benutzen, Texte zu formatieren und die Elemente auf der Seite anzuordnen.

Beim Erstellen einer Webseite geschieht viel von der Arbeit außerhalb des Webseiteneditors. Viele Do-It-Yourself Jünger benutzen Pakete wie Corel DRAW und PHOTO-PAINT, um Grafiken und sogar ein bißchen Multimedia zu ihren Websites hinzuzufügen. Profis benutzen Grafikbearbeitungsprogramme wie etwa Adobe Photoshop und Illustrationsprogramme wie zum Beispiel Adobe Illustrator, um grafische Hintergründe und Bilder für ihre Webseite zu erstellen. Sie benutzen auch Multimediaprogramme wie Macromedia Director, um Animationen, Video und Musik in ihre Website einzubauen.

 Sie sollten ungefähr eine Stunde für die folgenden Schritte einplanen. Webseiten erstellen, auch einfache, ist meistens eine spaßige Angelegenheit, aber immer zeitaufwendig. Bei den folgenden Schritten wird angenommen, daß Sie zu ein paar unterschiedlichen Programmarten zum Erstellen von Text und Grafiken Zugang haben und damit auch vertraut sind. (Sie können die Zusatzprogramme von Windows Paint und WordPad benutzen, wenn Sie nichts anderes zur Verfügung haben.) Wenn Sie feststecken, bitten Sie einen Freund oder Kollegen um Hilfe, oder überspringen Sie diesen Schritt. Andernfalls gehen Sie folgendermaßen vor, um eine sehr einfache Webseite zu erstellen:

1. **Installieren Sie Microsoft FrontPage Express (Teil des Internet Explorer 4.0x) auf Ihrem Computer.**

Sie können auch einen anderen Webseiteneditor wie zum Beispiel den Netscape Composer benutzen, sollten Sie das bevorzugen (ein paar Details von manchen der folgenden Schritte werden sich leicht ändern, und der Bildschirm wird nicht exakt gleich aussehen wie die abgebildeten Bildschirmfotos, aber das Vorgehen ist sehr ähnlich).

2. **Erstellen Sie eine Grafik, die Sie in Ihrer Webseite benutzen können.**

Das kann ein Foto sein, ein Logo oder eine Hintergrundgrafik – alles, was mit Ihrer Firma zu tun hat. Speichern Sie Grafik als .GIF-Datei (wenn sie computererstellt ist mit recht wenigen Farben), als .JPEG-Datei (wenn es ein Foto oder anderes Bild mit Hunderten von Farben ist) oder als Windows Bitmap (.BMP-Datei) (wenn Ihr Grafikprogramm keine .GIF- oder .JPEG-Dateien erstellen kann, z.B. Windows Paint).

 Klicken Sie in Ihrem Browser mit der rechten Maustaste auf irgendeine Grafik, um sie auf Ihrer Festplatte abspeichern zu können. (Aber stellen Sie diese Grafik nicht online, ohne die Erlaubnis dazu eingeholt zu haben.)

3. **Schreiben Sie mit einer Textverarbeitung einen Text, den Sie in Ihrer Webseite verwenden wollen.**

    Sie können zum Beispiel in einem Absatz die Geschichte Ihrer Firma beschreiben und in einer Aufzählung Ihre Produkte und Dienstleistungen nennen.

    Verwenden Sie nicht zu viel Zeit darauf, den Text zu formatieren. Sie müssen das wahrscheinlich in FrontPage Express sowieso noch einmal machen.

4. **Benutzen Sie ebenfalls die Textverarbeitung, um eine kurze Beschreibung der Websites zu erstellen, die Sie in Ihrer Arbeit verwenden. Nehmen Sie dazu am besten einen Absatz oder eine grafische Aufzählungsliste.**

    Nennen Sie einfach die Site und beschreiben Sie ihre Bedeutung.

5. **Starten Sie FrontPage Express**

6. **Fügen Sie den Text über die Zwischenablage von Ihrer Textverarbeitung in FrontPage Express ein.**

    In Abbildung 5.4 sehen Sie FrontPage Express bei der Arbeit.

7. **Benutzen Sie die Kommandos in FrontPage zum Formatieren und Eingeben von Text: eine Überschrift Stufe 1 mit Ihrem Firmennamen, eine mit Stufe 2 »Über die Firma«, einen Absatz mit Text, der Ihre Firma beschreibt, eine Überschrift Stufe 2 »Unsere Produkte und Dienstleistungen« (lassen Sie eins von beiden weg, wenn es nicht zutrifft). Abschließend erstellen Sie noch einen Absatz oder eine Aufzählungsliste mit dem, was Sie verkaufen.**

    Sie können die folgenden Befehle verwenden:

    ◆ **Pulldown-Liste Absatzformat.** Um eine Überschrift zuzuweisen, benutzen Sie die Pulldown-Liste Absatzformat, wie in Abbildung 5.4 gezeigt. Tippen Sie den Text der Überschrift ein, markieren Sie ihn und wählen Sie dann aus der Liste ein Überschriftenlevel aus. Der Text nimmt die passende Größe an.

    ◆ **Absatzausrichtungs-Schaltflächen.** Die Schaltflächen für Absatzausrichtung stehen für linksbündig, mittig und rechtsbündig. Markieren Sie den Text oder die Grafik, die Sie ausrichten wollen, und klicken Sie auf die passende Schaltfläche. Das Objekt wird neu ausgerichtet.

    ◆ **Numerierte Listen und grafische Aufzählungslisten.** Um eine Liste aus Objekten in eine numerierte oder grafische Aufzählungsliste umzuwandeln, benutzen Sie die Schaltflächen, die Sie in Abbildung 5.4 erkennen. Markieren Sie einfach die Elemente und klicken Sie dann einmal auf die Schaltfläche NUMERIERTE LISTE oder GRAFISCHE AUF-

ZÄHLUNGSLISTE, um die Liste zu erstellen. Klicken Sie noch einmal, um die Listen-formatierung wieder zu entfernen.

◆ **Fett, kursiv und unterstrichen.** Um Textformate hinzuzufügen, markieren Sie ein-fach den gewünschten Text und klicken dann auf die Schaltfläche FETT (**F** oder **B** für *Bold*), KURSIV (*K* oder *I* für *Italic*) oder UNTERSTRICHEN (**U**). (Benutzen Sie diese Stile sorgsam, oder Ihre Webseite wird wie ein Erpresserbrief aussehen!)

 Vermeiden Sie es, Text zur Hervorhebung zu unterstreichen. Unterstreichungen werden zusammen mit speziellen Farben dazu benutzt, Hypertext Links zu mar-kieren, also kann die Verwendung von Unterstreichungen für andere Zwecke Ihre Web-Surfer verwirren.

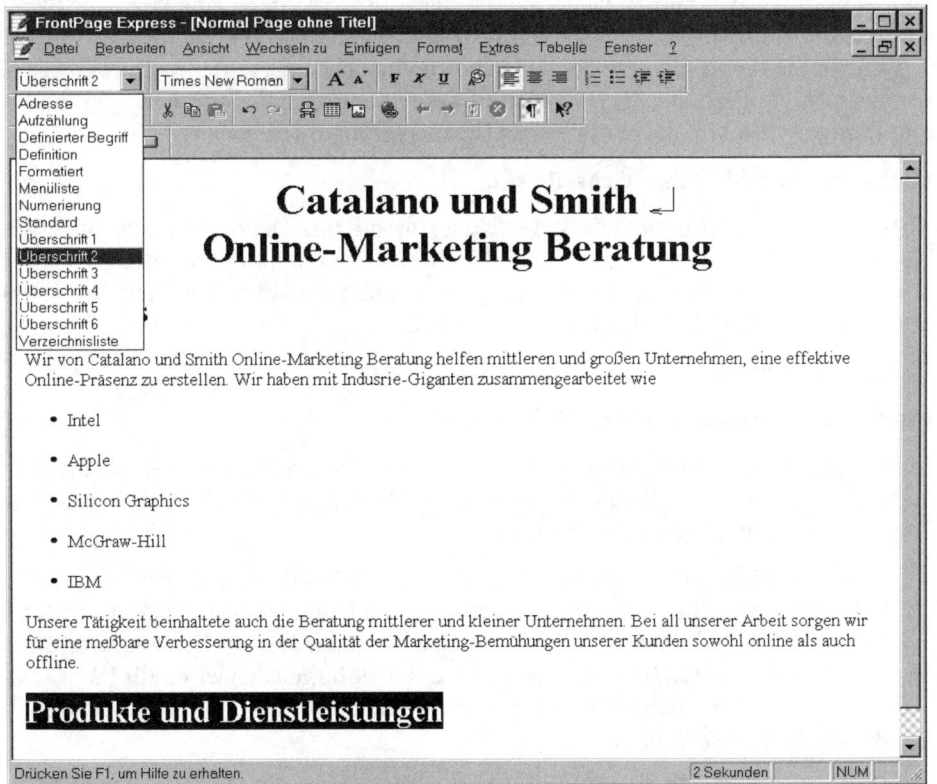

Abbildung 5.4: FrontPage Express hilft Ihnen dabei, schell Ihre Seite für das Web zu erstellen.

8. Fügen Sie Verknüpfungen (Hyperlinks) hinzu.

In dem Text, der die Websites beschreibt, die Sie benutzen, suchen Sie Stichwörter, die die Site beschreiben und wählen Sie die passenden aus. Dann klicken Sie auf die Schaltfläche HYPERLINK ERSTELLEN oder HYPERLINK BEARBEITEN.

9. **In der Dialogbox Hyperlink erstellen tippen Sie die URL der Website ein, auf die der Link zeigen soll. Dann klicken Sie auf OK.**

Der Text wird dann zu einem Hyperlink auf die Web URL.

 Vermeiden Sie Sätze wie »Um ein Foto unseres Gebäudes zu sehen, klicken Sie hier.« Die Benutzung von »Klicken Sie hier« ist ein typischer Faux-Pas im Web, und wenn man ihn begeht, wirkt man wie ein Amateur (was Sie ja vielleicht sind, aber damit muß man ja nicht herumstolzieren). Die besten Webdesigner benutzen Hypertext Links, die nahtlos in den Textfluß passen.

Sie müssen jedoch vermeiden, Ihre Links in unklare Phrasen wie »Meine Firma hat gerade neue Büros bezogen« zu packen – der Benutzer weiß nicht, ob ihm das Klicken auf den Link ein großes, langsam zu ladendes Foto der Büros beschert, eine kurze Textbeschreibung davon, ein Link auf die Website Ihres Maklers oder irgendetwas anderes. Stattdessen verwenden Sie besser etwas wie »Wollen Sie mehr über unsere neuen Büros wissen? Sie können sich ein Foto (50-KB JPEG-Datei) des neuen Gebäudes ansehen oder die Pressemitteilung betrachten, die wir über den Umzug veröffentlich haben«.

10. **Fügen Sie ein Bild in Ihre Webseite ein.**

Klicken Sie auf die Bild einfügen Schaltfläche, um die Bild Dialogbox aufzurufen. Klicken Sie auf die Schaltfläche Durchsuchen (oder Browser in englischen Programmversionen), um auf Ihrer Festplatte nach der gewünschten Grafik zu suchen. Nachdem Sie die passende Grafik ausgewählt haben, klicken Sie auf OK.

Das Bild erscheint in voller Größe auf Ihrer Webseite.

11. **Bearbeiten Sie das Bild in Ihrer Webseite.**

Klicken Sie zweimal auf das Bild, um die Bildeigenschaften Dialogbox aufzurufen, die Sie in Abbildung 5.5 sehen. Benutzen Sie diese Dialogbox, um das Bild zu bearbeiten. Sie können die folgenden Optionen benutzen:

◆ **Grafikart.** Sie können Grafiken im .GIF- oder .JPEG-Format abspeichern. Für .GIF-Dateien können Sie *Transparenz* benutzen, das einen einfarbigen Rand um ein Bild herum löscht, und *Interlacing*, das das Bild schneller erscheinen läßt, aber unscharf, und dann immer schärfer wird, je weiter es heruntergeladen wird. Für .JPEG-Dateien können Sie den Qualitätsfaktor heruntersetzen, um die Dateigröße zu Lasten der Bildqualität zu verringern.

◆ **Größe, Abstand und Ausrichtung.** In der Karteikarte Aussehen können Sie die Ausrichtung einer Grafik einstellen und einen unsichtbaren Rand um das Bild herum aufbauen. Sie können auch die Höhe und Breite der Grafik in Pixeln oder als Prozentsatz der ursprünglichen Größe festsetzen.

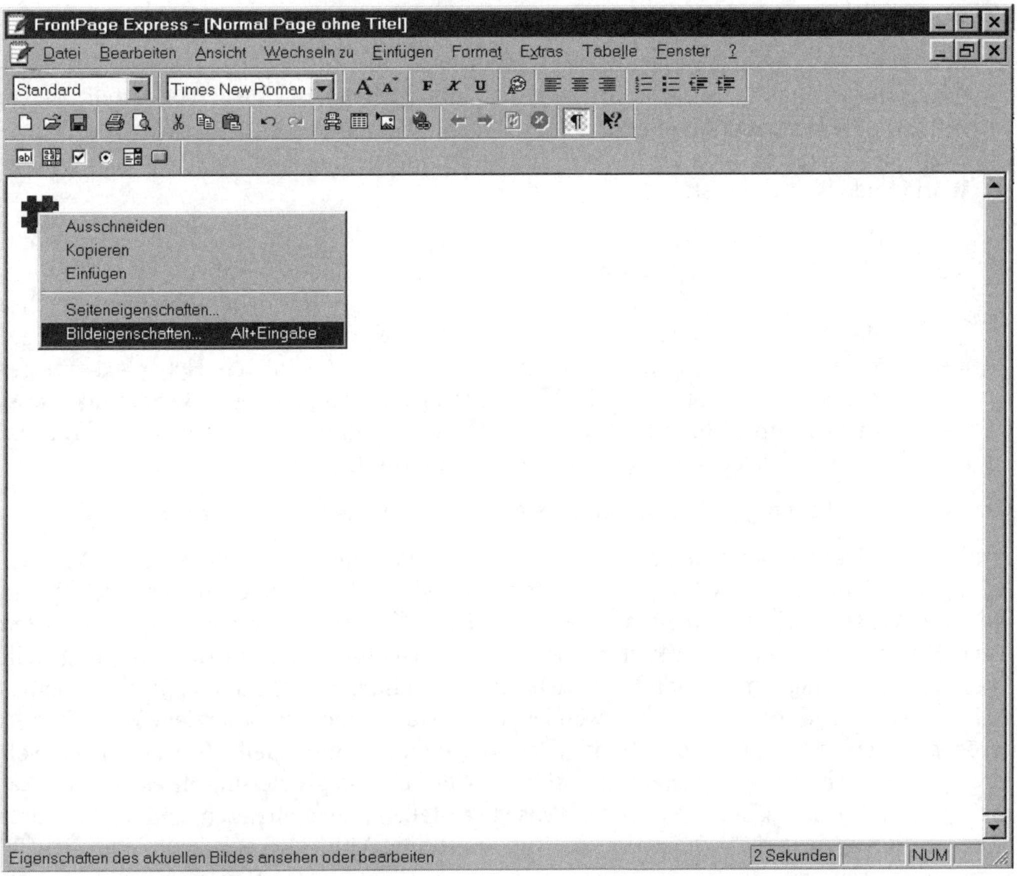

```
FrontPage Express - [Normal Page ohne Titel]                    _ □ ×
 Datei  Bearbeiten  Ansicht  Wechseln zu  Einfügen  Format  Extras  Tabelle  Fenster  ?   _ ◻ ×

 Standard      ▼   Times New Roman ▼   A  A   F  K  U   ...  ≡ ≡ ≡  ...

 ...
```

| Ausschneiden |
| Kopieren |
| Einfügen |
| Seiteneigenschaften... |
| Bildeigenschaften...   Alt+Eingabe |

```
Eigenschaften des aktuellen Bildes ansehen oder bearbeiten        2 Sekunden        NUM
```

Abbildung 5.5: Unter Bildeigenschaften können Sie Ihre Grafik verändern.

12. Bearbeiten Sie weiterhin Ihre Webseite, bis sie annehmbar aussieht. Dann benutzen Sie das Kommando DATEI/SPEICHERN, um Ihre Webseite auf Ihrer Festplatte zu sichern.

Wenn Sie sehen wollen, wie HTML-Code aussieht, wählen Sie ANSICHT/HTML. Der Ihrer Seite zugrundeliegende HTML-Code wird angezeigt.

Sie können Ihre Webseite bearbeiten, während Sie den HTML-Code betrachten, aber das kann zu unvorhersehbaren Resultaten führen und Ihre Datei möglicherweise nicht mehr weiter verwendbar machen.

13. Starten Sie Ihren Web-Browser.

Benutzen Sie den Datei Öffnen Befehl (DATEI/ÖFFNEN oder (Strg + O)) sowohl im Internet Explorer als auch im Netscape Navigator), um die Datei, die Sie gerade erstellt haben, in Ihrem Web-Browser zu öffnen. Sie sehen eine voll funktionstüchtige Webseite. Versuchen Sie, auf einen Link zu klicken, um sicherzugehen, daß er auch wirklich auf das World Wide Web verweist.

Der einzige Unterschied zwischen Ihrer lokalen Webseite und einer echten World Wide Web Seite ist, daß Ihre lokale Seite nicht für andere Webbenutzer zugänglich ist, bevor Sie sie nicht auf einem Webserver veröffentlichen. Sogar wenn Ihre Maschine mit dem Web verbunden ist, ist sie noch kein Webserver, es sei denn, auf ihr läuft ein Programm, das auf Anfragen reagiert, die mit dem HyperText Transfer Protocol, dem http in Webadressen und ganz allgemein dem Kommunikationsstandard im Web, gesandt werden. (HyperText Markup Language oder HTML ist der Seitenlayoutstandard, dem das Web zugrunde liegt.)

Gratulation! Sie haben gerade eine Seite erstellt, die ins World Wide Web gehen kann!

Einfach nur diese Webseite zu erstellen, ist eine wertvolle Übung zum Erlernen, wie Webpublishing funktioniert und um einige seiner Stärken und Beschränkungen zu verstehen. Wenn Sie Ihre Webseite wirklich im World Wide Web veröffentlichen wollen, fragen Sie Ihren Internet Service Provider, ob er kostenlosen Speicherplatz für Webseiten zur Verfügung stellt (dies tun unter anderem CompuServe, AOL und T-Online). Sie können auch die Geocities Website bei www.geocities.com verwenden, um kostenlos nichtkommerzielle Webseiten zu veröffentlichen. Wenn Sie Ihre Webseite oder Website für kommerzielle Zwecke nutzen wollen, bietet GeoCities oder meistens auch Ihr Provider eine Registrierung Ihres Domain-Namens und Web-Hosting an. Wie Sie eine Webseite erstellen und publizieren, können Sie unter anderem in *Web-Seiten für Dummies* von Bud Smith und Arthur Beback, erschienen bei ITP Bonn, nachlesen.

Marketing mit Ihrer Website

In diesem Kapitel

▶ Ihre Website zum Vermarkten von Produkten und Dienstleistungen nutzen

▶ Marketinginformationen auf Ihrer Site präsentieren

▶ Geschäftsbezogene Neuigkeiten in Ihre Site integrieren

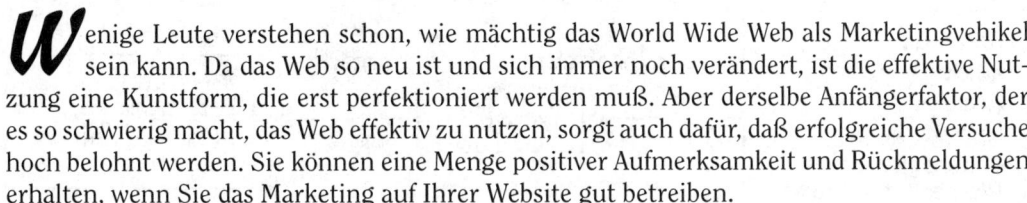

*W*enige Leute verstehen schon, wie mächtig das World Wide Web als Marketingvehikel sein kann. Da das Web so neu ist und sich immer noch verändert, ist die effektive Nutzung eine Kunstform, die erst perfektioniert werden muß. Aber derselbe Anfängerfaktor, der es so schwierig macht, das Web effektiv zu nutzen, sorgt auch dafür, daß erfolgreiche Versuche hoch belohnt werden. Sie können eine Menge positiver Aufmerksamkeit und Rückmeldungen erhalten, wenn Sie das Marketing auf Ihrer Website gut betreiben.

In diesem Kapitel krempeln Sie Ihre metaphorischen Ärmel hoch und tauchen in eine Auswahl der wichtigsten Marketingmethoden für Ihre Website ein. Wenn Sie den Ratschlägen in diesem Kapitel folgen, sollten Sie schnell zum Klassenprimus in Ihren Webmarketing-Bemühungen avancieren.

Ihre Website als Marketing-Vehikel

Verschiedene Geschäftszweige gehen unterschiedlich vor, um sich und ihre Produkte oder Dienstleistungen bekannt zu machen. Ein Berater wird auf Mundpropaganda und Telefonanrufe setzen, um neue Aufträge zu erhalten. Eine Autobahnraststätte kann ein Werbeschild an der Straße aufstellen. Ein Gebrauchtwagenhändler mag mit Zeitungsanzeigen und Fernsehspots zu später Stunde neue Kunden gewinnen. Jeder Geschäftszweig hat eine oder mehrere etablierte Werbemethoden, und wenn eine Firma wachsen will, sucht sie stets nach neuen Techniken, um sich selbst weiter zu bringen.

Das Internet und das Web werden über die nächsten Jahrzehnte hinaus für die meisten Geschäftszweige zu den schnellstwachsenden und wichtigsten neuen Marketingvehhikeln werden. Wenn Sie sich jetzt auf das Online-Marketing konzentrieren, vor allem auf Marketing über das Web, sind Sie in einer guten Position, um von der zunehmenden Wichtigkeit der Online-Welt zu profitieren. Wenn Sie warten, werden wahrscheinlich statt dessen Ihre Konkurrenten aus dem Wachtum einen Nutzen ziehen. Jetzt ist es an der Zeit zu entscheiden, wie Sie Ihre Website als Marketing-Vehikel in der Zukunft nutzen wollen.

Ihre Website mit Ihrem allgemeinen Marketing-Plan koordinieren

Mit dem Webmarketing anzufangen, ist einfach, wenn Sie begreifen, daß das Web gut zu Ihren traditionelleren Marketingaktionen passen sollte (wir nennen das traditionelle, nicht online stattfindende Marketing in diesem Buch *Offline*-Marketing). Jede Anzeige, technische Dokumentation, Werbesendung und Pressemitteilung, die Sie erstellen, kann als eine Ressource für Ihre Website genutzt werden. Und jedes marketingbezogene Ereignis, an dem Sie teilnehmen – jede Messe, Produkteinführung oder Pressekonferenz – kann auch auf Ihrer Website dargestellt werden. In Abbildung 6.1 sehen Sie den generellen Zusammenhang zwischen der Offline-Welt und der Website, wie wir ihn uns vorstellen.

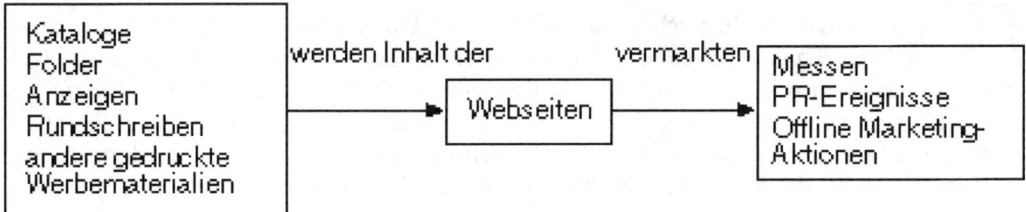

Abbildung 6.1: Verbinden Sie Online- mit Offline-Marketing

Die Idee hinter Abbildung 6.1 ist, daß Ihre aktuellen Marketingmaterialien in Ihre Website integriert werden, und daß jedes Stück Marketing für die Benutzung auf Ihrer Site adaptiert werden kann. Ihre Website wiederum hilft dabei, andere Aktivitäten zu fördern, wie zum Beispiel Messeauftritte und PR-Ereignisse. Nachdem Sie Ihre Site eine Zeitlang entwickelt und erweitert haben, erscheinen auch Pfeile in die entgegengesetzte Richtung. Marketing-Ereignisse und Seminare können aufgenommen und als Sounddateien, Filme oder sogar nur als schriftliche Zusammenfassungen auf Ihrer Website zur Verfügung gestellt werden. Und neue Inhalte, die Sie für Ihre Website entwickeln, können als gedrucktes Material wiederverwendet werden, um Leute zu erreichen, die keinen Zugang zum Web haben.

Von Bedeutung ist es auch, Ihre Web-Marketing-Aktionen mit den anderen Online-Bemühungen Ihrer Firma abzustimmen. Um die Online-Zukunft Ihrer Firma vorherzusagen, ist es wichtig zu verstehen, daß fast jede Abteilung Ihrer Firma schon bald online präsentiert sein wird. Die Marketing-Abteilung geht als erstes online und wird für eine lange Zeit an vorderster Stelle stehen, aber Kundendienst und -unterstützung, Verkauf, Personalabteilung und andere Firmenbereiche werden auch schnell online gehen. Hier sind einige Abteilungen einer typischen Firma, die auf einer Website repräsentiert werden können:

✔ **Marketing-Abteilung:** Marketing sollte für die Website an sich und den Großteil des Inhalts zuständig sein. Hierzu zählen das allgemeine Aussehen und Design der Website, Firmen- und Produktinformationen, Produktfotos, Beschreibungen und Preise, Informationen darüber, wo die Produkte erhältlich sind, und Veranstaltungen, an denen die Firma beteiligt ist bzw. teilnimmt.

✔ **Public Relations:** Dieser Sonderbereich innerhalb der Marketing-Abteilung verdient eine besondere Beachtung. Hier sollte ein Bereich für Presseinformationen entwickelt werden – falls irgendeine Gruppe auf das Web zurückgreift, um erste Informationen über Sie zu erhalten, dann ist das die Presse. Die PR-Abteilung sollte Pressemitteilungen zeitgleich mit der Veröffentlichung über Agenturen auf die Website stellen. In einem Passwort-geschützten Bereich Ihrer Website können auch vertrauliche Informationen für ausgewählte Pressevertreter zur Verfügung gestellt werden.

✔ **Verkauf:** Wenn Ihre Website das Interesse eines Besuchers an Ihren Produkten oder Dienstleistungen weckt, können Marketing und Verkauf zusammenarbeiten, um potentielle Kunden zu den verschiedenen Verkaufskanälen der Firma zu leiten. (Sie erhalten ein gutes Argument für Ihre Online-Ausgaben, wenn Sie zeigen können, daß Ihre Website verkauft.)

✔ **Kundendienst und -unterstützung:** Stellen Sie Kontaktinformationen über den Kundendienst und Antworten auf die häufigsten Fragen auf Ihrer Website zur Verfügung. Online-Kundendienst ist schon jetzt sehr wichtig und weiter im Wachstum begriffen; Firmen verringern ihre Kosten, wenn sie den Kunden zu einem Teil der Supportlösungen machen. Benutzen Sie Ihre Website, automatisierte Mailing-Listen (wie wir sie in Kapitel 9 beschreiben) und andere Online-Ressourcen, um Kunden dazu zu bringen, Lösungen für ihre eigenen Probleme zu finden.

✔ **Human Resources:** Stellenangebote können inklusive einer E-Mail-Adresse, an die man seine Bewerbung schicken kann, auf der Website veröffentlicht werden. (In Kapitel 8 erhalten Sie mehr Informationen über E-Mail-Kontaktinfos.) Eine gut aussehende Website trägt dazu bei, sowohl Top-Angestellte als auch Kunden anzulocken. Die Marketing-Abteilung kann der Human Resources-Abteilung dabei helfen, auf die Website zu gelangen, aber die Aktualisierung der Stellenanzeigen ist Aufgabe von Human Ressources.

✔ **Finanzen:** Die Finanzabteilung sollte für Interessenten den Jahresbericht der Firma oder das passende Äquivalent dazu auf die Website stellen, oder wenigstens das Bestellen eines Exemplars ihres Berichtes via Web ermöglichen. Jahresberichte müssen jedoch ehrlich sein, und in einem Jahr mit schlechten Verkaufszahlen wollen Sie nicht all die gruseligen Details auf Ihrer Website veröffentlichen.

Von all diesen Abteilungen sollte Marketing die führende Rolle im Konzipieren und Entwikkeln der Website der Firma spielen. Andere firmenbezogene Dinge können auch online gestellt werden, aber viel davon erscheint in *Intranets* – einem Netzwerk nur für die Angestellten, die oft Web-Browser und -Server benutzen. Ein Beispiel ist die Ausgabe von verbilligten Firmenanteilen, die nur für Angestellte der Firma online gestellt werden. Intranets liegen nicht innerhalb der direkten Verantwortung der Marketing-Abteilung, da Kunden darauf keinen Zugriff haben. (Obwohl jemand argumentieren könnte, daß mittelgroße und große Firmen sich auch bei ihren Mitarbeitern vermarkten müssen.)

Eine interessantere Option, zumindest aus dem Blickwinkel des Marketing, sind *Extranets* – Netzwerke, die Lieferanten und Kunden verbinden. Obwohl Extranets vielleicht anfangs nur für den Austausch von Informationen wie etwa den Bestellstatus benutzt werden, können sie auch zu Marketingwerkzeugen heranwachsen. Wenn Ihre Firma ein Extranet entwickelt, das

Kunden, Händler und andere am Verkauf beteiligte Parteien verbindet, sollte die Marketingabteilung eine wachsende Rolle beim Zur-Verfügung-Stellen und Pflegen dieses Inhalts spielen.

 Web-Surfer benutzen oft Lesezeichen (*Bookmarks*), um zu Websites und spezifischen Seiten, die ihnen gefallen, zurückzukehren. Ermuntern Sie Ihre Besucher dazu, Ihre Homepage und auch Webseiten, die Informationen über spezifische Produkte und Dienstleistungen haben, mit einem Lesezeichen zu versehen.

So starten Sie Ihre Initiative fürs Web-Marketing

Bevor Sie Ihre Web-Marketing-Initiative starten oder erweitern, sollten Sie ein paar grundlegende Schritte tätigen. Dabei kann es sich um formale Dinge als Teil des Gestaltungsprozesses handeln, wie etwa Storyboards und verschiedene Zustimmungsstufen, oder informelle Checklisten, die Sie im Hinterkopf haben, wenn Sie alleine oder mit anderen arbeiten.

Der erste Schritt ist, zu entscheiden, wie Sie Firma, Produktlinie und Produktinformationen trennen werden. Jeder Ihrer Kunden plus Lieferanten, Redakteure und sogar Ihre eigenen Angestellten identifizieren mit Ihrem Firmennamen diejenigen Produkte, die sie am meisten nutzen. Diese Fokussierung verursacht bei Firmen mit einem überproportional wichtigen Produkt oder einer einzigen Produktlinie keine Probleme, aber wenn Sie mehrere Produkte und Dienstleistungen anbieten, kann als Ergebnis sehr viel Verwirrung herauskommen.

Vom Online-Marketing zum Online-Verkaufen?

Da Marketing zum Teil eine den Verkauf unterstützende Aktivität ist, müssen Sie sich auf den Tag vorbereiten, an dem Sie tatsächlich Produkte oder Dienstleistungen über Ihre Website verkaufen – und der liegt möglicherweise in der nahen Zukunft. Analytiker schätzen, daß im Jahr 2000 ein ganzes Prozent des Welthandels online stattfindet. Dieser Prozentsatz wird weiterwachsen. Wenn Sie sich nicht Ihren Anteil am Online-Verkaufskuchen sichern, wird es ein anderer tun. Fangen Sie also an darüber nachzudenken, wie Ihre Marketing-Initiativen auf Verkaufsinitiativen in den nächsten paar Jahren ausgeweitet werden können.

Im folgenden zeigen wir Ihnen mögliche Wege, die Firmen mit mehreren Produkten und Dienstleistungen nutzen können, um ihre Website zu organisieren:

✔ **Kümmern Sie sich nicht um die Organisation.** Schmeißen Sie einfach ungeordnet Marketing- und andere Informationen über Ihre Produkte und Dienstleistungen auf Ihre Website, einige breit dargestellt, andere dafür kaum. (Diese wirklich schlechte Idee scheint jedoch der Plan zu sein, dem viel zu viele Sites folgen.)

✔ **Trennen Sie Firma und Produkte.** Die Homepage Ihrer Website muß für Ihre Firma sprechen und leichten Zugang zu Firmeninformationen gewähren. Die Homepage Ihrer Firma sollte auch auf einen abgetrennten Produktbereich verweisen. Web-Surfer können Firmeninformationen abfragen und sich dann zu dem Produkt, das sie interessiert, *durchbohren* (setzen Sie Links auf Seiten mit sukzessive spezifischeren Informationen). Dieser Plan bietet sich für eine neue oder gerade erst erweiterte Website an.

✔ **Trennen Sie die Märkte der Firma.** Ein fortschrittlicherer Ansatz ist es, Ihre Website um die verschiedenen Märkte, die Ihre Firma und Ihre Produkte bedienen, herumzubauen. Da sich die Kunden eher in ihren eigenen Interessensgebieten als in Ihren Produkten einordnen können, ist eine solche Organisation Ihrer Web-Präsenz oft intuitiver für Ihre Kunden. Die Microsoft Website ist ein gutes Beispiel für den Einsatz dieser Methode – sie gestattet einen Zugang über den Markt, wie Sie in Abbildung 6.2 sehen können. Eine benutzbare, in Märkte unterteilte Website ist jedoch schwer aufzuziehen, da Sie mehrere Wege zu denselben oder ähnlichen Informationen aufbauen müssen. Holen Sie sich erfahrene und professionelle Hilfe für das Design, bevor Sie diesen Ansatz wählen.

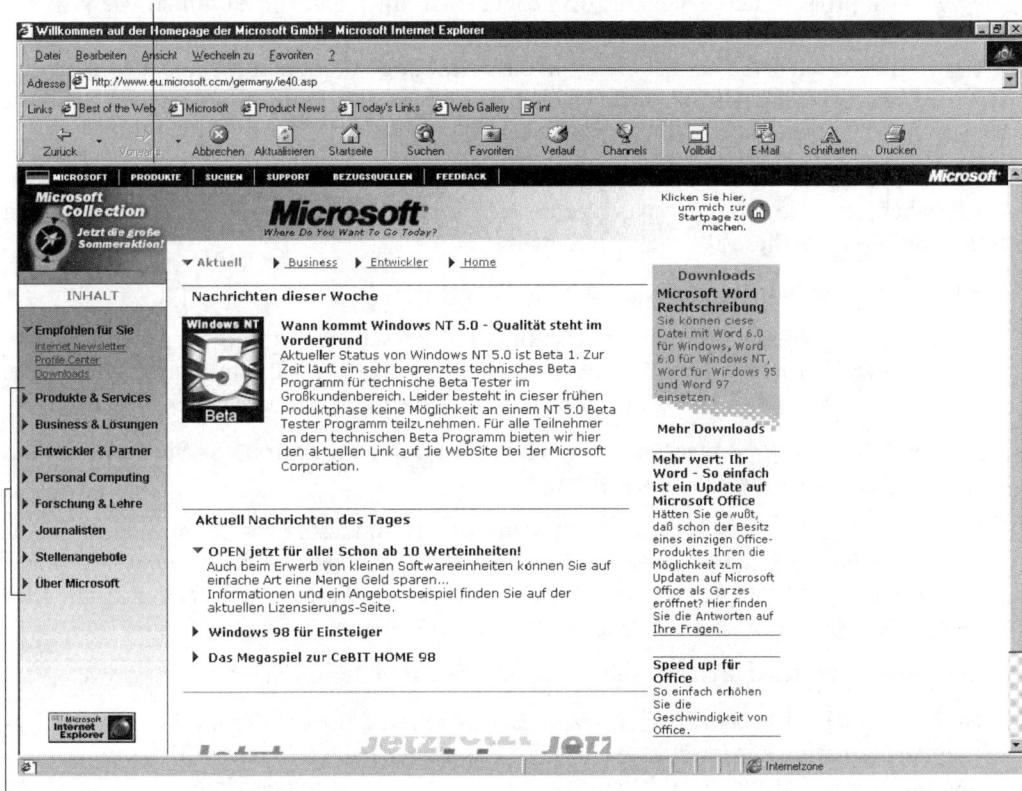

Abbildung 6.2: Microsoft läßt Sie in deren Site nach Märkten sortiert (linke Seite) oder nach Produkten (oben) navigieren.

✔ **Verwenden Sie verschiedene Websites.** Wenn Sie Produkte haben, die einen großen Kundenkreis haben, ziehen Sie es in Betracht, verschiedene Websites für diese Produkte zu erstellen. Sie können immer noch allgemeine Informationen auf die Firmenwebsite stellen, aber die Produkt-Site wird die zentrale Anlaufstelle für die loyalen Benutzer dieses Produkts. Verschiedene Websites zu erstellen, erschwert das Design, die Koordination und die Planung, kann aber die Effektivität Ihrer gesamten Web-Präsenz wesentlich erhöhen.

Sie können sich Ihre Webssite ganz gut als Online-Messe oder, wenn Sie nicht an Messen teilnehmen, als Telefonvermarktung Ihrer Produkte oder auch als andere Interaktion mit den Kunden vorstellen. Einige der Lektionen, die Sie beim herkömmlichen Marketing lernen, gelten online auch. Wenn Sie zum Beispiel Personen in einem professionellen Umfeld treffen, versuchen Sie normalerweise diese Leute dazu zu bringen, irgendetwas zu tun: Eine große Stückzahl Ihres Produkts zu kaufen, einen positiven Artikel über Ihre Firma zu schreiben oder einen guten Eindruck von Ihrer Firma zu bekommen, damit Geschäftspartner, sollte der nächste große Wurf anstehehn, mit Sicherheit auf Sie zurückkommen. Denken Sie darüber nach, wie Sie dieselben Effekte bei Leuten bewirken können, die Sie online besuchen. Dann suchen Sie die Marketingmaterialien heraus, die Sie in verschiedenen von Mensch zu Mensch Situationen verwenden, und stellen Sie diese Art von wichtigen Informationen an exponierte Stelle auf Ihrer Website.

Nachdem Sie ein paar Ideen für die allgemeine Struktur des Marketingteils Ihrer Website entwickelt haben, sind Sie bereit, ein paar der Resourcen zu bestimmen, die Sie dafür verwenden können. Befolgen Sie diese allgemeinen Schritte:

1. **Erstellen Sie eine Liste Ihrer Marketingressourcen**

   Listen Sie alle Pressemitteilungen, Datenblätter, Broschüren, Anzeigen, Jahresberichte, technischen Informationen und so weiter auf, die Ihnen zur Verfügung stehen – auch alte. (Alte Ressourcen haben vielleicht Informationen, die Sie wiederverwenden können.)

2. **Für jede Marketingressource auf Ihrer Liste beschreiben Sie kurz, was Sie eventuell tun müssen, bevor Sie sie ins Netz stellen.**

   »Neuformatieren und in HTML umwandeln« ist das Mindeste, was Sie mit jedem Dokument machen müssen. »Aktualisieren« ist ein anderer häufiger Punkt, da Marketing-Dokumente häufig aktualisiert werden müssen – und offenkundig altes Material auf Ihre Website zu stellen, ist schlimmer als gar nichts anzubieten.

3. **Teilen Sie Ihre Ressourcen in »allgemeines Marketing« und »Neuigkeiten« auf.**

   Sachen mit langer Lebensdauer, wie zum Beispiel Produktbroschüren, werden dem allgemeinen Marketing zugeordnet. Materialien mit kurzer Lebensdauer wie Pressemitteilungen und Veranstaltungen sind Neuigkeiten. (Wir beschreiben den Unterschied im nächsten Abschnitt genauer, aber versuchen Sie schon jetzt zu unterscheiden.)

4. **Überlegen Sie ein wenig, was zuerst zu tun ist. Wenn Ihre Ressourcen begrenzt sind, stellen Sie Ihre Firmeninformation und detaillierte Informationen über ein wichtiges**

Produkt zuerst online, und verwenden Sie dann die gelernten Lektionen, um das Angebot schnell zu erweitern.

Sie leisten wahrscheinlich bessere Arbeit, und möglicherweise sogar insgesamt schnellere Arbeit, wenn Sie Ihre Bemühungen Schritt für Schritt angehen, anstatt alles direkt auf einmal.

 Sie wollen vielleicht diese Gelegenheit nutzen, Ihre Marketing-Materialien mit folgender Frage im Hinterkopf zu prüfen: Wozu sollen die einzelnen Stücke den Leser bewegen? Sie müssen mit Ihren Web-Marketing-Bemühungen behutsam und informativ vorgehen. Leute klicken sich von offensichtlichem Lobgehudel schnell weg. Aber alles Marketing-Material muß den Leser dazu bewegen, aktiv zu werden, was er sonst nicht gemacht hätte. Hoffentlich ist dieses Aktivwerden ein Schritt in die richtige Richtung: nämlich Ihr Produkt zu kaufen. Überprüfen Sie Ihr Material zweimal, wenn Sie es für das Web fertigstellen.

Marketing-Informationen auf Ihrer Site

In Kapitel 5 haben wir beschrieben, was auf eine einfache geschäftliche Website gehört, inklusive Informationen über Ihre Firma und wie man mit ihr in Kontakt treten kann. Eine einfache Site zu organisieren und zu erstellen ist einfach. Wenn Ihre Seite jedoch größer und komplexer wird, wird es schwieriger, die Informationen zu organisieren und zu updaten. Wenn Ihre Website kompletter wird, können Sie mehr Zeit darauf verwenden, über die Struktur und Benutzbarkeit nachzudenken und weniger über spezielle inhaltliche Dinge.

Wenn Sie Ihre Web-Marketing-Initiativen ausweiten, werden Sie auch darüber nachdenken müssen, welche verschiedenen Arten von Informationen Sie online stellen. Durch unsere Erfahrungen in diesem neuen Medium, sowohl von der Handarbeit her als auch vom Beraten, können wir einige der Gelegenheiten und auch Fallen aufführen, um Ihnen zu einem effektiven Start zu verhelfen.

Die entscheidende Rolle von Pressemitteilungen verstehen

Einige Leute, insbesondere Presseleute, schauen auf Pressemitteilungen herab. Einige Dienste, die Online-Neuigkeiten zusammensuchen, erlauben es ihren Nutzern sogar, diese aus ihrem täglichen Nachrichtenpaket herauszufiltern. Was kann schlechter – oder wohl eher mehr fehlleitend und eigennützig – sein, als von Firmen verfaßte Nachrichten?

Nun, es gibt viel Schlimmeres. Obwohl eine Presseerklärung, die Sie verfassen, einen positiven Blick auf Ihre Produkte, Dienstleistungen und Firma werfen muß, haben Sie beim Schreiben der Presseerklärung auch die starke Motivation, die grundlegenden Fakten, die die Leute wissen müssen, so klar, triftig und verständlich wie möglich zu erklären. Natürlich ist man beim Schreiben einer Presseerklärung befangen, aber wenigstens rechnet der Leser mit dieser

Befangenheit und kann sich darauf einstellen, im Gegensatz zu den nicht so offensichtlichen Vorurteilen und anderen Problemen, die in Artikeln in der allgemeinen Presse auftreten.

Muß Text im Web langweilig sein?

Vermeiden Sie es, langweilig zu sein, aber denken Sie daran, daß das meiste, was für das Web geschrieben wird, ziemlich zurückhaltend sein muß. Aufgrund seines Ursprungs in der Wissenschaft und im Militär, und weil Leute eher selbst aktiv nach Webinformationen suchen anstatt sie passiv zu konsumieren, hat das World Wide Web eine Tradition von Ehrlichkeit und Direktheit, was typisches Marketing fehl am Platze erscheinen läßt. Wenn Sie für das Web schreiben, stellen Sie sich vor, Sie beschreiben Ihre Firma und Ihr Produkt einem Freund, und produzieren nicht einen extrem langsamen Fernsehwerbespot. Passen Sie sich dem etablierten Tonfall des Web an, zumindest bis Sie genug Erfahrung gewonnen haben, um zu wissen, wann Sie die Regeln biegen oder brechen können.

Nun, es gibt viel Schlimmeres. Obwohl eine Presseerklärung, die Sie verfassen, einen positiven Blick auf Ihre Produkte, Dienstleistungen und Firma werfen muß, haben Sie beim Schreiben der Presseerklärung auch die starke Motivation, die grundlegenden Fakten, die die Leute wissen müssen, so klar, triftig und verständlich wie möglich zu erklären. Natürlich ist man beim Schreiben einer Presseerklärung befangen, aber wenigstens rechnet der Leser mit dieser Befangenheit und kann sich darauf einstellen, im Gegensatz zu den nicht so offensichtlichen Vorurteilen und anderen Problemen, die in Artikeln in der allgemeinen Presse auftreten.

Viele Organisationen geben zu wenige Presseerklärungen heraus. Ziehen Sie in Betracht, für jedes wichtige Ereignis eine Presseerklärung zu veröffentlichen, inklusive:

✔ Feldtest eines neuen Produkts

✔ Eine Produkteinführung

✔ Eine Produktverbesserung

✔ Einführung einer Dienstleistung

✔ Ausrichtung oder Teilnahme an einer Veranstaltung

✔ Eine Partnerschaft mit anderen eingehen

✔ Neuer Geschäftsführer

Der Verkauf von Einheiten, Erträge oder andere finanziellen Meilensteine sind auch gute Themen für Pressemitteilungen.

Pressemitteilungen sind ein wenig genutztes aber wichtiges Marketingwerkzeug im allgemeinen und besonders im Marketing in Websites. Die konzentrierte Arbeit, die in die Erstellung einer Presseerklärung und in die Sicherstellung, das alle Informationen zutreffend sind, geht, ist etwas, was Sie wieder und wieder online und auch offline benutzen können. Folgen Sie diesen Regeln, um Pressemitteilungen im Web zu nutzen, und Sie werden einen größeren Erfolg beim Online-Publizieren all Ihrer Marketinginformationen haben:

✔ **Im Zweifelsfall eine Presseerklärung:** Ein interessantes Ereignis ist eingetreten, und Sie wollen es auf Ihrer Website veröffentlichen. Was ist der beste Weg? Die beste und einfachste Methode ist es, eine Presseerklärung über das Ereignis zu machen, sie zu Agenturen zu senden und sie auf Ihrer Website zu veröffentlichen. So erreichen Sie viel mehr Leute.

✔ **Sofort im Web veröffentlichen:** Pressemitteilungen sollten im selben Moment auf Ihrer Website sein, in dem Sie an die Agenturen weitergegeben werden. Leute, die Nachrichten über Ihre Firma hören, werden sofort Ihre Website für Informationen aufsuchen. Es sieht dumm aus, wenn nichts da ist.

✔ **Pressemitteilungen leicht auffindbar machen:** Weisen Sie auf der Homepage Ihrer Website gesondert auf die neue Pressemitteilung hin, und setzen Sie die Presseerklärung an die passende Stelle in Ihrer Website. Senden Sie auf jeden Fall eine elektronische Kopie der Pressemitteilung an Leute, die sie auf ihren eigenen Websites veröffentlichen möchten oder sie ihrerseits an andere weitergeben.

✔ **Verlinken Sie Ihre Presseerklärungen:** Ihre Presseerklärungen sollten Hinweise auf Ihre Hauptgeschäftspartner, Kunden und andere, die eine Rolle in dem neuen Ereignis spielen, aufweisen. Sie können Hyperlinks auf deren Websites in der HTML-Version Ihrer Pressemitteilung einbauen. Dieser Ansatz weist Sie als Profi aus und wird von denen, auf die Sie linken, dankbar angenommen.

✔ **Seien Sie mit dem HTML auf der Hut:** Konvertieren Sie eine Presseerklärung mit Bedacht in HTML, so daß sie auf der Webseite gut aussieht. Das kostet nur ein wenig mehr Zeit und läßt Sie organisiert und professionell aussehen. In Kapitel 6 beschreiben wir Werkzeuge, mit denen Sie eine Presseerklärung oder irgendein anderes Dokument einfach in HTML für das Publizieren im Web konvertieren können. Setzen Sie für das Konvertieren und Begutachten Ihrer Presseerklärung ein bis zwei Stunden an, so daß Sie sie geruhsam ins Web stellen können.

✔ **Erstellen Sie eine Nur-Text Version:** Sie wollen wahrscheinlich eine Version Ihrer Presseerklärung, die Sie mit E-Mail verwenden können (eine Anleitung dazu finden Sie in Kapitel 8). Stellen Sie diese Version auf Ihrer Website zusammen mit der HTML-Version zur Verfügung. Dann können Web-Surfer die Text-Ausgabe auch an ihre Kontakte per E-Mail versenden – also kostenlos für Sie Marketing betreiben.

✔ **Erstellen Sie eine .PDF-Datei.** Viele Leute mögen voll formatierte Dokumente. Die verbreiteste Art und Weise, diese im Web wiederzugeben, ist mit einem Adobe Acrobat Portable Document Format (.PDF) Dokument. In Abbildung 6.3 sehen Sie eine Seite, die .PDF-Dateien anbietet, und in Abbildung 6.4 sehen Sie, wie eine .PDF-Datei aussieht. Ziehen Sie in Erwägung, eine .PDF-Datei Ihrer Presseerklärung zu erstellen und auf Ihrer Website zur Verfügung zu stellen.

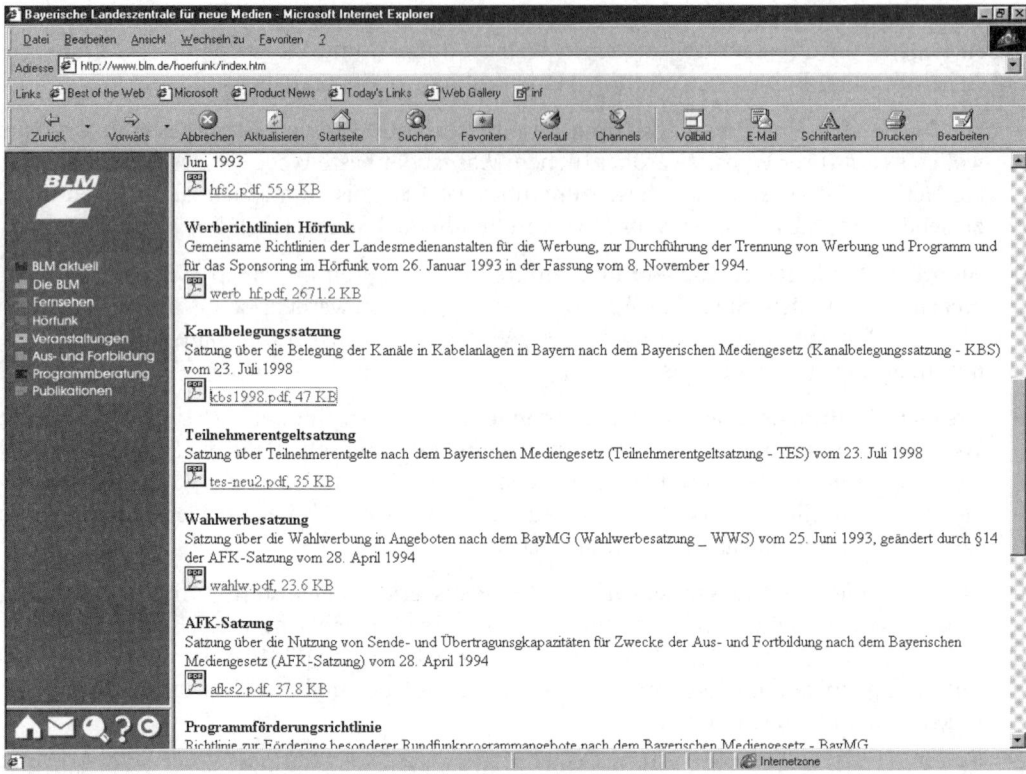

Abbildung 6.3: Wenn Sie auf einen der .PDF-Links klicken, wird Adobe Arobat gestartet.

✔ **Gehen Sie über die Erklärung hinaus.** Sie können zusätzliche Informationen anbieten. Ein einfach zu erstellendes und wertvolles Werkzeug ist beispielsweise eine Liste mit häufig gestellten Fragen (FAQ, für *frequently asked questions*), eine alte Tradtition, technische Informationen online zu liefern, die erfolgreich für Online-Marketing abgekupfert wurde. (FAQs werden im traditionellen Marketingjargon manchmal F&As für Fragen und Antworten oder Q&As für Questions and Answer genannt.) Setzen Sie einen Link auf technische Produktinformationen, Produktspezifikationen oder andere Informationen die Sie online stellen können. Oder seien Sie abenteuerlich und bieten Sie eine Musik- oder Videodatei von einer Analystenstellungnahme oder eine Pressekonferenz an. Der Münchner Fernsehsender Pro Sieben beispielsweise hat seine Jahreshauptversammlung 1998 live im Internet übertragen (www.pro-sieben.com).

✔ **Bitten Sie darum, in Presseerklärungen anderer Firmen erwähnt zu werden.** Nachdem Sie durch das Erwähnen von anderen Leuten in Ihren Presseerklärungen etwas bei denen gut haben, bitten Sie doch um die entsprechende Gegenleistung. Wenn Schlüsselpartner, Lieferanten oder Kunden Presseerklärungen vorbereiten, bitten Sie sie, die Rolle, die Ihre

Firma dabei spielte, zu erwähnen, und bieten Sie an, positive Kommentare über die Produkte, die Sie mögen, abzugeben.

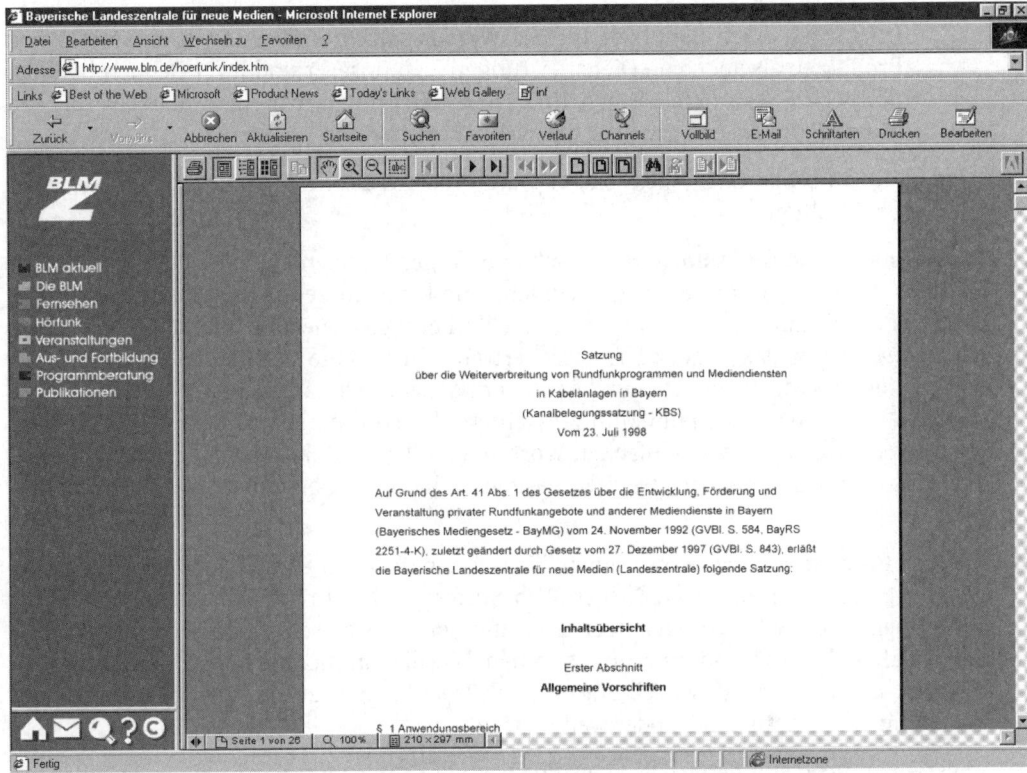

Abbildung 6.4: Die ausgewählte PDF-Datei wird im Browser dargestellt.

Viele der Lektionen, die Sie beim Erstellen und Veröffentlichen von Pressemitteilungen lernen, gelten auch für andere Online-Intiativen: Informationen schnell auf Ihre Website zu stellen; sie leicht auffindbar zu machen; auf die Websites von Partnern, Lieferanten und Kunden zu linken, Nur-Text- und .PDF-Versionen von Dateien anzubieten. Um Erwähnung und um einen Link von anderen zu bitten, sind überlebensnotwendig fürs Online-Marketing. Wenn Sie dies beim Erstellen und Veröffentlichen von Pressemitteilungen üben, können Sie in der Online-Welt weit kommen.

Produktinformationen online stellen

Viele Firmen sind ziemlich gut darin, sich selbst online zu vermarkten, kümmern sich aber wenig um die spezifischen Produkte und Dienstleistungen, die sie anbieten. Eine gute Firmenpräsenz zu haben, ist großartig, aber die Firma existiert eigentlich nur, um Produkte und Dienstleistungen an Leute zu liefern – hoffentlich die meiste Zeit mit Profit. Ihre Website ist nicht fertig – nun, richtig *fertig* ist sie nie, aber sie ist nicht einmal gut – bis Sie detaillierte Informationen über das geben, was Sie verkaufen.

 Im ganzen Buch benutzen wir das Wort *Produkte* und reden dabei sowohl von Produkten als auch von Dienstleistungen – zu unserer und Ihrer Bequemlichkeit, und weil Sie wahrscheinlich Ihre Dienstleistungen wie ein Produkt verpacken müssen, um sie effektiv über das Web zu vermarkten.

Hier sind einige Informationen, die Sie über jedes Produkt, das Ihre Firma verkauft, auf Ihrer Website angeben sollten:

✔ **Produktname und funktionale Beschreibung:** Vergessen Sie nicht, eine dem Produkt gewidmete Webseite mit mit der URL anzugeben und eine kurze funktionale Beschreibung, was das Produkt tut. Falls alle Ihre früheren Marketingaktionen auf ein kleines Publikum *beschränkt* waren, das mit der Thematik vertraut war und Sie sich auf handelsspezifische Publikationen, Industriemessen und so weiter konzentriert haben, ist es vielleicht für Sie etwas Neues, sich an ein Publikum zu richten, das so unterschiedlich ist wie im Web. Erklären Sie den Leuten in einfachen Worten, was Ihr Produkt macht – auch wenn vielleicht alles, was die Erklärung bewirkt, darin besteht, daß sie begreifen, daß sie kein Interesse haben.

✔ **Wer das Produkt benutzt:** Beschreiben Sie, wer Ihre Produkt einsetzt und wie. Gehen Sie ein wenig ins Detail. Erlauben Sie den Web-Surfern – also Ihren wohlhabenden, medienerfahrenen potentiellen Kunden oder »Beeinflussern« – sich selbst oder jemanden den sie kennen als Teil Ihres Kundenstamms zu sehen. Wie die funktionale Beschreibung des Produkts so hilft auch eine Beschreibung, wer Ihr Produkt einsetzt, den Web-Surfern zu merken ob Sie hier richtig sind – oder weitersurfen.

✔ **»Systemvoraussetzungen«:** Die meisten Produkte funktionieren in einer spezifischen Umgebung aus anderen Produkten und Benutzeraktivitäten. Sie können *Tomb Raider II* nicht auf einem IBM PC XT spielen, und Sie brauchen keinen Kupfertopf wenn Sie eh nicht kochen können. Teilen Sie – entweder subtil innerhalb einer Textpassage oder in einer spezifischen Liste – mit, in welcher Art von Umgebung Ihr Produkt benutzt wird, welche anderen Produkte für ein effektives Arbeiten vorhanden sein müssen und welche Kenntnisse der Benutzer besitzen muß, um es zum Laufen zu kriegen.

✔ **Marktposition:** Jeder liebt Sieger, und wenn Sie irgendeine Kundengruppe angeben können, in der ihr Produkt die Nummer Eins ist, geben Sie das lautstark bekannt. »Meistverkaufte Axt weltweit« ist die beste Marktposition, die es gibt, aber »die führende Axt in Süddeutschlands Waldindustrie« ist auch nicht schlecht. Die Märkte, in denen Sie führend sind, sind für Sie die profitabelsten, also nutzen Sie Ihre Führungsposition(en) auf Ihrer Website aus.

✔ **Kundeninformationen:** Führen Sie Kunden mit großen Namen (natürlich nur mit deren Erlaubnis) oder, wenn es die Zahlen erlauben, geben Sie eine umfassende Kundenbeschreibung ab wie »wird von der Hälfte der im DAX vertretenen Firmen eingesetzt«.

Lassen Sie den positiven Glanz und Erfolg Ihrer Kunden auch auf Sie scheinen. Für komplexe oder teure Produkte schaffen Sie Erfolgsgeschichten, die zeigen, wie ein spezifischer Kunde Ihr Produkt benutzt hat, um ein Problem zu lösen.

 Stellen Sie sicher, daß Sie die Erlaubnis der Kunden erhalten, bevor Sie deren Namen auf Ihrer Site veröffentlichen, aber haben Sie keine Angst vor einer Ablehnung. Die meisten Kunden mögen die zusätzliche Aufmerksamkeit. Wenn Sie mit ihnen Links auf deren Website austauschen, gewinnt jeder.

✔ **Preise, Auszeichnungen und (positive) Tests:** Lassen Sie die Leute wissen, daß Ihr Produkt eine Erwägung wert und generell ganz hervorragend ist. Geben Sie externe Quellen an, die zeigen, daß Ihr Produkt aus unabhängiger Sicht das beste ist. Alle Auszeichnungen, positive Rückmeldungen oder Tests die Sie erwähnen können – oder noch besser, darauf linken – helfen den Leuten sehr dabei, Ihr Produkt auszuwählen.

 Ihr Produkt muß nicht den ersten Platz in einem Test belegen, damit dieser Test auf Ihrer Website erwähnenswert wird. Extrahieren Sie in einem mittelmäßigen Bericht jede positive Stellungnahme über eine wichtige Eigenschaft Ihres Produktes und zitieren Sie diese. (»Von allen getesteten Produkten das am einfachsten zu nutzende« ist wohl eine Erwähnung wert, »Von allen getesteten Produkten das am einfachsten auszupackende« wohl eher nicht.) Wenn Sie tatsächlich erster in einem Vergleichstest werden, legen Sie darauf einen Link an, falls der Test online ist, auch wenn einige schlechte Dinge über Ihr Produkt gesagt werden. Wenn Sie Zweiter oder Dritter werden, ziehen Sie einen Link in Erwägung, aber umgeben Sie den Link mit einer Erklärung der spezifischen Bereiche, in denen Sie der Beste waren, oder mit Informationen darüber, wie Sie die Bereiche verbessert haben, die der Tester fehlerhaft fand.

Die Ihrer Produktbeschreibung und den dazugehörigen Informationen unterliegende Botschaft ist: »Sie müssen nicht weiter suchen; diese Axt ist das Richtige für Sie.« Abbildung 6.5 zeigt eine effektive Produktbeschreibung, die stark von ansprechenden Phrasen wie »erster« in einem technologischen Bereich und »meistverkaufend« geprägt ist.

Falls Besucher Ihrer Site kaufen wollen, stellen Sie sicher, daß Ihre Site ihnen sagt wo. (Siehe den nächsten Abschnitt für Details.) Auch wenn die Leute, die die Information lesen, Ihr Produkt nicht heute kaufen wollen, können sie immer noch später einen Kauf tätigen oder nach einer Empfehlung gefragt werden. Eine entfernte Erinnerung, die als Empfehlung ausgesprochen wird, auch eher schwache wie »Ich habe gehört daß ALDI-Äxte recht gut sind«, können Ihnen dabei helfen, etwas zu verkaufen. Produktinformationen auf Ihrer Website können genau diese Art von langanhaltendem positivem Eindruck bewirken.

Die Art von detaillierten Produktinformationen, die wir in diesem Kapitel beschreiben, steht Ihnen vielleicht schon in Form einer existierenden Broschüre oder Anzeige zur Verfügung. Vielleicht müssen Sie sie aber auch von Grund auf aufbauen. Wenn Sie mit einer leeren Schiefertafel anfangen und mehrere Produkte haben, ziehen Sie es in Betracht, ein Produkt nach dem anderen Ihrer Website hinzuzufügen. So können Sie die Erfahrungen, die Sie machen, und die Rückmeldung, die Sie auf das erste Produkt, das Sie darstellen, bekommen, nutzen.

Mit den anderen Produkten wird dann alles besser und schneller. Und denken Sie auch darüber nach, wie Sie dieselben Informationen in gedruckte Form bringen, damit Sie sie an Leute liefern könne, die sie nicht im Web sehen.

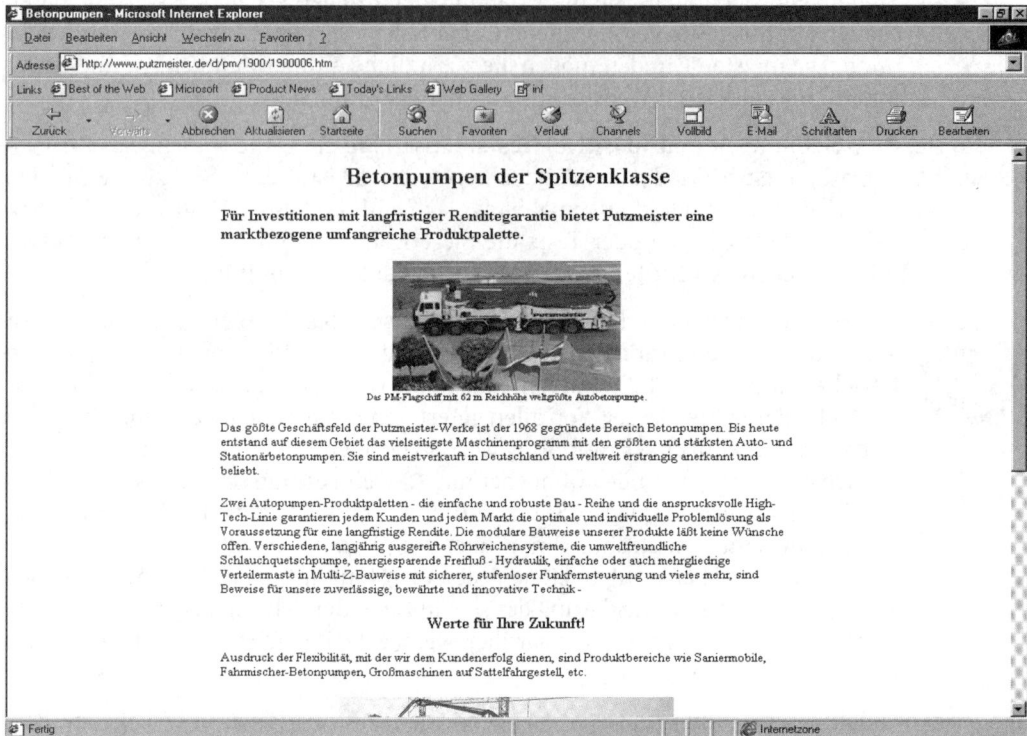

Abbildung 6.5: Benutzen Sie Aufmerksamkeit erregende Sätze wie »erster« und »meistverkaufend«.

Keine Angst vor Links

Link-Strategien sind ein wichtiger Teil des Websitedesigns. Sie sollen Ihre Website umfassend verlinken, aber was ist mit Links auf andere Seiten – schicken Sie damit nicht einfach Web-Surfer woandershin, auf eine Reise ohne Wiederkehr? Gut möglich, daß das so ist, also setzen Sie Links auf andere Sites nur, wenn Sie einen guten Grund haben. Websites, auf die Sie hinweisen sollten, sind unter anderem Presse- oder andere Sites, die Gutes über Ihre Firma oder Ihr Produkt sagen; Sites von Firmen, mit denen Sie eine Partnerschaft unterhalten; Sites mit Industrieinformationen; oder Sites mit Informationen über Produkte, die zusammen mit Ihren eigenen benutzt werden. Diese Art von Links hilft Web-Surfern nicht nur, mehr über Ihr Produkt im weiteren Sinne herauszufinden, sondern läßt Web-Surfer auch über Ihre Produkte nachdenken – was die Wahrscheinlichkeit erhöht, daß sie auf Ihre Site zurückkehren werden.

Den Kunden sagen, wo sie kaufen können

Mit am wichtigsten, aber auch am schwierigsten, ist es für das Marketing, auf Ihrer Website Besuchern zu erzählen, wo sie Ihre Produkte und Dienstleistungen erwerben können. Da das Web global ist, bekommt jeder dieselben Informationen zur selben Zeit. Aufgrund gesetzlicher Bestimmungen an verschiedenen Orten, Sprachbarrieren oder vieler anderer Gründe können Sie nicht an jeden, der kaufen will, auf dieselbe Art und Weise verkaufen – eventuell können Sie sogar gar nichts verkaufen.

Der erste Schritt, um Probleme zu vermeiden, ist, auf Ihrer Website alle Restriktionen aufzuführen, wer Ihr Produkt kaufen kann und wie sie kaufen können. Einige Einschränkungen sind offensichtlich – wenn Sie ein in München ansässiger Raumausstatter sind, wird man nicht von Ihnen erwarten, daß Sie nach Moskau fliegen, um dort ein Angebot abzugeben. Aber wenn Sie ein Produkt zu einem Preis in Deutschland und zu einem anderen in den Vereinigten Staaten verkaufen, sollten Sie es sich zweimal überlegen, bevor Sie Preis- und Bestellinformationen auf Ihre Website setzen.

Nur um das Beispiel einmal etwas genauer durchzuspielen: Stellen Sie sich eine fiktive Firma vor, die High-End Stereosysteme in Süddeutschland herstellt und diese nur in Deutschland und Österreich verkauft. Diese Firma verlangt in Österreich einen höheren Preis, da die Portokosten höher sind, der Absatz niedriger und die vom österreichischen Distributionskanal erwarteten Gewinnmargen höher. Wenn diese Firma nun den deutschen Preis ihres Produkts ins Web stellt, versuchen österreichische Kunden vielleicht, dieses Produkt zum deutschen Preis zu bekommen – vielleicht, indem sie per Telefon bestellen, vielleicht, indem sie einen deutschen Freund bitten, es für sie zu kaufen und dann hinüberzuschicken, vielleicht auch, indem sie sich einen Kurzurlaub am Starnberger See gönnen. Die österreichischen Distributoren würden sich dann über die bohrenden Fragen einiger ihrer Kunden und das entgangene Geschäft ziemlich aufregen. Dies ist nur ein Beispiel für die potentiellen Probleme, die auftreten können, wenn Sie Preisinformationen auf Ihrer Website angeben. Dennoch ist es notwendig, Kunden zumindest eine grobe Vorstellung über den Preis Ihres Produkts zu geben, um sie zu ermutigen, einen Kauf in Erwägung zu ziehen, also was tun?

Um dieses Problem für Ihre spezielle Situation zu lösen, werfen Sie einen Blick auf die Preisinformationen, die Sie in existierenden Marketing- und Verkaufsmaterialien angeben, und schauen Sie sich an, wie Sie bisher mit den Problemen Preisunterschiede und Verfügbarkeitsrestriktionen umgegangen sind. Denken Sie darüber nach, wie Sie Ihre momentanen Preis- und Distributionsvereinbarungen beibehalten können – oder wie Sie sie ändern, sofern nötig.

Hier sind die Hauptoptionen, die Sie für das Veröffentlichen von Preis- und Distributionsinformationen online haben:

✔ **»Ich weiß von nichts«:** Ein Ansatz ist es, keine Preis- oder Wo-kann-ich-kaufen-Informationen auf Ihrer Website anzugeben. Das ist natürlich tragisch, wenn man von der Macht des Webs weiß, zu einem Verkauf anzuregen, aber die beste Möglichkeit für Sie, bis Sie herausgefunden haben, wie man existierende Verkaufs- oder Distributionskanäle nicht gefährdet, wenn man einen oder mehrere der hier beschriebenen Ansätze eingeht.

✔ **Geben Sie Distributionsinformationen online an:** Eine klassische Alternative zum Übergehen von Wie-kann-ich-kaufen-Informationen ist es einfach, Ihre momentanen Distributoren online aufzuführen, so daß Webbesucher Ihre lokale Verkaufsstelle erreichen können. Es kann auch hier Probleme geben; zum Beispiel können Leute aus einem Land in einem anderen Land anrufen und nach dem Preis fragen, also auf Schnäppchenjagd gehen. Sie können sich auch schlaue Alternativen überlegen, zum Beispiel, daß im Browser des Besuchers nur landesspezifische Informationen auftauchen.

✔ **Geben Sie eine Telefonnummer für Distributionsinformationen an.** Sie können eine Telefonnummer für potentielle Kunden angeben, um ihren nächsten Distributoren herauszufinden. (Stellen Sie sicher, daß Sie auch Leute für diese Arbeit anstellen und ausbilden, bevor Sie die Telefonnummer veröffentlichen!) Das ist eine schöne und kostengünstige Methode, Ihre existierenden Verkaufskanäle zu unterstützen und die richtigen Preisinformationen an die richtigen Kunden zu geben.

✔ **Geben Sie eine E-Mail-Adresse für Distributionsinformationen an.** Sie können eine E-Mail-Adresse entweder als Zusatz oder als Ersatz für eine Telefonnummer angeben. Bei einer E-Mail haben Sie Zeit nachzudenken, bevor Sie auf schwierige Fragen antworten, und Sie können die Kontaktinformationen, die Sie durch die Anfragen erhalten, weiternutzen.

✔ **Geben Sie eine Telefon- oder Faxnummer für Bestellungen an.** Sie gestatten es den Leuten, direkt bei Ihnen zu bestellen. Aber treten Sie nicht den paar Leuten vors Schienbein, mit denen Sie Verkaufsvereinbarungen haben, ohne vorher Fragen in diese Richtung abgeklärt zu haben.

✔ **Unterstützen Sie direkten Verkauf online.** Online verkaufen ist der logische Zielpunkt von Online-Marketing, aber es ist auch ein zweischneidiges Schwert, das mehr verletzen als helfen kann, wenn Ihre bestehenden Distributionsvereinbarungen gebrochen werden. Planen Sie also vorsichtig.

 Sie hinterlassen einen sehr schlechten Eindruck bei potentiellen Kunden, wenn Sie Telefonanrufe und E-Mails nicht schnell und freundlich beantworten. In Kapitel 8 finden Sie Informationen, wie man mit einer Menge E-Mails umgeht, und wie Sie andere Informationsquellen zu Rate ziehen, um Ihre Telefonleitung richtig zu besetzen.

Bevor Sie irgendetwas machen, das bestehende Verkaufs- und Distributionsbeziehungen ändert, reden Sie mit den Leuten. Ihre bestehenden Verkaufskanäle wissen zweifelsohne vom Webkommerz und haben sich darüber einige Gedanken gemacht. Vielleicht haben sie sogar Angst davor. Fragen Sie sie, was sie denken, und was sie in dieser Sache von Ihnen erwarten. Überraschen Sie Ihre Offline-Verkaufskanäle mit neuen Entwicklungen online. Reden Sie zuerst mit ihnen und geben Sie ihnen etwas Schriftliches und Zeit, darauf zu antworten, bevor Sie irgendwelche Pläne in die Tat umsetzen. Auch wenn der einzige Effekt Ihrer Website der ist, das allgemeine Verkaufsvolumen zu erhöhen, ohne die Interessen anderer zu verletzen, brauchen die Leute Zeit, das zu planen und gegebenenfalls zusätzlich Leute einzustellen. Wenn Sie Schritte unternehmen, die Geschäfte von irgendjemandem abziehen, oder den Verkauf für einen Kanal erhöhen, für andere allerdings nicht, benötigen Sie viel mehr Zeit und vorherige Besprechungen. Damit voranzukommen, Ihre Web-Besucher zum Kauf anzuregen ist sehr wichtig, aber das behutsam zu tun, ist noch wichtiger.

Haken Sie nicht einfach Ihre Distributoren ab

Wir haben an anderer Stelle in diesem Buch gesagt, daß eine der wichtigsten Regeln für Online-Marketing der folgende Ausschnitt aus dem Eid des Hippokrates ist: Schädigung fernhalten – ein entscheidendes Prinzip, wenn Sie Verkaufsinformationen online stellen. Unterminieren Sie Ihre Distributoren, Direktverkäufer und andere Verkaufskanäle nicht, indem Sie sie mit Informationen über direkten Verkauf via Telefon, Zugang zu anderen, billigeren Distributoren oder sicheren webbasierten Verkauf direkt über Ihre Site unterbieten.

Moment mal, sagen Sie: Was, wenn der Online-Markt größer und profitabler als die Distributionskanäle ist, die ich unterbieten werde? Dann halten Sie inne, holen tief Luft und studieren das Problem sorgfältig. Bestimmen Sie emotionslos und realistisch die Marktsituation im Internet, und ziehen Sie die Erfahrung anderer sowie momentane und potentielle Wettbewerber mit ein. Denken Sie daran, daß nur ungefähr ein Prozent des Welthandels am Ende dieses Jahrhunderts online sein wird. Während die regionalen Marktmöglichkeiten für Ihr spezifisches Produkt um einiges größer oder kleiner als dieses eine Prozent sein können, wird der Online-Markt für Ihre Produkte wohl immer noch lediglich ein kleiner Prozentteil des Gesamtmarktes ausmachen, wenn Sie anfangen. Sind Sie sicher, daß Sie, wenn Sie hinter diesem kleinen Kuchenstück her sind, den Rest des Verkaufskuchens nicht unterminieren? Prüfen Sie Ihre rechtlichen Verpflichtungen und, genauso wichtig, den Eindruck, den Sie bei Ihren Distributoren, Verkaufsleuten und so weiter hinterlassen haben, und wägen Sie ab, ob sie zu Ihnen halten.

Wenn Sie vorhaben, sich behutsam dem online-unterstützten oder online-basierten Verkauf anzunähern, und das mit so wenig Schaden wie möglich für den bestehenden Verkauf machen, sind Sie in der besten Position Erfolg zu haben.

Neuigkeiten auf Ihrer Site

Im Wunderland sagt die Rote Königin zu Alice, daß die Realität genau das sei, was sie sagt. Ebenso sind Neuigkeiten auf Ihrer Website genau das, was Sie sagen. Um es etwas deutlicher zu machen: Ihre Webbesucher erwarten nicht, daß »Neuigkeiten« auf Ihrer Website etwas im Sinne der *Frankfurter Allgemeinen* sind. Sie erwarten Neuigkeiten über jüngste Ereignisse, die mit Ihrer Firma und deren Produkten zusammenhängen. Wir glauben, daß jeder, der Ihre Homepage besucht, ein paar neue Informationen sofort sehen sollte, und zwar auf dem ersten Bildschirm, den er erhält. Auch sollte mindestens einmal pro Woche eine brandneue Information erscheinen. (Die Microsoft Homepage in Abbildung 6.2 weiter oben ist eine der vielen, die diese Regel befolgen.) Etwas Neues zu sehen läßt die Leute inne halten und weiter in die Site hineinklicken, anstatt bloß vorbeizusurfen, und läßt sie regelmäßig wiederkommen.

Abbildung 6.6 zeigt ein Beispiel für Neuigkeiten auf einer Website. Neue Informationen erscheinen direkt auf der ersten Seite, und daneben steht ein eigener Bereich für Neuigkeiten zur Verfügung. Benutzen Sie diesen Ansatz oder Sie werden an mangelndem öffentlichen Interesse an Ihrer Web-Präsenz leiden.

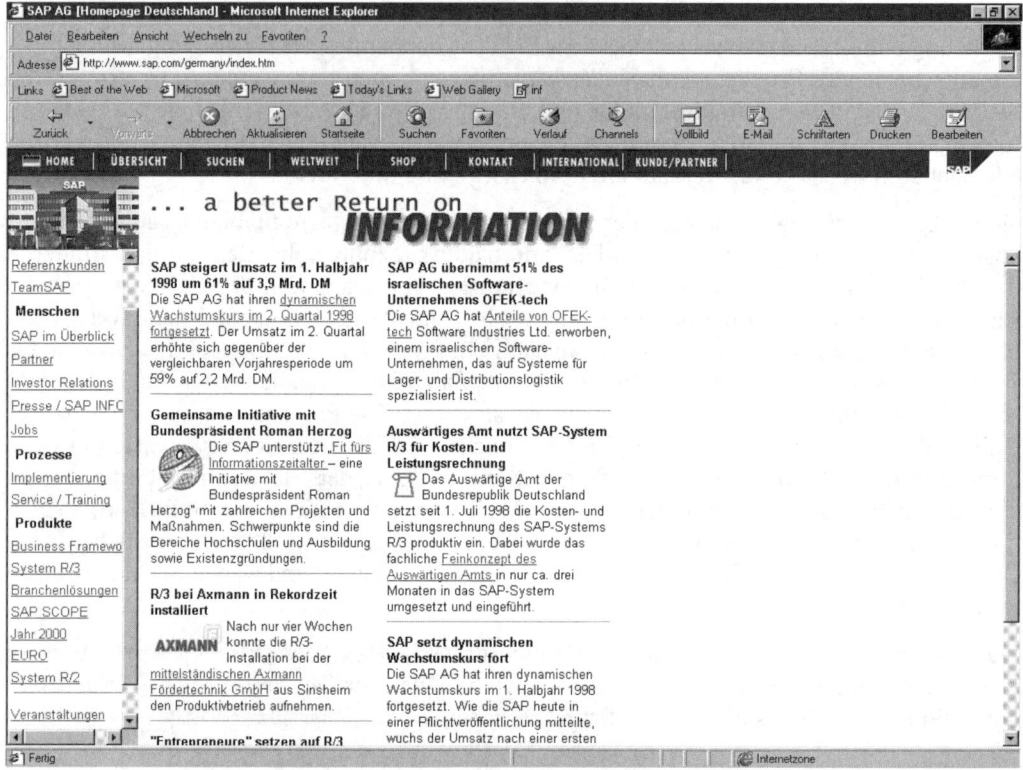

Abbildung 6.6: Geben Sie Ihren Web-Surfern regelmäßig etwas Neues.

Welche Art von Neuigkeiten sollten Sie auf Ihre Website stellen? Weiter oben in diesem Kapitel haben wir die entscheidende Rolle von Presseerklärungen für das Online-Marketing hervorgehoben, aber wir müssen zugeben, daß nicht alles, was in Ihrer Firma und mit Ihren Produkten geschieht, eine Pressemitteilung wert ist. Hier sind einige Dinge, die Sie in die Neuigkeiten-Sektion Ihrer Website stellen sollten:

✔ **Produktentwicklungen:** Haben Sie irgend etwas an Ihrem Produkt geändert? Irgendwas, das »neu« oder »kostenlos« an Ihrem Produkt ist? Dies ist der Ort, wo Sie kleinere Sachen wie zum Beispiel ein Bugfix in Ihrer Software, neue Auflagen eines Buchs, ein neues Emissionskontrollsystem für einen Rasenmäher und so weiter hinstellen sollten. Ihre treuesten Kunden sind an solchen Dingen oft mehr interessiert als Ihre eigenen Angestellten.

✔ **Messen und Verkaufsveranstaltungen:** Lassen Sie es die Welt immer im voraus wissen, wenn Sie an einer Messe teilnehmen. Geben Sie einen Monat vorher Details bekannt, was Sie bei der Messe machen werden. Erinnern Sie eine Woche vorher die Leute daran, daß es bald soweit ist. Stellen Sie während und nach der Messe irgendwelche Neuigkeiten darüber auf Ihre Website.

✔ **Andere Veranstaltungen:** Jede Veranstaltung, an der Sie teilnehmen – eine Pressekonferenz, ein Handelsgruppentreffen, eine Berufsinformationsveranstaltung an einer Universität – ist es wert, auf Ihrer Website erwähnt zu werden. (Leute, die Sie bei diesen Veranstaltungen sehen, werden Ihre Website anschauen, um mehr über Ihre Firma zu erfahren, und werden sich darüber freuen, daß die Veranstaltung dort erwähnt wird.)

✔ **Verkaufsanstieg:** Irgendwelche bedeutenden neuen Kunden oder ein erhöhter Absatz? Geben Sie Ihren Fans dort draußen Munition – sagen Sie Ihnen, wie Ihr Geschäft wächst.

✔ **Änderungen der Distribution:** Irgendwelche neuen Verkaufskanäle oder eine geographische Ausbreitung? Weitere Veränderungen im Hinblick auf Verkauf und Lieferung Ihres Produkts? Wiederum sind sogar solche geheimnisvollen Informationen für irgendwen interessant. Lassen Sie die Leute wissen, wie sich Ihre Distribution ausbreitet.

✔ **Änderungen an der Spitze:** Irgendwelche neuen Einstellungen in der Führungsebene? Stellen Sie die in den Neuigkeitenbereich.

Diese Liste ist natürlich nicht vollständig. Viele andere Ereignisse erscheinen online unter Neuigkeiten. Alles, was Ihnen für Ihre Arbeit wichtig erscheint, ist wie Wasser auf die Mühlräder. Großkunden und Lieferanten haben vielleicht ein genauso großes Interesse an Ihrer Firma wie Sie selbst. Informieren Sie sie von all diesen Ereignissen. (Aber trompeten Sie nur die größeren auf der ersten Seite Ihrer Website heraus! Stellen Sie die kleineren dorthin, wo die intressierteren Web-Surfer sie auch finden.)

Versuchen Sie in jeder Neuigkeit den Leser zu einer Handlung zu bewegen und ihn zu involvieren. Gibt es Veränderungen an einem Produkt? Sagen Sie den Leuten, wo sie das Neue herbekommen. Steht eine Messe oder Verkaufsveranstaltung ins Haus? Setzen Sie einen Link auf die Website der Veranstaltung oder sagen Sie andernfalls den Leuten, wie Sie dort teilnehmen können. Verkaufsrekord? Erinnern Sie die Leute daran, wie sie Ihre Produkt selbst bekommen können. Sie müssen die Leute nicht mit Ihrer Aufforderung, aktiv zu werden, vor den Kopf stoßen, aber stellen Sie sicher, daß sie da ist.

Machen Sie das Beste aus Ihrer Website

In diesem Kapitel

▶ Informationen über Besucher sammeln

▶ Ihre Site verbessern

▶ Ihre Website in Suchmaschinen eintragen

▶ Ihre Site bekannt machen

In den Kapiteln 4 bis 6 zeigen wir Ihnen, wie Sie schnell eine bezahlbare und effektive Webpräsenz erstellen. Um jedoch Ihre Ziele im Online-Marketing zu erreichen, müssen Sie Ihre Website schließlich weiter bringen. Wie die alten Navigationskarten gerne sagten, wenn sie *Terra Incognita* oder das unbekannte Land zeigten: »Vorsicht! Monster hausen hier!« Wenn Ihre Bemühungen im Web in die falsche Richtung zielen, können Sie leicht Zeit und Geld verschwenden.

Zum Glück können Sie zu einem vernünftigen Preis innerhalb eines recht kurzen Zeitrahmens eine sehr gute Webpräsenz aufbauen, die Ihre bestehenden Kunden glücklich macht und Ihre potentiellen Kunden zu bestehenden Kunden werden wollen läßt. In diesem Kapitel stellen wir heraus, wie Sie erfahren könne, wer Ihre Site besucht. Außerdem zeigen wir Ihnen ein paar der besten Methoden auf, Ihre Site für zukünftige Besucher zu verbessern, und zeigen Ihnen wie Sie Leuten helfen können, Ihre Website zu finden.

Informationen über Sitebesucher sammeln

Sobald eine neue Art von Marketinginitiative über das Anfangsstadium heraustritt – stellen Sie sich beispielsweise die Begeisterung vor, Ihre Firma in einem allerersten Fernsehspot zu sehen – können Sie beginnen, Überlegungen anzustellen, wie Sie die Effektivität des neuen Mediums messen können. Beim Fernsehen gibt es die Einschaltquoten um festzustellen, welche Werbung welche Personengruppen erreicht. Das Web entwickelt mächtige Werkzeuge, durch die Sie erfahren, wo Ihre Besucher auf Ihrer Website hingehen. Allerdings sind die Zahlen, die auf diese Art und Weise gewonnen werden, nicht standardisiert und können so nicht mit denen von anderen Sites verglichen werden, was mit den Einschaltquoten ja geht.

Das Web ist heutzutage so wichtig, daß Sie es nicht groß begründen müssen, wenn Sie nur eine preiswerte, einfache Web-Präsenz-Site aus schlicht defensiven Gründen haben – lediglich ein harmloses Anzeigefenster im Web, das verhindern soll, daß die Leute Sie als Leiche am Straßenrand der Datenautobahn sehen. Wenn Sie jedoch anfangen, mehr Zeit, Energie und Geld in Ihre Website zu stecken, müssen Sie etwas über Ihre Besucher wissen.

Die Information auf der niedrigsten Stufe, die auch sehr einfach von Ihrer Webserver-Software oder Ihrem Internet Service Provider (ISP) zu erhalten ist, sind *Hits* (Treffer) – die Anzahl von Verbindungen, die zum Webserver aufgebaut worden sind, um HTML-Dateien, Grafiken oder anderen Dateien von Ihrer Website zu empfangen. Hits sind jedoch kein guter Indikator für die Anzahl der Besucher, da einige Benutzer aus Geschwindigkeitsgründen mit ausgeschalteten Grafiken im Web surfen. Solche Benutzer generieren weniger Hits, auch wenn sie dieselbe Anzahl von Seiten bei Ihnen besuchen. Um den Zugriff auf Ihre Website effektiv zu messen, benutzen Sie *Pageviews*, die Anzahl der HTML-Seiten, die heruntergeladen werden. Bitten Sie Ihren ISP, Ihnen diese Informationen anzugeben, oder kaufen Sie Webserver-Software, die das kann.

Techniken, um Besucherinformationen zu sammeln

Sie können verschiedene Techniken einsetzen, um Informationen über die Besucher Ihrer Website, außer über Hits, zu sammeln, und jede davon würde ein eigenes Kapitel in einem Buch über das Thema verdienen. Um aber einfach mal den Einstieg zu schaffen, sind hier einige Methoden, etwas über die Besucher Ihrer Site herauszufinden:

✔ **Die E-Mails der Site lesen:** Einfach nur die E-Mails durchzulesen, die an Ihre Site geschickt werden, gibt Ihnen einige Informationen darüber, wer die Site besucht und was für ein Anliegen er hat. (Natürlich sollten Sie die E-Mails auch *beantworten* –mehr Informationen hierzu gibt es in Kapitel 8.) Ziehen Sie es in Betracht, so um die hundert E-Mails auszudrucken, Sie nach Kategorie zu ordnen, ein kurzes Deckblatt samt Zusammenfassung zu schreiben und den ganzen Stapel an Marketing, Verkauf, Kundendienst und andere Leute in Ihrer Firma weiterzuleiten, die daran interessiert sein könnten, was Ihre Website Besucher über die Site zu sagen haben.

✔ **Zugriffszähler:** Sie können leicht Software installieren, um die Anzahl der Besucher zu zählen, die Sie auf jeder Ihrer Webseiten haben. Ihr ISP bietet diesen Service vielleicht sogar kostenlos oder gegen eine geringe Gebühr an. Um so eine Zählersoftware zu erhalten, gehen Sie zu `www.yahoo.de/Computer_und_Internet/Internet/World_ Wide_Web/Programmierung/Zugriffszaehler/` oder zu `www.yahoo.com/Busi ness_and_Economy/Companies/Computers/Software/Internet/World_Wide_ Web/Log_analysis_tools/Access_Counters`. Sie können einen sichtbaren Counter benutzen, wenn Sie andere sehen lassen wollen, wie viele Besucher Sie hatten, oder einen unsichtbaren, wenn Sie die Anzahl für sich behalten wollen. Die Informationen, die Ihnen die Zähler-Software gibt, ist eine wertvolle Rückmeldung darüber, wie viel Verkehr Sie auf Ihrer Website haben, und welche Bereiche Ihrer Website am meisten Aufmerksamkeit auf sich ziehen. Sie können die Anzahl von Hits und die Kosten Ihrer Site mit den Kosten pro Tausend Exemplare, die Sie für eine Zeitschriftenanzeige zahlen, vergleichen, um eine ungefähre Vorstellung davon zu erhalten, ob Ihre Website sich auszahlt.

 Immer, wenn Sie eine lange URL von der Yahoo! Site sehen, können Sie die Seite aufrufen, ohne alles eintippen zu müssen. Gehen Sie einfach zur Yahoo! Home-page bei www.yahoo.de und wählen Sie die Kategorieeinträge, die zu dem jeweiligen Verzeichnisnamen in der URL passen. Wenn Sie also auf die URL aus dem vorherigen Absatz zugreifen wollen, wählen Sie den Computer & Internet Link, dann Internet, dann World Wide Web und so weiter bis Sie die Seite mit den Zugriffszählern erreichen.

✔ **Logfile-Analyse:** Um eine bessere Vorstellung darüber zu gewinnen, wer Ihre Seite besucht, ob sie von einem externen Link, einer Suchmaschine oder einem Lesezeichen kommen, wie lange Sie auf Ihrer Site bleiben und welchen Weg, den Sie durch Ihre Site nehmen, müssen Sie ein ausgeklügeltes Logfile mit Ihrer Webserver-Software einrichten. Dazu brauchen Sie eine Software und menschliche Sachkenntnis, um die Daten zu analysieren. Die Ergebnisse können Ihnen dabei helfen, zu verstehen was die Benutzer am meisten an Ihrer Website mögen und auch, ob irgendwelche Navigationsprobleme es erschweren, sich in Ihrer Site zurechzufinden.

✔ **On-Site Registration:** Eine gute Möglichkeit, Informationen über Ihre Website-Besucher zu sammeln, ist es, sie zu bitten, sich auf Ihrer Site zu registrieren. Wenn Sie sie nach ihren Registrierungsinformationen fragen, müssen Sie jedoch etwas als Gegenleistung anbieten – eine Art von wissenschaftlicher Umfrage, Teilnahme an einer Preisverlosung oder regelmäßige E-Mail-Updates über Veränderungen Ihrer Website. (Verschiedene Belohnungen veranlassen verschiedene Leute, sich zu registrieren. Versuchen Sie an Leute heranzukommen, die bestehende oder mögliche Kunden sind.) Registrierungsinformationen sind nützlich, aber Sie müssen bedenken, daß die Ergebnisse davon abhängen, wer sich die Zeit zum Registrieren nimmt.

 Leute machen sich Sorgen darüber, was mit den Registrierungsinformationen geschieht, die sie auf einer Website eingeben – sie wollen nicht, daß sie dadurch zum Opfer von E-Mail-Spam werden oder zukünftig Werbemüll in ihrem Briefkasten oder telefonische Werbeanrufe erhalten. (Mehr zum Thema E-Mail-Spam erfahren Sie in Kapitel 8.) Die GVU-Studie, die wir in Kapitel 1 erwähnen, zeigt auf, daß viele Benutzer falsche Informationen bei der Registrierung angeben, vielleicht um nicht Opfer von oben beschriebenen Werbeoffensiven zu werden. Versichern Sie Ihren Besuchern, daß Sie deren Informationen nie an jemand anderes weitergeben werden. In Abbildung 7.1 sehen Sie solche ein Beteuern auf einer Website.

✔ **Umfragen:** Sie können Umfragen entweder auf der Site oder via E-Mail veranstalten. Das ist so etwas ähnliches wie die Registrierung, aber ohne daß eine weitere Beziehung daraus resultiert. Als Belohnung bietet sich Geld oder eine andere Belohnung an. (Die GVU-Studie in Kapitel 1 hat unter den Teilnehmern an der Umfrage als Gegenleistung für das Ausfüllen Geldpreise verlost, bei W3B gibt es nichts.) Sie können die Ergebnisse der Umfrage mit denen der Logfile-Analyse zusammenlegen, um einen relativ guten Eindruck zu erhalten, wer Ihre Site besucht. Wenn Sie nur wollen, daß einige Leute an der Umfrage teilnehmen – zum Beispiel Leute innerhalb eines geographischen Gebiets – beschränken

Sie die Belohnung oder den Preis auf Leute, die sich dafür auch qualifizieren. Jeder mag Bargeld, deswegen sind die Ergebnisse von Umfragen mit Geldbelohnung etwas voreingenommen im Gegensatz zu anderen Formen der Informationsbeschaffung.

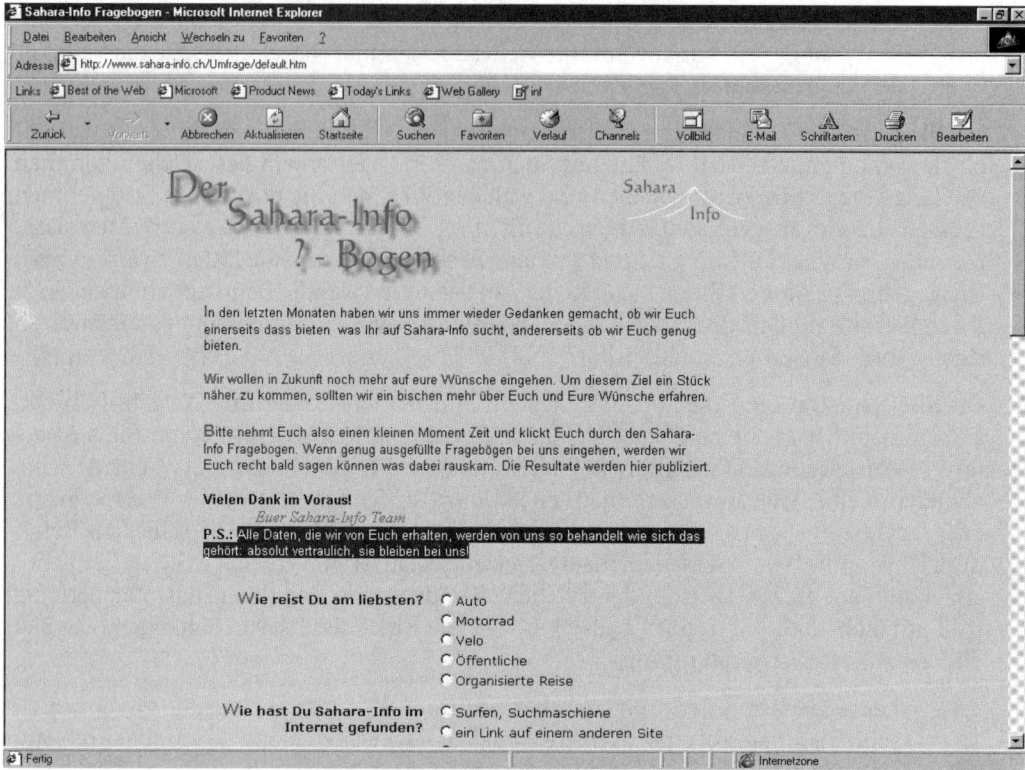

Abbildung 7.1: Hier sind Ihre Daten sicher.

Programme, die für das Sammeln dieser Informationen benutzen werden können, sind unter anderem WebTrends von WebTrends Corporation und HitList von Marketwave, aber auf dem Markt gibt es auch andere. Bevor Sie jedoch noch keine große Online-Marketing-Gruppe in Ihrer Firma haben, sollten Sie einen Internet Service Provider oder Berater wählen, der Ihnen einige oder alle dieser Informationsbeschaffungsdienste anbieten kann. Diese Meßtechniken einzusetzen und zu analysieren, kann eine technische Herausforderung sein. Vielleicht müssen Sie jemanden mit viel Online-Erfahrung finden, der vielleicht sogar noch einen Abschluß in Statistik hat und für Sie dann feststellen kann, wer bei Ihnen zu Besuch kommt.

Der Nutzen von Benutzerdaten

An einem gewissen Zeitpunkt beim Planen und Umsetzen Ihrer Datenerfassung müssen Sie sich fragen, was Sie mit den Informationen, die Sie erhalten, anfangen wollen. Wenn zum Beispiel Ihre Website, verglichen mit Ihren Investitionen, mehr Besucher erhält als Zeitschriftenanzeigen, und Sie mit dem Web dieselbe Art von Leuten erreichen wie mit den Zeitschriften, sollten Sie vielleicht etwas mehr von Ihrem Anzeigen- und Marketing-Budget für die Website verwenden.

 Eine neue Gelegenheit für das Web-Marketing ist es, das Web dazu zu nutzen, die Beziehung mit einem bestimmten Kunden zu erhalten und zu verbessern – dieser Trend wird oft als *Direktmarketing* bezeichnet. Eine Möglichkeit, dies zu tun, ist, ein *Cookie* zu verwenden. Dies ist eine Datei, die auf der Maschine des Besuchers abgespeichert wird und die Aktivitäten des Besuchers bei jedem Betreten Ihrer Website aufzeichnen kann.

Mit einer Cookie-Datei können Sie Informationen über die Besuche von Kunden sammeln und deren Online-Aktivitäten verfolgen. (Benutzer können Cookies deaktivieren, was die Mehrzahl aber nicht tut. Sie sollten die Kunden nach deren Einverständnis fragen, bevor Sie zum ersten Mal eine Cookie-Datei erstellen.) Darüber hinaus können Sie die Informationen, die Sie jedem einzelnen Besucher Ihrer Website präsentieren, so modifizieren, daß Sie auf die Interessen und Gewohnheiten des jeweiligen Besuchers passen. Stellen Sie sich beispielsweise die Homepage einer Kleintierhandlung vor, die drei Bilder zeigt, von denen jedes ein Hyperlink ist: eines von einem Hund, eines von einer Katze und eines von einer Ratte. Je nachdem, auf welche Link der Besucher klickt, können Sie Informationen anbieten, die den jeweiligen Haustierbesitzer interessieren – wenn Sie etwa auf den Hund klicken, könnte zum Beispiel ein Artikel über Zahnpflege für den Hund erscheinen, und ein Gutschein über eine Mark Nachlass beim nächsten Besuch der Kleintierhandlung. Auf diese Art und Weise kann die Site nützliche Informationen, die die Leute immer wieder zu der Site kommen läßt, und besucherspezifische Marketing-Informationen anbieten. Auch können Besucherprofile erstellt werden, die von der Marketing-Abteilung analysiert werden können, um die Besucher besser einzuschätzen. Wenn Sie daran interessiert sind, Ihre Marketingbemühungen in diese Richtung zu verfeinern, fragen Sie Ihren ISP, Ihren Webhoster oder einen Berater um Hilfe.

 Cookies sind nur der Anfang der Möglichkeiten, Beziehungen mit Ihren Kunden über Ihre Website aufzubauen. Einen interessanten (englischsprachigen) Artikel über fortschrittliche Softwarewerkzeuge für Web-Interaktion mit Kunden finden Sie unter `www.infoworld.com/cgi-bin/displayStory.pl?/features/980112webmarketing.htm`.

Ihre Site verbessern

In den Anfangstagen des Web haben die Leute ohne Rücksicht auf Verluste riesige, attraktive und sehr interaktive Sites erstellt, die eine Menge Geld gekostet haben, aber die Interessen der Firma nicht spürbar unterstützt haben.

Dies hat natürlich zu einem Rückzug geführt. Viele Firmen haben gleichzeitig aufgehört, in ihre Websites zu investieren, und das Internet ist voll von diesen »toten« oder scheintoten Sites – die selten aktualisiert werden, uninteressant sind, und im Laufe der Zeit immer antiquierter aussehen. Nun jedoch fangen viele Leute damit an, wirkliche Resultate ihres Web-Investments zu sehen. Firmen, die online verkaufen, melden einen Geschäftszuwachs. Marketing und PR-Maßnahmen über das Web gewinnen an Bedeutung und haben sowohl Auswirkungen auf die Offline-Welt als auch die Fähigkeit, Firmen im Cyberspace berühmt zu machen.

Wenn Ihre eigenen Web-Bemühungen anfangen, Bedeutung zu haben, sollten Sie darüber nachdenken, wie Sie Ihre Website verbessern. Zum Teil, um die Bemühungen Ihrer Konkurrenz bei deren Online-Präsenzen Paroli zu bieten oder zu übertreffen und zum Teil, um mehr Webmarketing zu betreiben oder mit Webkommerz anzufangen.

Eine wirklich interessante und attraktive Website garantiert mehr Besucher und resultiert in einem generell effektiveren Online-Marketing. Hier sind einige der Techniken, die Sie hier einsetzen können:

✔ **Die Navigation verbessern:** Ein wichtiger, aber leider vernachlässigter Punkt, den Sie bei Ihrer Website bedenken sollten, ist es die Navigationsmöglichkeiten des Besuchers zu verbessern. Ein Anfang ist beispielsweise eine anklickbare Grafik mit den größeren Sitebereichen oben oder unten auf jeder Webseite. Fortgeschrittenere Navigationsansätze sind eine Siteübersicht, HTML Frames (Rahmen) mit einer Inhaltsübersicht und Suchmöglichkeiten für Benutzer, die spezifische Sachen auf Ihrer Site finden wollen.

✔ **Schlanke Grafiken:** Eine der größten Ärgernisse für viele Web-Benutzer ist die langsame Geschwindigkeit, mit der die Seiten geladen werden, zum Großteil aufgrund großer Grafikdateien. Es ist immer wieder eine neue Herausforderung, die Größe der Grafikdateien zu reduzieren und dabei doch das Aussehen der Website zu erhalten oder zu verbessern. Ziehen Sie es in Betracht, fortschrittliche Werkzeuge wie Adobe Photoshop zu nutzen, um die Größe der Grafikdateien zu reduzieren, oder finden Sie einen Grafikdesigner mit Weberfahrung.

✔ **Sinnvolle Inhalte anbieten:** Einen Langzeitbonus erhält Ihre Website, wenn Sie Inhalte anbieten, die sich entwickeln, und für die die Besucher zurückkommen wollen. Ein Ansatz ist es, Informationen für Ihren industriellen Bereich zu pflegen und zu aktualisieren, was so etwas einfaches wie eine gute Linkliste von themenbezogenen Websites ist, oder so etwas komplexes wie eine andauernde Umfrage unter Ihren Besuchern. (Geben Sie immer die allgemeinen Zusammenfassungen bekannt, aber behalten Sie die Details für sich!) Wenn Sie Informationen für Ihr Industriesegment angeben, enthält das die Botschaft, daß Sie der Anführer sind.

✔ **Andere Internet-Dienste benutzen:** Zu viel Online-Marketing beginnt mit dem Web und hört dort auch auf. Benutzen Sie die anderen Online-Dienste, die wir in diesem Buch beschreiben, um eine professionelle Online-Marketinginitiative zu starten, die Ihre bestehenden und potentiellen Kunden sich als Teil Ihrer Mannschaft fühlen läßt. Benutzen Sie Informationen via E-Mail (Kapitel 8), Mailing-Listen (Kapitel 9) sowie Newsgroups und

Online-Foren (Kapitel 10), um Ihre Kundenbeziehungen, die Sie über die Website erhalten, zu verbessern und auszubauen.

✔ **Multimedia hinzufügen:** Wenn Sie Multimedia zu Ihrer Website hinzufügen, müssen Sie sich auch auf technische Anfragen der Kunden, die Probleme haben das zum Laufen zu kriegen, vorbereiten, sowie auf Beschwerden von Benutzern, wenn eine Multimediadatei lange Ladezeiten hat. Setzen Sie sich also moderate Ziele und machen Sie die Multimediaerweiterungen interessant und passend – ein kurzer Videoclip, wenn Ihr Geschäftsführer spricht, ein 3-D Modell eines Produkts um zu zeigen, wie es wirklich aussieht oder wie es funktioniert. In Abbildung 7.2 sehen Sie ein Beispiel eines effektiven Multimediaeinsatzes auf einer Website.

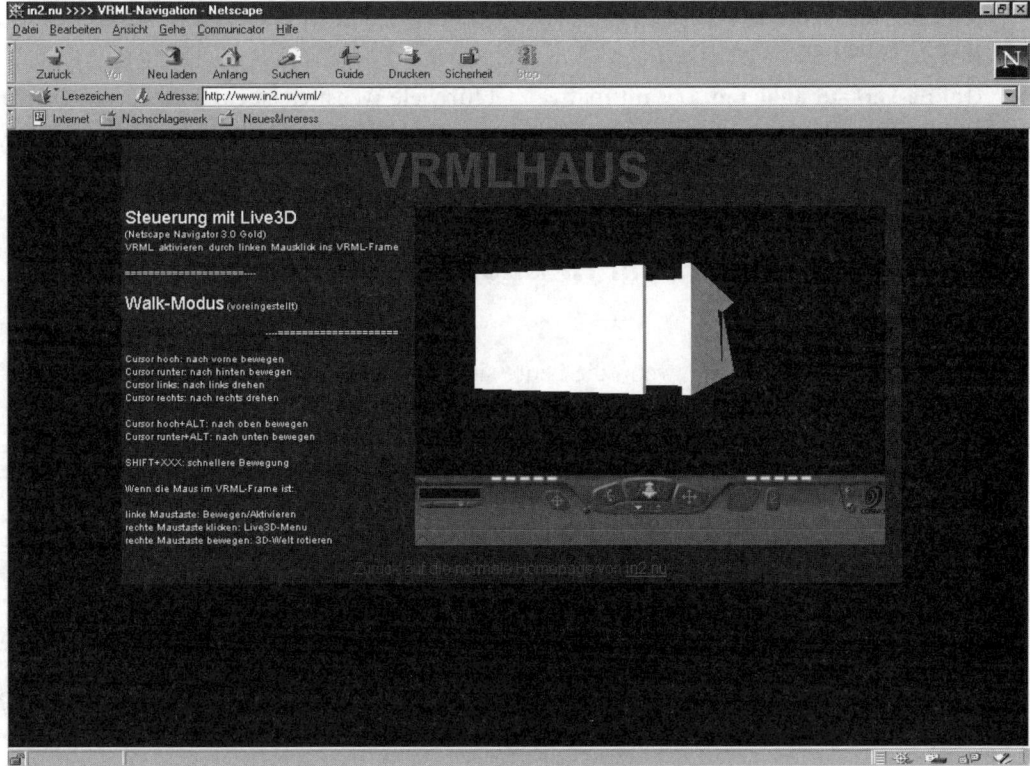

Abbildung 7.2: Multimedia peppt Ihre Website auf.

✔ **Interaktiv machen:** Viele Websites fügen Interaktivität hinzu. Eine verbreitete Technik ist es, ein Gästebuch zu haben, in dem Leute Kommentare über Ihre Site abgeben können. Dies kann textbasiert sein und mit *CGI-Skripten* gemacht werden, die auf dem Webserver laufen und kein Problem auf den Maschinen der Benutzer verursachen (fragen Sie Ihren ISP nach Details und ob er diese Dienstleistung anbietet). Viele andere Sites erstellen ambitioniertere interaktive Effekte wie zum Beispiel die Ausnutzung Ihres ganzen Bildschirms, um Informationen anzuzeigen, oft mit Javaprogrammen. Sie können Ihre Website viel engagierter betreiben, wenn Sie diese Techniken einsetzen, aber sie wird dadurch auch viel teurer bei der Erstellung und Pflege. Und viele andere Benutzer mögen es nicht, wenn webbasierte Programme ihren Computer »entern«. Stecken Sie Ihre Ziele vorsichtig ab und überprüfen Sie Ihre Ressourcen, bevor Sie zu stark diese Richtung einschlagen.

✔ **Einen Push-Channel erstellen:** Die Push-Technologie bringt Ihre Channel-Abonnenten immer auf den neuesten Stand in bezug auf Ihre Website. Es ist eine großartige Methode, ein Gemeinschaftsgefühl unter den treuesten Nutzern Ihrer Produkte und anderen Fans zu schaffen – aber denken Sie daran, daß der Push-Kanal nicht nur kommerziell sein darf, sonst sind die Leute die längste Zeit Abonnenten gewesen. Der Inhalt von Push-Angeboten muß außer Ihren Werbe- und Marketingmaterialen auch noch etwas Nützliches für Ihre Abonnenten bieten.

✔ **Online-Verkauf anbieten:** Das ultimative Ziel für viele Websites ist es, Geld durch direkte Online-Verkäufe zu machen. Wenn das für Sie eine Option darstellt, fangen Sie jetzt an, das Wann und Wie zu planen.

Was man tun muß, um in Suchmaschinen gefunden zu werden

Ihre Website hilft Ihnen wenig, wenn die Leute sie nicht finden können. Das wichtigste, um sicherzustellen, daß die Leute Sie finden, ist einen Domain-Namen zu wählen, der Ihrem Firmennamen so nahe wie möglich kommt, wie wir in Kapitel 4 beschrieben haben. Auf diese Art und Weise kann jeder, der Ihren Firmennamen kennt, leicht Ihre Webadresse erraten und Ihre Site besuchen.

Sie wollen jedoch auch, daß Leute Ihre Site finden, wenn sie nur den Produktnamen oder vielleicht nur die Art von Produkt und Firma, nach der sie suchen, kennen. Es ist eigentlich ganz billig, einfach zu bewerkstelligen und simpel zu überprüfen, wie Sie diese potentiellen Kunden zu Ihrer Website bringen. Web-Benutzer, die nach bestimmten Arten von Websites suchen, benutzen fast immer Suchmaschinen – den Umfragen aus Kapitel 1 zufolge, machen das über 80 Prozent so. Kein Wunder, daß Suchmaschinen zu den am meisten besuchten Sites gehören.

Um zu verstehen, wie Sie Suchmaschinen zu Ihrem Vorteil benutzen können, müssen Sie wissen, daß es prinzipiell zwei Arten von Suchmaschinen gibt. Jede Art kann sich ein paar Tricks von der anderen abschauen, aber alle Suchalgorithmen beruhen auf einer dieser beiden Strategien: *passiv* und *aktiv*. Passive Suchmaschinen verlangen, daß Sie Ihre Site bei ihnen registrieren. Aktive Suchmaschinen durchkämmen das Web ständig nach neuen Sites und finden und listen Ihre Site, ohne daß Sie das wissen oder darum bitten! Die Strategien, sich erfolgreich bei beiden Arten von Suchmaschine zu registrieren, sind unterschiedlich, wie die beiden folgenden Abschnitte zeigen werden.

Sie stoßen vielleicht auf eine Anzahl von kostenlosen und nicht kostenlosen Werkzeugen und Diensten, die Ihnen anbieten, Ihre Website bei vielen verschiedenen Suchmaschinen auf einmal zu registrieren. Wir schlagen vor, daß Sie diese Dienste *nicht* benutzen und sich stattdessen die Zeit nehmen, Ihre Site selbst zu registrieren – und sie für ein leichteres Auffinden optimieren. Es ist viel wahrscheinlicher, daß Sie in den richtigen Kategoriern bei den größeren Suchmaschinen auftauchen, wenn Sie sich die Zeit nehmen, sich bei jeder einzeln anzumelden.

Sich bei Yahoo! registrieren

Die Kategorie der passiven Suchmaschinen – Suchmaschinen, bei denen Sie Ihre Site registrieren müssen, um aufgelistet zu werden – wird momentan von dem Großvater aller großen Sites dominiert, einer der ersten großen Websuchmaschinen, und momentan eine der beliebtesten Sites im Internet: Yahoo! bei `www.yahoo.de` (englische Version bei `www.yahoo.com`).

Yahoo! bittet Sie zuerst, Ihre Site bei ihnen zu registrieren und dann eine passende Kategorie für Ihre Site innerhalb der Yahoo!-Hierarchie einzugeben. Ein Angestellter von Yahoo! sieht sich dann Ihre Registrierung und Ihre Site an und weist Ihrer Site eine Hauptkategorie zu. Er oder sie – das einzige, worüber Sie sich wirklich sichern sein können, ist, daß diese Person wahrscheinlich mehr Spaß bei der Arbeit hat als Sie – verlinkt diese Site noch mit anderen, verwandten Kategorien.

Registrieren Sie sich früh bei Yahoo!, da dieser Dienst *Tausende* von Registrierungen pro Tag erhält. Die Berücksichtigung Ihrer Site kann einige Zeit dauern. Denken Sie jedoch daran, wenigstens Ihren allgemeinen Inhalt fertig zu haben, bevor Sie Ihre Anmeldung übermitteln, denn sonst kann es sein, daß der Yahoo!-Mitarbeiter, der Ihre Site überprüfen will, sie nicht findet und sie daher nicht auflistet.

Je besser Sie die Hauptkategorie für Ihre Site auswählen, desto einfacher ist es für den sog. *Yahoo!-Surfer*, sie einzuordnen. Ihre Bemühungen versetzen den Yahoo!-Surfer in eine gute Stimmung und dies gibt Ihnen eine bessere Chance darauf, daß diese glückliche Person Ihre Site wohlüberlegt in anderen (und hoffentlich vielen) Kategorien erwähnt. Folgen Sie dieser Anleitung, um sich bei Yahoo! anzumelden:

1. **Suchen Sie unter** `www.yahoo.com` **nach Ihrer Website, und prüfen Sie, ob Sie nicht schon bei Yahoo! aufgenommen worden sind. (Lesen Sie Kapitel 2, wenn Sie Tips fürs Suchen bekommen wollen.)**

   Ihre Site ist vielleicht schon hinzugefügt worden. Falls ja, überprüfen Sie bei Ihrem Eintrag, ob er in der passenden Kategorie ist, ob er auf dem neuesten Stand und vollständig ist. Wenn Sie Ihren Eintrag verändern wollen, füllen Sie das Änderungsformular aus, auf das Sie von `http://www.yahoo.de/docs/info/add.html` aus gelangen.

Unter `http://www.yahoo.de/docs/info/add.html` finden Sie auch eine Anleitung, wie Sie Ihre Site registrieren können.

2. Entscheiden Sie sich für die richtige Yahoo! Kategorie und Subkategorie für Ihre Site.

Surfen Sie ein bißchen in Yahoo! herum, um die richtige Kategorie für Ihre Website zu finden. Benutzen Sie die Suchfunktion für Begriffe, die mit Ihrem Geschäftszweig zusammenhängen, und schauen Sie, welche Treffer Sie damit erzielen. Suchen Sie nach Firmen und Produkten, die mit Ihnen konkurrieren, und schauen Sie, wo diese eingeordnet sind. So bekommen Sie eine gute Vorstellung davon, was sich für Ihre eigene Firma eignen würde.

Die am häufigsten benutzte Kategorie in der obersten Hierarchieebene für eine Firmen-Site ist Handel & Wirtschaft. Ihre Site wird vielleicht in anderen Bereichen von Yahoo! auch genannt, aber Ihr Haupteintrag wird unter Handel & Wirtschaft sein. Wenn Sie nur in einer spezifischen Region tätig sind (einem Bundesland beispielsweise), gehört Ihr Eintrag unter Regional. Schreiben Sie den vollen Namen aller Kategorien und Unterkategorien auf, die Ihnen geeignet erscheinen. Dann kommt jedoch die Qual der Wahl: das deutsche Yahoo! beschränkt Sie bei der Anmeldung auf zwei Kategorien.

3. Surfen Sie zu der Kategorie, in der Sie eingetragen werden möchten.

Tauchen Sie tief in die Kategorien ein. Wenn Sie mehrere Arten von Spielzeug verkaufen, aber hauptsächlich doch Tamagotchis, gehen Sie in die Tamagotchi-Subkategorie.

4. Wenn Sie in der richtigen Kategorie sind, klicken Sie auf WEB-SITE ANMELDEN, wie in Abbildung 7.3 gezeigt.

Die erste Webseite für die Anmeldung erscheint.

5. Klicken Sie auf die Schaltfläche WEITER ZU SCHRITT EINS.

Die Webseite Anmelden einer Site: 1. Schritt von 4 erscheint. Ein Teil dieser Seite sehen Sie in Abbildung 7.4.

6. Geben Sie den Titel, die URL und die Beschreibung Ihrer Website in den passenden Feldern an.

◆ Geben Sie Ihren Firmennamen im Titel-Feld an.

◆ Geben Sie die URL (Webadresse; bitte nicht vertippen!) Ihrer Homepage und eine Beschreibung aus maximal 25 Wörten an.

Es kann bei Yahoo! einige Wochen dauern, bis eine Site hinzugefügt oder die Site-Informationen aktualisiert werden. Achten Sie beim Eingeben Ihrer Angaben darauf, daß schon beim ersten Mal alles stimmt, damit Sie keinen Änderungsantrag starten und auf die Ausführung extra warten müssen.

Nehmen Sie sich ein bißchen Zeit, eine gute Beschreibung zu erstellen, und überschreiten Sie die 25 Wörter-Grenze nicht – wenn Ihr Eintrag länger als 25 Wörter ist, kann Yahoo! diesen abändern, was Ihnen nicht unbedingt gefallen muß. Benutzen Sie Schlüsselwörter und -sätze im Beschreibungsfeld. In der Abbildung haben wir zum Beispiel den Satz Online-Marketing und Offline-Marketing benutzt, anstatt »Online- und Offline-Marketing« zu schreiben. Wieso? Nun, wenn jemand nach »Online-Marketing« sucht, wollen Sie doch sicherstellen, daß Ihre Site in der Liste ziemlich weit oben erscheint.

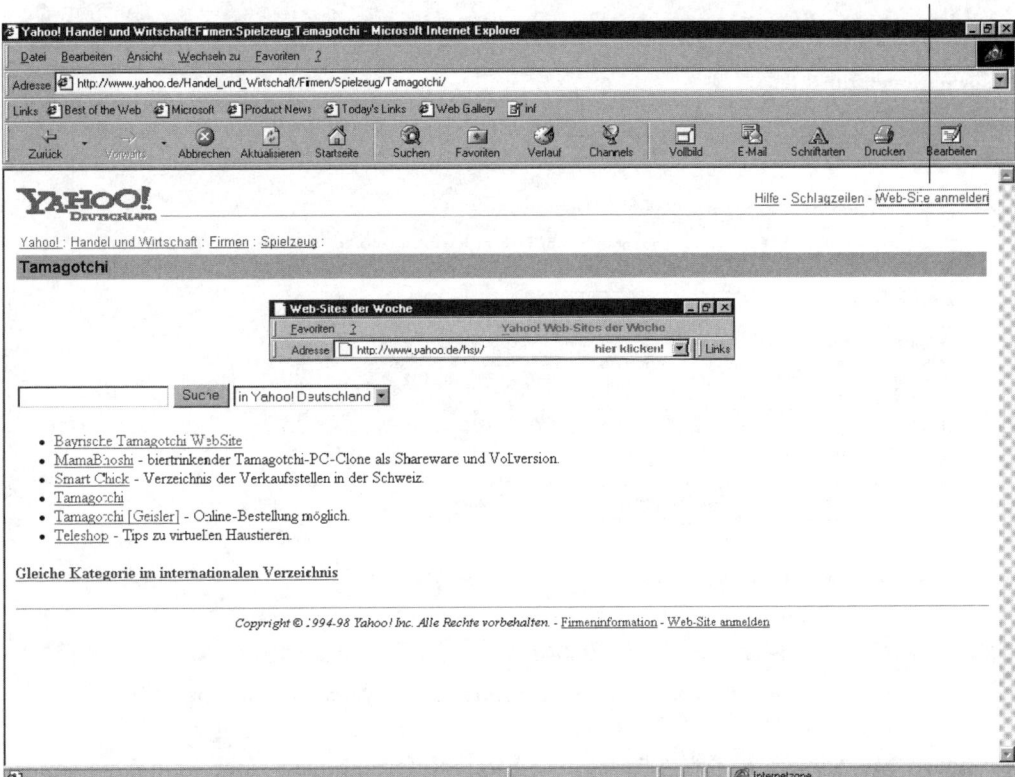

Abbildung 7.3: Benutzen Sie den Link Web-Site anmelden, um Ihre Site bei Yahoo! einzutragen.

7. Benutzen Sie die Schaltfläche WEITER ZU SCHRITT ZWEI.

Die Webseite Anmelden einer Site: Schritt 2 von 4 erscheint.

8. Geben Sie eine zusätzliche Kategorie ein, in der Sie Ihre Site gerne aufgeführt hätten – hier können Sie die Liste der kompletten Kategorienamen benutzen, die Sie vorher in Schritt 2 erstellen sollten. Wenn Sie glauben, daß für Ihre Site eine neue Kategorie von Nöten ist, können Sie auch das angeben.

9. Klicken Sie auf die Schaltfläche WEITER ZU SCHRITT DREI.

Die Webseite Anmelden einer Site: Schritt 3 von 4 erscheint.

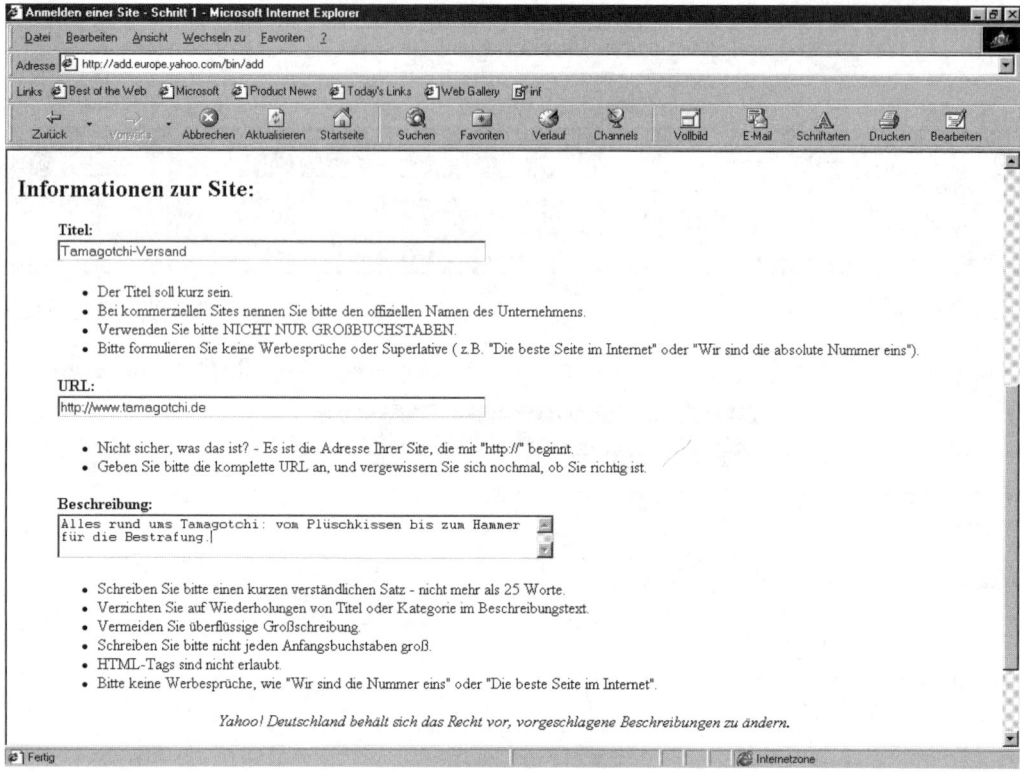

Abbildung 7.4: Yahoo! will nur ein paar Dinge wissen. Antworten Sie sorgfältig!

10. Geben Sie Namen, E-Mail-Adresse und Firmeninformationen einer Kontaktperson in die passenden Textfelder ein. Wenn Sie damit fertig sind, klicken Sie auf die Schaltfläche WEITER ZU SCHRITT 4.

Die Webseite Anmelden einer Site: Schritt 4 von 4 erscheint.

11. Geben Sie in den passenden Textfeldern alle nötigen Informationen über Start- und Enddaten Ihrer Site an und abschließende Bemerkungen. Klicken Sie dann auf die Anmeldeschaltfläche.

Ein Yahoo!-Surfer überprüft Ihre Site und vergleicht sie mit dem, was Sie in Ihrer Anmeldung angegeben haben. Dann wird sie passend eingeordnet.

Gratulation! Ihre Site wird bald bei der wichtigsten Suchmaschine des Web aufgelistet werden.

 Warten Sie, bis Ihre Site bei Yahoo! aufgelistet wird, und dann überprüfen Sie, ob Ihr Eintrag stimmt und auch dort ist, wo Sie ihn hinhaben wollten. Suchen Sie mit verschiedenen themenbezogenen Suchbegriffen nach Ihrer Site. Stellen Sie sicher, daß Ihre Site zumindest so oft vorkommt wie die der Konkurrenz. Falls

nicht, oder wenn Sie irgendwann in der Zukunft Ihren Eintrag ändern müssen, benutzen Sie das Änderungsformular, auf das Sie von der Webseite `http://www.yahoo.de/docs/info/add.html` aus kommen. Das Änderungsformular gestattet Ihnen, das Beschreibungsfeld und mehrere andere Aspekte Ihres Eintrags zu ändern und auch eine neue Kategorie für Ihre Site vorzuschlagen.

Von aktiven Suchmaschinen gefunden werden

Die meisten Suchmaschinen für das Web und auch die anderen Internet-Dienste sind *aktive* Suchmaschinen. Aktive Suchmaschinen benutzen Programme, die *Webspiders* (Spinnen; wegen des spinnennetzartigen Vorgehens der Programme) oder *Infobots* genannt werden. Diese Programme öffnen eine Webseite, lesen den Inhalt ein, indizieren ihn nach verschiedenen Kriterien, speichern das Ergebnis in einer Datenbank und gehen dann weiter zur nächsten Webseite. Das Resultat ist eine Datenbank mit Millionen von Webseiten.

Wenn Sie eine aktive Suchmaschine benutzen, fängt diese nicht erst dann an, das Web zu durchsuchen – das wäre viel zu langsam. Stattdessen greift die Maschine auf ihre Datenbank zurück und liefert Ihnen daraus die passenden Ergebnisse.

Falls sich die Informationen in der Suchmaschinendatenbank seit dem letzten Besuch des Webspiders geändert haben, bekommen Sie vielleicht eine andere Webseite als erwartet oder sogar eine Fehlermeldung, wenn Sie auf diese Webseite gehen. Geht man von der unglaublichen Größe des Webs und anderer Online-Ressourcen aus, können die Datenbanken leicht den Anschluß verpassen – eine bekannte Suchmaschine gibt an, sie benötigt zwei bis vier Wochen, um eine neue Site aufzunehmen. Die Informationen, die die Suchmaschine anbietet, sind jedoch die meiste Zeit akkurat, und die Suchmaschinen sind sehr nützlich.

Die meisten aktiven Suchmaschinen gestatten es Ihnen, Ihre Site bei ihnen einfach durch Eingabe Ihrer URL und E-Mail-Adresse einzutragen. Der Webspider der Suchmaschine sucht Ihre Site dann schneller auf als wenn er durch Zufall darauf stoßen müßte. Die gute Nachricht ist, daß Sie sich nicht unbedingt registrieren müssen: eventuell findet der Webspider Ihre Site. Darauf verlassen sollten Sie sich jedoch nicht.

Sei es wie es sei, bei den meisten aktiven Suchmaschinen findet der Webspider die Schlüsselwörter für Ihre Site und erstellt einen Eintrag in seiner Datenbank. Dies steht im Gegensatz zu Yahoo!, wo Sie die passende Beschreibung für Ihre Site selbst wählen. Außerdem haben Webspiders genau so wie echte Spinnen nicht viel Hirn – sie gehen einfach ins Web hinaus und indizieren alle Wörter auf jeder Webseite, die sie finden, ohne dabei zu wissen, welche Wörter auf welcher Seite eigentlich wichtig sind. Einige Suchmaschinen betrachten einfach die ersten Wörter auf einer Seite als die Wichtigsten. Andere wiederum benutzen verschiedene Gewichtungskriterien. Ihre Aufgabe ist es, daß Sie diese ersten Wörter so wählen, daß Ihre Site weit oben in der Trefferliste erscheint, wenn ein Benutzer einer Suchmaschine zu Ihrer Webseite passende Suchbegriffe eingibt.

Die folgenden Schritte empfehlen Ihnen, einige kleine Veränderungen bei den HTML-Tags in Ihrer Webseite zu machen. Sie können das selbst erledigen, wenn Sie sich mit HTML auskennen oder sich die Hände schmutzig machen wollen (die Veränderungen sind wirklich ziemlich einfach und Sie können einen einfachen Texteditor wie Windows Notepad oder Macintosh SimpleText dazu hernehmen), oder Sie können einen Kollegen oder Berater finden, der sich mit HTML auskennt und diese Veränderungen für Sie erledigt. Eine Einführung in die allgemeinen HTML-Befehler finden Sie in *Web-Seiten erstellen für Dummies* von Bud Smith oder *HTML 4 für Dummies* von Ed Tittel und Stephen James, beide bei ITP, Bonn erschienen.

Hier finden Sie eine Anleitung, wie Sie es den Suchmaschinen erleichtern, die richtige Art von Benutzern auf Ihre Webseite zu bringen.

1. **Modifizieren Sie die Zusammenfassung Ihrer Homepage, um »auffindbarer« zu sein.**

   Jede Webseite kann eine Zusammenfassung haben, die nicht im Web-Browser angezeigt wird, es aber Suchmaschinen und anderen Web-Werkzeugen erlaubt, die passenden Webseiten zu finden. Diese Zusammenfassung sollte Ihren Firmennamen, Betätigungsfeld, Produktnamen und alle Schlüsselwörter, unter denen Sie gefunden werden wollen, beinhalten.

2. **Fügen Sie `<META>`-Tags in Ihre Homepage ein, um besser auffindbar zu sein.**

   Der `<META>`-Tag ist ein HTML-Befehl, der es Suchmaschinen gestattet, Ihre Site einfacher zu finden. Fügen Sie die folgenden `<META>`-Tags zwischen die `<HEAD>`- und `</HEAD>`-Tags Ihrer Webseiten, wobei Ihre eigenen Informationen zwischen den Anführungszeichen im `content=` Bereich stehen:

   ```
   <META NAME=«description« content=«Webberatung und Marketing-
   beratung im Hochtechnologiebereich«>
   <META NAME=«keywords« content=«Onlinemarketing, Online, Mar-
   keting, Hochtechnologie, Web, Internet, Genies, Axt«>
   ```

Die meisten HTML-Bearbeitungsprogramme beinhalten die Option, `<META>`-Tags einzufügen. Lesen Sie die Anleitung für Ihre Software, um zu erfahren, wie Sie HTML-Tags direkt eingeben können.

In Abbildung 7.5 sehen Sie den Quellcode mit einer Zusammenfassung und den `<META>`-Tags. Sie können die HTML-Befehle im Netscape Navigator über Ansicht/Seitenquelltext (bzw. Ansicht/Rahmenquelltext bei Frames) einsehen. Im Internet Explorer geht das mit Ansicht/Quelltext.

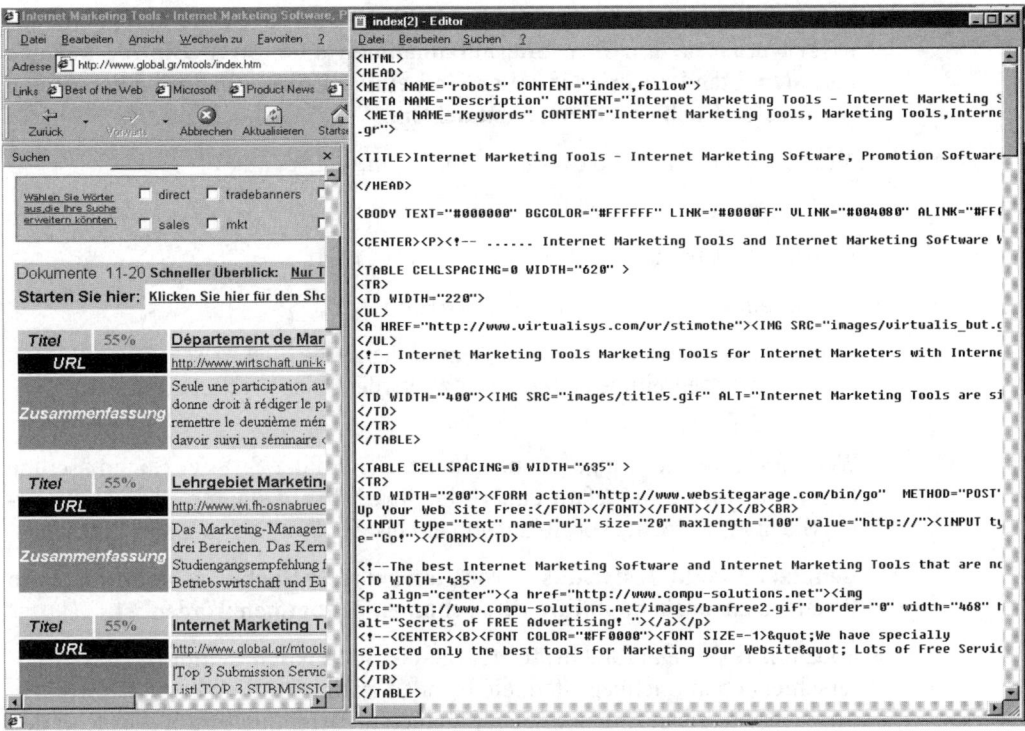

Abbildung 7.5: Eine Suche nach Marketing führt zu einer Seite voller »Marketing«.

Einige Firmen habe es mit ihren <META>-Tags übertrieben und die Produktnamen und Firmennamen der Konkurrenz als Schlüsselwörter angegeben. Die Idee dahinter ist, daß, wenn jemand nach einem spezifischen Produkt sucht, er von der Suchmaschinen auf die Site des Konkurrenzprodukts geleitet wird. Das ist nicht nur schlechter Stil, sondern auch rechtlich nicht ganz einwandfrei. In Amerika laufen deshalb momentan zwei Gerichtsverfahren. Ebenso ist es ein viel verbreiteter Trick, hunderte von Stichwörtern anzugeben, die wichtigsten sogar mehrfach. Inzwischen klappt das bei fast keiner Suchmaschine mehr. Viele nehmen den Eintrag sogar nicht auf, wenn mit den <META>-Tags zu viel Unsinn getrieben wird.

Geben Sie immer ein besonderes neues Wort im <META>-Tag für Schlüsselwörter an, so daß Sie testen können, ob eine Suchmaschine Ihren neuen Eintrag schon hinzugefügt hat (sofern sich die Suchmaschine nach den <META>-Tags richtet, was inzwischen – aufgrund von Mißbrauch – nicht mehr immer der Fall ist). In diesem Beispiel ist es das Wort »Axt«.

3. **Stellen Sie Ihre veränderte Seite auf Ihren Webserver, so daß sie im Web einsehbar ist.**

4. **Gehen Sie zu den größeren Suchmaschinen und sagen Sie ihnen, was die wissen müssen, um Ihre Site aufzunehmen oder Ihren Eintrag auf den neuesten Stand zu bringen. Hier sind einige URLs, um Ihre Site bei den wichtigsten Suchmaschinen anzumelden:**

Altavista: `altavista.digital.com/av/content/addurl.htm`

Excite: `www.excite.de/info/add_url.dcg`

Lycos: `www.lycos.de/search/addasite.html`

Fireball: `www.fireball.de/url_melden.html`

Eine Site, wo man sich in unzählige amerikanische Suchmaschinen eintragen kann, von denen einige selten benutzt werden oder veraltet sind: `www.the-vault.com/easy-submit`

Wenn Sie Ihre URL hinzufügen, schauen Sie auf der Site der Suchmaschine nach, wie lange es ungefähr dauert, bis Ihre Site aufgenommen wird. Erwarten Sie nicht, Ihre Site vor Ablauf von ein bis vier Wochen aufgelistet zu sehen.

5. **Benutzen Sie Ihr Testschlüsselwort, um bei jeder Suchmaschine einmal pro Woche nachzusehen, ob Ihre Site schon aufgenommen worden ist.**

Sobald Ihre Seite auftaucht, testen Sie die Suchmaschine mit mehreren unterschiedlichen Suchbegriffen, die Kunden wahrscheinlich benutzen werden, um Webseiten wie Ihre zu finden. Schauen Sie nach, ob Ihre Webpage in den Suchergebnissen vorkommt. Wenn sie unter den ersten zehn Treffern für die entscheidenden relevanten Suchbegriffe ist, herzlichen Glückwunsch. Wenn nicht, können Sie versuchen, Ihre `<META>`-Tags zu modifizieren, zusätzliche Schlüsselwörter hinzuzufügen und es nochmal zu probieren.

Wenn Ihre Webseite nicht ziemlich weit oben auftaucht, schauen Sie im Browser den Quelltest der Seiten an, die oben auftauchen. Schauen Sie sich die `<META>`-Tags auf diesen Seiten an und sehen Sie nach, welche Schlüsselwörter Sie benutzen müssen, um weiter nach oben zu kommen.

Um es noch einmal zu wiederholen: Schlüsselwörter sind nur die halbe Miete! Wenn Sie zehnmal in Ihre `<META>`-Tags das Wort »Hammer« schreiben, aber nur Äxte verkaufen und das Wort »Hammer« nirgendwo auf Ihren Seiten auftaucht, werden Sie unter »Hammer« auch in kaum einer Suchmaschine gefunden werden. Auch wenn die `<META>`-Tags teilweise als universale Marketingwaffe benutzt werden, zeigt die Erfahrung: es ist der Inhalt, der zählt. Schlüsselwörter können für die Suchmaschine eine Hilfestellung sein, aber nie das einzige Kriterium für eine Auflistung, schon allein wegen der einfachen Mißbrauchmöglichkeiten. So manche Site wird schon mal ausgeschlossen, wenn der Eindruck gewonnen wird, die Suchmaschine soll ausgetrickst werden.

6. **Wenn Sie mit den Ergebnissen der Suchmaschinen zufrieden sind, bitten Sie einige Kollegen und Kunden, nach ähnlichen Firmen und Produkten zu suchen – und Ihnen die Ergebnisse mitzuteilen.**

Dies ist eine ganze Menge Arbeit, aber es ist mit das Wichtigste, was Sie für Ihre Online-Präsenz tun müssen. Ihre Website ist wahrscheinlich der Eckpfeiler für Ihre gesamte Online-Präsenz, und es ist lebenswichtig, daß Leute, die an Firmen und Produkten wie Ihrer interessiert sind, Ihre Site finden können.

Wenn Sie sich noch leichter auffindbar machen wollen, ziehen Sie es in Erwägung, die spezifischen Webseiten für jedes Ihrer Hauptprodukte und Dienstleistungen bei Yahoo! und den verschiedenen aktiven Suchmaschinen einzutragen. Auf diese Art und Weise kommen die Leute schnurstracks zu exakt der Webseite, die sie benötigen, um das gewünschte Produkt oder die gewünschte Dienstleistung zu erhalten – von Ihnen, nicht von einem anderen.

 Viele Leute testen eine neue Website, indem sie sie auf ihren Web-Server laden und sie damit verfügbar machen, das aber nur wenigen Leuten sagen. Diese Methode erlaubt es Ihnen zu sehen, wie Besonderheiten wie CGI-Skripte (falls Ihr Webmaster die benutzt) unter »Live«-Bedingungen funktionieren und zu sehen, wie lange es dauert, Ihre Webseite über das Internet herunterzuladen. Das funktioniert, aber nur ein paar Tage lang, denn falls es irgendwelche Links auf diese Seite gibt, wird sie von aktiven Suchmaschinen gefunden. (Leute sind schon über so manches Geheimnis gestolpert, wenn sie Links von aktiven Suchmaschinen gefolgt sind.) Um Ihre Testsite oder geheime Site zu schützen, setzen Sie keinen Link darauf, nehmen Sie sie nach ein paar Tagen hinunter, versehen Sie sie mit einem Passwortschutz oder verschieben Sie sie regelmäßig zu einer anderen Webadresse.

Ihre Site bekannt machen

Eins der am heißesten diskutierten Themen im Web-Publishing ist es, wie man seine Site bekannt macht. Denn es ist ein Unterschied, ob Sie Ihre Website bei Leuten, die danach suchen, bekannt machen, oder ob Sie Ihre Site an breite Massen vermarkten, indem Sie Werbebanner schalten, aggressive Linkcampagnen starten oder Werbe-E-Mails (*Spam*) versenden. Sie wollen Ihre bestehenden und potentiellen Kunden erreichen, was bedeutet, daß Sie Ihre URL auf Visitenkarten und Pressemitteilungen abdrucken, und Ihre Site auch über die einzelnen Suchmaschinen leicht auffindbar machen wollen, wie wir in diesem Kapitel beschrieben haben. Sie wollen jedoch *nicht* eine Menge Zeit und Geld investieren, um eine zufällige Auswahl von Web-Surfern auf Ihre Site zu locken – wenn Sie Ihr Werbebanner auf einer bekannten Site abstellen wollen, kann Sie das Tausende von Mark kosten. Hier sind einige der verbreiteten Mythen, warum Sie Ihre Website überall bekannt machen sollten:

✔ **Um mehr Besucher zu erhalten:** Es klingt ganz gut, mehr Besucher auf seiner Website zu haben, aber es ist nicht ganz so gut, wenn die Leute, die Sie besuchen, keine potentiellen

Kunden für Ihre Produkte sind. Wenn Sie zufällig ausgewählte Leute dazu bringen, Ihre Website – meistens nur kurz – zu besuchen, ist das wahrscheinlich weder für Sie noch für die von Nutzen.

✔ **Um den Leuten zu zeigen, daß Sie online sind:** Das war vor zwei Jahren noch ein guter Grund, denn online zu sein bedeutete technisch versiert zu sein. Heutzutage ist es etwas Besonderes, wenn eine Firma *nicht* online ist, und die Online-Gemeinde ist nicht sonderlich von der simplen Tatsache beeindruckt, daß Sie eine Website haben.

✔ **Um den Leuten Ihre URL bekannt zu machen:** Wie lange brauchen Sie, bis Sie sich an die URL vom Spiegel, von Netscape oder Yahoo! erinnern können? Nun, da brauchen Sie nicht einmal nachdenken. Wenn Sie den Firmennamen wissen, haben Sie auch die URL. Wenn Ihre Firma eine leicht zu erratende URL hat, müssen Sie nicht nachhelfen, daß die Leute sich an sie erinnern. Falls nicht, blättern Sie zu Kapitel 4 zurück und holen Sie sich eine.

Eine effektive PR-Strategie entwickeln

In Ordnung, Sie sollten also Ihre Website nie bekannt machen, stimmts? Natürlich nicht, das würde zu weit gehen. Hier sind die Entscheidungsschritte, wie Sie Ihre Website passend bekannt machen:

1. **Stellen Sie fest, was Sie von Ihren Webbesuchern wollen.**

   Websites sind schwierig zu perfektionieren, da sie die Bedürfnisse verschiedener unterschiedlicher Gruppen erfüllen müssen, einschließlich Kunden, potentiellen Kunden, Presse, Analysten und Angestellte.Was sollen die Leute der jeweiligen Gruppe von ihrem Besuch auf ihrer Website mitnehmen? Geben Sie die Antwort in der Form »Mit meiner Website will ich die Chancen erhöhen, daß sie ...« und geben Sie ein Hauptziel für jede Gruppe an. Dann analysieren Sie Ihre Website um sicherzustellen, daß sie jedes Ziel für die Leute aus jeder Gruppe erfüllt.

2. **Entwickeln Sie eine Website, auf die Sie stolz sind.**

   Natürlich können Sie mit einer schnell zusammengeschusterten und mageren »Hallo, ich bin auch da« Webpräsenz Werbung machen, aber das ist etwas anderes, als Leute aktiv auf die Site zu bringen. Bevor Sie Ihre Website nicht wirklich gut gemacht haben, geben Sie kein Geld dafür aus, Leute darauf aufmerksam zu machen.

3. **Finden Sie die Enten.**

   Wenn Sie auf Entenjagd gehen, werden Sie zu Beginn der Jagdsaison nicht unbedingt nach Paris gehen – Sie versuchen lieber Ihr Glück im Dunkeln an einem halbzugefrorenen See. Genauso ist es mit dem Bekanntmachen im Web: Verzichten Sie darauf, mit einer Anzeige für über zehntausend Mark beim Spiegel zufällige Besucher auf Ihre Website zu bringen. Finden Sie stattdessen heraus, wo Ihre potentiellen Kunden sind, und vermarkten Sie Ihre Site dort. Wenn Sie zum Beispiel gekochten Schinken verkaufen, sollten Sie Links mit nahrungsmittelorientierten Sites austauschen. Und ziehen Sie es in

Betracht, bei einer oder mehreren Suchmaschinen ein Werbebanner zu kaufen, wenn jemand nach dem Wort »Schinken« sucht.

4. Nehmen Sie sich am Anfang ein paar Enten gesondert vor.

Wählen Sie ein paar Leute aus Ihren Zielgruppen aus – Ihre potentiellen Kunden, die Handelspresse in Ihrem Bereich und andere Gruppen, von denen Sie wollen, daß sie Ihre Site besuchen. Diese Bemühungen können eine Werbesendung per Post, Werbe-E-Mails, eine zielgerichtete Presseerklärung und andere Mittel einschließen.

5. Zählen Sie die Resultate.

Vergleichen Sie sorgfältig, wer Ihre Site besucht, bevor Sie sich um die Werbung kümmern, und wer Sie danach besucht. Verwenden Sie dabei die Techniken, die wir im Abschnitt »Informationen über Sitebesucher sammeln« vorgestellt haben. Sie können sich auch bei den Web-Surfern innerhalb Ihrer Firma erkundigen, wer die Werbebanner Ihrer Firma schon einmal gesehen hat. Machen Sie auch eine detaillierte Analyse darüber, wie viele Besucher Sie erhalten und ob Ihre gesteckten Ziele erreicht werden - Besuche von Leuten von einer bestimmten Firmenart, Pageviews für spezifische Webseiten, Registrierungen für Informationen, Downloads für bestimmte Dateien und so weiter.

Wenn Sie so vorgehen, werden Sie die Werbung richtig dosieren und gute Ergebnisse erhalten, auf die Sie nicht nur stolz sein können, sondern die Ihre Ausgaben auch völlig rechtfertigen.

 In der Radioindustrie ist es eine alte Weisheit, daß man ein neues Format eines Radiosenders erst ein paar Wochen, nachdem der Wechsel vorgenommen wurde, bewerben sollte – zum Beispiel ein Wechsel von Nachrichten zu Talkrunden, oder von Rock- zu Rapmusik. Der Grund dafür ist, daß Radiohöher einen neu ausgerichteten Sender sich einmal anhören und dann nie wieder zurückkommen, wenn sie das, was sie hören, nicht mögen. Direkt nach einer Veränderung gibt es manchmal immer noch einen kleinen Mangel an Erfahrung und andere »Geburtskrankheiten«, was negativ auf die Zuhörer wirken kann. Um sich an diese Regel zu halten, stellen viele Radiosender sicher, daß der Motor läuft, bevor sie das neue Format bewerben. Eine ähnliche Strategie sollten Sie auch für Ihre Website in Betracht ziehen.

Ihre Werbemaßnahmen ausweiten

Wenn Sie eine Website entwickelt haben, auf die Sie stolz sind – also eine, die zumindest grundlegende Informationen über die Firma selbst sowie deren Produkte und Dienstleistungen enthält, die den Leuten sagt, wo sie das kaufen können, was Sie verkaufen, die von jedem gefunden wird, der eine der größeren Suchmaschinen verwendet, und die eine der besseren Sites oder sogar die beste Site im Vergleich mit den Konkurrenten ist – dann ist es Zeit, Ihre Website zu melken, so gut es geht. Das bedeutet, sowohl offline als auch online Werbemaßnahmen zu ergreifen.

Zwei Faktoren beeinflussen den Nutzen, den Sie aus den Besuchen Ihrer Website ziehen können. Diese Faktoren können durch zwei Fragen ausgedrückt werden: Wie beeindruckend ist Ihre Website? Und wieviel zusätzlicher Verkauf resultiert daraus?

Je beeindruckender Ihre Website ist und je Sie zusätzlich verkaufen, desto mehr wollen Sie dafür werben. Diese Idee wird in Abbildung 7.6 konzeptionell in grafischer Form ausgedrückt.

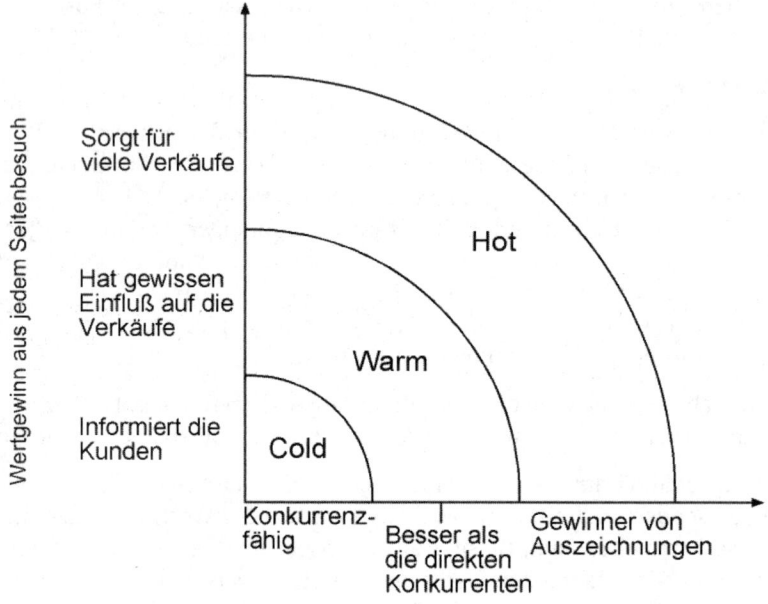

Abbildung 7.6: Je »heißer« Ihre Website ist, desto mehr sollten Sie sie bewerben.

Die Idee ist hier, daß, je stärker Ihre Website den Verkauf beeinflußt und je beeindruckender Ihre Site ist, desto besser ist sie und desto mehr Werbung verdient sie. Eine wirklich gute Site – eine, die spitze aussieht, Auszeichnungen erhält und einen signifikanten Teil der Verkäufe für eins oder mehrere Ihrer Produkte veranlaßt – verdient einen grundlegenden Teil Ihres Werbeaufwands. Für Sites, die etwas weniger gut laufen, machen Sie etwas weniger Werbung. Hier sehen Sie, wie wir Websites einteilen:

✔ **Kalt:** Ihre Site sticht weder im Web besonders hervor, noch hat sie viel Einfluß auf den Verkauf. (Die große Mehrheit von Firmenwebsites fallen unter diese Kategorie, und das ist sogar in Ordnung.) Machen Sie Ihre Site auffindbar, wie wir weiter oben in diesem Kapitel beschrieben haben. Geben Sie die URL Ihrer Website auf Visitenkarten und Briefpapier an, um den Eindruck zu vermitteln, daß Sie technisch auf dem neuesten Stand sind, und um Ihre Stammkunden daran zu erinnern, Sie mal online zu besuchen. Stellen Sie sicher, daß Ihre Webadresse in allen Signaturdateien Ihrer E-Mails vorkommt, wie wir das in Kapitel 8 beschreiben.

✔ **Warm:** Ihre Site ist besser als die Ihrer Konkurrenten und sorgt für eine Verkaufssteigerung. Erwähnen Sie die URL auf gedruckten Firmenmaterialien und nehmen Sie sie in allen Anzeigen auf, die Sie schalten. Lassen Sie sich kleine Aktionen wie beispielsweise Werbegeschenke mit Ihrer Webadresse sowie einem guten Slogan dafür einfallen. Fangen Sie damit an, Presseerklärungen herauszugeben, sobald Sie größere Veränderungen an der Site vornehmen oder aufgrund der Site Besucher- oder Verkaufsrekorde aufstellen.

✔ **Heiß:** Ihre Seite gehört zur Ersten Klasse, gewinnt viele Preise und verursacht einen enormen Umsatzzuwachs. Zahlen Sie für sorgfältig ausgerichtete Werbebanner im Web, um den Besucherstrom zu erhöhen. Geben Sie regelmäßig Presseerklärungen über Auszeichnungen, Verkäufe und Erweiterungen heraus. Werben Sie offline direkt für die Site. Fangen Sie an, ein Konzept für den Online-Verkauf zu entwickeln.

Sie können Ihre Bemühungen auf die Stärken und Schwächen Ihrer Site genau abstimmen. Wenn zum Beispiel Ihre Site nicht sonderlich beeindruckend ist, aber dennoch viele Verkäufe veranlaßt, werben Sie für die Seite ausschließlich unter potentiellen Käufern, aber verschwenden Sie keine Zeit damit, Ihre Site außerhalb dieser Gruppen zu bewerben. Wenn Ihre Site jedoch Auszeichnungen gewinnt, aber nicht sonderlich den Verkauf fördert, werben Sie zu niedrigen Kosten bei einem breiten Publikum. Ihre Site verbessert zwar das Image Ihrer Firma, nicht aber den Gewinn.

Das wichtigste, was die meisten Leute verstehen müssen, ist, daß die große Mehrheit von Websites sich in dem »kalten« Bereich befinden und keine aktiven und kostspieligen Werbemaßnahmen verdienen. Die Kosten für diese Art von konkurrenzfähigen, aber nicht besonders hervorstechenden Webbemühungen sollten nur eine Nebenausgabe sein. Nur, wenn Sie mehr in Ihre Website investieren und auch Ergebnisse daraus erhalten, müssen Sie die Werbemaßnahmen intensivieren.

Teil III

Marketing mit anderen Internet-Diensten

The 5th Wave   By Rich Tennant

»Ja, wir sollten bei America Online Werbung schalten.
Außerdem gibt es ja kein Vladivostok Online.«

In diesem Teil...

Die Online-Welt besteht aus mehr als nur dem Web. Die anderen verfügbaren Internet-Dienste können günstiger, einfacher und effektiver für die Vermittlung von Marketing-Botschaften sein, weil Sie damit vielleicht eine besonders gewünschte Zielgruppe und ein Gefühl von Gemeinsamkeit erreichen. Zu diesem Thema erfahren Sie mehr in diesem Teil. Außerdem geben wir Ihnen einen Ausblick auf die Zukunft des Internet.

Marketing mit E-Mail und Listen-Servern

8

In diesem Kapitel

▶ Grundregeln und Netiquette beim Schreiben von E-Mails

▶ Ihren eigenen E-Mail-Stil entwickeln

▶ Mit Massen-E-Mails umgehen lernen

▶ Mailing-Listen verwenden

▶ Die Vor- und Nachteile von Spams (Werbe-E-Mails)

Obwohl die Web-Präsenz in Ihrem Marketing-Konzept das wichtigste Einzelelement ist, benötigen Sie für effektives Marketing mehr als ein paar gut gemachte Webseiten. Das Internet bietet eine große Bandbreite an anderen Marketingträgern, die sich alle auf die Ursprünge des Internet zurückverfolgen lassen – deshalb bestehen sie aus wenig formatiertem Text ohne Bilder und ohne andere Multimedia-Elemente.

Diese wunderbare Textwelt schließt *E-Mails* (electronic mails), automatische Mailing-Listen (genannt Listen-Server nach dem marktführenden Produkt LISTSERV) und öffentliche Diskussionsforen, genannt Newsgroups, ein. Einen üblichen Weg, diese drei Dienste zu unterteilen, sehen Sie in Abbildung 8.1. Die Unterteilung beginnt mit der Kommunikation »eins zu eins« (E-Mail), und reicht dann von »eins zu vielen« (Listen-Server, siehe Kapitel 9) bis zu »viele zu vielen« (Newsgroups, siehe Kapitel 10). Online-Dienste (Kapitel 11) unterstützen E-Mails und ihre eigenen, den Newsgroups ähnlichen, Online-Foren.

Abbildung 8.1: Von einem zu vielen.

E-Mail: der gemeinsame Nenner

Wenn das Gesicht der Helena von Troia tausend Schiffe bewegen konnte, dann kann das heute der Körper der E-Mails – der »Body«-Text, der tausend Domains bewegt. Die Behauptung, E-Mails seien der wichtigste Grund für den Erfolg des Internet, ist sicherlich nicht allzu gewagt: ARPANET, der Vorgänger des heutigen Internet, wurde als Netz konzipiert, in dem militärische Stützpunkte miteinander kommunizieren konnten, auch wenn Teile des Netzes zerstört worden wären. Und dabei dominierten immer die langweiligen, weil textbasierten, E-Mails.

Es ist ein sehr direkter Weg, E-Mails zu verwenden. Sie starten einfach Ihre Mail-Software. (Beispielsweise Qualcomm Eudora Pro, Claris, Pegasus Mail oder die Mail-Komponenten der großen Browser: Internet Explorer und Netscape Communicator. Alternativ bieten auch die Online-Dienste, wie AOL, CompuServe und T-Online, einen Mail-Client an.) Dann geben Sie die Adresse des Empfängers ein, schreiben Ihre Nachricht und senden sie.

 Haben Sie sich jemals gefragt, warum eine E-Mail, anstatt wie versprochen in Sekunden, erst in mehreren Minuten oder Stunden ankommt? Diese Verzögerung wird nicht unbedingt vom Sender verursacht. Mit größerer Wahrscheinlichkeit liegt die Verspätung an irgendeinem Internet-Mail-Server oder an der Route, die die Mail genommen hat. Wenn ein Mail-Server überlastet oder heruntergefahren ist, oder wenn ein größerer Internet-Backbone ausfällt, dann bewegen sich Nachrichten nicht so schnell, wie sie vielleicht könnten. Falls also eine versprochene Order oder Antwort nicht zu dem Zeitpunkt auftaucht, an dem Sie sie erwarten, dann verfluchen Sie nicht gleich den Sender – die Verzögerung kann wie gesagt technische Gründe haben.

Obwohl es E-Mails schon lange gibt (die beiden Autoren nutzen sie seit Mitte der 80er Jahre), war es bis Anfang der 90er nicht sehr effektiv, sie fürs Marketing einzusetzen. Bis zu diesem Zeitpunkt erlaubten es viele Online-Dienste, wie BTX, CompuServe, BIX, Delphie, MCI Mail und Prodigy, nämlich nicht, E-Mails direkt über das Internet zu verschicken und zwischen den Diensten auszutauschen.

Anfang der 90er Jahre wurden sogenannte *Internet-Gateways* eingerichtet (damit können E-Mails der Online-Dienste in ein Internet-taugliches Format umgewandelt werden), die es den Nutzern der Online-Dienste erlaubten, an alle Internet-Nutzer reine Text-E-Mails zu verschikken. Dadurch wurden sie mit denen verbunden, die bereits über einen Internet Service Provider, eine Universität oder Firma eine E-Mail-Adresse hatten. Als diese Barriere durchbrochen war, wurde E-Mail aus drei Gründen ein wichtiges Marketing-Werkzeug:

✔ **E-Mail ist überall:** Jeder Internet-Zugang enthält E-Mail-Funktionen, egal ob über einen Internet Service Provider oder über einen Online-Dienst, wie CompuServe, AOL, T-Online. Millionen von Leuten haben einen E-Mail-Zugang – wesentlich mehr Leute, als die Zahl der Mitglieder der Online-Dienste oder sogar die Nutzerbasis des WorldWideWeb. Wenn jemand online ist, steht ihm E-Mail zur Verfügung. E-Mail ist als Kommunikator der kleinste gemeinsame Nenner – er führt jeden im Internet mit seiner einfachen und gebräuchlichen Methode, Text zu verschicken, zusammen.

✔ **E-Mail ist günstig:** E-Mails sind schnell erstellt und verschickt. Sie lassen sich offline schreiben und dann in wenigen Sekunden verschicken. Es entstehen keine Verpackungs- und Druckkosten oder Postgebühren. Als Empfänger braucht man zum Lesen der E-Mail nur eine E-Mail-Client-Software – und diese Software ist bei allen Online-Diensten und bei den führenden Webbrowsern Netscape Communicator (heißt dort Netscape Messenger) und Internet Explorer enthalten. (Den Mail-Client Outlook des Internet Explorers sehen Sie in Abbildung 8.2.)

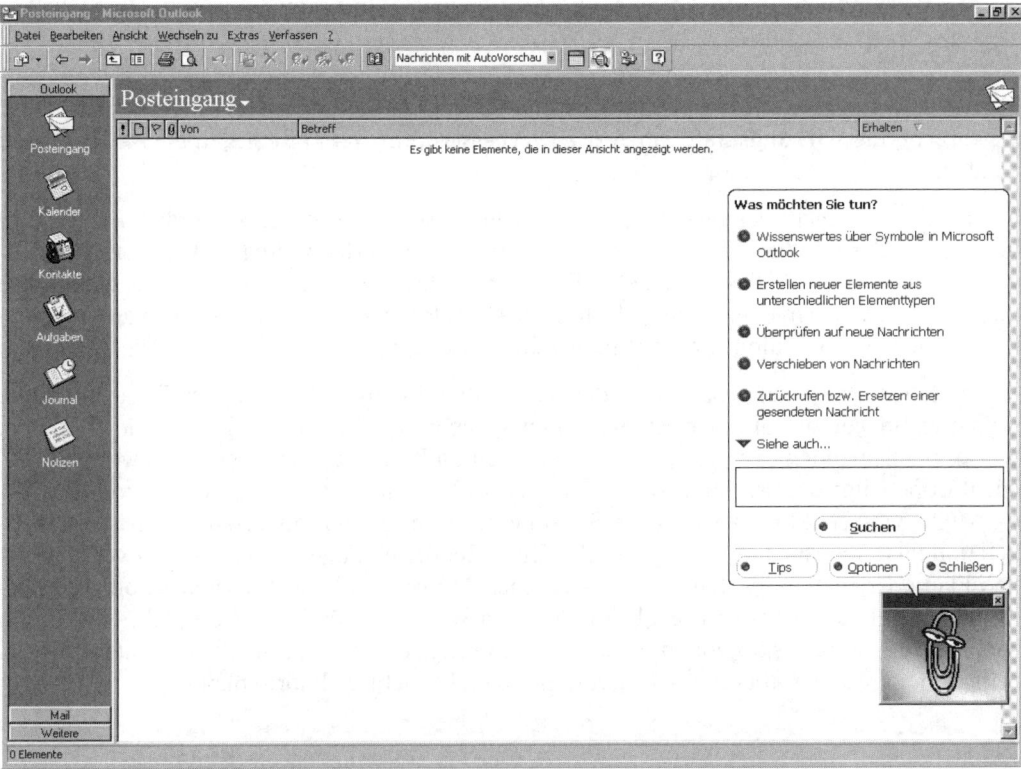

Abbildung 8.2: Outlook Express, das Mail-Programm des Internet Explorer 4

✔ **E-Mail ist einfach zu bedienen:** Um eine E-Mail zu verschicken, braucht es nicht mehr, als eine kurze Nachricht zu schreiben und auf den Senden-Button zu klicken. Eine E-Mail zu lesen, ist ähnlich einfach: Ein Doppelklick auf die Nachricht genügt.

Daraus folgt natürlich, daß E-Mails, egal ob als persönliche Nachricht oder als Teil einer automatischen Mailing-Liste, die Funktion Nummer 1 im Internet ist, um alle Nutzer zu erreichen.

Grundregeln und Netiquette zum Schreiben von E-Mails

E-Mail ist ein »eins zu eins«-Medium, das bedeutet, es ist sehr persönlich. Es erscheint sogar persönlicher als ein Direkt-Mailing per Post, da die E-Mail direkt auf dem Computer im Büro oder Wohnzimmer des Angesprochenen erscheint. Genau wie bei Offline-Marketing-Träger gilt es deshalb auch bei der E-Mail, einige Verhaltensregeln einzuhalten. Verhaltensregeln heißen im Internet Netiquette (von Internet Etiquette), es sind ungeschriebene Regeln zum höflichen Umgang miteinander. Für E-Mails gelten dabei besondere Verhaltensregeln.

Die Flames!

Flames sind, auf ihre Art, eine Kunstform. Viele langjährige Netznutzer haben Jahre damit zugebracht, die Wirkungskraft von Text zu verbessern, um Verstöße gegen die Netiquette zu ahnden.

Flames sind feindliche Nachrichten, die normalerweise an die geschickt werden, die absichtlich und wiederholt die Regeln der Netiquette verletzen. Verletzte Regeln könnten beispielsweise sein, alles IN GROSSBUCHSTABEN ZU SCHREIBEN, eine Nachricht zu posten, die nichts mit dem Thema der Mailing-Liste oder Newsgroup zu tun hat. Die ultimative Flame-Provokation sind allerdings Spams (marktschreierische, ungebetene Werbe-E-Mails).

Wenn Sie jemals Flames erhalten, ist die beste Antwort meist keine Antwort. Es sei denn, Sie wollen es unbedingt auf einen Kampf, einen sogenannten Flame-Krieg, ankommen lassen. Wir empfehlen Ihnen dringend, sich nie in so einen Kampf zu verstricken. Obwohl es vielleicht Unbeteiligte amüsieren wird, wirft es dennoch ein schlechtes Bild auf Sie und Ihre Firma – egal, wie recht Sie haben. Wenn Sie auf eine Flame antworten, seien Sie maßvoll, sachlich und bieten Sie an, auf jeden Vorschlag Ihrer Gegner einzugehen. Komischerweise beginnen Flame-Kriege häufig wegen eines einfachen Mißverständnisses. Dies liegt oft darin begründet, daß man mit reinem Text keine Nuancen, wie im persönlichen Gespräch, ausdrücken kann. Viele Online-Diskussionen wandeln sich teilweise oder ganz in Flame-Kriege, bis die Teilnehmer entweder flüchten – oder von ihnen nicht mehr viel übrig bleibt.

Sie dürfen diese Regeln nicht übertreten oder ignorieren, weil Sie das Internet für Marketing nutzen – wenn Sie es doch tun, laufen Sie Gefahr, kopfüber in eine Internet-Tradition zu stolpern: das Flaming. Flames sind sehr direkte E-Mail-Antworten auf zu aggressive Nachrichten. Mit Flames wird eine lästige Spinne durch eine Atombombe ausgelöscht.

Die Netiquette betrifft nicht nur E-Mails, sondern auch jede andere Form von Text im Internet, beispielsweise Newsgroups, Mailing-Listen und den Text auf Ihrer Webseite. Obwohl die Netiquette wie eine selbstverständlich akzeptierte Regel erscheinen mag, ist es doch erstaunlich, wie wenig selbstverständlich ihre Einhaltung ist, wenn jemand mit einem neuen Kommunikationsmedium konfrontiert wird. Folgen Sie den unten aufgelisteten Regeln, um sicherer im Umgang mit der Netiquette zu werden – Sie erkennen dann bald, daß sie grundlegende Bedeutung für den Erfolg Ihres Online-Marketings hat.

✔ **KISS (Keep it Short, Silly):** Fassen Sie sich kurz. Es ist allemal einfacher, in einer E-Mail eine kurze Nachricht mit kurzen Absätzen als eine »Doktorarbeit« zu lesen. Und mit kurzen und knappen Absätzen hat Ihre Marketing-Botschaft wesentlich mehr Chancen, in den grauen Textmassen überhaupt wahrgenommen zu werden.

✔ **Schreiben Sie nicht in Großbuchstaben:** In Großbuchstaben zu schreiben, entlarvt Sie als Internet-Neuling. Es ist dabei egal, ob Sie die Großbuchstaben nur verwenden, um eine Marketing-Botschaft oder ein Produkt hervorzuheben. SCHREIBEN IN GROSS-

BUCHSTABEN wird als Schreien interpretiert, und niemand wird gerne angeschrien (auch wenn es gut gemeint ist).

✔ **Vermeiden Sie Emotionen:** Marketing-Fachleute sollten die Verwendung von Emotionen unterlassen. Emotionen werden im Internet durch Smileys (sog. *Emoticons*) dargestellt :-). Smileys zu verwenden, wirkt leicht übertrieben und wird Ihnen oftmals als unpassend fürs Geschäftsleben oder sogar als unprofessionell ausgelegt. Wenn Sie Zweifel haben, seien Sie nicht :-(. Sagen Sie einfach mit Worten, was Sie meinen.

✔ **Vorsicht vor Internet-spezifischen Abkürzungen:** Sie sollten die gebräuchlichsten Abkürzungen, die in E-Mails (und in anderen Bereichen) verwendet werden, verstehen, aber genau wie die Smileys nur selten einsetzen. Die wichtigsten sind BTW (By The Way), IMHO (In My Humble Opinion), LOL (Laughing Out Loud) und ROTFL (Rolling On The Floor Laughing).

Die hier gegebenen Tips sind nur ein kurzer Einblick in die Grundlagen der Netiquette, die Sie unbedingt für Ihr Online-Marketing benötigen. Nähere Informationen zu Smileys, Abkürzungen und der Netiquette finden Sie in dem englischen Buch *E-Mail for Dummies* von John R.Levine, Carol Baroudi, Margaret Levine Young, und Arnold Reinhold, erschienen bei IDG Books.

Einen eigenen E-Mail-Stil entwickeln

Die selbstverständlichen Regeln der Netiquette für das Verhalten im Netz sind mehr oder weniger defensiv – das Hauptziel bei ihrer Verwendung ist, nicht als Idiot dazustehen. Aber neben der Beachtung der einfachen Netiquette sollten Sie (und andere, die mit Ihnen arbeiten) E-Mails schreiben, die **für** Sie und nicht gegen Sie arbeiten. Sie können einige vorbereitende Schritte unternehmen, um sicherzustellen, daß alle E-Mails Ihrer Firma eine gebündelte und positive Unterstützung für Ihr Marketing darstellen. Natürlich hängen die vorgeschlagenen Schritte davon ab, ob Sie auf eine individuelle E-Mail-Anfrage antworten, oder ob Sie einer größeren Gruppe von Leuten eine Massen-E-Mail schicken (dies wird später in diesem Kapitel behandelt).

Obwohl wir keine großen Fans von schriftlich dargelegten Unternehmensphilosophien sind (viele dieser Schriftstücke scheint es nur zu geben, um deren Verfasser nicht arbeitslos zu machen), halten wir es dennoch für eine gute Idee, allgemeine Richtlinien für die Arbeit mit E-Mails zu geben. In diesem Abschnitt schlagen wir deshalb vier Regeln vor, die die Basis für eine auf Ihre Firma zugeschnittene Liste sein könnten.

Schreiben Sie der Gelegenheit angemessen

Da E-Mails so schnell und einfach zu verfassen sind, tendieren die Schreiber oftmals dazu, flüchtig zu werden und Rechtschreibung und Grammatik schleifen zu lassen. Erlauben Sie es nicht, daß die E-Mails Ihr eigenes und das Image der Firma unterminieren. Obwohl der Stil einer E-Mail nicht zu förmlich sein darf, sollte er auf keinen Fall schlampig wirken – vor allem jetzt nicht mehr, nachdem beispielsweise der Messenger, das Mail-Programm des Netscape Communicator 4.0 (siehe Abb. 8.3), eine eigene Rechtschreibprüfung besitzt.

Wenn Sie einen vergleichbaren Stil als Anregung brauchen, denken Sie an handgeschriebene Geschäftsnachrichten. Solche Nachrichten sind persönlich, ohne zu wenig förmlich zu sein; sie sind kurz und auf den Punkt gebracht.

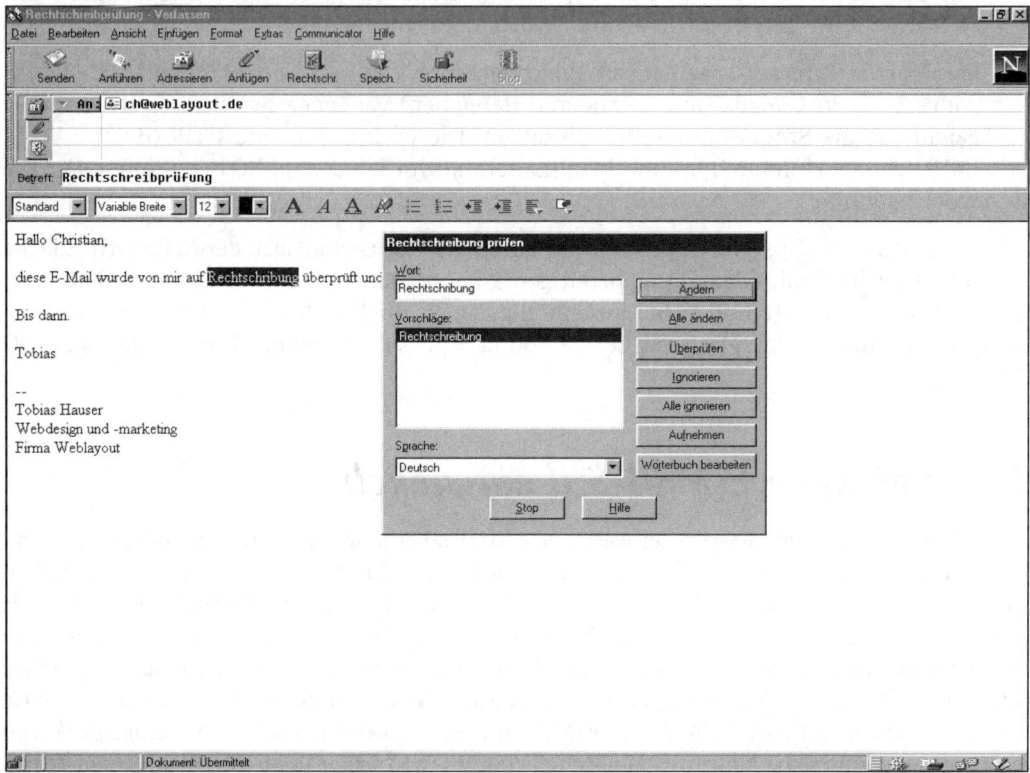

Abbildung 8.3: Rechtschreibprüfung im Netscape Communicator

Seien Sie höflich

E-Mails, die von Ihrer Firmenadresse verschickt werden, enthalten einen Absender – den Domain-Namen Ihrer Firma. (Wenn Sie keine leicht merkbare Domain und E-Mail-Adresse haben, lesen Sie bitte in Kapitel 4, wie Sie das ändern.) Wenn Sie eine E-Mail an jemanden schicken, der bisher noch nicht viel über Ihre Firma weiß, wird sein erster Eindruck vom Text Ihrer E-Mail bestimmt. Sie sollten, auch wenn Sie einen schlechten Tag haben, Ihren Mißmut und Ihre Gefühle nicht in E-Mails an Käufer, Kunden und Geschäftspartner einfließen lassen.

Lächeln Sie deshalb, wenn Sie eine Geschäfts-E-Mail schreiben – auch wenn es weh tut!

Ärgern Sie sich nicht darüber, wenn Ihre E-Mails weitergeleitet werden

E-Mails lassen sich, im Gegensatz zu Nachrichten auf Papier, sehr einfach weiterleiten. Der Vorteil daran ist, daß nützliche Mails an jeden geschickt werden können, der davon profitiert.

Der Nachteil beim einfachen Weiterleiten von Nachrichten liegt darin, daß auch kritische und persönliche Nachrichten – beispielsweise Ihre Meinung über das Toupet Ihres Chefs – zu jedem (auch Ihrem Chef) ohne großen Aufwand gelangen können; und das nicht nur kurz nachdem Sie sie gesendet haben, sondern auch noch lange Zeit danach. Irgendein Witzbold kommt nämlich vielleicht auf die Idee, der E-Mail eine Webseite zu widmen und den »Schnitzer« für die Ewigkeit unsterblich zu machen.

Einer unserer Kollegen aus der schreibenden Zunft wurde an die Kraft und Leistungsfähigkeit von E-Mails eindringlich erinnert, als er eine Kolumne über AOL publizierte. In ihr schrieb er über seine Beobachtungen, AOL sei der größte und erfolgreichste kommerzielle Online-Dienst. Ein Leser antwortete mit einer Kopie einer E-Mail – von unserem Kollegen, dem Kolumnisten, geschrieben, – in der er sich über den schlechten Kundenservice von AOL aufregte und bezweifelte, daß AOL noch lange im Geschäft bleiben werde. Die E-Mail datierte von Oktober 1989, die Kolumne erschien 1996. Der Leser hatte zur Kopie der E-Mail noch einen bissigen Kommentar geschrieben: »Ich vermute, Sie haben sich nicht die Aktie gekauft?«

Um solche Vorkommnisse zu vermeiden, sollten Sie entweder Ihre E-Mails so schreiben, daß sie verteilt werden können, ohne jemanden anzugreifen und Sie bloßzustellen, oder Sie fügen die Worte »privat« oder »nicht weiterleiten« zur Nachricht hinzu (drücken Sie die Daumen, daß solche Hinweise beachtet werden!).

Gestalten Sie eine effektive Unterschrift

Am Ende jeder E-Mail unterzeichnen Sie üblicherweise, wie bei einem normalen Brief auch, mit Ihrem Namen. E-Mails haben den Vorteil, daß sich der Prozeß des Unterschreibens mittels eines sogenannten sig file (Kurzform für englisch: signature file = Signaturdatei) automatisieren läßt – dadurch entsteht ein neues, wertvolles Marketing-Werkzeug.

Eine Signaturdatei (*Sig-Datei*) besteht aus einigen Zeilen Text, die automatisch am Ende jeder E-Mail, jeder Nachricht an Mailing-Listen und jedes Newsgroup-Postings angehängt werden. Die Verwendung einer Signaturdatei ist natürlich optional, aber sie ist ein wirkungsvolles Mittel, an Ihre Firma und an das, was Sie tun, zu erinnern. Signaturdateien können von wunderlich bis unverfroren reichen. Einige Beispiele sehen Sie in Abbildung 8.4. Aber für Marketingzwecke ist es am besten, die Signaturdatei informativ zu gestalten: Hinein gehören, wer Sie sind, was Sie machen, und wie Sie erreichbar sind.

....

```
EMERGENCY! Freedom for Links.
http://192.41.48.33/hering/

every day we make it,
we make it the best we can.
```

....

Abbildung 8.4: Eine Signaturdatei.

 Halten Sie Signaturdateien kurz. Eine allgemein anwendbare Regel ist, Signatur-
dateien nicht länger als 4 bis 6 Zeilen werden zu lassen. Wenn Ihre Signaturdatei
länger ist, vergrößern Sie damit unnötig die Nachricht. Dummerweise kürzen
einige Newsgroups und Mail-Listen die Signaturdateien automatisch auf eine von
ihnen für vernünftig erachtete Länge.

 Sie müssen meistens keine Linie oder andere Unterteiler zwischen Ihre E-Mail-
Nachricht und die Signaturdatei einfügen, da viele E-Mail-Programme sie auto-
matisch einfügen. Senden Sie sich zum Test eine E-Mail, um auszuprobieren, ob
Sie Unterteiler benötigen oder nicht.

Wenn Sie persönliche E-Mails, Newsgroup-Postings oder Nachrichten in Mailing-Listen von
einer Firmen-Domain aus verteilen, haben Signaturdateien noch einen anderen Vorteil: Sie
können einen Satz enthalten, der verdeutlicht, daß die Nachricht persönlich ist und nicht die
Meinung der Firma widerspiegelt.

Eine Signaturdatei zu erstellen, ist relativ einfach. Sie kann sowohl mit Netscape Communicator und Internet Explorer als auch mit E-Mail-Programmen, wie Eudora, Claris, und Pegasus, und mit Leseprogrammen für Newsgroups (*NewsWatcher*) erzeugt werden. Der folgende
Abschnitt behandelt die Erstellungsprozedur mit den Mail-Programmen der beiden Browser
Netscape Communicator und Internet Explorer. Die hier beschriebenen Schritte sind denen in
anderen Programmen sehr ähnlich:

Eine Signaturdatei für den Internet Explorer 4 erstellen

Um eine Signaturdatei für all Ihre Mails zu fertigen, folgen Sie bitte den folgenden Schritten:

1. **Starten Sie den Internet-Explorer.**

2. **Wählen Sie** WECHSELN ZU/E-MAIL.

   Daraufhin startet Outlook Express.

3. **Klicken Sie in Outlook Express auf** EXTRAS/AUTOSIGNATUR.

4. **In der Signatur-Dialogbox können Sie nun Text eingeben.**

5. Wenn Sie das Kontrollkästchen rechts oben aktivieren, werden alle ausgehenden Nachrichten mit dem Text aus dem Textfeld versehen.

6. Nun können Sie das Feld wieder schließen.

Wenn Sie jetzt eine E-Mail im Internet-Explorer schreiben, wird standardmäßig die Signatur angehängt. Die oben beschriebenen Schritte lassen sich für eine Signatur bei Mailing-Listen genauso einsetzen.

Eine Signaturdatei mit dem Netscape Communicator 4 erstellen.

Um im Netscape Communicator eine Signaturdatei einzubinden, müssen Sie die Datei erst in einem Editor erstellen, und dann dem Communicator sagen, wo sie zu finden ist:

1. Gehen Sie in irgendeine Textverarbeitung oder einen Editor (beispielsweise Windows Notepad oder Macintosh Simple Text).

2. Erstellen Sie ein neues Dokument.

3. Geben Sie den Text für Ihre Signatur inklusive aller Returns ein.

4. Speichern Sie die Datei im Textformat und geben Sie Ihr den Namen SIGFILE (Sie können ihr auch einen anderen Namen geben. Merken Sie sich den Namen des Verzeichnisses, in dem Sie die Datei gesichert haben.)

5. Starten Sie den Communicator.

6. Wählen Sie BEARBEITEN/EINSTELLUNGEN.

Es taucht ein Dialogfeld mit einer Reihe von Optionen auf der linken Seite auf.

7. Klicken Sie auf das Plus-Zeichen bei der Option Mails & Newsgroups.

Dadurch erscheinen zusätzliche Optionen für Mails & Newsgroups.

8. Wählen Sie unter Mails & Newsgroups »Eigene Einstellungen«.

Die rechte Seite der Dialogbox verändert sich zu den »Eigenen Einstellungen«.

9. Klicken Sie auf den WÄHLEN-Button auf der rechten Seite des Signatur-Teils.

10. Holen Sie nun die Textdatei, die Sie erstellt haben.

11. Wählen Sie die Datei aus.

Sie sehen nun im Teil für »Eigene Einstellungen« Ihre Textdatei als Signatur, wie in Abbildung 8.5 zu sehen.

12. Klicken Sie auf den OK-Button.

Die EINSTELLUNGEN-Dialogbox verschwindet.

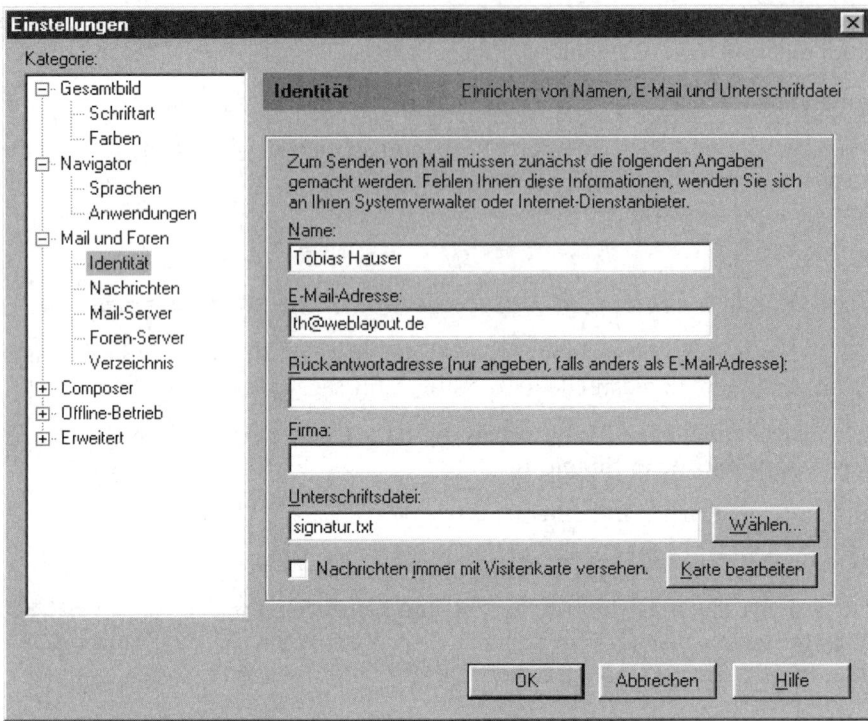

Abbildung 8.5: Eine Signaturdatei im Netscape Communicator auswählen

Wenn Sie jetzt eine neue E-Mail oder ein Newsgroup-Posting mit dem Communicator schreiben, erscheint Ihre Signatur automatisch am unteren Ende der Nachricht, abgetrennt vom Text durch eine Reihe von Strichen.

Wenn Sie tonnenweise E-Mails erhalten

Wenn Sie eine Firmen-Webseite mit E-Mail-Adressen haben, wird kein Weg daran vorbeiführen: Sie werden E-Mails erhalten. E-Mails kommen zu jeder Adresse, die Sie auf Ihren Webseiten angegeben haben, aber auch zu Adressen, die die Kunden auf anderen Seiten als gebräuchlich empfunden haben – Beispiele dafür sind `sales@domain.de`, `info@domain.de` und `webmaster@domain.de`.

Die Arten von Nachrichten, die Sie wahrscheinlich erhalten, sind vielfältig:

✔ Anfragen über Details von Produkten und Dienstleistungen

✔ Kommentare von aktuellen Kunden über Erfahrungen mit Ihren Produkten

✔ Fragen an den Support und den Kundenservice

✔ Bewerbungen von Jobsuchenden

✔ Anfragen von potentiellen Geschäftspartnern nach Joint-Ventures und Kooperationen

✔ Lobbyistische Aussagen dazu, was Leute in Ihrer Firma tun oder versäumen

✔ Spams und Witz-E-Mails

✔ Bestellungen Ihrer Produkte

Egal für wie interessant Sie Ihre Seiten halten, sie werden nahezu immer mehr E-Mail-Traffic erzeugen als erwartet.

Sollten Sie eine E-Mail-Adresse auf Ihre Seite stellen?

Online-Marketing hat immer etwas mit Dialog zu tun. Wenn Kunden auf Ihre Webseiten kommen, dann erwarten sie, daß sie nicht nur Ihre Produkte anschauen, sondern auch mit Ihnen in Kontakt treten können. Deshalb sollte normalerweise eine E-Mail-Adresse auf jeder Webseite stehen. Wenn Sie aber das Gefühl haben, Sie könnten noch nicht mit sehr vielen E-Mails umgehen, und wenn Sie keine kurzen Antwortzeiten garantieren können, dann ist es besser, keine E-Mail-Adresse anzugeben. Denn der Kunde empfindet es als wesentlich schlimmer, wenn seine E-Mail nicht oder zu spät beantwortet wird, als wenn er gar nicht die Möglichkeit hat, E-Mails zu senden.

Vorkehrungen für die Flut treffen

Bevor Sie Ihre E-Mail-Adresse oder Adressen in der Internet-Welt verteilen, müssen Sie planen, wie Sie die möglichen Fluten an E-Mails einteilen. Hier einige Tips zur Planung:

✔ **Kontaktinformationen auf eine einzige Webseite:** Stellen Sie Ihren Kunden alle Kontaktadressen auf einer einzigen Seite zur Verfügung, die von allen anderen Seiten aus erreichbar ist. Dadurch ersparen Sie den Kunden Vermutungen über bestimmte Adressen und sorgen dafür, daß die E-Mails an die richtigen Leute kommen. Außerdem sinkt für Sie die Bearbeitungszeit, und es gehen keine E-Mails verloren. Abbildung 8.6 zeigt eine solche Seite für eine große deutsche Zeitung.

 **Verlinken Sie jede E-Mail-Adresse im Text mit einem »Mailto:«:** Die »Mailto:«-Links erlauben es den Besuchern Ihrer Seiten, direkt auf die E-Mail-Adresse zu klicken. Durch diesen Klick wird eine neue Nachricht geöffnet und automatisch mit Ihrer E-Mail-Adresse versehen. Das Ziel ist, es den Besuchern möglichst einfach zu machen, wenn sie Sie kontaktieren wollen. Besucher, die wegen fehlender Einstellungen im Browser die Vorteile von »Mailto:« nicht nutzen können, haben dennoch die Möglichkeit, Ihnen E-Mails zu senden. Allerdings müssen sie dazu

etwas mehr Aufwand betreiben. Das Einfügen von »Mailto:«-Links wird mittlerweile von allen gebräuchlichen Webseiten-Editoren unterstützt.

✔ Erstellen Sie für die Abteilungen Ihrer Firma jeweils eine eigene E-Mail-Adresse. E-Mail-Server-Software – egal, ob bei Ihrem Provider oder in der Firma selbst – erlaubt es normalerweise, verschiedene E-Mail-Adressen unter einer Domain zu haben, die an einen oder mehrere Empfänger in der Firma verteilt werden. Beispielsweise wird die E-Mail-Adresse sales@domain.de an einen Zuständigen im Vertrieb weitergeleitet. Und über die E-Mail service@domain.de werden die E-Mails an alle Mitarbeiter in der Kundenservice-Abteilung verschickt. Natürlich können Sie solche E-Mail-Adressen auch für Promotion-Aktionen nutzen – beispielsweise gewinnspiel@domain.de.

Die meisten Provider unterstützen Sie bei der Inbetriebnahme mehrerer E-Mail-Adressen unter einer Domain. Wenn der Mail-Server in Ihrer Firma steht, kann Ihre Mail-Server-Software einfach für mehrere E-Mail-Adressen konfiguriert werden.

 Stellen Sie sicher, daß in Ihrer Firma ein Mitarbeiter absolut verbindlich dafür verantwortlich ist, daß alle E-Mails an spezielle Adressen ankommen und beantwortet werden. Wenn eine E-Mail-Adresse an mehrere Empfänger weitergeleitet wird, sollten Sie einen aus dieser Gruppe bestimmen, der die Beantwortung veranlaßt.

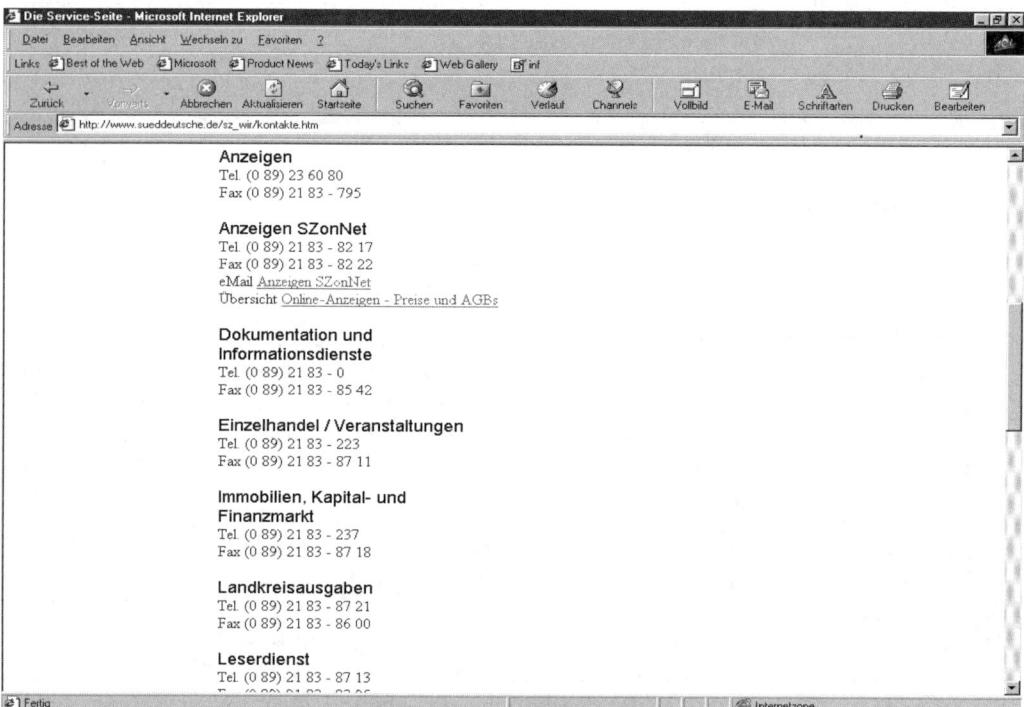

Abbildung 8.6: Eine Seite, auf der jede Menge verschiedener Kontaktadressen der Süddeutschen Zeitung aufgelistet sind.

Die 24-Stunden-Regel

Angenommen Sie schicken einen konventionellen Brief an eine Firma mit der Frage nach Informationen. Sie haben Zeit damit verbracht, den Brief zu schreiben, ihn zu drucken, einen Umschlag vorzubereiten, eine Briefmarke auf den Umschlag zu kleben und den Brief in den Briefkasten zu werfen. Wenn Sie eine Antwort in ein oder zwei Wochen erhalten, sind Sie zufrieden.

Nehmen wir jetzt an, Sie schicken der Firma ein Fax. Sie haben Zeit damit verbracht, das Fax zu schreiben und die Nummer zu wählen. Sie erwarten also eine Antwort in den nächsten zwei Geschäftstagen. Ihre Erwartung gründet sich zum einen auf den Aufwand, den Sie selber hatten, zum anderen auf die Schnelligkeit des Kommunikationsmittels.

Nehmen wir zum Schluß an, Sie senden Ihre Anfrage als E-Mail. Im Gegensatz zum klassischen Brief ist eine E-Mail einfach zu erstellen, sie kann mit einem Mausklick verschickt werden, und kommt Sekunden später an. Deshalb sind die Erwartungen der Kunden an die Geschwindigkeit der Antworten bei E-Mails wesentlich höher als bei Briefen oder Faxen.

 Die beste Regel ist, eine kurze Antwort auf alle E-Mail-Anfragen innerhalb von 24 Stunden zu geben.

Unbeantwortete E-Mails ziehen potentiell hohe Kosten nach sich: Sie sehen sich schnell mit einem unzufriedenen Kunden konfrontiert, der Ihre Service-Kompetenz in Frage stellt. Im Internet kann ein unzufriedener Kunde schnell das Gerücht (oder auch die Wahrheit) über Ihren schlechten Service verbreiten. Dazu dienen ihm die gleichen Dienste, Mailing-Listen, Newsgroups und E-Mails, über die wir als Marketing-Werkzeuge gesprochen haben. Und solche negativen Nachrichten können, wie andere E-Mails auch, über Jahre erhalten bleiben. Wenn es nicht mit Sorgfalt angewandt wird, wird das Marketing-Schwert im Internet schnell zum zweischneidigen Schwert.

Automatische Mails einführen

Wenn Sie eine große Menge an E-Mails erhalten, sollten Sie darüber nachdenken, E-Mails automatisch zu beantworten. Normalerweise verwendet man dazu spezielle Programme, sogenannte »Autoresponder«. Diese beantworten eintreffende E-Mails, indem sie die Betreff-Zeile nach speziellen Wörtern (beispielsweise »Informationen«) durchsuchen oder die Adresse nach Hinweisen auf die Abteilung untersuchen (sales@domain.de). Dann werden vorbereitete Textzeilen zu einer Antwort-Mail zusammengefügt. All dies geschieht völlig automatisch und je nach Programm in sehr unterschiedlicher Qualität.

Autoresponder und automatische Mailing-Listen oder Listen-Server (siehe Kapitel 9) können viele ähnliche Sachen machen. Der Hauptunterschied ist, daß Autoresponder darauf getrimmt sind, jede eingehende Nachricht in Kategorien zu unterteilen und daraufhin eine Antwort-Mail an den Sender zu schicken. Listen-Server-Mailing-Listen erhalten dagegen Nachrichten von einem Mitglied der Liste, duplizieren sie und leiten sie an alle Mitglieder der Liste weiter, um Diskussionen zu vereinfachen.

Autoresponder werden auf Ihrem Server eingerichtet, egal ob er in Ihrem Haus oder beim Provider steht. Provider stellen meist Autoresponder für eine zusätzliche monatliche Gebühr zur Verfügung. Wenn Sie einen eigenen Mail-Server betreiben, gibt es Autoresponder aus vielen verschiedenen Quellen. Eines der bekannteren Shareware-Programme ist Rubberband, erhältlich von Dave Central (www.davecentral.com) oder CNet Shareware (www.shareware.com). Einige Mail-Server und automatische Mailing-Listen, wie Lyris (www.lyris.com) und Metainfo Sendmail (www.metainfo.com), enthalten ebenfalls die Funktionen eines Autoresponders.

Das Internet hat ein starkes Unix-Erbe. Obwohl der Fortschritt bei der Portierung von Programmen auf Macintosh und PC in den letzten 5 Jahren rapide zugenommen hat, gibt es dennoch einige starke Server-Programme, die nur oder am besten mit Unix-Servern arbeiten. Wenn Sie sich nicht Ihre Hände damit schmutzig machen wollen, einen Unix-Server mit Texteditoren wie »vi« aufzubauen, dann sollten Sie die Autoresponder lieber zu Ihrem Provider outsourcen. Wer weiß? Irgendwer bei Ihrem Provider mag es vielleicht, mit Unix zu arbeiten.

Einen Autoresponder sinnvoll einsetzen

Der Vorteil von Autorespondern ist, daß sie ohne allzugroße Anstrengungen Ihrerseits innerhalb von 24 Stunden jede E-Mail beantworten können. Wenn eine E-Mail bei einer Adresse ankommt, sendet der Autoresponder automatisch eine Antwort.

Der Nachteil von Autorespondern kann sein, daß sie unter zu hoher Belastung zusammenbrechen. Ein anderer Nachteil ist, daß die Autoresponder standardisierte Texte senden und nicht auf spezielle Fragen, die persönliche Aufmerksamkeit erfordern würden, antworten können.

Nutzen Sie Autoresponder vorsichtig. Stellen Sie sicher, daß Ihr Besucher weiß, daß er bei der jeweiligen E-Mail-Adresse eine automatisch generierte Antwort erhält. (Sie haben beispielsweise die Möglichkeit, eine E-Mail-Adresse einzurichten, bei der der Kunde automatisch einen Prospekt zugeschickt bekommt.) In automatischen Antworten sollten Sie außerdem eine weiterführende E-Mail-Adresse angeben, mit der der Kunde die Chance hat, einen realen Menschen anzusprechen. Auf diesem Weg können die Kunden eine E-Mail an eine zweite Adresse schicken, wenn die Mail des Autoresponders ihre Fragen nicht ausreichend beantwortet hat.

Wenn Sie einen Autoresponder verwenden, denken Sie darüber nach, daß Ihre Antwort nicht individuell, sondern automatisch generiert ist. Sagen Sie deshalb dem Sender der Anfrage, daß es sich um eine automatisch generierte Antwort handelt, und lassen Sie ihn wissen, daß Sie innerhalb von 24 Stunden beziehungsweise eines Geschäftstages persönlich antworten werden. Und halten Sie dieses Versprechen dann auch ein.

Verrückte E-Mails

Nicht jede E-Mail, die Sie erhalten, wird einfach zu klassifizieren sein, und einige sind vielleicht verrückt und »abgedreht«.

Da das Verschicken von E-Mails so einfach ist, werden Sie mit unüberlegten, unverständlichen Fragen oder mit Fragen, die Sie irritieren sollen, die nichts mit Ihren Produkten, Ihrem Geschäft oder gar Ihrem Leben zu tun haben, konfrontiert. Diese E-Mails können die Form flacher Statements (»Als Ihre Firma gegründet wurde, standen die Sterne günstig.«) oder Fragen (»Wieviele Cornflakes essen Ihre Mitarbeiter pro Tag?«) annehmen.

Da schwer zu beurteilen ist, ob es sich bei dem Fragenden um einen 12jährigen Jungen oder um einen millionenschweren Kunden, der Ihr Antwortverhalten testen will, handelt, ist der sicherste Weg, einmal durchzuatmen und die Frage sich für einige Minuten setzen zu lassen. Dann sollte man geradeheraus und sehr kurz antworten.

Eine andere Möglichkeit, auf solch eine Frage zu reagieren, ist mit einer Gegenfrage: »Von dieser Seite haben wir das nie betrachtet. Warum fragen Sie das so?« Sie können dann nur hoffen, daß die Frage vom Sender präzisiert wird, oder er gar nicht mehr fragt.

Als letzte Reaktion ist die klassische Antwort von Lucy auf Charlie Browns philosophische Fragen im Comic »Peanuts« zu nennen: »Wir hatten letzte Woche daheim dreimal Spaghetti.«

E-Mails in Massen versenden

Von Zeit zu Zeit möchten Sie vielleicht E-Mails verschicken - Tonnen von E-Mails. Im folgenden haben wir einige Gründe für das Versenden von Massen-E-Mails aufgelistet:

✔ Sie haben einen Verkaufstermin und wollen Ihre bevorzugten Kunden rechtzeitig davon in Kenntnis setzen.

✔ Sie vertreiben ein neues Produkt und möchten alle informieren, die darum gebeten haben.

✔ Sie haben ein bestehendes Produkt um Funktionen erweitert (oder einen Fehler entdeckt) und müssen die Besitzer des Produkts informieren.

✔ Sie haben Ihre Telefonnummer, Ihren Firmensitz oder einfach nur Ihre E-Mail-Adresse geändert und wollen sie Ihren Kunden, Käufern und Geschäftspartnern mitteilen.

Diese Informationen in einer Mail nach der anderen zu verteilen, ist weder besonders effizient noch besonders klug. Die Lösung für das Versenden von Massen-E-Mails ist, eine Liste von E-Mail-Adressen zu erstellen und zu pflegen. Von essentieller Bedeutung ist dabei, daß Sie mehrere Gruppen individueller E-Mail-Adressen erstellen, und daß jede Gruppe von Adressen einem Zweck zugeordnet ist.

Eine E-Mail-Mailing-Liste erstellen

Am einfachsten bauen Sie eine einfache E-Mail-Mailing-Liste mit Ihrem E-Mail-Programm auf. (Größere E-Mail-Listen werden in Kapitel 9 behandelt.) Netscape Communicator, Internet Explorer, die AOL- und CompuServe-Software, Eudora, Pegasus und Claris sind nur einige unter vielen Programmen, die mit Gruppen von Adressen in Adressbüchern umgehen können (siehe Abbildung 8.7).

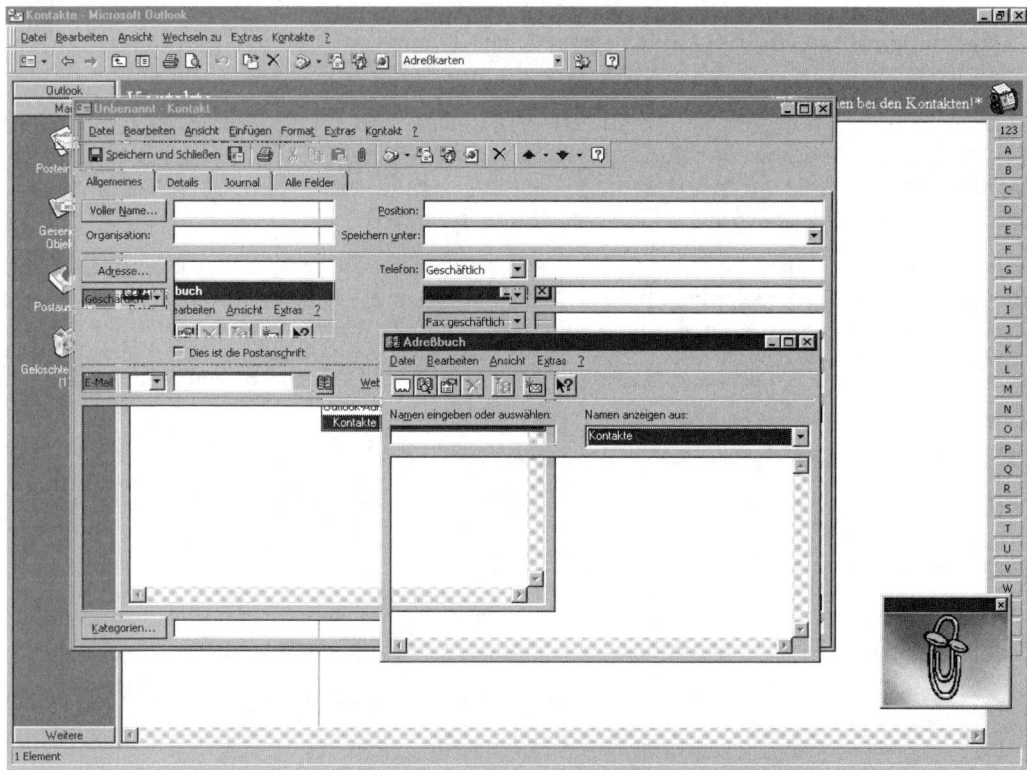

Abbildung 8.7: Das Adressbuch von Outlook Express

Die Quellen, aus denen Sie E-Mail-Adressen beziehen, können so vielfältig sein wie die Anlässe, aus denen Sie welche verschicken:

✔ **Existierende Kundenlisten:** Sie haben wahrscheinlich bereits eine solche Liste, wenn Sie Ihre Kunden bei Registrierungen, Bestellungen und in Antworten auf Mailings nach einer E-Mail-Adresse gefragt haben. (Wenn Sie das noch nicht getan haben, sollten Sie das schleunigst nachholen.)

✔ **Fragen nach Informationen, die durch Besuche auf Ihrer Homepage entstanden sind.**

✔ **Kundenlisten von Geschäftspartnern:** Beispielsweise erhält ein Buchshop eine E-Mail-Liste vom Verleger, damit er den Start eines neuen Buchs ankündigen kann. Diese Sache kann allerdings einen Haken haben. Sie sollten deshalb zusammen mit Ihrem Geschäftspartner überprüfen, ob die potentiellen E-Mail-Empfänger auch ihr OK zum Erhalt von Werbe-E-Mails gegeben haben.

Die richtige Nachricht erstellen

Der erste Schritt beim Senden einer Nachricht an eine Liste von Leuten ist, die Nachricht zu verfassen. Der zweite Schritt ist, sie zu adressieren. Und der dritte ist, den Senden-Knopf zu drücken. Widerstehen Sie der Versuchung, dies sofort zu machen. Dadurch, daß sich E-Mails so leicht erstellen und an Hunderte von Leuten verschicken lassen, wendet man oftmals nicht soviel Zeit zum Überlegen und Planen auf wie bei anderen Marketing-Materialien (Broschüren, Direkt-Mailings etc.). Nehmen Sie sich die Zeit. Bevor Sie irgendetwas zu einer Gruppe von Leuten mailen, gehen Sie bitte kurz folgende Liste durch:

✔ **Passen Stil und Tonfall der Nachricht zum Image Ihres Unternehmens?** Der Stil, den eine Marketing-E-Mail haben sollte – wir haben ihn bereits in diesem Kapitel besprochen –, gilt nicht nur für eine persönliche, sondern auch für eine Massen-E-Mail. Vielleicht sogar besonders für eine Massen-E-Mail. Denn viele dieser Massen-E-Mails werden an Leute geschickt, die vielleicht nur gelegentlich an Produkten und Angeboten von Ihnen interessiert sind, aber die ein feinfühliges Ohr für einen falschen Ton in der Nachricht haben. Alle diese Leute sind dann für Ihr Unternehmen als Kunden verloren!

✔ **Sagen Sie genug?** Wenn die Nachricht von Leuten gelesen wird, die mit Ihren Produkten und Ihrer Firma nicht besonders vertraut sind, müssen Sie genug Hintergrundinformationen mitliefern, um sie zufrieden zu stellen. Vergessen Sie vor allem nicht Standardinformationen, wie Ihren Firmennamen, den Produkt- oder Servicenamen und die Kontaktmöglichkeiten. (Sogar die, die es eigentlich besser wissen müßten, machen solche Fehler: Wir haben beispielsweise die Presse-E-Mail einer PR-Agentur erhalten, in der ein neues Softwareprodukt vorgestellt wurde – in dieser E-Mail war der Name des Software-Herstellers nicht genannt!)

✔ **Verkaufen Sie genug?** Egal, was der Grund für Ihre Massen-Mail war, sie sollte eine Aufforderung zum Handeln beinhalten. Wenn die Nachricht dazu bestimmt ist, ein neues Produkt bekannt zu machen, dann sagen Sie, wo man es bestellen kann. Soll mit der Nachricht die Änderung Ihrer Telefonnummer verkündet werden, dann müssen Sie die Leute auffordern, die Nummer in Ihrem Adressbuch zu ändern (oder neu einzutragen). Die Aufforderung darf natürlich nicht zu aufdringlich klingen, aber sie sollte auf keinen Fall weggelassen werden.

✔ **Besteht die Nachricht aus reinem ASCII-Text?** Einige E-Mail-Programme (das Mail-Programm von AOL sowie Eudora und Browser, die HTML-Mail unterstützen) erlauben es Ihnen, eine E-Mail mit farbigem Text, verschiedenen Schriften und unterstrichen zu versenden. Leider sind diese Funktionen von den meisten E-Mail-Programmen nicht lesbar.

Dadurch wird die Nachricht für den Empfänger manchmal zerstückelt oder unvollständig.

✔ **Machen Sie es den Kunden einfach, sich aus der E-Mail-Liste austragen zu lassen?** Viele Leute, die sich vor längerer Zeit dafür entschieden haben, Informationen über Ihre neuesten Produkte zu erhalten, werden sich vielleicht eines Tages anders entscheiden. Deshalb sollte im oberen Teil der E-Mail klar und deutlich stehen, wie man die Info-Mails wieder abbestellen kann. Dies sollte für den Kunden nicht mehr Aufwand sein, als eine E-Mail zurückzuschicken, in der er schreibt, daß er keine Nachrichten mehr erhalten will – und natürlich sollte dem Wunsch sofort entsprochen werden.

✔ **Senden Sie blinde CarbonCopies?** Wenn Ihre Mail an viele Leute geschickt wird, wollen Sie wahrscheinlich nicht, daß jeder, der die Nachricht erhält, die Namen von allen sieht, die auch eine Mail erhalten. Um dies zu vermeiden, verwenden Sie einfach die Option blinde CarbonCopie (bcc) in Ihrem E-Mail-Programm. Hier eine kurze Anleitung: Wählen Sie, wenn Sie die Mails adressieren, an Stelle von CarbonCopie (cc) blinde CarbonCopie (bcc). Damit wird die komplette E-Mail-Liste für jeden Empfänger der Mail unsichtbar. Alle Empfänger werden es Ihnen danken, wenn sie jetzt nicht mehr durch eine ewig lange Liste mit E-Mail-Adressen scrollen müssen, bevor sie die eigentliche Nachricht lesen können.

✔ **Haben Sie Ihre Mail getestet?** Schicken Sie, bevor Sie die Schleusen öffnen und alle Mails versenden, erst eine Test-Mail von einer Ihrer E-Mail-Adressen an eine andere. Dadurch erkennen Sie frühzeitig jede Art von Formatierungsproblemen, die die Empfänger Ihrer Nachricht verwirren oder verärgern könnten. Außerdem gibt Ihnen die Test-Mail nochmals Gelegenheit, den Inhalt der Nachricht zu prüfen.

✔ **Muß Ihre Nachricht wirklich per E-Mail verschickt werden?** Dieser Rat mag in einem Buch über Marketing Online vielleicht ketzerisch klingen, aber nicht jede Nachricht muß oder kann über E-Mail versendet werden. Wenn die Nachricht sehr komplex und detailliert ist oder eine kontroverse Meinung vertritt, sollten Sie andere »Transportmittel« wie einen Brief oder ein Telefonat vorziehen. Bei einer E-Mail besteht nämlich die Gefahr, daß Sie Ihre gesendete Mail extrem schnell und mit bissigen Kommentaren versehen zurückbekommen, wenn irgendetwas nicht klar genug formuliert oder mißverständlich war.

HTML-Mails: Versuchung und Falle

In beiden großen Browsern, Netscape Communicator 4 und Internet Explorer 4, ist eine Funktion integriert, die sich HTML-Mail nennt. (Netscape war bei HTML-Mail der erste.) HTML-Mails erlauben es, wie HTML bei Internet-Seiten, in die Mails Grafiken, Links und formatierten Text (und einige Sachen mehr) einzubinden.

Sie kommen jetzt vielleicht in Versuchung, eine langweilige E-Mail mit den HTML-Mail-Funktionen aufzupeppen. Unser Rat: Tun Sie es nicht, bevor Sie sich nicht absolut sicher sind, daß jeder, der die Mail erhält oder sie weitergeleitet bekommt, HTML-Mails korrekt empfängt.

Wenn das nicht der Fall ist, senden Sie eine perfekte Nachricht an jemanden, der sie überhaupt nicht lesen kann. Ein Beispiel finden Sie in Abbildung 8.8. Was Ihr Empfänger hier sieht, ist reiner Text, unterbrochen von häßlichen HTML-Tags.

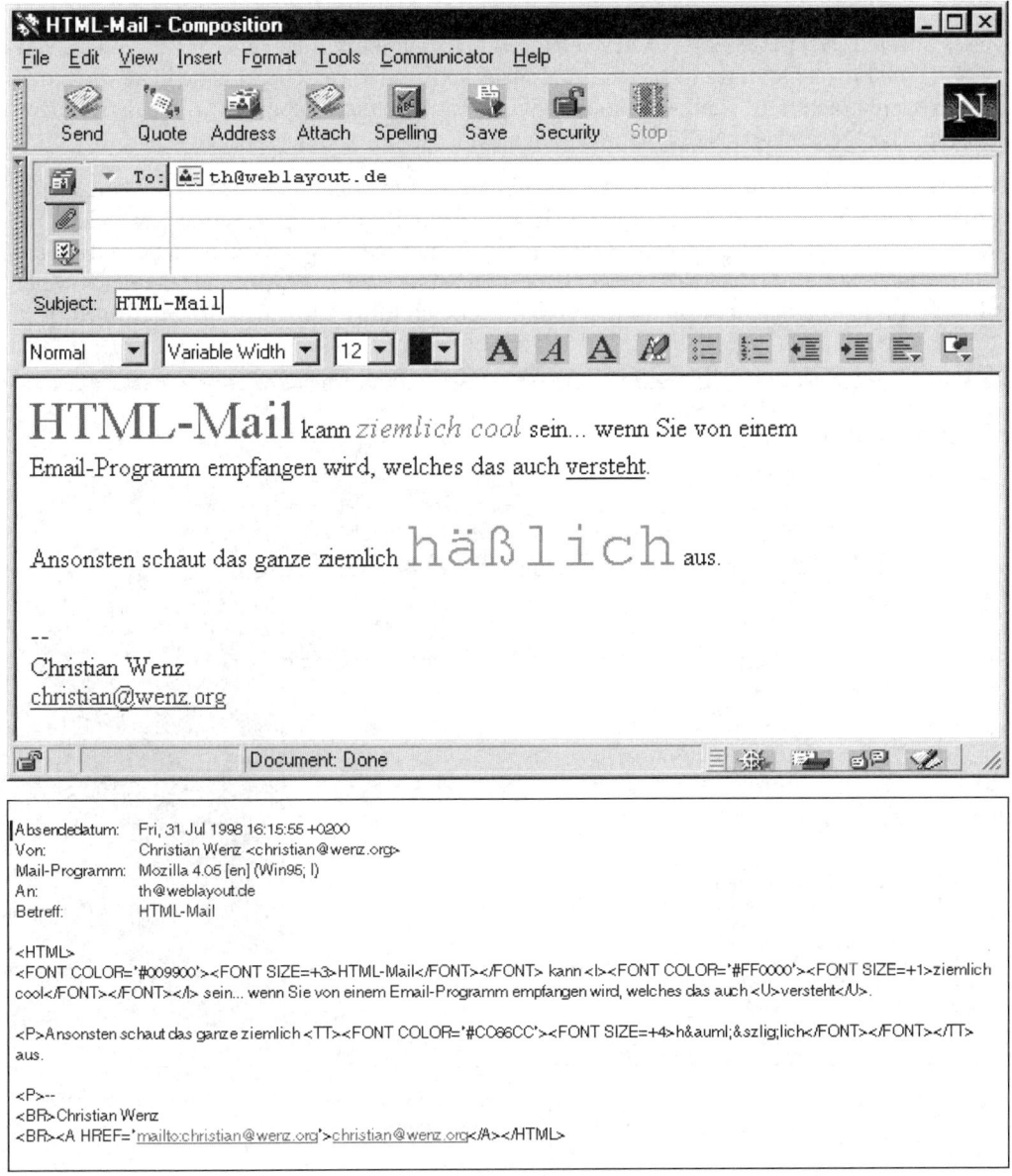

Abbildung 8.8: HTML-formatierte Mail, vorher und nachher

Spam (Werbe-E-Mails): Die Vor- und (vor allem) Nachteile

So sicher, wie der Sommer auf den Frühling folgt und es in der Antarktis kalt ist, so sicher ist es auch, daß Online-Marketing-Anfänger auf die Idee kommen, Massen-Mails an Leute zu schicken, die nie zuvor bei ihrer Firma angefragt haben. Diese unerwünschten Massen-Mails heißen *Spams*.

Dieses automatisierte Gegenstück zur telefonischen Kaltakquise ist sehr verführerisch. Warum soll eine Firma nicht, wenn sie bereits E-Mails an Kunden verschickt, eine Liste von einem Dritten dazukaufen und sehen, wieviele Empfänger auf der Liste anbeißen? Ein paar hundert - oder ein paar tausend – E-Mails mehr erhöhen die Kosten nur unwesentlich.

Leider sind Kosten nicht immer mit Geld meßbar. Kosten entstehen auch durch den Verlust von Ansehen und durch Probleme mit der Justiz. Die meisten Internet-Service-Provider (ISP) und kommerziellen Online-Dienste verbieten den Teilnehmern, Spams zu versenden. Übertreten Sie das Verbot, so ist die Reaktion auf den ersten Versuch eine Verwarnung oder der vorübergehende Ausschluß aus dem Dienst. Der zweite Versuch führt zum endgültigen Ausschluß.

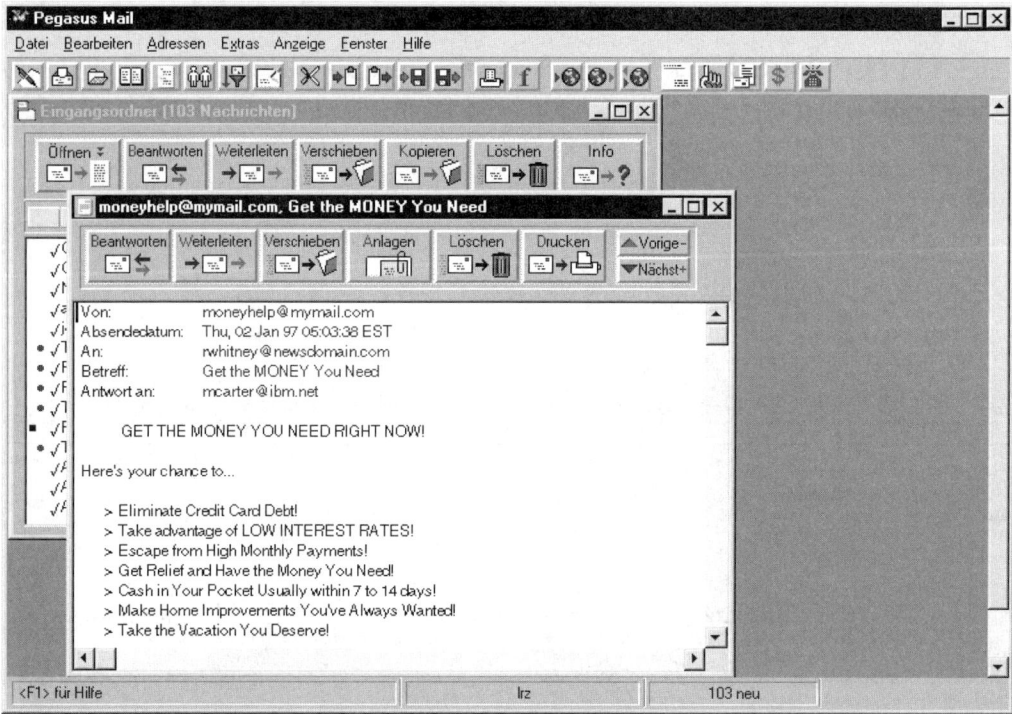

Abbildung 8.9: Eine typische Spam-E-Mail, die so modifiziert wurde, daß man den »Verursacher« nicht mehr erkennen kann.

Außerdem gehen viele ISPs und Online-Dienste auch auf gerichtlichem Wege gegen die Verfasser von Spams vor. Bei uns in Deutschland ist das Senden von Spams nämlich, genau wie das Versenden von nicht gewünschter Werbung per Fax, verboten.

Verwenden Sie deshalb bitte keine Spam-E-Mails. Das würde Sie mehr kosten als es Ihnen einbringt.

Spams sind auch als »unsolicited commercial e-mail« Werbemail, »bulk e-mail« und »junk e-mail« bekannt.

Handelt es sich um Spams?

Nicht jede E-Mail, die etwas verkaufen will, ist ein Spam. Bevor Sie eine Massen-Mail verschicken, sollten Sie die folgenden drei Fragen beantworten:

✔ **Hat der Empfänger um die Nachricht gebeten?** Wenn jemand Informationen von Ihnen möchte, ist es nicht unhöflich oder aufdringlich, ihm diese Informationen zuzusenden. Der Kunde wäre eher verärgert, wenn er die Informationen nicht erhalten würde. Sie sollten allerdings in Ihrer Nachricht immer darauf Bezug nehmen, daß Sie ihm die Antwort auf seine Anfrage zusenden.

✔ **Haben Sie eine existierende Geschäftsbeziehung mit dem Empfänger?** Wenn der Empfänger Ihrer Massen-E-Mail ein ehemaliger oder aktueller Kunde, Käufer oder Geschäftspartner ist, dann handelt es sich bei Ihrer Mail in den meisten Fällen nicht um Spam.

✔ **Handeln Sie im Auftrag eines Geschäftspartners, der die Kundenbeziehung unterhält?** Diese Situation ist ein wenig schwieriger. Greifen wir ein Beispiel von vorhin nochmals auf: Wenn Sie einen Buchladen im Internet betreiben und die Mail-Liste eines Verlages verwenden, um den Kunden mitzuteilen, daß Sie das Buch des Verlages im Sortiment führen, dann arbeiten Sie natürlich mit einer Mail-Liste, die nicht direkt von Ihnen erstellt wurde. Sie müssen deshalb darauf vertrauen können, daß die Liste des Verlages in verantwortungsvoller Art und Weise entstanden ist und keine E-Mail-Adressen aus den Quellen Dritter oder von Online-Foren, Newsgroups und Kundenprofilen der Online-Dienste enthält. Sie sollten außerdem am Beginn der E-Mail erklären, warum Sie eine E-Mail-Nachricht an die Kunden Ihres Geschäftspartners schreiben.

Wenn Sie eine der drei Fragen mit Ja beantworten konnten, dann dürfen wir Ihnen gratulieren. Bei Ihrer E-Mail handelt es sich nicht um Spam, und die Empfänger werden sich von Ihrer Nachricht nicht belästigt fühlen.

Warum Spams auf großen Widerstand stoßen

Viele Neulinge im Online-Marketing verstehen nicht sofort, warum Spams bei den Empfängern so vehementen Widerspruch hervorrufen. Sicherlich spielt der Kostenfaktor eine Rolle, denn für das Abholen der Mails verbraucht man wertvolle Online-Zeit und teure Telefongebühren. Aber das ist nicht alles. Spams werden auch als Belästigung empfunden, die Zeit stiehlt. Man sieht in ihnen eine wesentlich schlimmere Belästigung als in Werbebriefen oder Direkt-Mailings. Im folgenden haben wir einige mögliche Gründe neben den Kosten und der verlorenen Zeit aufgelistet:

✔ **Spams sind zu einfach zu erstellen.** Normale Briefe erzeugen für die Versender hohe Kosten, sei es für Kopien, Druck oder für Briefmarken und Umschläge. Dadurch erhält man nicht von jedem Billiganbieter Werbepost. Spams sind eher mit Handzetteln vergleichbar. Sie sind einfach zu erstellen und zu senden. (Oder wann haben Sie das letzte Mal per Brief russische Frauen angeboten bekommen; was meinen Sie, wieviele Spams zu diesem Thema schon in unseren Mail-Körben zu finden waren?!)

✔ **Spams sind verwirrend.** Es ist schwer, von der Themenzeile der Mail auf Ihren Inhalt zu schließen. Deshalb kann man, im Gegensatz zu normalen Briefen, Handzetteln oder Prospekten wesentlich schwerer beurteilen, ob es sich um Werbung handelt. Man fühlt sich meist ein wenig in die Falle gelockt.

✔ **Spams sind zu persönlich.** Die Ablehnung von Spams mag auch daher kommen, daß E-Mails als wesentlich persönlicheres Kommunikationsmedium empfunden werden als beispielsweise Briefe. Die Mails kommen ins Haus oder direkt auf den Computer am Arbeitsplatz, dies scheint die Privatsphäre vieler Leute empfindlich zu verletzen.

Was auch immer nun der Grund sein mag, daß Spams so schlecht ankommen, sie sind, wie oben schon erwähnt, schlichtweg verboten. Lassen Sie also einfach die Finger davon!

Marketing mit Internet-Mailing-Listen

In diesem Kapitel

▶ Verstehen, wie E-Mail-Listen funktionieren

▶ An einer Liste teilnehmen

▶ Die eigene Marketing Mailing-Liste einrichten

▶ Ihre Mailing-Liste an andere vermarkten

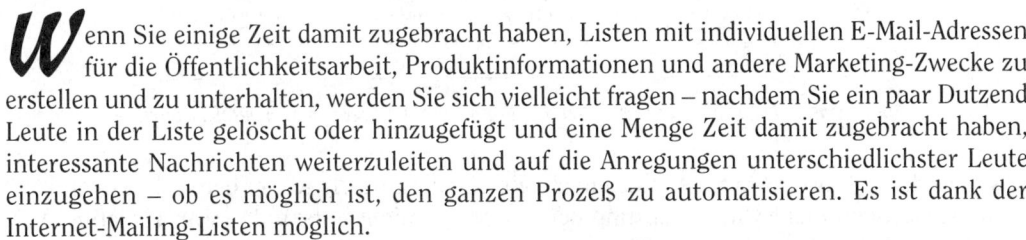

*W*enn Sie einige Zeit damit zugebracht haben, Listen mit individuellen E-Mail-Adressen für die Öffentlichkeitsarbeit, Produktinformationen und andere Marketing-Zwecke zu erstellen und zu unterhalten, werden Sie sich vielleicht fragen – nachdem Sie ein paar Dutzend Leute in der Liste gelöscht oder hinzugefügt und eine Menge Zeit damit zugebracht haben, interessante Nachrichten weiterzuleiten und auf die Anregungen unterschiedlichster Leute einzugehen – ob es möglich ist, den ganzen Prozeß zu automatisieren. Es ist dank der Internet-Mailing-Listen möglich.

In diesem Kapitel zeigen wir Ihnen, wie Sie in Ihrem Geschäft automatisierte Mailing-Listen verwenden können. Wir zeigen Ihnen, wie Sie die für Ihren Zweck geeignete Mailing-Liste finden, und wie Sie am besten vorgehen, um sie zu Ihrer eigenen zu machen und sie zu vermarkten.

 Vergessen Sie nicht das Internet-Verzeichnis dieses Buchs, auf denen Sie die Adressen von einigen Mailing-Listen finden, die sich um das Thema Online-Marketing drehen.

Was ist eine Mailing-Liste?

Obwohl der Begriff *Mailing-Liste* für langjährige Nutzer des Internet völlig klar ist, kann er bei vielen Marketing-Fachleuten doch einige Verwirrung hervorrufen. Er wird nämlich mit den Mailing-Listen in der Offline-Welt verwechselt. Eine Internet-Mailing-Liste ist aber im Gegensatz dazu keine Sammlung von E-Mail-Adressen, die man kaufen und dann mit Werbung zupflastern kann. Eine Internet-Mailing-Liste ist eine Gemeinschaft von Internet-Nutzern – die sich freiwillig dafür entschieden haben, an dieser Liste zu partizipieren, indem sie die Informationen über ein bestimmtes Thema erhalten wollen oder Themen per E-Mail diskutieren. Diese zwei Arten von Listen sind auch unter dem Namen »broadcast list« (von broadcast = ausstrahlen), und »discussion list« (Diskussionsliste) bekannt. Internet-Mailing-Listen unterscheiden sich von Mailing-Listen, die Sie mit Ihrem Mail-Programm erstellen können, durch die weitgehende Automatisierung – Teilnehmer dürfen sich selbst in die Liste ein- und austragen. Und bei Diskussionslisten werden E-Mails, die an eine einzige Adresse geschickt werden, automatisch an alle Teilnehmer der Liste verteilt (siehe Abbildung 9.1).

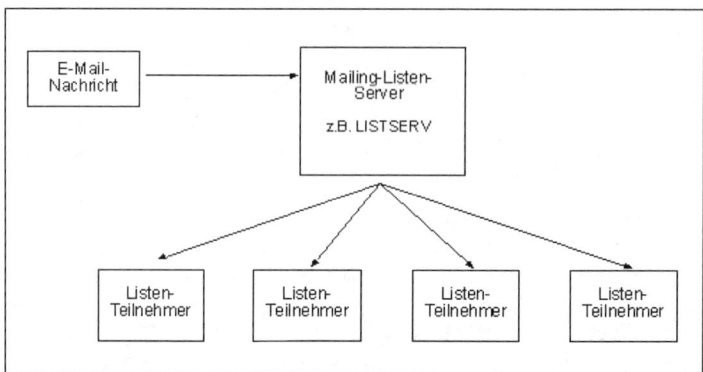

Abbildung 9.1: Eine einzige Nachricht, die an viele Nutzer weitergeleitet wird.

Internet-Mailing-Listen stammen aus einer Zeit, als alles, was heute in der Online-Welt sehr bekannt ist, noch nicht von Bedeutung oder noch gar nicht entstanden war, einschließlich World Wide Web, AOL und Spams. Die erste Internet-Mailing-Liste wurde Mitte der 80er Jahre über Bitnet, einem weltweiten Netzwerk, das Forschungs- und Bildungsinstitutionen verband, initiiert. Heute halten Mailing-Listen Newsletter (Mails mit Neuigkeiten) und Diskussionen zu nahezu jedem Thema zur Verfügung: Mailing-Listen, in denen diskutiert wird, welche Computer-Produkte die Besten sind, wie man Golden Retriever züchtet und wie man Online-Marketing betreibt. Und da die Listen auf spezielle Themen und Geschäftsbereiche zugeschnitten sind, eignen sie sich natürlich hervorragend fürs Online-Marketing, egal ob als Quellen oder Werkzeuge.

Sich bei einer Mailing-Liste eintragen

Das Herzstück einer jeden Internet-Mailing-Liste ist der Listen-Server. Das ist die Software, die die Mailing-Liste am Laufen hält. Es gibt einige verschiedene Listen-Server, der bekannteste von Ihnen ist der LISTSERV von L-Soft International. Allen Listen-Servern ist eines gemeinsam: Sie erlauben die Anmeldung per E-Mail.

Das heißt, die einzige Voraussetzung, die Sie für die Teilnahme an Mailing-Listen mitbringen müssen, ist, E-Mails senden und empfangen zu können. Das ist der Vorteil von Mailing-Listen: Im Gegensatz zu Newsgroups (Kapitel 10) müssen Sie nicht die Diskussion suchen. Sobald Sie sich bei einer Mailing-Liste eingetragen haben, erreichen die Nachrichten automatisch Ihr Postfach, wo Sie sie nach Gutdünken durchschauen können.

LISTSERV gegen den Rest der Welt

Bei vielen Dingen ist es das Beste, beim Marketing der Erste zu sein. Fragen Sie nur Tempo, Fiberglas oder Tesa. Ihre Namen wurden nahezu Synonyme für die Produkte einer ganzen Produktkategorie.

Das erste automatische Mailing-Listen-Programm, das weite Verbreitung für elektronische Diskussionen fand, wurde 1986 entwickelt. LISTSERV war ursprünglich für IBM Mainframe-Rechner konzipiert – Mainframe-Junkies nennen sie »big iron« PC-Nutzer nennen sie Dinosaurier –, wurde dann aber für die Verwendung in 15.000 öffentlichen Mailing-Listen auf verschiedene Versionen von Unix, auf VM, VMS, Windows NT, Windows 95 und auf einige andere konkurrierende Betriebssysteme portiert.

Heute ist der Name LISTSERV, da er das erste Produkt seiner Art war, auf ewig mit den automatischen Mailing-Listen verbunden. Von Zeit zu Zeit hört man sogar von Mailing-Listen, die einfach als »Listservs« bezeichnet werden. Gerechtigkeitsfanatikern mag diese Tatsache Herzflattern verursachen, aber diese Art von Ruhm für ein einzelnes Produkt ist im Marketing unbezahlbar.

Beim Einschreiben funktioniert eine Mailing-Liste wie die andere, egal unter welchem Listen-Server-Programm sie läuft. Um sich in eine Mailing-Liste einzutragen, müssen Sie meistens so vorgehen:

1. **Finden Sie Namen, Thema und E-Mail-Adresse einer interessanten Mailing-Liste heraus, und senden Sie eine E-Mail an die Adresse der Listen-Verwaltung. Sie hat normalerweise die Form:**

   `listserver@host.domain`

   (Siehe Abschnitt »Die richtige Liste finden« weiter unten in diesem Kapitel, um eine interessante Liste herauszusuchen.)

2. **Schreiben Sie in den Body der E-Mail das Wort »suscribe« (bei einer englischen Liste, bei deutschen Listen je nach Konvention der Liste), und dahinter den Namen der Liste. Das Ganze sollte dann ungefähr so aussehen:**

   suscribe NamederListe

Die verschiedenen Mailing-Listen-Server können leicht unterschiedliche Einschreibungskonventionen haben. Beispielsweise muß man bei einigen »Suscribe NamederListe« in das Themenfeld der Mail schreiben, oder der Wortlaut unterscheidet sich. Achten Sie deshalb auf die Instruktionen, die für die Liste gelten, in die Sie sich einschreiben.

Einige Listen-Server senden Ihnen eine E-Mail, in der sie nachfragen, ob Sie sich auch wirklich eintragen wollen. (Dies dient zur Vorsorge, um Mails, die mit falschen Angaben zur Person und zur E-Mail-Adresse eingehen, auszusondern.) Sobald der Listserver eine bestätigende

E-Mail von Ihnen erhält, werden Sie zum Teilnehmer der Liste. Die erste Nachricht, die Sie von der Liste erhalten werden, ist die Willkommens-Nachricht. Sie enthält wichtige Details, wie beispielsweise die Beschreibung der Liste, die in der Liste geltenden Regeln, eine Anleitung, wie man eine E-Mail an alle Teilnehmer der Liste schickt, und die Befehle-Referenz – inklusive einer Schilderung, wie man sich aus der Mailing-Liste wieder austragen kann.

Von diesem Zeitpunkt an erhalten Sie jede Nachricht, die an die Liste geschickt wird, bis Sie sich mittels einer E-Mail an die Listen-Verwaltung wieder streichen lassen.

 Wenn Sie versucht sind, die Willkommens-Nachricht zu löschen, lassen Sie es! Das Wichtigste in dieser Nachricht ist die Befehle-Referenz – und die Adresse der Listen-Verwaltung, an die Sie Befehle senden können.

Nahezu alle Mailing-Listen unterhalten zwei getrennte E-Mail-Adressen: die Listen-Adresse, an die Sie Nachrichten schicken können, die jeder Teilnehmer der Liste erhält (gewöhnlich `listenname@host.domain`), und die Adresse der Listen-Verwaltung, an die Sie Befehle und Fragen schicken müssen (normalerweise `listenserver@host.domain`).

Wenn Sie die Willkommens-Nachricht löschen und nicht zufällig ein fotografisches Gedächtnis haben, dann wissen Sie den Befehl zum Verlassen der Liste (engl. unsuscribe) nicht mehr. Und andere Teilnehmer der Liste finden nur wenige Sachen irritierender, als wenn sie Nachrichten wie Folgende erhalten: »Hilfe! Ich komme nicht mehr aus dieser Liste, wer kann mich austragen?« Wir wissen, wovon wir sprechen - uns ist das passiert!

Einige Mailing-Listen haben eine Webseite, in der man sich direkt für die Mailing-Liste ein- und austrägt. Dazu gehört auch die englische Webseite der Dummy-Reihe (`www.dummiesdaily.com`), die Sie in Abbildung 9.2 sehen. Durch diese Art von Mailing-Liste müssen Sie sich nicht mehr an Verwaltungs-Befehle erinnern, sondern nur noch an die URL einer Seite. Aber werfen Sie auch da nicht gleich die Willkommens-Nachricht weg, denn eine URL vergißt sich schnell.

Variationen der Mailing-Listen

Erwartungsgemäß gibt es bei Mailing-Listen mittlerweile einige Variationen zu dem Thema »eine Nachricht an viele«. Internet-Mailing-Listen sind ursprünglich für die Diskussion gedacht. Eine ständig wachsende Variante ist allerdings der *Newsletter* (siehe oben: »broadcasting list«). Beispiele dafür sind die Dummy Daily List von IDG, AnchorDesk von ZDNet oder der Newsletter von Spiegel-Online. Diese Art von Liste kann sehr groß werden: L-Soft, der Produzent von LISTSERV, weiß von einer Liste für Neuigkeiten aus der Computer-branche, die nahezu 3 Millionen Teilnehmer hat. Das ist eine Menge an E-Mail-Adressen für einen Listen-Server, der unter einer Verwaltungs-Adresse läuft, und es ist sicherlich mehr Arbeit, als Sie dafür aufbringen wollen.

Aber was Broadcast- und Diskussions-Listen gemeinsam haben, ist, daß sie komplett auf E-Mails basieren und daß Teilnehmer sich sehr einfach selbst einschreiben oder austragen können.

Von Diskussionslisten gibt es allerdings noch einige Varianten.

Abbildung 9.2: Die Registrations-Seite für den Newsletter der amerikanischen Dummies

Moderierte gegen freie Listen

Bei einer Diskussions-Liste für Gartenbau werden Sie nur sehr wenig Zensur erleben. Eine E-Mail, die an den Listen-Server gesendet wurde, geht automatisch an alle Teilnehmer der Liste. Der Haken daran ist, daß, wenn sich die Teilnehmer der Liste nicht selbst immer wieder eindringlich zur Ordnung aufrufen, solche unmoderierten Listen dazu tendieren, mit persönlichen Kommentaren, einzeiligen Nachrichten (z.B. »Danke««Bitte« etc. – lachen Sie nicht, das nervt wirklich!) und den unvermeidbaren Spams überfrachtet zu werden.

Deshalb ist ein Moderator meist vorzuziehen. In einer moderierten Diskussions-Liste wandern alle eingehenden E-Mails durch die Hände des Moderators und werden auf Themenrelevanz, auf nicht zu häufige Wiederholungen des schon Gesagten und auf Einhaltung der Netiquette überprüft. Außerdem werden Spams und illegale Nachrichten aussortiert und die Sender aus der Liste befördert. Der Moderator mildert auftretende *Flame-Kriege* und unterbindet den Austausch von feindlichen Nachrichten (siehe Kapitel 8). Dies allein wäre es wert, eine moderierte Liste einer unmoderierten vorzuziehen.

Einzelne Nachrichten gegen Zusammenfassungen

Wenn eine Diskussions-Mailing-Liste wächst oder die Diskussionen hitziger werden, kann die Anzahl der Nachrichten Ihr E-Mail-Postfach sprengen. Viele Listen bieten Ihnen für diesen Fall eine Art Zusammenfassung an.

Dabei werden einfach alle Nachrichten, die innerhalb eines bestimmten Zeitraumes eintreffen, oder eine festgesetzte Anzahl von Nachrichten in einer E-Mail ungekürzt zusammengefaßt und verschickt (dies nennt man *Digest*; siehe Abbildung 9.3). Der Vorteil dieser Methode ist, daß Sie wesentlich weniger Nachrichten erhalten und der Diskussion einfacher folgen können. Der Nachteil ist, daß die Nachrichten erst mit einer gewissen Zeitverzögerung eintreffen. Da es sich hierbei meist um höchstens einen Tag handelt, stellt dies nur in Branchen mit sehr schnellem Informationswandel ein Problem dar.

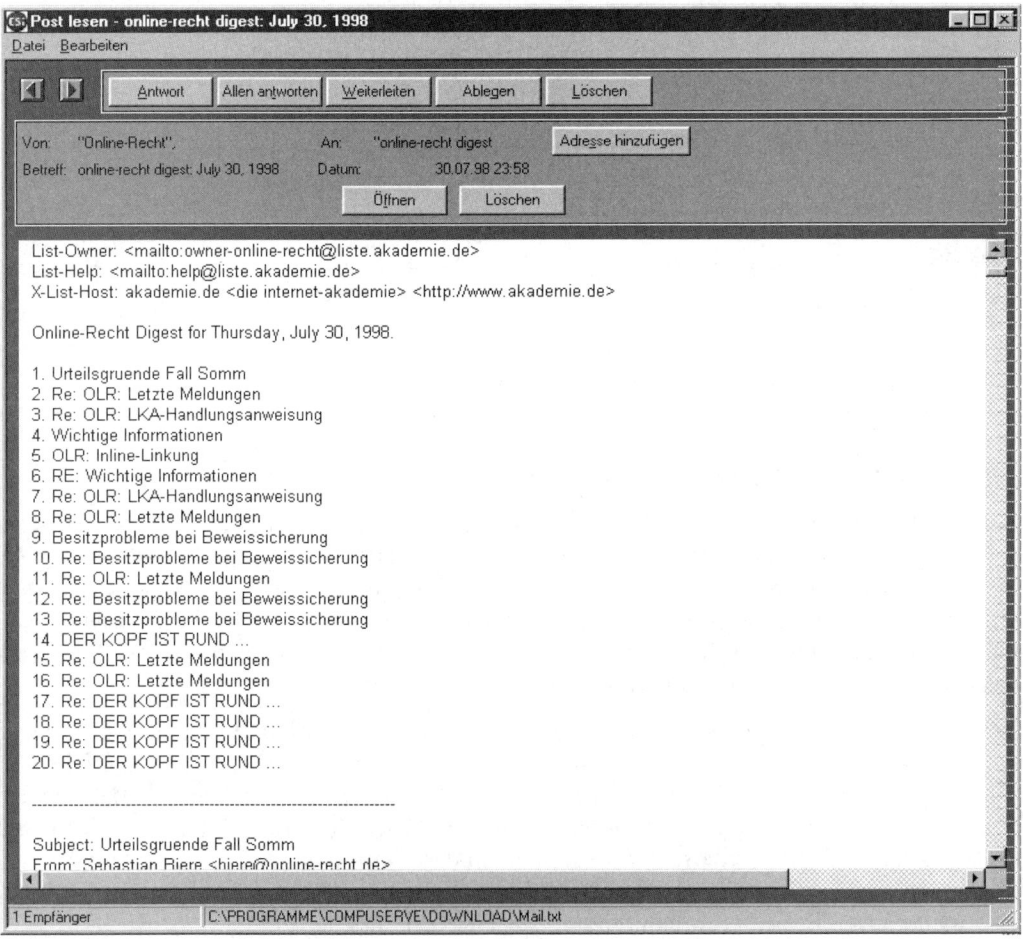

Abbildung 9.3: Eine Mailing-Liste im Digest-Modus

 Wenn Sie nicht sicher sind, wie »beschäftigt« eine Liste bei Ihrer ersten Einschreibung ist, dann wählen Sie den Modus Zusammenfassung (engl. meist »digest«); sie können immer noch wechseln. Die Anweisungen, wie Sie auf den Modus Zusammenfassung umstellen, finden Sie in der Willkommens-Nachricht – schon wieder ein Grund, sie nicht zu löschen.

Die richtigen Mailing-Listen finden und verwenden

Genau wie bei E-Mails sollte man mit Mailing-Listen vorsichtig umgehen, wenn man sie für Marketing-Zwecke verwenden möchte. Das Grundprinzip für Mailing-Listen ist, daß sie informativ sein müssen. In diesen Kontext passen die üblichen Marketing-Botschaften (die oftmals auf Kosten der Substanz eher emotional sind) nicht besonders gut. Wenn Sie allerdings die typischen Übertreibungen des Marketing vermeiden können und stattdessen solide Informationen transportieren, werden Mailing-Listen ein wichtiger Baustein in Ihrem Online-Marketing-Mix sein.

Die Vorteile einer Teilnahme an Mailing-Listen

Diskussions-Mailing-Listen sind gute Marketing-Werkzeuge für Sie als Teilnehmer:

✔ **Diskussions-Mailing-Listen sind stark zielgruppenorientiert:** Diskussions-Mailing-Listen drehen sich um spezifische Interessensgebiete, und bleiben, wenn sie einen Moderator haben, für die Leser wichtig und wertvoll.

✔ **Diskussions-Mailing-Listen sind kostenlos:** Nahezu alle Mailing-Listen verlangen nichts für die Einschreibung und würden sich auch schwer tun, diesen automatischen Prozeß mit den Teilnehmern zu verrechnen. Einige Diskussions-Mailing-Listen oder Newsletter werden gesponsert. Deshalb enthalten Nachrichten aus diesen Gruppen in der Kopfleiste einen kurzen Hinweis auf den Sponsor.

✔ **Diskussions-Mailing-Listen sind Gemeinschaften:** Sie bestehen aus Menschen, die anderen Menschen helfen, egal ob sie brauchbare Informationen über Hundezüchter, Science-Fiction-Bücher oder die Lösung von Software-Problemen liefern. Normale Listen-Teilnehmer werden wie Nachbarn, egal ob gute oder schlechte. Wenn Sie der Gemeinschaft wertvolle Hinweise und Tips geben können, werden Sie und Ihre Firma für andere Teilnehmer gute Nachbarn.

Die Teilnahme an Diskussions-Listen

Der einfachste Weg, Erfahrung in der Verwendung von Mailing-Listen fürs Marketing zu sammeln, ist, Ziel einer existierenden Liste zu werden (siehe Abschnitt: »Marketing in einer Diskussions-Liste«). Aber zuerst müssen Sie die richtige Liste für Ihre Firma oder Ihre Interessen finden und dann einen guten Zugang zum Posting in der Liste auswählen.

Die richtige Liste finden

Obwohl zehntausende Listen verfügbar sind, sind sie dennoch nicht vernünftig organisiert. Wenn der Listen-Verwalter sich nicht dafür entscheidet, seine Liste zu publizieren, ist sie für nicht teilnehmende Internet-Nutzer unsichtbar, da die ganze Kommunikation über E-Mails abgewickelt wird.

Aber einige exzellente Suchdienste durchforsten das Internet nach Mailing-Listen und sammeln, was sie finden. Ein paar Beispiele für Suchdienste sehen Sie im Folgenden. Die Listen-Auswahl kann sich dabei überschneiden:

✔ **Liszt** (www.liszt.com): Eine große Sammlung von Mailing-Listen inklusive einer Suchmaschine, die mehr als 80.000 öffentliche und private Listen durchkämmt und neben den reinen Suchergebnissen auch die Kontaktadressen beinhaltet.

✔ **Yahoo!** (www.yahoo.de): Der Großvater der Internetverzeichnisse enthält Webseiten-URLs von Mailing-Listen und Online-Beschreibungen in Unterkategorien.

✔ **LISde** (www.lisde.de): Ein deutsches Verzeichnis für Mailing-Listen.

Außerdem können Sie Ankündigungen von neuen Mailing-Listen auch in der Newsgroup <news.lists.mis> finden. Wir behandeln Newsgroups en detail in Kapitel 10.

 Schreiben Sie sich in keiner Mailing-Liste ein, wenn Sie nur den Namen kennen. Sie könnten unangenehm überrascht werden.

Mailing-Listen über Marketing

Mailing-Listen können sowohl eine Online-Marketing-Quelle als auch ein Marketing-Werkzeug sein. Zwei der lebhaftesten Online-Marketing-Listen sind die Internet Advertising List (www.exposure-usa.com/i-advertising/) mit mehr als 11.000 Teilnehmern und die Online Advertising Discussions List (www.o-a.com).

Beide moderierten Listen sind gute Beispiele für Internet-Quellen zu den Themen Online, PR, Werbung, Verkauf und allgemeines Marketing. Natürlich darf da auch die gelegentlich etwas heiße Debatte über Spams nicht fehlen.

Obwohl sie 1996 geschlossen wurde, ist die Internet-Marketing-Discussion-List eine klassisches Beispiel dafür, daß nichts im Internet stirbt; es wird nur archiviert. Internet-Marketing hinterließ sein durchsuchbares – und immer noch wertvolles – Archiv unter der Domain www.i-m.com.

Abschließend sollten Sie nicht vergessen, das Internet-Verzeichnis dieses Buches zu konsultieren. Dort finden Sie noch ein paar Online-Marketing-Listen, die es wert sind, näher betrachtet zu werden.

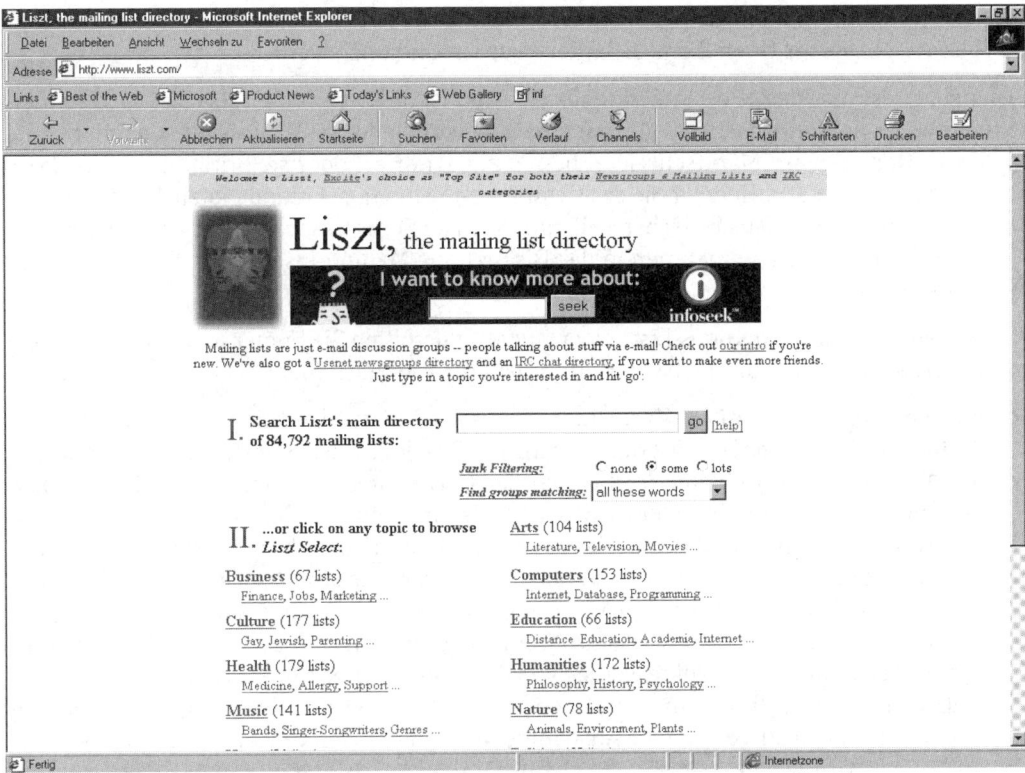

Abbildung 9.4: : Liszt, eine Suchmaschine für Mailing-Listen

Marketing in einer Diskussions-Mailing-Liste

Nachdem Sie sich bei den richtigen Mailing-Listen eingetragen haben, sind Sie schon fast bereit, sich mit Ihren Marketing-Nachrichten ins Getümmel zu stürzen. Halten Sie sich bitte noch einen Moment außerhalb.

 Eine Diskussions-Mailing-Liste ist nichts anderes als ein Medium im Verhältnis »eins zu viele«. Deshalb gelten alle Regeln für E-Mails aus Kapitel 8 auch, und vielleicht sogar besonders für Nachrichten in Mail-Listen.

Bevor Sie irgendetwas verbreiten, halten Sie es erst einmal verborgen. Eine schlecht durchdachte E-Mail wird von einer Person gelesen, eine vergleichbar schlechte Mail in einer Diskussions-Liste kann von Tausenden gelesen, im Gedächtnis behalten und beantwortet werden. Deshalb sollten Sie die Mailing-Liste ein oder zwei Wochen lang als stiller Beobachter lesen, bevor Sie aktiv teilnehmen. Dadurch kriegen Sie ein gutes Gefühl für den Umgangston, für die heißesten Themen und für die Teilnehmer, die in der Diskussion eine Schlüsselrolle einnehmen. Sie werden außerdem herausfinden, wo die Liste die FAQ-Dokumente (die häufigst gestellten Fragen) den Teilnehmern zugänglich macht. FAQs beinhalten oft Details zu Themen, die bis ins Unendliche diskutiert wurden und noch werden.

Bedenkenswert für Marketing in Diskussions-Listen ist außerdem die Tatsache, daß die meisten entweder als Kundenservice oder für eine offene und ehrbare Diskussion konzipiert sind. In diesem Kontext wird Marktschreierei bestenfalls ignoriert oder sie bringt die Leute dazu, die Liste fallen zu lassen. Kennen Sie das Gefühl, wenn ein guter Freund plötzlich ein paar tausend Mark aus Ihnen herausquetschen will, um in ein dubioses Geschäft einzusteigen? Genauso fühlen sich die anderen Teilnehmer an der Diskussions-Mailing-Liste, wenn Sie sie plötzlich direkt ansprechen.

Nachdem Sie in eine Diskussions-Liste eingetaucht sind, sollten Sie immer die folgenden Regeln im Hinterkopf behalten, um nicht im Getümmel erdrückt zu werden:

✔ **Betreiben Sie informatives Marketing:** Diskussions-Listen bestehen vor allem aus einer Sache: aus Diskussionen. Sie sollten nicht in Monologe oder Selbstdarstellungen ausarten. Wenn jemand Probleme im Bereich der Kernkompetenz Ihres Unternehmens hat, beantworten Sie seine Fragen direkt. Wenn Sie ein Produkt oder eine Dienstleistung in Ihrem Sortiment haben, die hilft, das Problem zu lösen, dann beantworten Sie die Frage ebenso direkt und geben eine kurze Übersicht über das Leistungsspektrum des Produkts. Eine Möglichkeit zu antworten wäre in etwa so: »Einige Produkt können vielleicht Ihr Problem lösen. Eines davon ist von unserer Firma (hier fügen Sie bitte den Firmennamen ein). Andere ähnliche Produkte werden von (die Namen Ihrer Konkurrenten) hergestellt.« Vielleicht erlaubt es Ihnen Ihr Firmendenken nicht, an Wettbewerber zu glauben. Sie sollten in diesem Fall allerdings eine Ausnahme machen und den Fragenden neutral beraten. Außerdem wird der Leser Sie wahrscheinlich sowieso als ersten kontaktieren, wenn er Ihren Namen und Ihre Firma in der Kopfzeile der E-Mail liest.

✔ **Kopieren und fügen Sie keine Marketing-Materialien in Nachrichten ein:** Oftmals steht eine Information, die Sie weitergeben wollen, schon in Ihrem aktuellen Marketing-Material – aber es ist meistens in einem werbenden, enthusiastischen und parteiischen Tonfall gehalten, der sich für Mailing-Listen absolut nicht eignet. Nehmen Sie sich die Zeit, den Tonfall auf die Gepflogenheiten von Mailing-Listen anzupassen.

✔ **Bleiben Sie eng am Thema:** Haben Sie irgendeinen langweiligen Bekannten, der es immer irgendwie schafft, das Gespräch auf sich zu lenken? Wenn Sie das mit Ihrem Produkt oder Ihrer Firma in einer Mailing-Liste machen, riskieren Sie Ihren guten Ruf und Ihre Reputation. In moderierten Listen riskieren Sie sogar, daß Ihre Nachrichten niemals auftauchen und daß Sie vom Moderator wegen Ihrer gehäuften Selbstdarstellung gerügt werden.

Ebenso verhaßt sind Nachrichten, die Virus-Codes, den Witz des Tages oder Pornographie enthalten, wenn es sich bei der Mailing-Liste nicht um eine handelt, die eben diese Themen diskutiert. Es kann Ihnen nicht nur passieren, daß Sie von der Teilnahme an der Liste ausgeschlossen werden, Sie laufen auch Gefahr, via Flames oder ähnlichen Mitteln drakonisch bestraft zu werden.

✔ **Antworten Sie nicht allzu oft:** Sie müssen nicht jede Frage an die Allgemeinheit beantworten, vor allem wenn Ihre Antwort eine Empfehlung für Ihr Produkt oder Ihre Firma enthält. Antworten Sie stattdessen direkt der Person, die die Frage gestellt hat.

✔ **Seien Sie positiv:** Wenn Sie aus Gründen des Marketings in Diskussionslisten unterwegs sind, sollten Sie vermeiden, über irgendetwas oder irgendjemanden etwas Negatives zu sagen. Es ist nämlich erstaunlich, wie weit eine E-Mail weitergeleitet werden kann – und alles, was Sie sagen, fällt irgendwann auf Sie zurück.

✔ **Keine Spams!** Was Sie mit Ihrem privaten E-Mail-Account anstellen, ist Ihre Sache (siehe Kapitel 8). Aber der schnellste Weg, aus einer Diskussions-Liste geworfen zu werden, ist, jedem auf der Liste unerwünschte Werbemails zu schicken. Dadurch würden Sie die ganze Reputation, die Sie bisher in der Liste erworben haben, wieder verlieren.

✔ **Fahren Sie eine zweigeteilte Strategie:** Schreiben Sie sich sowohl in Mailing-Listen ein, die von potentiellen Kunden besucht werden, als auch in Mailing-Listen für Ihren Geschäftszweig. Wenn Sie beispielsweise einen Büchershop haben, sind das vielleicht Listen für Science-Fiction-Fans und Listen für unabhängige Buchhändler. Seien Sie in beiden Listen hilfsbereit. In der einen bauen Sie sich gegenüber Ihren Kunden, in der anderen gegenüber Leuten aus Ihrem Geschäftszweig Reputation auf.

Die Teilnahme an Mailing-Listen Ihrer eigenen Firma

Ein häufig vorkommendes Szenario, in dem Sie sich vielleicht wiederfinden, ist als Teilnehmer und Mitwirkender einer Liste, die von einem anderen in der Firma betrieben wird. Ein Beispiel: Ihre Firma hat eine Liste für den Kundensupport eines Produkts, dessen Marketing Sie übernommen haben. Diese Art von Listen gehen normalerweise thematisch in die Breite. Dadurch werden Sie ein gutes Transportmedium für gelegentliche Marketing-Nachrichten. Folgen Sie einfach diesen Vorschlägen:

✔ **Lesen Sie die Liste:** Sie sollten generell alle Listen lesen, die Ihr Produkt direkt betreffen, aber besonders natürlich die Listen Ihrer eigenen Firma. Sie können aus den Kommentaren wertvolle Informationen ziehen, und Sie müssen up to date sein, um Flames oder Hilfeschreie nach Service zu beantworten, obwohl das eher Fälle für den Kundensupport als für das Marketing sind.

✔ **Greifen Sie nicht zu oft ein:** Erinnern Sie sich, daß ein anderer die schwere Aufgabe übernommen hat, die Liste zu erstellen und zu unterhalten. Überlasten Sie deshalb die Liste nicht mit zu häufigen Postings.

✔ **Starten Sie langsam:** Geben Sie kurze Antworten auf Fragen, die Sie direkt betreffen. Schauen Sie daraufhin die Kommentare auf Ihre Postings sehr genau durch, um festzustellen, ob Ihre Teilnahme an der Liste gut ankommt.

✔ **Bauen Sie Beziehungen auf:** Senden Sie E-Mails an einzelne Personen, deren Fragen oder Themengebiete für die restlichen Teilnehmer von äußerst geringem Interesse sind. Übertragen Sie solche Adressen von der Mailing-Liste auf Ihre eigene Liste von Leuten, mit denen Sie E-Mails austauschen.

✔ **Denken Sie darüber nach, Pressemitteilungen zu posten:** Einer der Autoren postete über längere Zeit kurze Textversionen der Pressemitteilungen seines Unternehmens auf einer Liste für den Kundensupport. Diese Abwechslung im Alltag der Mailing-Liste kam bei den Teilnehmern sehr gut an, da die Mitteilungen nicht vom üblichen Marketinggeschwätz überlastet waren, sondern nützliche Informationen lieferten.

Ihre eigene Marketing-Liste erstellen

Mit der Zeit reicht es Ihnen wahrscheinlich nicht mehr aus, nur an Mailing-Listen teilzunehmen, sondern Sie wollen eine eigene aufbauen. Dies kann viele Gründe haben: Vielleicht arbeitet Ihre Firma auf einem speziellen Gebiet, zu dem es noch keine Mailing-Liste gibt, oder Sie wollen für ein Produkt zusätzlichen Support bieten oder sich auf einem bestimmten Gebiet als Experte profilieren.

In all diesen Fällen ist eine eigene Mailing-Liste – egal ob als Newsletter oder als Diskussion – genau das Richtige.

Mailing-Listen hängen hauptsächlich von einer Ressource ab: der Zeit. Die Verwalter von Mailing-Listen bringen oft mehrere Stunden am Tag damit zu, Mails zu lesen und sich um fehlgeleitete Verwaltungs-Mails der Teilnehmer zu kümmern. Ganz zu schweigen vom »Psycho-Faktor« – das ist die sehr kleine Prozentzahl der Teilnehmer, die nur dazu da sind, den Verwalter der Liste in den Wahnsinn zu treiben. Noch nicht eingerechnet ist die Zeit, die Sie für die Einrichtung des Listen-Servers und der Hardware brauchen – ein guter Grund, diese Sachen außer Haus zu geben (siehe die Beschreibung »Einrichten eines Listen-Servers«). Bevor Sie also damit beginnen, eine eigene Liste aufzubauen, stellen Sie sicher, daß Sie die Zeit haben, um das Projekt erfolgreich zu gestalten.

Was spricht für eine eigene Mailing-Liste?

So wie Sie viele Vorteile aus der Teilnahme an einer Mailing-Liste ziehen werden, können Sie mit der Erstellung einer eigenen vielleicht noch wesentlich mehr Vorteile gewinnen.

✔ **Mailing-Listen sind sehr zielgruppengenau:** Indem Sie eine eigene Mailing-Liste erstellen, legen Sie auch die Breite und die Tiefe des Themengebiets fest und steuern damit indirekt, welche Leute sich bei Ihnen einschreiben. Sie können das Thema auf eines Ihrer Produkte, auf Ihr Geschäftsgebiet oder auf verwandte Gebiete beziehen.

✔ **Mailing-Listen liefern Nachrichten an die Kunden:** Die Teilnehmer einer Mailing-Liste müssen nicht mehr extra Ihre Homepage besuchen, sondern finden die Nachrichten in ihrem Posteingang.

✔ **Mailing-Listen bauen Gemeinschaften auf:** Eine lebendige Mailing-Liste erzeugt ein Gefühl von Zusammengehörigkeit bei den Teilnehmern und kann Kunden in Fans Ihrer Produkte und Dienstleistungen wandeln, vor allem wenn diese daran glauben, daß sie Einfluß haben. Natürlich sollten Sie, um dies zu erreichen, auch aktiv in der Liste teilnehmen.

✔ **Mailing-Listen zeigen Ihren Wissensvorsprung:** Sie und Ihre Firma erhalten eine sehr gute Reputation als Experten auf Ihrem Gebiet, wenn Sie als Schöpfer einer guten, aktiven Mailing-Liste angesehen werden. Die Reputation erhöht sich natürlich proportional zum Informationswert der Liste.

Die Art der Liste festlegen

Nachdem Sie sich für die Erstellung einer eigenen Mailing-Liste entschieden und sich mit dem Thema der Liste beschäftigt haben, sollten Sie überlegen, welche Art von Liste Sie haben wollen: einen Newsletter oder eine Diskussionsliste. Im Folgenden finden Sie eine detailliertere Beschreibung der beiden Listentypen:

✔ **Diskussionslisten** sind interaktive Listen, die von Ihren Kunden genutzt werden, darüber zu diskutieren, wie man Ihr Produkt am besten verwendet. Außerdem können Sie von Ihrem Unternehmen zum Kundensupport oder von Ihrem Industriezweig für die Diskussion über zukünftige Trends verwendet werden. Beispielsweise haben Sie die Möglichkeit, eine moderierte Liste im Bereich Kundensupport den Teilnehmern zur Verfügung zu stellen, die jede noch so kleine Nuance über Ihr Produkt von Ihnen und von erfahrenen Kunden erhalten wollen. Oder Sie erstellen eine Liste, in der über Neuerungen in Ihrem Geschäftszweig diskutiert wird.

✔ **Newsletter** sind Listen, die nur vom Sender zu einigen Empfängern gehen und es den Teilnehmern nicht erlauben, zu den anderen Teilnehmern zu sprechen. Ihre Firma kann Newsletter dafür verwenden, neue Produkte vorzustellen, wöchentliche Sonderaktionen anzukündigen oder Neuigkeiten aus der Firma mitzuteilen. Beispielsweise könnte man eine Liste mit PR-Nachrichten speziell für die Presse und die Aktionäre der Firma herausgeben. Eine andere Liste würde dann die Kunden über Sonderangebote oder Verkaufsaktionen informieren.

Versuchen Sie, Aufforderungen zur Handlung und inhaltliche Details in einer Newsletter-Liste zu mischen. Fügen Sie Tips und Tricks zum Umgang mit Ihren Produkten und allgemeine Informationen hinzu, die auch für jemanden, der kein Produkt von Ihnen gekauft hat, nützlich sind. Dadurch erhöhen Sie die Chancen, daß Ihre E-Mail gelesen wird – und daß bisher »Ungläubige« doch irgendwann Ihr Produkt kaufen.

 Wenn Sie noch unsicher sind, welche Themen Sie schwerpunktmäßig in Ihrer Newsletter- oder Diskussions-Liste behandeln wollen, sollten Sie erkunden, was Konkurrenten aus Ihrem oder aus verwandten Geschäftsgebieten an Themen anbieten. Besuchen Sie dazu eine der Mailing-Listen-Suchmaschinen im Web (siehe oben: »Die richtige Liste finden«), und surfen Sie durch die Angebote Ihrer Konkurrenten.

Denken Sie ebenso darüber nach, passende Pärchen aus Newsletter- und Diskussions-Listen zu bilden. Während eine Newsletter-Liste nur Informationen gibt, eröffnet eine Diskussions-Liste den Teilnehmern die Möglichkeit, über die Informationen zu reden.

Gut umgesetzt, können eine oder mehrere gute Mailing-Listen...

✔ ... ungeduldige Kunden beruhigen, die auf anderem Wege nicht schnell genug an Informationen herankommen.

✔ ... Papier-Newsletter und Kataloge ersetzen. Damit spart man das Geld für Druck- und Versandkosten an Online-Kunden.

✔ ... Druck vom hausinternen Kundensupport oder vom Verkaufspersonal nehmen, da sich Kunden in Diskussionsgruppen gegenseitig helfen.

Um wieder auf unser Beispiel, den Science-Fiction-Buchshop, zurückzukommen - hier ist eine Aufzählung der Mailing-Listen, die für ihn sinnvoll wären:

✔ **Newsletter über Neuerscheinungen,** der täglich mit allen Büchern upgedated wird, die den Shop erreichen.

✔ **Diskussions-Liste über Neuerscheinungen,** wo die Kunden über die Neuerscheinungen diskutieren können.

✔ **Newsletter über Events**, in dem beispielsweise Termine von Autorenbesuchen und Autogrammstunden im Buchladen bekanntgegeben werden.

✔ **Diskussions-Liste über Neuigkeiten aus der Science-Fiction-Szene,** mit Neuigkeiten über Treffen, Insidertips etc.

✔ **Diskussions-Liste über die Zukunft der Menschheit.** Diese Liste wird vom Buchshop gesponsert, es geht aber nicht um Bücher, sondern darum, »wie sich die Menschen eine bessere Zukunft schaffen«.

 Auch wenn Ihre Liste rein informativ sein soll, können Sie dennoch in Ihrem eigenen Marketing-Medium Werbung machen. Denken Sie darüber nach, am Ende einer Zusammenfassung der Diskussionsbeiträge eine kurze, rein textorientierte Werbung für eines Ihrer Produkte zu schalten. Sie müssen sie nur mittels Strichen (alternativ können Sie natürlich auch meinungsbildende Zeichen verwenden :-)) klar vom übrigen Text trennen.

Mailing-Listen haben einen natürlichen Lebenslauf:

✔ **Sie werden geboren:** Trauen Sie sich ruhig und teilen Sie eine stark frequentierte Mailing-Liste. Meist sind die daraus entstandenen Sprößlinge eigenständig lebensfähig.

✔ **Mailing-Listen entwickeln sich:** Der Schwerpunkt einer Mailing-Liste kann sich im Laufe der Zeit verändern – beispielsweise vom Kundensupport zu den Nachrichten aus der Branche. Eventuell sollten Sie eine Mailing-Liste an einen Dritten abgeben, wenn sich der Schwerpunkt zu weit vom ursprünglichen Zweck entfernt hat.

✔ **Mailing-Listen sterben:** Wenn in der Liste zu wenig los ist, um eine gute Diskussion aufrecht zu erhalten, sollten Sie die Liste canceln. (Nachdem Sie die Teilnehmer gewarnt haben!)

Mögliche Fehler

Bei Mailing-Listen ist es wie im wahren Leben, es passieren Fehler (Murphy läßt grüßen). Vermeiden Sie unbedingt die folgenden Fehler:

✔ **Ein schwacher oder gar kein Moderator:** Stellen Sie sicher, daß Sie für jede Mailing-Liste, die Sie sponsern, einen guten Moderator haben. Nichts wirkt so unprofessionell, wie eine Mailing-Liste, in der von Zeit zu Zeit Nachrichten auftauchen, die mit dem Thema nichts zu tun haben. Seien es nun Nachrichten über die Landung von Außerirdischen oder die üblichen Beschimpfungen Ihrer Firma. Schlechte Moderation kann dazu führen, daß die Diskussion zum Erliegen kommt und die Teilnehmer in Scharen das sinkende Schiff verlassen.

✔ **Angehängte Dateien:** Die meisten Listen verbieten angehängte Dateien von Anfang an. Machen Sie es genauso. Die Attachments (angehängte Dateien) verlangsamen nicht nur den Download der Mails für die Teilnehmer, sondern viele haben nicht einmal die Möglichkeit, die Dateien zu öffnen und zu lesen. Außerdem riskieren Sie, daß sich in Ihre Liste ein Virus oder illegales Fotomaterial einschleicht.

✔ **Umständliches Austragen:** Kaum zu glauben, aber wahr: Viele Leute werfen die Willkommens-Nachricht mitsamt der Instruktionen zum Austragen aus der Liste einfach weg. Richten Sie sich darauf ein, daß das passiert und verhindern Sie, daß die typischen Nachrichten mit der Bitte um Austragung die anderen Listen-Teilnehmer erreicht. Um Vorsorge zu treffen, können Sie bestenfalls am Ende jeder Zusammenfassung auf die Austragungsmodalitäten eingehen, oder Sie senden eine wöchentliche oder monatliche Mail, in der alle Befehle nochmals dargelegt sind.

Einen einfachen Listen-Server einrichten

Einer der Gründe, warum sich das Internet so rasend schnell entwickelt hat, ist, daß es so viele verschiedene Arten der Kommunikation erlaubt: vom Senden und Empfangen von E-Mails bis zur eigenen Webseite. Sie müssen sich allerdings beim Einrichten eines Listen-Servers nach wie vor entscheiden, ob Sie das Projekt hausintern oder extern abwickeln. Im folgenden finden Sie Details zu den zwei Alternativen:

✔ **Extern:** Rufen Sie Ihren Internet Service Provider (ISP) oder einen Dritten (z.B. eine Webagentur) an, und fragen Sie nach den Kosten für einen Listen-Server. Gute Startpunkte für die Recherche ist die Suche in einer Suchmaschine unter dem Stichwort »mailing list« oder »Mailing Liste« oder die Newsgroup <comp.mail.list-admin.software>.

✔ **Intern:** Finden Sie die richtige Listen-Server-Software und installieren Sie sie auf einem PC, den Sie als Listen-Server verwenden können. Listen-Server-Software ist erhältlich für Unix, Windows NT, Windows 95 und Macintosh. Vergessen Sie allerdings nicht, die Zeit einzurechnen, die Sie für die Installation, das Einarbeiten und die Wartung benötigen.

 Wenn Ihre Firma bereits einen Mail-Server unterhält, dann macht eine hausinterne Abwicklung Sinn. Wenn Ihre Firma dagegen bereits Ihre Webseiten ISP hostet (=ins Netz stellen läßt), dann macht eine externe Lösung meist mehr Sinn.

 Unix ist kein Spaß. Aber einige der gebräuchlichsten und besten Listen-Server laufen nur unter irgendeiner Unix-Variante. Deshalb – und auf Grund der vielen Herausforderungen, die auf Sie beim Einrichten eines Internet-Servers zukommen – empfehlen wir Ihnen dringendst, Ihre Mailing-Listen von einem Externen hosten zu lassen. Dann können Sie nämlich das Hauptgewicht auf den Inhalt legen.

Das vielleicht bekannteste Listen-Server-Programm ist L-Softs LISTSERV (www.l-soft.com). Es ist erhältlich für VM, VMS, Unix, Windows NT, und Windows 95. Die Hauptkonkurrenten CREN ListProc (www.cren.net) und Great Circle (www.greatcircle.com) sind nur für Unix verfügbar. Eine steigende Anzahl an Listen-Servern ist mittlerweile nur für Windows und Macintosh erschienen. Allerdings fehlen ihnen einige Funktionen der »großen Unix-Brüder«. Sie sind dennoch für kleine Listen oder für Newsletter durchaus verwendbar.

 Um einen Listen-Server zu installieren, brauchen Sie einen Computer, der mit einem Internet-Mail-Server verbunden ist. Sie können die Listen-Server-Software auf einem PC installieren, den Sie normalerweise dazu verwenden, sich bei Ihrem ISP einzuwählen, allerdings müssen Sie dann mit sehr langen Mail-Download-Zeiten rechnen.

Wenn Sie ein bißchen mit einem Listen-Server herumspielen wollen, empfehlen wir Ihnen die Shareware-Version von LISTSERV; sie ist für Windows 95 erhältlich. In Abbildung 9.5 sehen Sie die Homepage von lsoft.com, wo Sie die verschiedenen Versionen von LISTSERV finden. Im folgenden finden Sie eine Beschreibung, wie Sie LISTSERV unter Windows 95 einrichten:

1. **Doppelklicken Sie auf das LISTSERV-Icon.**

    Daraufhin erscheint der InstallShield, um das Programm in das Verzeichnis C:\LISTSERV\ zu installieren. Natürlich haben Sie auch die Möglichkeit, ein anderes Verzeichnis zu wählen.

2. **Wenn Sie das Verzeichnis erstellen wollen, bestätigen Sie mit OK.**

    Sie werden dann gefragt, ob Sie LISTSERV unter Windows 95 mit Programmicon einrichten wollen.

3. **Bestätigen Sie mit OK.**

    LISTSERV ist jetzt installiert. Sie werden nun aufgefordert, LISTSERV zum ersten Mal zu konfigurieren. Dabei müssen Sie folgende Informationen in einige Dialogboxen eintragen:

    ◆ **Den Internet Host-Namen in der Form** `nt.xyz.com`. Dies ist die Internet-Adresse Ihres Mail-Servers.

    ◆ Einen Alias für den Host-Namen, wenn Sie einen haben.

    ◆ **Den Absender (»The From«), der auf den versendeten Nachrichten des Mail-Servers stehen soll.** Die beste Wahl für dieses Feld ist der Name, den Sie Ihrer Mailing-Liste geben wollen. Beispielsweise `widgetlist@domainname.com`.

    ◆ **Ein Paßwort, um die Erstellung einer neuen Mailing-Liste zu verhindern.**

    ◆ Die Internet-E-Mail-Adresse desjenigen, der für den Listen-Server verantwortlich ist.

    ◆ Den Namen des Computers, der für die Lieferung der Nachrichten verantwortlich ist.

    ◆ **Ob Sie ein Web-Interface für die Listen-Archive erstellen wollen, und wo benötigte Dateien gefunden und gesichert werden können.**

    Ein solches Archiv zu erstellen, ist eine gute Idee – es erlaubt Ihnen, gepostete Nachrichten automatisch in das Archiv auf Ihrer Marketing-Webseite zu übernehmen.

    Sobald Sie diese Informationen eingegeben haben, ist die Konfiguration beendet.

4. **Klicken Sie auf das Programm-Icon von LISTSERV, um LISTSERV zu starten.**

Eine Liste mit LISTSERV zu starten, erfordert, in einem Editor wie Windows Notepad einen Header für die Liste zu erstellen. Listen-Header haben ein spezielles Format. In ihnen sind Werte enthalten, die LISTSERV sagen, ob die Liste offen ist, moderiert wird oder den Teilnehmern Bestätigungsmails geschickt werden sollen. In der Hilfe von LISTSERV finden Sie all diese Kommandos. Der Listen-Header wird dann per E-Mail an LISTSERV geschickt und damit die Mailing-Liste eingerichtet.

Das Management der Liste wird dann über ein textbasiertes Interface durchgeführt, daß sich über Windows 95 öffnen läßt.

Stark? Sicher. Häßlich? Leider auch.

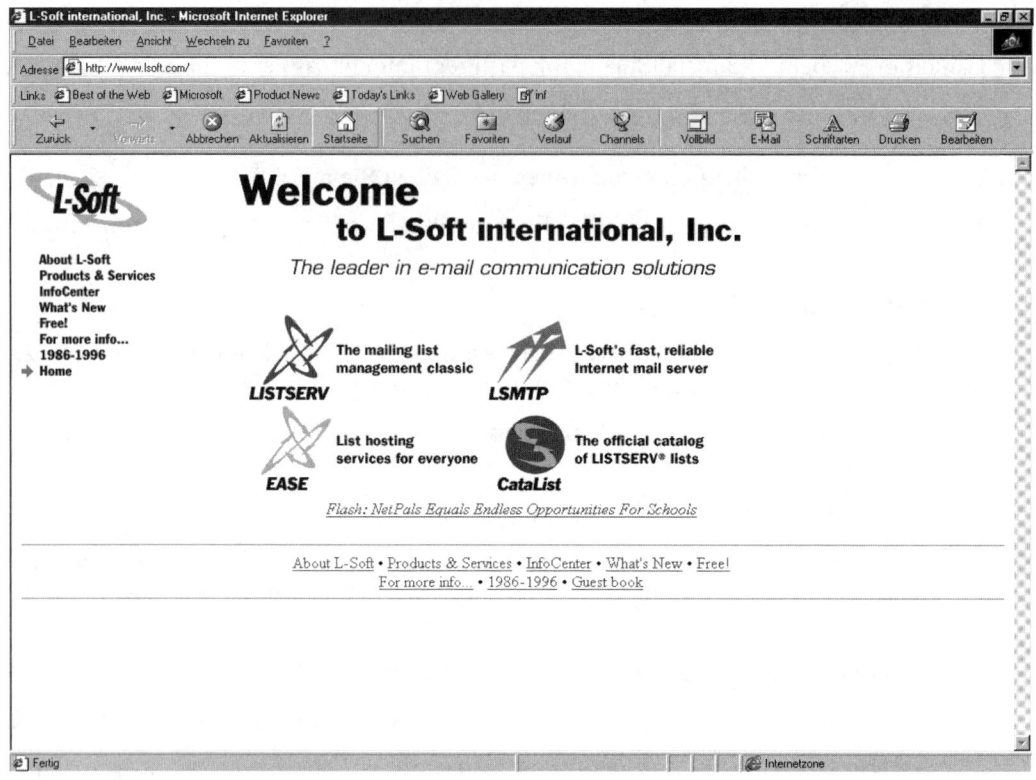

Abbildung 9.5: Die Homepage von Lsoft, dem Hersteller von LISTSERV

 Nachdem Sie nun wissen, wie man einen Listen-Server mit LISTSERV verwaltet, sollten Sie die Finger davon lassen und ein Dienstleistungsunternehmen damit beauftragen. Andere Listen-Server-Programme sind vielleicht einfacher zu bedienen, als LISTSERV, haben aber immer noch eine sehr hohe Lernkurve und meist auch nicht die Power von LISTSERV.

Ihre Mailing-Liste vermarkten

Sobald Ihre Mailing-Liste im Netz ist, müssen Sie sie großflächig vermarkten, um Ihr auf die Beine zu helfen. (Zu viele Listen sind eingegangen, weil die Beteiligung zu gering war. Mit einer guten Vermarktung wäre aus ihnen sicherlich eine wertvolle Quelle für Ideen und Diskussionen geworden.)

Wo Sie Ihre Mailing-Liste vermarkten sollten:

✔ **Auf Ihrer Webseite:** Erleichtern Sie das Einschreiben in Ihre Mailing-Liste: Binden Sie auf Ihrer Homepage einen Link zu einem Online-Einschreibeformular ein, wie es in Abbildung 9.6 zu sehen ist. Wenn Sie kein solches Formular haben, sollten Sie zumindest alle Befehle und Mail-Adressen auf einer Webseite aufzählen.

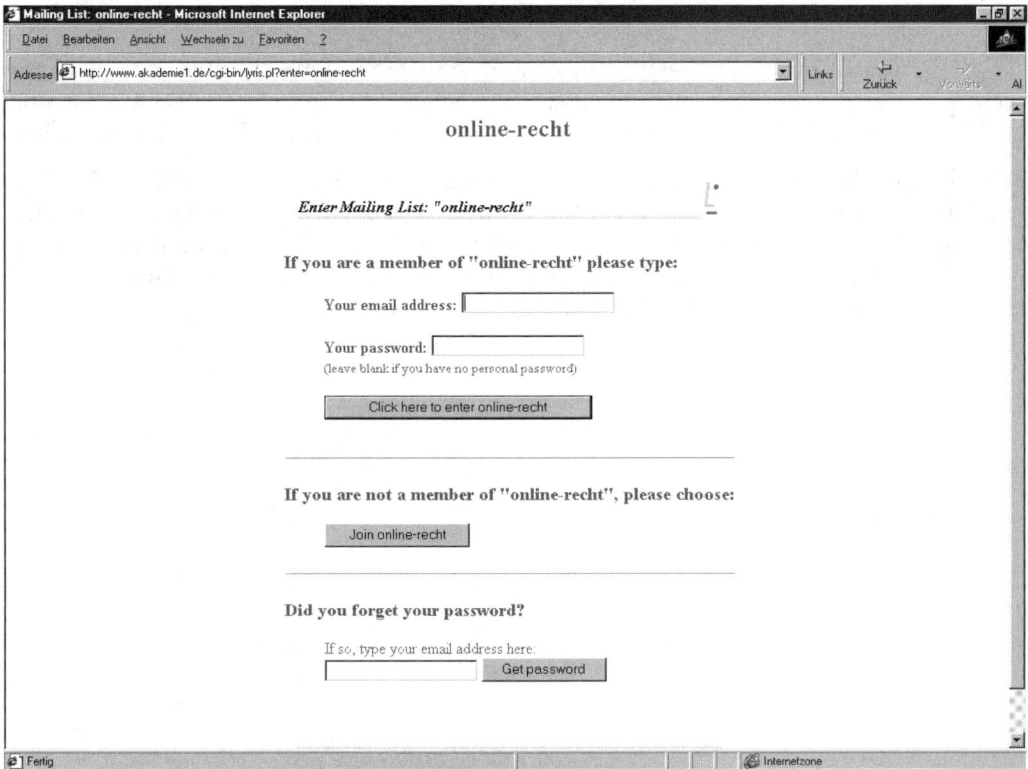

Abbildung 9.6: Die Registrierung für eine Mailing-Liste

✔ **In Newsgroups:** Posten Sie eine kurze Ankündigung Ihrer Mailing-Liste in Newsgroups, die zu Ihrem Thema passen und in der Newsgroup `news.lists.misc` (siehe Kapitel 10).

✔ **In Verzeichnissen für Mailing-Listen:** Tragen Sie Ihre Liste bei Liszt (`www.liszt.com`) und Yahoo! (`www.yahoo.de`) ein.

✔ **In Ihrer Mail-Signatur:** Binden Sie die Verwaltungs-E-Mail-Adresse Ihrer Mailing-Liste in den Kopf von jeder Firmenmail ein, eventuell versehen mit einem kurzen Kommentar: »Hier finden Sie Details zu unserem firmeneigenen Newsletter.«

✔ **In Ihrer Mailing-Liste:** Bei einer Newsletter-Liste sollten Sie die Teilnehmer auffordern, die Nachrichten an Bekannte und Freunde weiterzuleiten, die vermutlich Interesse haben. Dazu schreiben Sie an den Anfang und ans Ende jeder Mail Informationen zum Ein- und Austragen aus Ihrer Liste.

✔ **In anderen Mailing-Listen:** Wenn es themen- oder artverwandte Mailing-Listen in Ihrer Branche gibt, sollten Sie eine höfliche kurze Nachricht vom Start Ihrer Mailing-Liste posten.

 Treten Sie leise auf, wenn Sie Ihre Mailing-Liste in einer anderen vermarkten. Am besten ist es, vorher eine private E-Mail an den Listen-Verwalter oder Moderator zu senden, um zu fragen, ob sie mit solch einem Vorgehen einverstanden sind. Bieten Sie ihnen an, im Gegenzug Leute für deren Liste in Ihrer Liste zu werben.

Für Ihre gesamten Online-Marketing-Bemühungen ist es natürlich wichtig, daß Sie Ihre Mailing-Liste in Broschüren, Direkt-Mailings und anderen Marketing-Materialien mit vermarkten. Wenn Sie alles richtig umsetzen, dann sorgt eine Mailing-Liste nicht nur dafür, daß Ihre Kunden mit Ihnen in Kontakt bleiben, sondern auch dafür, daß Sie mit Ihren Kunden in Kontakt bleiben – auch wenn sie Ihre Webseite nicht regelmäßig besuchen.

Marketing mit Newsgroups und Online-Foren

10

In diesem Kapitel

▶ Die Software zum Lesen von Newsgroups einrichten

▶ Auffinden von Newsgroups und von den darin enthaltenen Informationen

▶ Marketing in Newsgroups

▶ Marketing in Online-Service-Foren

---

*W*enn E-Mails mit privater Konversation und Internet-Mailing-Listen mit Kaffeklatsch vergleichbar sind, dann sind Usenet Newsgroups wie offene Diskussionen im Parlament. Wie jede offene Diskussion haben Newsgroups auch ihren eigenen Ton, ihre eigenen Teilnehmer und die eigenen ungeschriebenen Verhaltensregeln.

Newsgroups ähneln Mailing-Listen darin, daß sie Themen behandeln, die von allgemeinem Interesse sind. Sie unterscheiden sich darin, daß sie relativ gut organisiert sind und für jeden ohne spezielle Anmeldung offen sind, und daß sie durchsucht werden können. Stellen Sie sich Newsgroups wie öffentliche schwarze Bretter im Gegensatz zu privaten Nachrichten vor. Um an einer Newsgroup teilzunehmen, verwenden Sie einen sog. »Newsreader«. Er ist entweder ein eigenständiges Programm oder Teil eines Web-Browsers.

Die Kraft und die Gefahr bei Newsgroups liegt in ihrer offenen Natur:

✔ **Man kann sie nicht ignorieren:** Newsgroups verbreiten Nachrichten, ob gut oder schlecht, extrem schnell. Ein Beispiel: 1994 wurde in der Newsgroup `com.sys.intel` ein Fehler in der Fließkomma-Berechnung des Pentium Chips bekannt. Intels Mannschaft für Öffentlichkeitsarbeit ignorierte das Problem wochenlang. So konnten sich die Gerüchte und Hetzkampagnen gegen Intel ohne Widerstand verbreiten – vor allem über Newsgroups. Am Schluß erreichte die Mißstimmung den Massenmarkt, und Intel mußte die Chips austauschen – alles dank einer einzigen Nachricht in einer Newsgroup.

✔ **Man kann es sich nicht leisten, sie zu provozieren:** Newsgroups sind das bei weitem empfindlichste Online-Medium, wenn es sich um ungebetene Werbung handelt. Und die Reaktionen darauf sind entsprechend hart. 1994 postete die Anwaltskanzlei Canter&Siegel eine Nachricht, die Green Card Dienste (Einwanderungserlaubnis in die USA) für Immigranten bewarb, in tausenden von Newsgroups, die nichts mit Immigration zu tun hatten – dadurch wurden die Firmenchefs zum ersten Beispiel für Spams. Seit dieser Zeit reagieren Newsgroups äußerst sensibel auf jede Art von Werbung.

Newsgroups haben einen engen Verwandten bei den großen Online-Diensten: das *Forum*. Wie Newsgroups sind auch Foren offene Diskussionen zu bestimmten Themen. Online-Foren sind ein wichtiger Teil der großen Online-Dienste, wie AOL und CompuServe. Sie verleihen den Teilnehmern ein Gefühl von Gemeinschaft.

Newsgroups und Foren sind Kommunikationsmittel von vielen an viele: Viele Menschen können Nachrichten verfassen, und viele können sie lesen. Newsgroups und Online-Foren bereiten mitunter große Kopfschmerzen, wenn man nicht weiß, wie man an solch offenen Orten Marketing betreibt.

Usenet Newsgroups verstehen

Newsgroups haben Usenet im Namen vorangestellt, weil sie im Usenet beheimatet sind. Usenet selbst steht für User Network. Es startete1979 als elektronisches schwarzes Brett zum Austausch zwischen zwei Universitäten in North Carolina. Usenet Newsgroups sind generell von jedem mit Internet-Zugang leicht erreichbar.

Jede Newsgroup ist eine sich ständig wandelnde Sammlung von *Nachrichten* (im engl. auch »articles« oder »postings«) über ein vom Gründer oder vom eventuell vorhandenen Moderator der Newsgroup festgelegtes Thema. Seit dem ersten schwarzen Brett im Netz sind 15.000 neue Newsgroups zu den unterschiedlichsten Themen entstanden. Jede dieser Newsgroups hat ihren eigenen Charakter – und, nicht überraschend, ihre eigenen Charaktere.

Neuigkeiten über den Gartenzaun hinweg

Der Name Newsgroup führt in mancher Hinsicht in die Irre. Obwohl es öfter recht wertvolle und manchmal sogar wirklich neue Informationen in Newsgroups zu finden gibt, ist die Usenet Definition des Begriffs doch ein bißchen anders als die der anderen Massenmedien.

Die Neuigkeiten in einer Newsgroup ähneln eher einer Konversation zwischen Nachbarn über den Gartenzaun hinweg. Man tauscht untereinander skandalöse Geschichten, wichtige Meinungen, hilfreiche Tips und manchmal auch echte Neuigkeiten aus. Dies kann für den Marketingfachmann wichtig sein, wenn er wissen will, wie sein Produkt oder seine Dienstleistungen subjektiv wahrgenommen werden.

Die Organisation von Newsgroups

Newsgroups werden auf sogenannten News-Servern betrieben. Das sind Computer, die von ISPs, Universitäten, Firmen und anderen Gruppen unterhalten werden, die Teil des Usenet sein wollen. Wenn eine Nachricht bei einer Newsgroup gepostet wird, geht sie zuerst an den News-Server, an den der Sender angeschlossen ist. Von da aus wird die Nachricht zu anderen News-Servern weitergeleitet, auf denen die Newsgroup betrieben wird (siehe Abbildung 10.1).

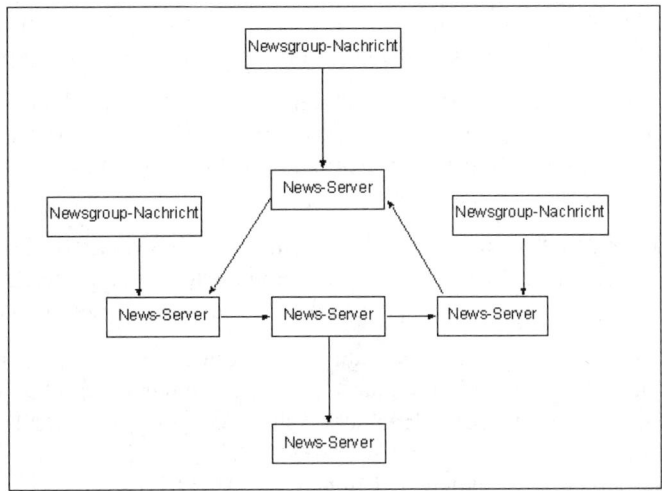

Abbildung 10.1: Newsgroup-Postings werden von Server zu Server geschickt.

Dieser Prozeß kann Tage dauern, was es einem Marketingfachmann natürlich erschwert, einer Diskussion zu folgen – vor allem, wenn gelegentlich eine Antwort auf eine Nachricht vor der Nachricht selbst eintrifft.

Newsgroups sind in hierarchischen Strukturen organisiert. Dies sieht zuerst unübersichtlich aus, aber es macht Sinn, wenn man sich daran gewöhnt hat – und es vereinfacht wesentlich die Suche, wo gerade eine Diskussion über Ihr Produkt oder Ihren Geschäftsbereich stattfindet.

Hier sind die acht Obergruppen in der Hierarchie (da das Usenet amerikanisch dominiert ist, finden Sie hier nur die englischen Begriffe):

✔ Comp: Themen rund um den Computer

✔ Humanities: Kunst- und Geisteswissenschaften

✔ News: Themen rund um Newsgroups

✔ Rec: Hobby und Freizeit

✔ Sci: Wissenschaft

✔ Soc: Soziales und Kultur

✔ Talk: Debatten

✔ Misc: Vermischtes, Themen die unter keine der sieben anderen Obergruppen fallen

Die Obergruppe alt (für alternativ) zählt nicht zu den acht oben aufgezählten. In diesen alternativen Newsgroups finden die »freiesten« und »kreativsten« Diskussionen statt, beispielsweise in alt.barney.dinosaur.die.die.die. In den Alt-Newsgroups finden sich außerdem die sogenannten rosaroten (bis roten) Themen. Es existiert noch eine große Anzahl anderer Hierarchien, manche sind international, manche regional beschränkt. Beispielsweise haben viele Firmen ihre Newsgroups für den technischen Support nur auf ihren eigenen Servern.

Die acht Haupthierarchien finden Sie normalerweise vollständig auf jedem News-Server. Einige `Alt`-Newsgroups zu suchen, kann da schon wesentlich schwieriger werden. Je nach News-Server hängt die Fülle des Angebots immer vom zur Verfügung gestellten Platz und vom angestrebten Themenspektrum des Servers ab.

Wenn Sie in der Hierarchie nach unten gehen, sehen Sie, daß thematisch verwandte Newsgroups mit den gleichen Kürzeln beginnen. Dabei sind die jeweiligen Unterthemen voneinander mit einem Punkt getrennt. (In Newsgroups wird dieser Punkt »dot« genannt.)

Katzenliebhaber (oder Fabrikanten von Tierfutter), die in der Hierarchie mit der `rec`-Newsgroup starten, finden schnell heraus, daß `rec.pets` in der Hierarchie weiterführt. Weiter geht es dann mit `rec.pets.cats`. Hier sehen sie eine Reihe von Newsgroups zum Thema Katzen: `rec.pets.cats.anecdotes`, `rec.pets.cats.health-behav` und vieles mehr. Andere Newsgroups sind auf die gleiche Art und Weise strukturiert.

Für Marketing-Zwecke werden Sie sicherlich in vielen Hierarchien passende Newsgroups finden. Beispielsweise kann eine Diskussion über Ihren Geschäftsbereich sowohl in `alt` als auch in `Misc` enthalten sein, oder eventuell findet sich sogar eine interessante Newsgroup, die regional begrenzt ist.

Warum nicht nur eine Mailing-Liste

Newsgroups und Internet-Mailing-Listen (siehe Kapitel 9) haben vieles gemeinsam: Leute mit speziellen Interessen nehmen an moderierten und unmoderierten Diskussionen via Textnachrichten teil.

Es gibt allerdings einige wichtige Unterschiede:

✔ **Newsgroups besucht man, sie werden nicht automatisch geliefert:** Nachrichten aus Internet-Mailing-Listen erscheinen automatisch im Posteingang. Um Newsgroups zu lesen, brauchen Sie die passende Software, die Newsreader, und Sie müssen die Newsgroups aktiv aussuchen und die Nachrichten lesen.

✔ **Newsgroups werden nach Unterthemen aufgeteilt:** Newsreader können die Nachrichten ordnen und Ihnen nur Nachrichten zu einem bestimmten Thema liefern. Bei Mailing-Listen funktioniert das nicht. Sie erhalten alle Nachrichten aus der Liste, egal ob Sie das Unterthema interessiert oder nicht.

✔ **Teilnehmer müssen sich in Newsgroups nicht formell eintragen:** Im Gegensatz zu Mailing-Listen, die eine E-Mail zum Einschreiben verlangen (siehe Kapitel 9), ist das einzige, was Sie zur Teilnahme an Newsgroups brauchen, die Newsreader-Software.

Wegen der Ähnlichkeiten zwischen Newsgroups und Mailing-Listen gibt es einige Internet-Mailing-Listen, die auch als Usenet Newsgroup aufgelegt worden sind. Sie können sich dann entweder in die Mailing-Liste einschreiben oder die Newsgroup besuchen. Wenn eine schnelle Reaktionszeit für Sie wichtig ist, sollten Sie die Mailing-Liste wegen der Zeitverzögerung bei Newsgroups vorziehen. Wenn die Zeit dagegen für Sie keine Rolle spielt, ist die gut organisierte und unterteilte Newsgroup für Sie die bessere Wahl.

Einen Newsreader einrichten

Bevor Sie an Newsgroups teilnehmen, müssen Sie zuerst einen Newsreader installieren, um Nachrichten zu finden, zu lesen und zu posten.

Obwohl eine große Zahl von fortgeschrittenen, funktionsstarken Newsreadern erhältlich ist, reichen doch die Newsreader aus, die in den beiden Browsern Internet Explorer 4 und Netscape Communicator 4 integriert sind. Beim Internet Explorer ist es Outlook Express, beim Communicator Collabra. Bei Free- und Shareware-Newsreadern wären vor allem FreeAgent (für Windows) und Yet Another NewsWatcher (für Macintosh) zu nennen.

 Wenn Sie später merken, daß Sie mehr Funktionen brauchen – wie zum Beispiel duplizierte Nachrichten filtern, die in mehr als einer Newsgroup gepostet wurden, oder eine automatische Überwachung einer Newsgroup in festgelegten Zeitintervallen –, dann können Sie ganz einfach zu einem anderen Newsreader wechseln. Diskussionen und Empfehlungen für Newsreader finden Sie in der Newsgroup `news.software.reader`.

Um die Newsreader-Software einzurichten, brauchen Sie zuerst den Namen vom News-Server Ihres ISPs. Eine News-Server-Adresse hat normalerweise die Form `<news.host.domain>`. Wenn Sie beispielsweise ein CompuServe-Nutzer sind, heißt Ihr Server `news.compuserve.com`.

Dann folgen Sie bitte diesen Schritten, egal welche Newsreader-Software Sie haben:

1. **Starten Sie die Newsreader-Software.**

2. **Tragen Sie den Namen des News-Servers in die Einstellungen (evtl. Optionen oder Preferences) Ihrer Software ein.**

3. **Stellen Sie die Verbindung zu Ihrem ISP her, um die Namen der Newsgroups vom News-Server herunterzuladen.**

4. **Tragen Sie sich in der Newsreader-Software für die Newsgroup ein, die Sie interessiert.**

Abbildung 10.2 zeigt, wie der Newsreader von CompuServes mit Newsgroup-Einschreibungen umgeht.

Wenn Sie sich in eine Newsgroup einschreiben, sehen Sie einige allgemeine Postings, die Sie lesen können oder auch nicht. Sie bekommen keine Willkommensnachricht wie bei Mailing-Listen.

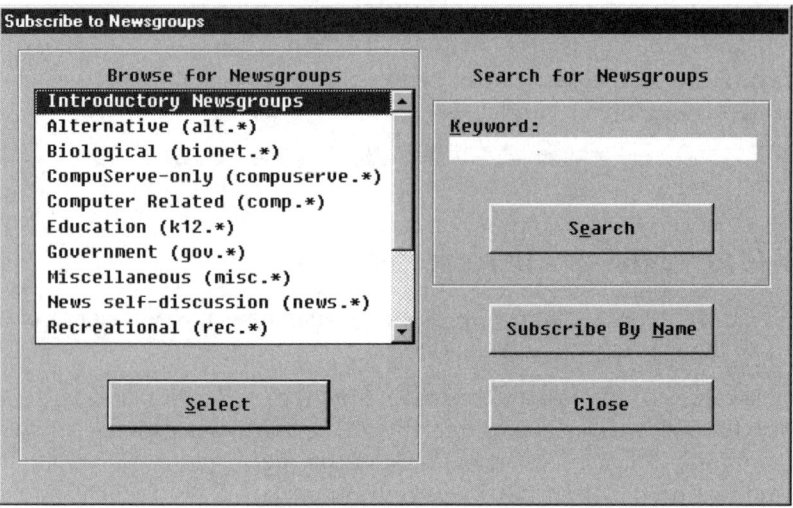

Abbildung 10.2: Sich über CompuServes Newsreader bei Newsgroups anmelden.

Sie identifizieren Ihren News-Server nur einmal und schreiben sich auch für jede Newsgroup nur einmal ein. Nach diesem ersten Einschreiben starten Sie einfach den Newsreader und durchforsten die neuesten Postings der gewählten Newsgroup. Sie können mit einzelnen Newsgroup-Nachrichten genauso umgehen wie mit E-Mails: Sie können sie lesen, weiterleiten und beantworten.

 Um sich mit Newsgroups vertraut zu machen, bieten sich Newsgroups für neue User an: news.newusers.questions, um Fragen zu stellen, wie man Newsgroups verwendet; news.announce.newusers, hier findet man eine große Sammlung von *FAQs* (häufig gestellten Fragen), die von neuen Usern gefragt wurden; und unter news.answers findet man FAQs rund um Newsgroups.

Für weiterführende Informationen zum Thema Newsgroups empfehlen wir Ihnen das Buch *Internet für Dummies* von John Levine, Carol Baroudi, und Margaret Levine Young, erschienen bei ITP, Bonn.

Das Finden von Newsgroups und von darin versteckten Informationen

Mehr noch als in E-Mails oder Internet-Mailing-Listen muß man in Newsgroups mit Marketing vorsichtig – sehr, sehr vorsichtig - sein. Für Newsgroups muß man rein informelles Marketing betreiben – keine Marktschreierei, keine Verkaufsangebote und überhaupt kein Spamming, es sei denn, man läuft gerne mit einem virtuellen Fadenkreuz auf dem Rücken herum.

Im Gegenzug kann man aus Newsgroups eine Menge Informationen darüber beziehen, was andere über Ihre Firma und über Ihre Konkurrenten denken.

Die Suche nach Newsgroups

Bevor Sie sich mitten in die Welt der Newsgroup-Teilnehmer stürzen, sollten Sie erst einmal vorfühlen, ob Ihre Firma oder Ihre Konkurrenten nicht vielleicht schon Thema einer Newsgroup sind. Wenn das in Ihnen die Horrorvision heraufbeschwört, Sie müssten jede der tausende von Newsgroups auf einem News-Server durchsuchen, dann keine Panik: Dazu können Sie DejaNews oder Suchmaschinen, wie Altavista und Hotbot, verwenden.

✔ **DejaNews** (www.dejanews.com) nennt sich selbst den »weltweiten Marktführer für internetbasierte Diskussionsforen«. Der Grund dafür ist klar: Seit der Gründung von DejaNews 1995 wuchs es unaufhörlich und hat heute Millionen von Besuchern im Monat, die alle die Inhalte von Usenet Newsgroups durchsuchen.

✔ **AltaVista** (www.altavista.digital.com) **und Hotboot** (www.hotboot.com) sind große Suchmaschinen, wie in Kapitel 2 beschrieben, aber sie durchsuchen nicht nur das Web, sondern auch das Usenet.

Wir empfehlen Ihnen, Ihre Suche mit DejaNews zu starten, da Sie hier das kompletteste Angebot finden, das sich auf Newsgroups spezialisiert hat. Tatsächlich ist es so, daß viele Suchmaschinen an DejaNews hängen, um die Suche in Newsgroups überhaupt anbieten zu können. Was liegt also näher, als direkt an die Quelle zu gehen?

 Auch wenn Sie keine Newsreader Software haben, erlaubt Ihnen DejaNews, direkt über die Deja-Webseite eine neue Nachricht in einer Newsgroup zu posten – eine praktische und zeitsparende Lösung.

Im folgenden erklären wir Ihnen, wie Sie Ihre Suche am besten starten:

1. **Gehen Sie zu DejaNews, indem Sie in Ihrem Web-Browser im Adressfeld die URL** www.dejanews.com **eingeben.**

   Daraufhin wird die Homepage von DejaNews geladen.

2. **Im »Find«-Feld geben Sie jetzt bitte die Stichwörter oder den Ausdruck an, nach dem Sie suchen wollen. (Wenn Sie nach einem Ausdruck, der aus verschiedenen Wörtern besteht, suchen, setzen Sie den ganzen Ausdruck in Anführungszeichen)**

3. **Klicken Sie auf** Find.

   Eine Liste der Newsgroups, die zu Ihren Suchwörtern passen, erscheint.

4. **Durchforsten Sie die Liste mit den Namen der Nachrichten nach Mitteilungen, die Sie interessieren. Klicken Sie auf den Namen der Nachricht, um sie zu lesen.**

   Die Nachricht erscheint. Ein Beispiel sehen Sie in Abbildung 10.3.

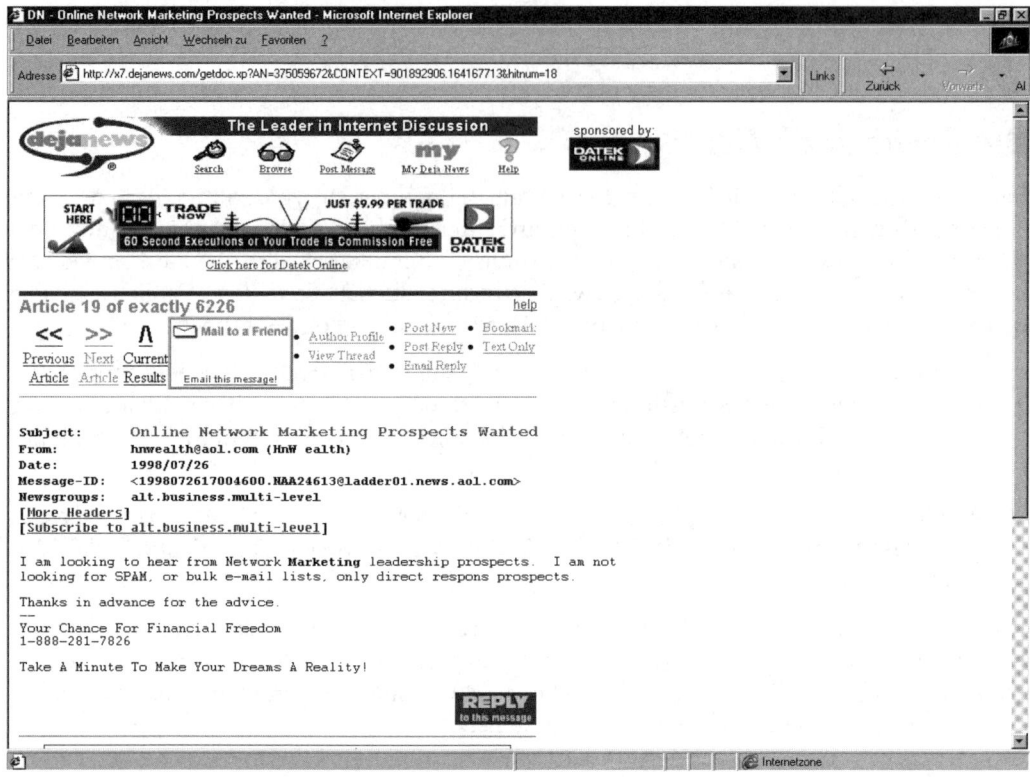

Abbildung 10.3: Ein Newsgroup-Posting in DejaNews lesen.

5. **Klicken Sie auf VIEW THREAD, um die ganze Newsgroup-Diskussion zu lesen, aus der die Nachricht stammt.**

6. **Wenn Sie eine Nachricht lesen und herausfinden wollen, wer der Schreiber der Nachricht ist – beispielsweise, weil er eine sehr starke Meinung vertreten hat, oder weil er interessante Ansichten über Ihre Firma oder Ihre Konkurrenten geäußert hat –, dann klicken Sie auf AUTHOR PROFILE.**

   DejaNews durchsucht seine Nachrichten-Datenbank, um alle anderen Nachrichten, die von der gleichen E-Mail-Adresse kamen, herauszufinden, und gibt dann eine Zusammenfassung davon. Klicken Sie auf den Namen der Newsgroup unter dem Namen des Autors, um die individuelle Nachricht zu lesen.

Sie können Ihre Suche natürlich beliebig variieren: Geben Sie den Namen eines Geschäftsbereichs ein, mit dem Sie zu tun haben, oder durchsuchen Sie die alten Bestände von DejaNews (»old«). Dadurch verschaffen Sie sich oftmals einen guten Überblick, wie es zu aktuellen Diskussionen kam.

Gelegentlich werden Ihnen Suchergebnisse geliefert, die mit Ihrer Firma, Ihren Konkurrenten oder Ihrem Geschäftsfeld nichts zu tun haben. In diesem Fall besteht die Möglichkeit, Ihre Suche mittels der Suchfilter auf der linken Seite der DejaNews-Seite einzuengen.

 Wenn Sie auf eine Newsgroup stoßen, die Ihnen bei der Suche nach Ihrem Firmennamen oder den Namen der Konkurrenz öfter begegnet, dann sollten Sie sich deren Bezeichnung aufschreiben. Wenn Sie das nächste Mal Ihren Newsreader starten, schreiben Sie sich in die Gruppe ein, und Sie haben eine gute Informationsquelle erschlossen.

Die richtige Newsgroup auswählen

Teilnehmen zu wollen ist eine Sache, zu wissen, wo man teilnehmen will, eine ganz andere. Zur Zeit existieren 15.000 Newsgroups – die Themen von der Gartenarbeit (`rec.gardens`) bis zu Game-Shows (`alt.tv.game-shows`) behandeln.

Ein paar Vorschläge für den Einstieg:

✔ **Fragen Sie Kollegen:** Vielleicht sind Kollegen von Ihnen schon im Netz und nehmen an interessanten Newsgroups teil.

✔ **Fragen Sie Kunden:** Bei Routinekontakten mit Ihren Kunden – speziell per E-Mail – sollten Sie nachfragen, ob es irgendeine Newsgroup gibt, an der Ihre Firma teilnehmen sollte.

✔ **Suchen Sie in DejaNews:** Siehe voriger Abschnitt.

✔ **Durchforsten Sie DejaNews:** DejaNews teilt die Newsgroups, genau wie Yahoo! dies für Webseiten macht, in Kategorien ein, wie beispielsweise Jobs, Gesundheit, Politik und Sport. Klicken Sie einfach auf Kategorien, die zu Ihrem Geschäftsfeld passen, und suchen Sie dann detaillierter.

✔ **Durchstöbern Sie die Listen in Ihrem Newsreader:** Die Newsreader der beiden Browser Netscape Communicator 4 und Internet Explorer 4 erlauben es, in den Namen der Newsgroups nach einzelnen Worten zu suchen. Gelegentlich findet man dabei eine Newsgroup zu einem interessanten Thema. In anderen Fällen sagt der Name einer Newsgroup nicht allzuviel über die dort behandelten Themen (oder führt sogar in die Irre).

✔ **Lesen Sie** `news.announce.newsgroups`**:** Hier finden Sie die neu entstandenen Newsgroups.

Sie können jede passende Newsgroup zur Liste der Newsgroups, in die Sie eingeschrieben sind, hinzufügen, egal welchen Newsreader Sie verwenden.

Newsgroups beurteilen

Worauf sollten Sie achten, wenn Sie Newsgroups über DejaNews oder andere Newsgroup-Suchmaschinen suchen?

✔ **Häufigkeit:** Wie oft sind Sie und Ihre Konkurrenten in der Newsgroup erwähnt? Wenn Ihre Konkurrenten wesentlich öfter erwähnt sind, mag es daran liegen, daß Sie sich online noch nicht so bemerkbar gemacht haben, wie Sie vielleicht dachten. Wenn keiner von ihnen erwähnt ist, haben Sie die Gelegenheit, der Erste zu sein.

✔ **Aktualität:** Wie lange ist es her, daß Sie oder Ihre direkten Konkurrenten erwähnt wurden? Eine dramatische Veränderung in diesem Punkt indiziert ein Problem oder eine Firma auf dem aufsteigenden Ast (der ja bekanntlich sehr dünn ist).

✔ **Tonfall:** Sind Postings, die Ihre Firma betreffen, freundlich oder feindlich gestimmt? Wenn Sie sich einer großen Feindlichkeit in den Newsgroups ausgesetzt sehen – besonders von Seiten der Kunden, die mit dem Service nicht zufrieden sind –, sollten Sie schleunigst aufwachen und handeln (wir kaufen Ihre Aktien dann nicht mehr). Achten Sie besonders darauf, wenn jemand Sie verteidigt.

✔ **Inhalt:** Dominieren spezielle Themen die Konversation über Ihre Firma? Die Themen könnten darauf hinweisen, daß Ihre Firma in diesem Gebiet außerordentliche Stärken oder Schwächen hat. Besonders stolz können Sie darauf sein, wenn Newsgroups Ihre Offline-Marketing-Botschaften widerspiegeln, ohne daß Sie den Anstoß dazu gegeben haben.

✔ **Meinungsbilder:** Schreiben einige Verfasser von Nachrichten routinemäßig über Ihr Produkt? Wenn die Posts positiv sind, dann ist der Verfasser ein Meinungsbilder, den es sich zu erhalten gilt. Wenn die Posts negativ sind, sollten Sie vielleicht eine offene und höfliche private E-Mail-Konversation mit dem Verfasser beginnen, um eventuelle Mißstimmungen auszuräumen.

 Machen Sie die Suche nach Ihrem Firmennamen und Ihren Produkten in Deja-News zur monatlichen Routine. Denn auch wenn Sie bereits regelmäßig einige Newsgroups lesen, kann es passieren, daß Ihre Firma plötzlich ein heißes Thema in einer Newsgroup wird, die Sie nicht beobachten. Zu beobachten, was online über Ihre Firma gesagt wird, gehört zu den Grundvoraussetzungen für erfolgreiches Online-Marketing.

Die Pentium-Lektion

Ignorieren Sie feindliche Stimmungen in Newsgroups bitte auf eigenes Risiko – vor allem, wenn die feindliche Stimmung in Tatsachen ihre Begründung findet. Intel fand auf die harte Tour heraus, was passiert, wenn man Newsgroup-Diskussionen nicht gut überwacht und nicht prompt auf Probleme antwortet.

1994 fand ein Mathematiker heraus, daß sich in einigen seiner Berechnungen Fehler eingeschlichen hatten, die er auf eine Fehlfunktion des ersten Pentium Prozessors zurückführte. Seine Ergebnisse postete er in einer Nachricht in einem CompuServe-Forum und im Usenet unter `comp.sys.intel`.

Intel reagierte nicht auf die Veröffentlichungen, während bei `comp.sys.intel` einige andere Leute von ihren eigenen Varianten des Pentium Bugs berichteten. Innerhalb von wenigen Tagen wurde das Problem auch in anderen Newsgroups bekannt. Jetzt dauerte es immer noch einige Wochen, bis der Vorstandsvorsitzende von Intel, Andrew Grove, eine Nachricht unter `com.sys.intel` postete, in der er den Fehler zugab. Seine Nachricht trug wenig dazu bei, die Leute von einer möglichen Lösung des Problems zu überzeugen. Die Verärgerung in `comp.sys.intel` wurde noch stärker, griff immer mehr auf andere Newsgroups über und endete schließlich in den Massenmedien. Dies zwang Intel dazu, ein Austauschprogramm für jeden, der noch eine alte Version des Pentium hatte, anzubieten.

Intel hat diese äußerst teure Lektion gelernt, sowohl was die Kulanz, als auch was die Kosten betrifft. Als ein Bug im Pentium II und im Pentium Pro in `comp.sys.intel` 1997 gemeldet wurde, antworteten die Intel-Verantwortlichen schnell, um die Wogen zu glätten. Und was wieder ein riesiges PR-Disaster hätte werden können, wurde stilvoll und schnell beigelegt. Lernen Sie aus den Fehlern von Intel.

Die Vorteile einer Teilnahme an Newsgroups

Da man in Newsgroups sehr vorsichtig sein sollte, wie uns das Beispiel mit der Green Card immer wieder vor Augen führt, mag es Ihnen vielleicht so erscheinen, als sei es das Beste für Ihre Firma, von außen zu beobachten und nur einzugreifen, wenn die Aussagen zu Ihrer Firma ein wenig außer Kontrolle geraten. (Dieser Standpunkt erinnert ein bißchen an Bill Cosbys klassische Aussage zur Kindererziehung: »Eltern wollen keine Gerechtigkeit, sondern Ruhe.«) So eine Defensivstrategie mag bequem und in manchen Fällen auch richtig sein, aber wenn Sie ihr folgen, entgehen Ihnen folgende Vorteile einer aktiven Teilnahme an Newsgroups:

✔ **Als Experte angesehen werden:** Wenn Sie in einer Newsgroup hilfsbereit sind, stellt Sie das gegenüber Ihren Kunden und Geschäftspartnern als Experte auf Ihrem Gebiet heraus. Zusätzlich ist es wesentlich weniger aufwendig und teuer, ein Experte in einer Newsgroup, als ein Experte in klassischen Medien zu sein – hier wären Vortragsreisen und Artikel in Fachzeitschriften zu nennen. Letztendlich macht es auf alle, die Sie im Internet beeinflussen wollen, einen hervorragenden Eindruck. (Hören Sie deshalb bloß nicht mit dem Redenhalten und Schreiben auf, wir machen das ja auch so.)

✔ **Gerüchte zerstreuen:** Erinnern Sie sich an das Gesellschaftsspiel Stille Post, das wir als Kinder gespielt haben? Alle Kinder mußten sich in einen Kreis setzen, und jeder sollte seinem Nebenmann einen Satz ins Ohr flüstern, bis die Nachricht einmal im Kreis gewandert war. Das Ergebnis am Ende hatte meist nichts mehr mit dem anfänglichen Satz zu tun. Dasselbe Prinzip gilt auch für Marketing-Nachrichten: Je weiter Ihre Nachricht von der Informationsquelle (von Ihnen) weg ist, desto eher wird sie fehlinterpretiert oder falsch verstanden. Sie können das vermeiden, indem Sie sicherstellen, daß die Nachrichten von einem Ihrer Firmenmitarbeiter aus dem Kundenservice, dem Marketing, dem technischen Support oder einer anderen Abteilung kommen, der davon auch Ahnung hat.

Und sollten Sie dennoch abstruse Nachrichten über Ihre Firma in Newsgroups lesen, identifizieren Sie sich schnell als Mitarbeiter der Firma und stellen die Sache richtig, um falsche Eindrücke zu vermeiden.

✔ **Für schnelle Antworten bekannt werden:** Eine aktive Stimme für die Firma zu sein, bedeutet, daß Ihre Firma immer zugänglich ist und Feedback haben möchte. Schnelle Antworten verleihen Ihrer Online-Präsenz einen menschlichen Touch, auch wenn sie, ironischerweise, nur mittels eines textorientierten Mediums erfolgen.

Am besten ist natürlich, daß Newsgroups auch alle Vorteile der Internet-Mailing-Listen haben: Sie sind sehr zielgruppengenau, kostenlos und die Heimat von Online-Gemeinschaften (siehe Kapitel 9). Außerdem sind Newsgroups sehr weit verbreitet. DejaNews meldete, daß 1997 24 Millionen Menschen weltweit Newsgroups lesen.

Umgekehrt können Newsgroups auch der Reputation Ihrer Firma oder Ihrer Produkte großen Schaden zufügen, wenn Sie nicht auf negative Nachrichten reagieren:

✔ **Das Auftauchen von Flames:** Einige der Fragen, Kommentare und Meinungen, die sich an Ihre Firma oder Ihre Produkte richten, können sarkastisch, scharfzüngig oder brutal sein. Andere – vielleicht sogar die schlimmeren – sind ruhig, leidenschaftslos, sorgfältig recherchiert und über alle Maßen negativ. Wenn Sie darauf nicht schnell und respektvoll antworten, wandeln sich diese gut geprüften Kritiken in Flames, verbreitet von anderen Teilnehmern, und wachsen, bis sie ein loderndes Feuer sind.

✔ **Die Widerstandsfähigkeit von Gift:** Einige Newsgroups unterhalten ihr eigenes Archiv, und viele Groups werden routinemäßig in Datenbanken wie DejaNews archiviert. Alles, was über Ihre Firma geschrieben wurde – oder was Sie als Antwort geschrieben haben –, lebt in einem Archiv weiter, lange nachdem die Diskussion beigelegt wurde.

✔ **Das Buschfeuer:** Ärger und Fehlinformationen verbreiten sich genauso rasch wie Fakten und bekommen im Internet ihr Eigenleben. Sie springen wie ein Buschfeuer von Newsgroup zu Newsgroup. Beispiele dafür sind der lang lebende »GoodTimeVirus« oder eben unsere Intel-Geschichte.

Die Tatsache, daß Ihre Anwesenheit helfen kann, solche Probleme zu vermeiden, ist ein hervorragender Grund, an Newsgroups teilzunehmen – und bei der Teilnahme sehr vorsichtig zu sein.

Marketing in Newsgroups

Frage: Wie betreiben Sie Marketing in einer Newsgroup?

Antwort: Sehr, sehr vorsichtig!

Jede Newsgroup ist eine Gemeinschaft mit ihrer eigenen Kultur, ihrem eigenen Tonfall, der eigenen Geschichte und den eigenen Teilnehmern. Diese Kultur zu verletzen, kann Sie in einer Newsgroup so verhaßt machen wie eine Schnake im Schlafzimmer.

Seien Sie deshalb bei Marketing in Newsgroups noch vorsichtiger, als bei Marketing per E-Mail oder Internet-Mailing-Listen. Newsgroup-Marketing ist informatives Marketing im Extremen. Wenn man eine goldene Regel für Marketing im Internet nennen müßte, dann die folgende: »Helfen, nicht verkaufen.« Tips, wie man am besten helfen kann, finden Sie in Kapitel 9.

Alles, was für E-Mails und Internet-Mailing-Listen gilt, trifft auch für Newsgroups zu: Fassen Sie sich kurz, schreiben Sie nicht in Großbuchstaben, erstellen Sie eine effektive Signatur, verwenden Sie keine Spams, halten Sie zuerst inne und überlegen, bleiben Sie am Thema, antworten Sie nicht immer für alle, seien Sie hilfreich und positiv. Wegen der sehr offenen Struktur von Newsgroups gilt dieser Ehrenkodex für Internet-Teilnehmer dort noch viel mehr als in privaten E-Mails (siehe Kapitel 8) und automatischen Mailing-Listen (siehe Kapitel 9).

Hinzu kommen speziell bei Newsgroups folgende Regeln:

✔ **Lesen Sie die FAQs:** Newsgroups verschicken keine Willkommensnachrichten wie Mailing-Listen, um den Tonfall, die Themen und die Regeln mitzuteilen, sondern sie haben Dokumente mit den FAQs (häufigst gestellten Fragen), die normalerweise regelmäßig upgedatet werden. Wenn Sie zum ersten Mal die Nachrichten in einer Newsgroup durchforsten, sollten Sie danach Ausschau halten. Eine durchsuchbare Zusammenstellung von FAQs finden Sie im World Wide Web unter `www.faqs.org/faqs` (siehe Abbildung 10.4). FAQs finden sich ebenso in der `<Newsgroup news.answers>`. Außerdem sollten Sie die Posts in `<news.announce.newusers>` lesen. In ihnen finden Sie grundlegende Fakten, wie die Netiquette und vieles mehr.

✔ **Lesen Sie, bevor Sie posten:** Eine Nachricht zu posten, bevor Sie ein Gefühl bekommen haben, wie der Ton der Nachrichten in der Newsgroup ist, läßt sich vergleichen mit dem Tragen von Shorts in einer Kirche auf Grönland. Der Tonfall der Newsgroups variiert mit dem Thema – so ist beispielsweise der Ton (und das Thema) bei den Newsgroups `<alt.sex.misc.forsale>` und `<sci.physics>` sehr unterschiedlich. Und auch nicht jede Newsgroup ist in Englisch, schon gar nicht in Deutsch. Das Usenet ist weltweit im Einsatz. Sie sollten aus all diesen Gründen erst einige Nachrichten lesen, bevor Sie eigene posten.

✔ **Schaffen Sie eine aussagekräftige Themenzeile:** Im Gegensatz zu E-Mails und Internet-Mailing-Listen kann es bei Nachrichten in Newsgroups häufig vorkommen, daß ein Leser nur die Themenzeile Ihrer Nachricht liest – deshalb muß ihn die Themenzeile dazu verführen, die ganze Nachricht zu lesen. Formulieren Sie eine aussagekräftige Themenzeile, ohne in einen spam-ähnlichen Ton zu verfallen. Schreiben Sie also beispielsweise in einer Newsgroup über Bücher statt »Neuerscheinung« lieber »Neuerscheinung von S. King.« Einige Newsgroups verwenden für die Themenzeile ein spezielles Format. So ist es in Newsgroups über Spiele z.B. üblich, den Namen des angesprochenen Spiels am Anfang der Themenzeile zu nennen. Halten Sie sich an solche Konventionen. Je prägnanter Ihre Themenzeile ist, desto öfter wird sie angeklickt.

✔ **Vermeiden Sie mehrmaliges Posten:** Posten Sie nicht die gleiche Nachricht in mehreren Newsgroups (engl. cross-posting). Mehrmaliges Posten verwirrt nicht nur die Teilnehmer, da sie nicht mehr wissen, wohin sie Ihnen antworten sollen, sondern ist auch eine beliebte

Taktik von Spammern – und das sind nicht die Leute, mit denen Sie identifiziert werden wollen, oder?

✔ **An Spamming dürfen Sie nicht mal denken!** Unerwünschte kommerzielle Werbung in E-Mails und Mailing-Listen ist ein Verbrechen, in einer Newsgroup ist es ein Kapitalverbrechen, das zu schwersten Bestrafungen führt. Stellen Sie sich vor: Ihr E-Mail-Account und damit Ihr ISP werden von Mailbomben erschlagen – Tausende von E-Mails überlasten den Server, bis er unter der Last japsend zusammenbricht. Automatisierte Roboter und Programme löschen jede Ihrer leichtsinnigen Aussagen in sämtlichen Newsgroups der Welt innerhalb von Stunden. Und schließlich die schlimmste Strafe, die Usenet Todesstrafe. Ihr ISP wird auf Grund Ihres Fehlgriffs komplett vom Usenet getrennt. (Wenn Sie jetzt denken, Sie könnten damit AOL für die schlechte Mail-Beförderung bestrafen, dann täuschen Sie sich nicht. Wütende ISPs ziehen auch öfter vor Gericht.) All diese Strafen zieht Spamming nach sich! Das mußten auch schon CompuServe und UUNet, zwei sehr große ISPs, erfahren. Sie wurden für kurze Zeit einfach vom Usenet abgehängt. Das Fazit: Verwenden Sie keine Spams.

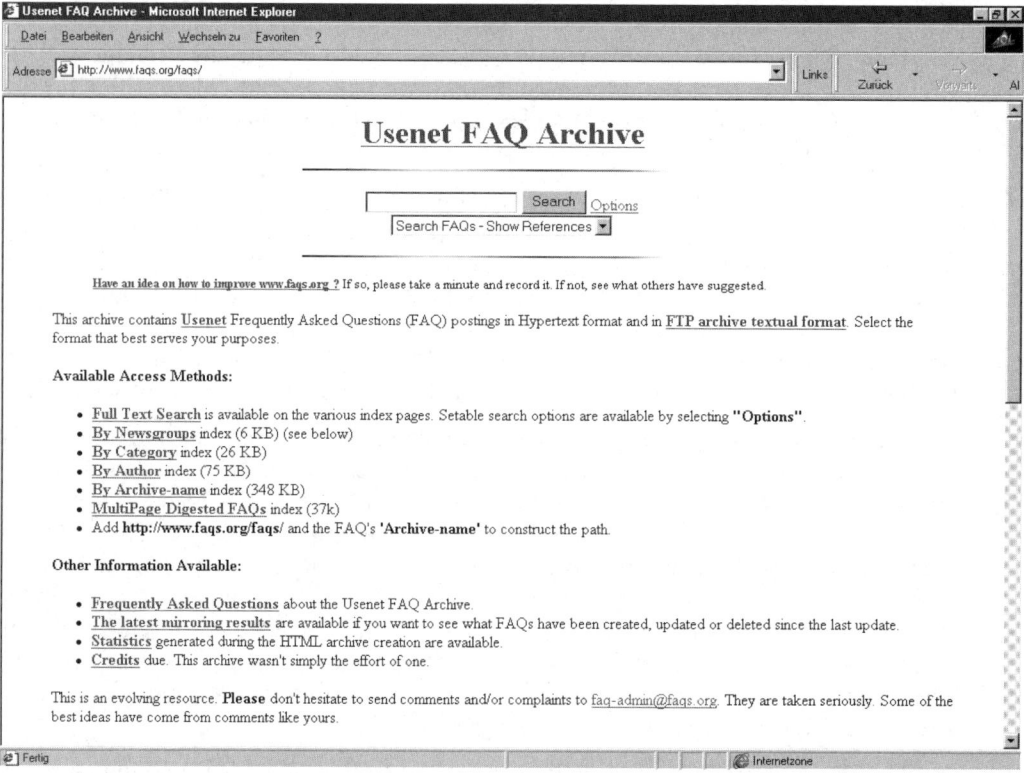

Abbildung 10.4: Das Newsgroup-FAQ-Archiv im Web

Nachdem wir Sie nun auf die speziellen Regeln in Newsgroups eingeschworen haben, erinnern Sie sich nochmal kurz an das Potential, daß auf Grund der hohen Reichweite und leichten Erreichbarkeit in Newsgroups steckt. Wenn Sie Ihre Postings themenbezogen, hilfreich, nicht marktschreierisch und angepaßt halten, haben Sie einen langen, erfolgreichen Weg vor sich, um Ihre Firma in ein gutes Licht zu rücken.

Eine eigene Newsgroup einrichten.

Sie haben einen Newsreader. Sie haben ein Thema. Warum also nicht eine eigene Newsgroup starten? So verführerisch das auch klingt, so einfach ist es nicht.

Eine komplette Aufstellung darüber, was Sie alles brauchen, um eine Newsgroup aufzubauen, finden Sie in FAQs unter `<news.announce.newsgroups>` oder `news.groups` für die normale Hierarchie und unter `<alt.config>` für die ALT-Groups. Wichtig beim Erstellen einer neuen Newsgroup ist, daß Sie zuerst ein Thema haben, das keine existierende Newsgroup behandelt. Dann müssen Sie dieses Thema vorschlagen und drei bis fünf Wochen warten, wie die öffentliche Meinung zu diesem Thema ausfällt. Die `ALT`-Newsgroups erfordern keine öffentliche Abstimmung, aber ein Vorschlag ist dennoch sehr zu empfehlen, damit die Verwalter von News-Servern auf Ihre Newsgroup aufmerksam werden und sie übernehmen. In der Realität sind die `ALT`-Newsgroups dennoch nicht so weit verbreitet.

Sie müssen außerdem bei einer aktuellen Usenet-Seite Süßholz raspeln, um in der Oberkategorie eingetragen zu werden. Oder Sie brauchen einen eigenen News-Server mit genug Speicherkapazität, um ein ganzes Bündel von Newsgroups zu sammeln. Eine FAQ schlägt für einen seriösen News-Server ein Unix System mit 64 MB RAM und einer 8 GB Festplatte vor.

Wenn Ihre Diskussionsgruppe nicht über das ganze Usenet verteilt werden soll, wäre eine Alternative, auf Ihrem eigenen News-Server nur Ihre eigene Newsgroup zu haben – auf diese Art unterhalten viele Software-Firmen einen News-Server mit einer Support-Newsgroup. Aber es verlangt immer noch einiges an Know-How, einen News-Server mit der dazugehörigen Server-Software zu betreiben.

Eine bessere Idee ist vielleicht folgende: Wenn Sie die Kontrolle und den Schwerpunkt, den eine selbst betriebene Newsgroup erlaubt, haben wollen, aber den ungeheuren Aufwand, eine eigene ins Leben zu rufen, scheuen, sollten Sie eine Mailing-Liste starten (siehe Kapitel 9).

Marketing in Online-Service-Foren

Nachdem Sie sich mit Newsgroups im Usenet vertraut gemacht haben, denken Sie über Marketing in Online-Foren von kommerziellen Online-Diensten nach.

Genau wie Newsgroups sind die Online-Foren branchen- oder interessenspezifisch. Im Gegensatz zu Newsgroups laufen Sie aber nach dem Top-Down-Prinzip. Das heißt, der kommerzielle Online-Dienst legt die Regeln für die Foren fest und läßt sie von Moderatoren überwachen, die entsprechend streng auf die Einhaltung der Regeln pochen.

Online-Foren sind nur für die zahlenden Mitglieder der Online-Dienste zugänglich. Und obwohl die großen Online-Dienste (T-Online, AOL, CompuServe) einige Millionen Mitglieder haben, ist das nur ein kleiner Teil der gesamten Internet-Nutzer. Allerdings machen alle großen Online-Dienste Ihren Mitgliedern auch das Internet zugänglich. Deshalb kann es für Sie bei limitiertem Budget sinnvoll sein, über Online-Foren ins Usenet zu starten.

Mit Chat Marketing betreiben

Chat ist einer der Dienste im Internet, über den am meisten gesprochen wird, unter anderem deshalb, weil er in *Echtzeit* stattfindet – was von einem Benutzer getippt wird, ist fast sofort sichtbar und kann von anderen, die am Chat teilnehmen, beantwortet werden. Aus diesem Grund wird textbasierter Chat von einer gewissen Anzahl von Firmen eingesetzt, um ihre Websites zu verbessern.

Die Marketingrolle des Chats kann Teil einer speziellen Veranstaltung sein – eine Art virtuelle Pressekonferenz bei einer Produkteinführung oder einer Entwicklung innerhalb der Firma. Oder es kann für fortdauernden Kundendienst und -unterstützung verwendet werden – zum Beispiel interaktive Frage- und Antwort Sitzungen mit Mitarbeitern des technischen Kundendienstes. Sie können sich das als Konferenzschaltung vorstellen, nur daß mit Fingern anstatt mit Stimme kommuniziert wird.

Chat eignet sich aufgrund der schnellen Interaktion gut zum technischen Support, aber es gibt im Marketing-Bereich Beschränkungen. Wenn Sie mehr als 20 Teilnehmer haben, und keinen strengen Moderator, der als eine Art Talkshowgastgeber wirkt, wird es schwierig zu verfolgen, wer was sagt, und der Zusammenhang geht eventuell verloren. Wenn weniger als fünf Leute teilnehmen, kann es große Lücken geben, in denen jeder darüber nachdenkt, was er tippen soll. Wir halten als Ergebnis fest: Internet-Mailing-Listen sind eine bessere Möglichkeit, wenn das, was diskutiert wird, keinen unmittelbaren Dialog benötigt.

Es kann Ihnen auch passieren, daß Sie Online-Marketing für eins Ihrer Produkte in einem Chat betreiben, der von anderen ausgerichtet wird. Einer der Autoren zum Beispiel (Bud Smith) war einmal Gast in einem Chat, um Fragen über eines seiner Bücher zu beantworten. Obwohl das Ereignis groß angekündigt worden war, war der Chat nicht sonderlich produktiv. Nur ungefähr zehn Leute haben teilgenommen, und die gestellten Fragen waren nicht besonders leicht zu verstehen. Nach ungefähr zehn Minuten Aktivität folgte längeres Schweigen. Einer der deutschen Bearbeiter dieses Buchs (Christian Wenz) richtete dagegen einmal für eines seiner Bücher einen Chat aus. Obwohl nur wenige Leute der Einladung folgten, hatten die wenigen Teilnehmen umso mehr Fragen, so daß die vorhergesehene Zeit bei weitem überschritten wurde. Bei der Neuauflage – diesmal etwas stärker beworben – war jedoch das Interesse nicht mehr so groß. Manche angekündigten Chats sind von Erfolg gekrönt, manche nicht.

Wenn Sie Ihre eigenen Online-Chats abhalten wollen, müssen Sie die dazugehörige Software einrichten. Einen Chat auf einer Website aufzubauen, setzt voraus, daß Ihre Kunden ein »Hilfsprogramm« oder Plug-In für Chats in ihren Webbrowsern haben, und/oder daß Sie ein Chat-Server-Programm auf Ihrem Webserver laufen lassen müssen. Chat-Server-Software kosten irgendetwas zwischen ein paar Hundert bis zu Tausenden von Mark und hängt unter anderem von der Anzahl der maximalen Teilnehmer pro Chat ab und inwieweit man den Chat-Raum kontrollieren kann. Einige Chat-Server beinhalten EmeraldNet ChatBox und die Testversion davon, ChatBox Lite (`www.emerald.net`), den WebMaster ConferenceRoom (`www.webmaster.com`) oder IChat (`www.ichat.com`). Ein neuerer Ansatz sind Chats, die auf Java basieren, wie zum Beispiel Parachat (`www.parachat.com`), den die Übersetzer dieses Buchs selbst auf ihrer Website einsetzen. Bei all diesen Sites kann man so einen Chat auch mal ausprobieren.

Ein anderer Ansatz, einen Chat auszurichten, benutzt das World Wide Web überhaupt nicht. Internet Relay Chat (IRC) ist eine andere Art von Internet-Dienst, der Echtzeit-Diskussionen in *Channels* (Kanäle) aufteilt. Sie können mit einer speziellen Software an Diskussionen teilnehmen. Zwei Orte, wo Sie mehr über IRC herausfinden können, sind die IRC Help Site bei `www.irchelp.org` und das Usenet Hypertext FAQ Archiv bei `www.faqs.org/faqs/`. Hier erfahren Sie, wie Sie einen IRC-Kanal einrichten können und wo Sie IRC-Software finden. (Suchen Sie nach der FAQ »IRC Undernet Frequently Asked Questions«.)

Ziehen Sie es in Erwägung, einige Zeit in Online-Chats zu verbringen, um ein Gefühl dafür zu kriegen, und urteilen Sie dann, ob sie für Ihre Online-Marketing-Bemühungen von Nutzen sein können. Zusätzlich zu den hier aufgelisteten Ressourcen können Sie auch Chats über bestimmte Themen finden, indem Sie die Themenhierarchie von Yahoo! durchsuchen oder Yahoo!s eigene Java-basierte Chaträume ausprobieren (zu finden unter `www.yahoo.com`). Mehr Informationen über die Benutzung von Yahoo! finden Sie in Kapitel 2.

Sie können auch an den Chats und Konferenzen bei AOL und CompuServe teilnehmen. Obwohl die Teilnahme auf Mitglieder des jeweiligen Dienstes beschränkt ist, sind diese Orte gut dafür, ein Gefühl für Chats zu bekommen, ohne viel vorarbeiten zu müssen.

Vor- und Nachteile des Marketings in Online-Foren

Online-Service-Marketing ist nicht für jeden Geschäftsbereich geeignet. Aber Marketing im allgemeinen und vielleicht auch insbesondere in kommerziellen Diensten hat einige Vorteile:

✔ **Konzentrierter Zustrom:** AOL hat weltweit über 10 Millionen Mitglieder, CompuServe mehr als 5 Millionen, T-Online in Deutschland 1,5 Millionen. Das sind viele Leute, konzentriert auf einen Platz, alle durch einen Tunnel kanalisiert - im Gegensatz zu den vielen anderen, die über das ganze Internet verstreut sind. Diese Dienste können ihre Mitglieder mit Werbemaßnahmen auf den Eingangsseiten direkt zu Foren oder Events führen, wie das im Internet so kaum möglich ist.

✔ **Gemeinschaft:** Online-Foren sind einer der wichtigsten Teile vieler Online-Dienste. CompuServe ist dabei nach wie vor der führende Online-Dienst, was Foren betrifft. Einige der mehr als tausend Online-Foren von CompuServe bestehen fast ein Jahrzehnt, und deren langjährige Teilnehmer und Meinungsbilder werden schon als Experten angesehen.

✔ **Schwerpunkt:** Online-Dienste haben alle eine leicht unterschiedliche Ausrichtung. T-Online legt den Fokus auf Homebanking, AOL wendet sich eher an die Heimanwender und fährt auf der Unterhaltungsschiene, während CompuServe sich an die professionellen Anwender richtet. Durch diese verschiedenen Schwerpunkte der einzelnen Dienste, fällt es etwas leichter, die Zielgruppen in Online-Foren zu identifizieren, als im Usenet.

Marketing in Online-Diensten hat natürlich auch eine Reihe von Nachteilen:

✔ **Reichweite:** Selbst alle kommerziellen Online-Dienste zusammengenommen erreichen nur einen Teil der Leute, die die Dienste des Internet, wie beispielsweise das World Wide Web oder E-Mail, nutzen. Außerdem sind sowieso alle Teilnehmer der größeren Online-Dienste auch im Internet vertreten.

✔ **Kosten:** Sie müssen für jeden Online-Dienst eine monatliche Gebühr zahlen, und ab einer bestimmten Anzahl von Freistunden wird nach Stunden abgerechnet. Hier sind ISPs ohne Zusatzdienste meist billiger.

✔ **Vergänglichkeit:** Ein Online-Dienst der im Moment »in« ist, muß das nicht für immer bleiben. Beispielsweise war Prodigy einer der führenden Online-Dienste. Davon ist heute nicht mehr viel übriggeblieben. MSN ist ein anderes Beispiel. CompuServe wurde von AOL aufgekauft, und es ist ungewiß, ob es eine eigenständige Zukunft für den Dienst gibt. Wenn Sie also Ihr Online-Marketing eng mit einem Online-Dienst verknüpfen, gehen Sie das Risiko ein, mit ihm zu fallen, wenn er abstürzt.

Die beste Methode für Marketing in Online-Diensten ist gleichzeitig die einfachste: Verwenden Sie die Fähigkeiten, die Sie im Umgang mit Newsgroups gesammelt haben, und sehen Sie Online-Foren als Ergänzung, nicht als Ersatz für Usenet Newsgroups in Ihrem Marketing-Konzept.

Den richtigen Online-Dienst für Ihre Marketing-Anforderungen auswählen

Die kosteneffektivsten Marketingwerkzeuge der Online-Dienste sind die Foren, das Gegenstück zu den Newsgroups. Die drei bekanntesten Online-Dienste sind T-Online, CompuServe, und AOL. Um herauszufinden, wo Sie starten sollen, können Sie das World Wide Web verwenden:

✔ **T-Online:** Auf der T-Online-Homepage unter <www.t-online.de> finden Sie einige Informationen zu T-Online. T-Online ist weniger für Foren, sondern eher für Inhalte wie Börsenkurse, Homebanking etc., bekannt. T-Online ist mit mehr als einer Million Mitglieder der größte Online-Dienst Deutschlands. Er entstand aus dem BTX-Dienst der Deutschen Telekom.

✔ **AOL:** Die AOL-Webseite unter <`www.aol.de`> beinhaltet Beschreibungen der AOL-Kanäle (Channels, siehe Abbildung 10.5) – wichtige Themenbereiche wie Neuigkeiten, Sport, Unterhaltung, Familie, Gesundheit etc. Einige der Kanäle sind Foren, und auf der Webseite finden Sie jeweils eine kurze Beschreibung.

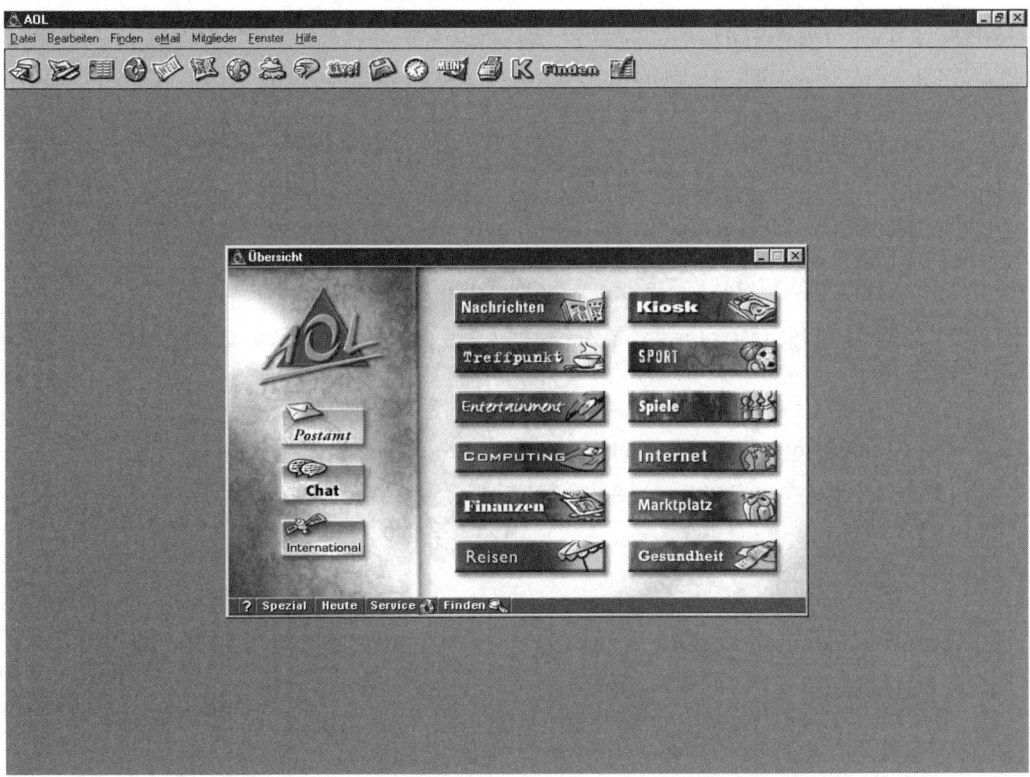

Abbildung 10.5: America Online ist in Kanälen organisiert.

✔ **CompuServe:** Die CompuServe-Webseite unter `world.compuserve.com` enthält ein durchsuchbares Verzeichnis der Online-Foren, in dem alle Foren mit einer kurzen Beschreibung aufgelistet sind.

 Wenn Ihnen AOL oder CompuServe beide verlockend erscheinen, dann probieren Sie beide in Ruhe kostenlos aus. Die passenden CDs mit einem Freimonat oder 50 Freistunden finden Sie in jeder Computerzeitung. Bei T-Online dauert die Anmeldung zwar etwas länger, da Ihnen erst Ihre Kennung zugeschickt wird, dafür läßt sich der Dienst aber sehr einfach einrichten.

 Wenn Sie in kommerziellen Online-Foren Marketing betreiben, gelten dieselben Regeln wie bei den Usenet Newsgroups: Denken Sie erst nach, seien Sie hilfsbereit, erstellen Sie eine aussagekräftige Themenzeile, posten Sie Nachrichten nicht mehrmals – und keine Spams! Kommerzielle Online-Dienste haben vielleicht andere Gemeinschaften als das Usenet, aber es sind immer noch Gemeinschaften.

Andere Arten von Marketing mit kommerziellen Online-Diensten

Wir hören Sie denken: Wenn T-Online, AOL und CompuServe perfekte Zielgruppen anziehen, dann könnte man dort noch andere Arten von Marketing betreiben. Sie können – mit der entsprechend gefüllten Brieftasche.

Wenn Sie sich näher darüber informieren wollen, bei einem der Online-Dienste Content-Provider zu werden, also ein eigenes Forum oder einen eigenen Kanal zu haben, dann finden Sie Informationen bei AOL über das Stichwort »Information Provider«. Bei CompuServe sind die Informationen direkt über die Homepage zugänglich.

Traditionelle Werbung in Online-Diensten ist, wie nicht anders zu erwarten, ebenfalls sehr teuer. Bannerwerbung kostet ab 2000 DM pro Woche, Sponsoring beginnt bei etwa 100.000 DM und ein eigener Kundenbereich kostet mindestens eine halbe Million.

Da sollten Sie nicht nur eine volle Geldbörse, sondern gleich eine volle Bank haben.

Die Zukunft des Online-Business

In diesem Kapitel

▶ Die Online-Aufwendungen mischen und aufeinander anpassen

▶ Online-Business betreiben

▶ Mit dem Internet wachsen, die Rolle der Deutschen im Netz

---

*I*n diesem Buch haben wir uns viel Mühe gemacht, zu erklären, welche Marketing-Chancen es auf den Autobahnen und etwas abseits auf den Landstraßen des Datenhighway gibt. Das Straßennetz ist noch nicht lückenlos, aber es wächst von Tag zu Tag und bietet jeder Art von Organisation gute Chancen. Ein Großteil der Zukunft Ihres Unternehmens wird davon abhängen, wie gut Sie diese Chancen nutzen.

Wir hoffen, daß dieses Buch Ihnen hilft, eine kompetente Präsenz in der Online-Welt einzurichten, und daß Sie dies nicht nur sehr gut machen werden, sondern auch viel Spaß dabei haben.

Nun ist es Zeit, Bilanz zu ziehen, was Sie von Ihrem Internet-Auftritt erwarten. Metaphorisch könnte man sagen, wir sollten uns umdrehen und unseren bisherigen Weg betrachten. Anschließend möchten wir Ihnen unseren persönlichen Ausblick auf die Fortsetzung des Weges geben. Natürlich ist das alles Spekulation, die Sie aber selbst zum Spekulieren und schließlich zur richtigen Entscheidung bringen soll.

Die Online-Aufwendungen mischen und aufeinander anpassen

Wenn Sie Ihre Online-Präsenz aufbauen, können Sie verschiedene Dienste des Internet mischen und nebeneinander her verwenden, um die für Ihre Firma optimale Kombination zusammenzustellen. Im folgenden finden Sie nochmals die Stärken der einzelnen Dienste, wie wir sie in diesem Buch besprochen haben.

✔ **World Wide Web:** Für die meisten Branchen ist die Firmen-Webseite der Grundstock der Online-Präsenz (siehe Kapitel 4). Nur wenige Branchen kommen mit einer sehr einfachen Web-Präsenz aus. Wenn Ihre Aufwendungen ins Online-Marketing steigen, sollte Ihre Webseite mitwachsen und immer up to date sein. Die Marketing-Abteilung ist, wie in Kapitel 5 bis 7 beschrieben, am besten geeignet, die führende Rolle beim Aufbau der Online-Präsenz übernehmen.

✔ **E-Mail:** E-Mail bleibt der einfachste, flexibelste und weitverbreitetste Dienst. Sie und viele andere in Ihrer Firma werden E-Mails verwenden müssen, ob man es Ihnen nun vorschreibt oder nicht. Der Trick dabei ist, E-Mails so zu nutzen, daß sie die Marketing-Ziele Ihrer Firma unterstützen (Details in Kapitel 8).

✔ **Internet-Mailing-Listen oder Listen-Server:** Internet-Mailing-Listen, oftmals auch Listen-Server genannt (wegen des Produkts LISTSERV von L-Soft), helfen Ihnen, E-Mails für Newsletter und für Diskussionen zu verwenden. Durch die Verwendung von Zusammen-fassungen können Sie den starken Zufluß von Mails an eine Mailing-Liste bewältigen. Eine Zusammenfassung enthält Dutzende oder Hunderte von Mails in einer Datei, die schnell überflogen oder ausführlich gelesen werden können. Wie wir in Kapitel 9 be-schrieben haben, bieten Mailing-Listen gute Gelegenheiten für Marketing, allerdings ist oftmals ein langsames Herantasten von Vorteil.

✔ **Newsgroups:** Newsgroups, der Großvater der Online-Welt, sind ein bißchen in die Jahre gekommen, aber immer noch ein Feld, auf dem man aktiv werden muß – denn wenn sie Ihnen nicht helfen, werden sie Ihnen weh tun. Näheres in Sachen Newsgroups finden Sie in Kapitel 10. Dort lesen Sie auch, wie Sie die Energie der Newsgroups zu Ihrem Vorteil verwenden.

✔ **Online-Dienste:** In einigen Fällen entdecken Sie vielleicht, daß die Leute, die Sie anspre-chen wollen, hauptsächlich in einem Online-Dienst zu finden sind. Ein Beispiel dafür ist AutoCAD, ein Zeichenprogramm für Architekten, dessen offizieller und inoffizieller Sup-port lange Zeit vor allem über CompuServe abgewickelt wurde. Aber für die meisten Pro-dukte sollten Sie Marketing zuerst über die oben beschriebenen Internet-Dienste betrei-ben, und dann vielleicht die Online-Dienste hinzuziehen.

✔ **Online-Foren** funktionieren genau wie Newsgroups, außer daß sie für die Mitglieder des Dienstes reserviert sind. In Online-Diensten besteht natürlich auch die Möglichkeit, über spezielle eigene Inhalte oder über Werbung Marketing zu betreiben (siehe Kapitel 10).

Für Ihre Branche kann es durchaus Sinn machen, einige Dienste im Internet zu verwenden und andere nicht. Die Anforderungen von Einzelkämpfern variieren stark. Einige Einzel-kämpfer, vor allem solche, die unter ihrem eigenen Namen arbeiten und leicht Kunden finden, haben vielleicht nur eine sehr kleine oder gar keine Webseite, nutzen dafür aber E-Mails und nehmen aktiv an Newsgroups teil, um informiert zu bleiben und vom Wissen anderer Exper-ten rund um die Welt zu profitieren. Ein Einzelkämpfer hingegen, der einen Firmennamen verwendet, stellt Aushilfen an und sucht oft nach neuen Kunden. Deshalb sollte für ihn eine Web-Präsenz die Basis für eine größere Internet-Präsenz darstellen.

Für eine kleine, regional orientierte Firma empfiehlt sich, eine Webseite zu etablieren, um mit Kunden und der lokalen Presse in Kontakt zu bleiben. Eine kleine Firma, die weltweit verkauft oder hauptsächlich über das Internet arbeitet, muß natürlich eine entsprechend größere Online-Präsenz aufweisen.

Untersuchen Sie Ihre aktuelle Online-Präsenz für jeden Dienst einzeln. Achten Sie zuerst auf Bereiche, in denen Sie bereits aktiv sind. Fragen Sie sich, wie Sie Ihre Präsenz mit überschau-barem Aufwand verbessern können. Sie haben eventuell Marketing-Materialien – Prospekte,

Verkaufs-, Werbematerial oder PR-Artikel – die noch nicht auf der Webseite sind. Fügen Sie dieses Material, natürlich auf die Bedürfnisse des Web angepaßt, auf Ihren Seiten ein.

Vielleicht haben Sie schon alles an sinnvollem Material in Ihre Webseiten eingebunden? Dann sollten Sie zwei Dinge durchführen: Analysieren Sie zuerst, wie viele Hits welcher Bereich Ihrer Webseiten bekommt. Organisieren Sie dann Ihre Webseite so um, daß die erfolgreichsten Bereiche leicht erreichbar sind. Als zweites sollten Sie der Webseite Inhalte hinzufügen, die Sie später auch in der Offline-Welt wiederverwenden können.

Nachdem Sie Ihre Webseite zu einer aktiven Stütze des Marketing gemacht haben, ist es an der Zeit zu untersuchen, wie Sie die anderen Internet-Dienste nutzen. Automatische Mailing-Listen sind beispielsweise, trotz der Textlastigkeit und dem Pflegeaufwand, hervorragend dazu geeignet, Stammkunden up to date zu halten und ein Gemeinschaftsgefühl rund um Ihr Unternehmen und Ihre Produkte aufzubauen. Schauen Sie sich ebenso neue Dienste wie die Push-Technologie an, um Wege zu finden, wie Sie kostengünstig Ihre Online-Präsenz auf das Leben Ihrer Kunden in der Online-Welt ausweiten. Integrieren Sie alle diese Techniken auf Ihrer Webseite als Basis für Ihre Marketing-Aktivitäten.

 Die Bereiche der Online-Welt, deren Benutzung Ihnen am meisten Spaß macht, werden auch die sein, in denen Sie am erfolgreichsten sein werden. Planen Sie deshalb die Gesamtstrategie und teilen sich die Arbeit mit Kollegen, so daß jeder in dem Bereich tätig wird, der ihm am meisten Spaß macht. Die Arbeit wird damit nicht nur leichter, sondern die Qualität steigt beträchtlich.

Online-Business betreiben

Da die Profitabilität immer mehr zur wichtigsten Maßzahl für den Erfolg eines Unternehmens wird, sind die wichtigsten Werkzeuge für ein Unternehmen diejenigen, die sichtbaren Erfolg bringen. Die meisten Online-Marketing-Aktivitäten sind Ausgaben, die sich nicht meßbar auf den Verkauf niederschlagen. Und auf lange Sicht sind Marketing-Ausgaben, die sich nicht direkt auf den Verkauf niederschlagen, nunmal dazu verurteilt, ein Schattendasein zu fristen.

Dennoch wird es für Ihre Firma immer wichtiger, eine starke und intakte Präsenz im Internet zu haben, da das Internet sehr schnell wächst. Wenn Sie in ein paar Jahren nicht im Internet mitspielen, werden Sie höchstwahrscheinlich nirgendwo mehr mitspielen. Der einzige Weg, den Anforderungen zu begegnen, und sowohl im Cyberspace als auch in der realen Welt konkurrenzfähig zu sein, ist, jetzt mit der Planung zu starten, wie Sie aus Ihrer Online-Präsenz meßbare Verkäufe generieren.

Ihre Online-Präsenz läßt sich auf mehrere Weisen nutzen, um den Verkauf anzukurbeln. Diese Aufwendungen amortisieren sich vielleicht nicht sofort, sie sind aber entscheidend, um Vorteile aus dem Wachstum des Internet ziehen zu können. Im folgenden finden Sie Möglichkeiten, Ihren Verkauf über das Internet zu verbessern.

✔ **Messen Sie die Eindrücke Ihrer Kunden:** Fragen Sie Ihre Kunden und erforschen Sie, welche Marketing-Maßnahmen gut ankommen. Verwenden Sie Telefonbefragungen Ihrer Zielgruppe oder andere Befragungen Ihrer Kunden, um herauszufinden, welche Teile Ihrer Online-Präsenz gut oder weniger gut ankommen. Vergleichen Sie die Ergebnisse der Online-Präsenz mit Ergebnissen anderer Marketing-Mittel. Versuchen Sie für diesen Vergleich ein Meßsystem zu finden, für das Sie über einen längeren Zeitraum Ergebnisse sammeln können.

✔ **Die führenden Online-Generationen:** Verwenden Sie Ihre Online-Präsenz, um potentielle Kunden zu entdecken. Stellen Sie eine E-Mail-Adresse zur Verfügung, unter der Interessenten Ihrer Produkte Sie kontaktieren können. Verbreiten Sie diese Adresse über Ihre Webseite, Ihre E-Mail- und Newsgroup-Signatur und bei allen anderen Online-Aktivitäten (Sponsoring etc.). Starten Sie über diesen Kontaktpunkt vorsichtig Ihre Verkaufsaktionen. (Kapitel 8 hilft Ihnen dabei, Massen an E-Mails zu bewältigen.) Erhöhen Sie stetig Ihren Aufwand, um Kontakte zu knüpfen und die bestehenden Kontakte zu Verkaufsaktionen zu nutzen.

✔ **Online-Verkaufen:** Online-Shops gehört die Zukunft. Für einige Firmen sind sie schon Teil der Gegenwart. Starten Sie Ihre Strategie zum Online-Verkauf noch heute. Planen Sie vorsichtig, wie sich Probleme mit Ihren bestehenden Vertriebskanälen vermeiden lassen. Den Web-Teil dieser Strategie haben wir in Kapitel 6 erläutert, aber Sie müssen eine Verkaufsstrategie entwickeln, die alle Teile Ihrer Online-Präsenz abdeckt.

✔ **Schaffen Sie ein neues Geschäftsfeld oder Produkt für Ihre Online-Aktivitäten:** Um aus den Möglichkeiten, die eine Online-Präsenz bietet, den bestmöglichen Vorteil zu ziehen, müssen Sie oftmals Ihre bisherigen Produkte oder Dienstleistungen an die neuen Gegebenheiten anpassen - oder sogar neue Produkte und Dienstleistungen ins Leben rufen. Vielleicht überlegen Sie sogar, eine neue Firma im Internet zu gründen. (Stellen Sie sicher, daß Sie dafür einen guten Domain-Namen haben; siehe Kapitel 4.) Sie könnten auch daran denken, die Berührungspunkte mit Ihrem bisherigen Kerngeschäft zu erhalten, aber die Internet-Aktivität eigenständig zu bilanzieren. Obwohl solch ein Vorhaben sehr viel Arbeit erfordert, sollten Sie mit dem Brainstorming jetzt schon beginnen; wenn Sie es nicht tun, werden Ihre Konkurrenten schneller sein.

 Im Internet zu verkaufen ist nach wie vor nicht so einfach, weil sich die meisten Nutzer, die schon länger das Internet bevölkern, nach den guten alten Zeiten zurücksehnen, in der das Internet noch nicht kommerzialisiert war. Dennoch steigt die Akzeptanz von Verkaufsangeboten und Bereichen auf den Webseiten von Tag zu Tag. Andere Teile der Online-Präsenz sind allerdings wesentlich weniger kommerziell, deshalb werden dort auch Werb-E-Mails und –Posts (Spams ...) nicht akzeptiert (siehe Kapitel 8 und 10). Befolgen Sie die Ratschläge aus diesem Buch und vermeiden Sie alles, was die Internet-Gemeinschaft stören könnte.

Wenn Sie online die ersten Kaufanfragen – und schließlich Verkäufe – bearbeitet haben, werden Sie wesentlich schneller erkennen, wann Ihre Online-Präsenz eine schwarze Null schreiben wird. Versuchen Sie dabei, reine Marketing-Ausgaben, wie das Online-Stellen von Informationsmaterial über die Firma, von verkaufsrelevanten Ausgaben zu trennen. Dies hilft Ihnen, beide Arten von Ausgaben richtig einzuschätzen: die Ausgaben, die reinen Marketingzwecken zuzuschreiben sind, und diejenigen, die direkt dem Verkauf dienen.

Mit dem Internet wachsen – die Rolle der Deutschen im weltumspannenden Netz

Die Prognosen für das Internet sind äußerst rosig. Von Verdoppelung, ja sogar von Verdreifachung der Nutzerzahlen in immer kürzeren Zeiträumen ist die Rede. Natürlich sollte man nicht jeder Prognose blind vertrauen. Fakt ist aber, daß das Internet wächst, daß es sogar sehr schnell wächst. Wie schnell kann sicherlich keiner voraussagen. Das ist fürs Marketing aber auch nicht so wichtig. Viel wichtiger ist, zu wissen, daß das Internet zu einem neuen Massenmedium wird. Auch wir »konservativen« Deutschen werden davon nicht verschont bleiben. Wir sollten uns deshalb nicht vor den Amerikanern verstecken, sondern versuchen, von ihnen zu lernen (beispielsweise aus diesem Buch) und auf lange Sicht mit ihnen mitzuhalten. Dies gelingt am besten, indem wir Präsenz zeigen, und zwar nicht nur die übliche »Visitenkartenpräsenz« mit einer kleinen Homepage im Web, sondern Präsenz in einigen oder am besten in allen Internet-Diensten.

Im wachsenden Internet werden vor allem die Möglichkeiten der persönlichen Kommunikation immer wichtiger. Hier ist an erster Stelle natürlich die Verwendung von E-Mails zu nennen. Keine Firma, auch keine deutsche, wird auf Dauer überleben, wenn sie es nicht schafft, ihren Mitarbeitern die Grundlagen der Verwendung von E-Mails nahezubringen. Dies beginnt mit Schulungen und sollte weitergeführt werden mit der ständigen Kontrolle, ob die Netiquette eingehalten wird und wie kurz die Antwortzeiten sind.

Ein amerikanischer Manager muß am Tag 100 E-Mails beantworten. Ist es da von einem deutschen zu viel verlangt, 20 zu beantworten? Wir meinen nein. Es ist eher bedenklich, daß ein deutscher Manager nur 20 E-Mails am Tag beantworten muß. Haben so wenige Kunden Fragen, oder wurden sie schon durch die Qualität der Antworten oder durch die Reaktionszeiten abgeschreckt?

Mailing-Listen oder eigene Supportbereiche sind in Deutschland leider nicht bei jedem großen Unternehmen selbstverständlich. Und viele Branchen sind der Ansicht, für sie sei das Internet nicht so wichtig. Als fadenscheiniger Grund wird angegeben, die Kunden seien ja nicht im Netz, oder die Firma hätte einen festen Kundenstamm, mit dem sie sowieso immer in Kontakt stünde. Auch hier können wir wieder von den Amerikanern lernen. Eine Firma darf sich nicht nur um ihre Kunden kümmern, sie muß sich auch in der Gesellschaft engagieren, mit Investoren und mit der Presse Kontakt halten und neueste technische oder organisatorische Errungenschaften aus anderen Branchen übernehmen können (Stichwort Benchmarking). Gerade das Marketing für diese Zielgruppe (die sog. Stakeholder) steckt bei uns noch in den Kinderschuhen. Aber speziell dafür bietet das Internet ungeahnte Möglichkeiten, beispielsweise eine Mailing-Liste für die Presse, mittels der immer die neuesten Pressemitteilungen versandt werden, oder eine Diskussions-Mailing-Liste für Probleme im Bereich Umwelt (empfehlenswert vor allem für die Atomindustrie).

Das Wachstum des Internet bietet uns viel zu viele Chancen, als daß man noch länger den Kopf in den Sand stecken dürfte. Das haben Sie mit der Lektüre dieses Buches sicher erkannt. Deshalb wünschen wir Ihnen viel Freude und Erfolg beim Ergreifen dieser Chancen.

Teil IV

Das Internet-Verzeichnis von Marketing Online für Dummies

»Spiele haben eine wichtige Funktion auf meiner Website:
sie verursachen Augenschmerzen.«

In diesem Teil... Wo könnte man mehr Informationen über Online-Marketing finden als online? Dieses Verzeichnis gibt Ihnen eine lange Liste von Online-Ressourcen, die Sie bei Ihren Online-Marketing Bemühungen verwenden können. Wir führen Websites, Newsgroups und Mailing-Listen auf – alle mit einer Beschreibung dessen, was Sie bei der jeweiligen Adresse erwarten können.

Das Internet-Verzeichnis von Marketing Online für Dummies

Jedermann surft von Zeit zu Zeit ziellos im Web herum. Manchmal folgen Sie einem Link einfach nur deswegen, weil er Sie so nett anlächelt. Manchmal, wenn Sie nach Informationen suchen, nehmen Sie sich vor, sich nicht ablenken zu lassen, aber schon nach ein paar Seiten sind Sie im Labyrinth verloren. In diesem Abschnitt des Buches haben wir eine Auswahl an Sites zusammengestellt, die Ihnen dabei helfen, auf dem rechten Weg zu bleiben und die benötigten Informationen zu finden.

Ein generelles Problem ist, daß es kaum herausragende deutschsprachige Angebote im Marketingbereich gibt. Da viele der hervorragenden englischen Websites zu dem Thema auch auf Deutschland übertragbare Informationen bieten, wurden beim Bearbeiten die interessantesten Adressen beibehalten. Deutsche URLs wurden – soweit sie uns als geeignet erschienen – hinzugefügt. Sollte es jedoch zu einem Bereich kein hervorstechendes Angebot geben, haben wir eine Sammlung von Links angegeben.

Neben jedem Eintrag sehen Sie einige kleine Icons, die Ihnen ungefähre Angaben über den Typ der Site geben, Hier ist eine Liste dieser Icons und was sie bedeuten.

Chat: Auf dieser Seite gibt es Chaträume.

$ Kostenpflichtig: Einige oder alle Informationen auf dieser Seite gibt es nur gegen Bares.

Nachrichtenbrett: Auf dieser Site gibt es ein interaktives Nachrichtenforum.

Anmelden: Hier müssen Sie sich anmelden. In der Regel bedeutet das nicht mehr als daß Sie Ihren Namen, Adresse und E-Mail-Adresse für demographische Zwecke angeben müssen.

Einkaufen: Auf dieser Site können Sie online einkaufen.

Musik: Hier gibt es Musikdateien.

Download: Von dieser Site kann Software heruntergeladen werden.

Am Ende jeder Kategorie haben wir einen Abschnitt namens »Andere interessante Adressen« eingebaut. Hier finden Sie zusätzliche URLs aufgelistet, die Informationen für die entsprechende Kategorie beinhalten.

Werbung

Jeden Tag werden Sie wahrscheinlich von über hundert verschiedenen Werbebotschaften bombardiert – einige im Web, einige im Fernsehen, auf öffentlichen Verkehrsmitteln, Plakaten und so weiter. Einige davon sind subtil, andere sind das nicht. Ob Sie es mögen oder nicht, keine Firma kann überleben, ohne ihre Botschaft nach draußen an die Kunden zu übermitteln. Sie müssen das auch tun, also finden Sie hier ein paar Sites, um Ihre Botschaft an Ihre potentiellen Kunden zu bringen.

Advertising Media Internet Center

www.amic.com

Ein Blick in die Welt der Werbung: Diese Site ist für denjenigen, der an dem Gebiet Werbung interessiert ist. Die Zeit mag kommen, in der Sie es in Erwägung ziehen, eine Agentur damit zu beauftragen, eine Werbekampagne für Ihre Website zu dirigieren. Diese Site gibt Ihnen Informationen über die ungefähren Preise und Trends für Werbung. Sie finden hier auch eine Liste von Foren und Mailing-Listen, die sich verschiedenen Problemen von Marketing und Werbung widmen. Zusätzlich gibt es noch einen »Guru« auf der Site, der Ihre Fragen beantwortet.

LinkExchange

www.linkexchange.com

Stellen Sie Ihr Firmenwerbebanner auf Websites: Vielleicht hat Ihre Firma eines dieser Banner, die oben und unten auf Ihrer Website blinken und sich bewegen. Vielleicht ist es auch ganz besonders cool, mit schicken Animationen. Aber die einzigen Leute, die es sehen, sind die, die bei Ihrer Website vorbeischauen, nicht wahr? Wie können Sie es verwenden, um all die Leute anzulocken, die noch nichts von Ihrer ach-so-schönen Website wissen? Sie werben bei LinkExchange. LinkExchange hat mehr als 100 000 Mitglieder und ist das größte Werbenetzwerk im In-

ternet. Es funktioniert nach dem Prinzip des Banneraustauschs, bei dem Ihr Banner zufallsmäßig auf anderen Websites eingeblendet wird und die Banner anderer Leute auf Ihrer. Pro zwei Banner, die Sie auf Ihrer Website anzeigen, wird eines Ihrer Banner woanders im Web gezeigt. LinkExchange ist eine großartige Möglichkeit, seine Werbung Leuten zu präsentieren, die sonst nichts von Ihrer Firma hören würden. Da LinkExchange auch sehr viele deutsche Mitglieder hat (und Sie bei der Anmeldung eh Ihre Region angeben müssen), kann es auch für Ihre Werbebemühungen interessant sein.

Submit It

www.submitit.com

Registrieren Sie Ihre Website bei mehreren Suchmaschinen. Sie wollen Ihre Website so weit wie möglich verbreiten. Um das zu tun, müssen Sie Ihre Site registrieren, indem Sie die URL bei so vielen Suchmaschinen wie möglich eintragen. Sie *könnten* Ihre Site einzeln bei diesernSuchmaschinen anmelden – ein akzeptables, aber schmerzvolles Vorgehen – oder Sie können die ganze Registrierung bei Submit It auf einmal erledigen. Auf dieser Site können Sie sich bei 20 Suchmaschinen kostenlos anmelden. Außerdem bieten Ihnen die Leute bei Submit It (gegen Bezahlung) Zusatzdienste an, um Ihre Website bekannt zu machen. Obwohl wir in Kapitel 7 dargestellt haben, daß eine manuelle Anmeldung zu bevorzugen ist, sind Dienste wie Submit It keine schlechte Wahl, um einen Haufen Arbeit auf einmal zu erledigen. So könnten Sie zum Beispiel Ihre Site manuell bei den größten deutschen und amerikanischen Suchmaschinen eintragen und Submit It den Rest machen lassen.

Andere interessante Adressen

```
www.ourbroker.com/media/start.htm
www.evoxx.com
```

Ressourcen für Geschäftsleute

Wie bei vielen anderen Dingen auch können Sie einen Geschäftsplan entweder alleine zusammenstellen oder jemanden dafür zahlen, daß er es tut. Sie können jemanden dazu anstellen, Geschäftsbriefe zu schreiben oder Sie können sie direkt vom Web herunterladen (allerdings in englischer Sprache). Wenn Sie eher letzterer Typ sind, sind hier ein paar interessante Sites:

Service Corps of Retired Executives

```
www.score.org
```

Erhalten Sie Beratung via E-Mail: Das »Service Corps of Retired Executives« (SCORE) ist eine Organisation von nicht mehr aktiven Profis, die freiwillig dabei helfen, kleine Firmen in erfolgreiche Konzerne zu verwandeln. Die Hinweise sind darüber hinaus kostenlos! Warum sollten Sie einen Berater mit hohem Stundenlohn engagieren, wenn Sie jemanden, der sich damit auskennt, fragen können; jemanden, der schon für Firmen wie IBM, Kodak oder General Electric tätig war – und das auch noch kostenlos? Obwohl auch

dieser Dienst englischsprachig ist, können Sie versuchen, eine Anfrage per E-Mail zu starten.

Seven Myths of Internet Marketing

```
www.smartbiz.com/sbs/arts/bre2.htm
```

Nützliche Hinweise fürs Marketing, kurz und prägnant vorgetragen. Diese Site ist ein Muß für jeden, der ein Online-Geschäft starten will. Hier finden Sie eine kurze Beschreibung davon, was Sie von Internet-Marketing erwarten können. Sie brauchen weniger als fünf Minuten zum Lesen, aber das werden die besten fünf Minuten beim Planen Ihrer Online-Marketing Strategie sein. Ein Punkt zum Beispiel ist »Sie können im Internet nicht werben«. Der Autor beschreibt, warum das nicht unbedingt der Fall ist, und wie Sie an das Problem herangehen müssen, um Ihre Botschaft zu verbreiten.

Deutsche Bundesregierung

```
www.bundesregierung.de/05/0505
```

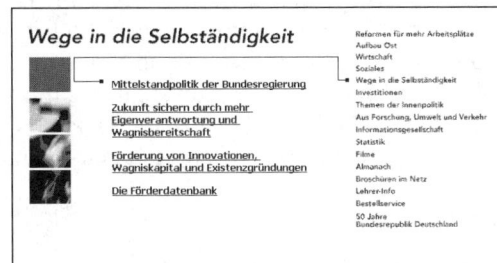

Hier finden Sie generelle Informationen zu den Programmen der Bundesregierung für die Wirtschaft, inklusive dem Existernzförderungsprogramm.

Andere interessante Adressen

```
www.isquare.com
```

Finanzen

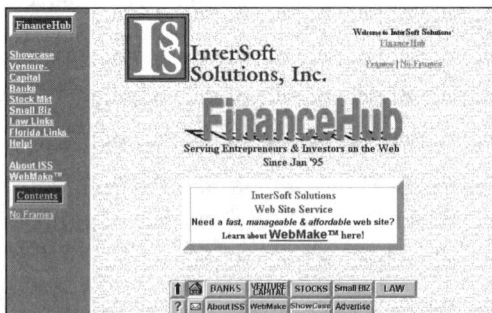

Wenn Sie keinen reichen Onkel haben, der Ihnen gerne das Geld leiht, das Sie für Ihre Firma benötigen, müssen Sie sich genauso wie wir an Banken wenden. Die Sites in diesem Abschnitt geben Ihnen Informationen und Quellen an, wie Sie Ihre Finanzen organisieren und investieren können.

FinanceHub

www.financehub.com

Risikokapital, Rechtsgrundlagen, Banken und Aktien werden hier diskutiert. Obwohl das Angebot stark auf Amerika ausgerichtet ist, handelt es sich hier um eine faszinierende Site, inklusive der Behauptung, daß Sie mindestens vier Geldquellen in der Geschäftsgründungskapital-Datenbank finden werden.

Quicken

www.quicken.de

Kümmern Sie sich um Ihre Finanzen, chatten Sie online und heften Sie Ihre Mitteilungen an elektronische Nachrichtenbretter: Diese Site, von den Herstellern der meistverkauften Finanzsoftware, Quicken, ist ein Lagerhaus voller Informationen und Hilfestellung für Ihre Finanzen. Sie finden Hinweise

über Themen wie Steuern, Investitionen, Aktienkurse und so weiter. Zu den Produkten von Intuit (so heißt die Firma nämlich) finden Sie Informationen, erhalten Support und können Dateien herunterladen. Unter www.quicken.com finden Sie das amerikanische Pendant.

Comdirect Informer

www.comdirect.de/informer

Unter dieser Adresse finden Sie aktuelle nationale und internationale Aktienkurse, nur um eine Viertelstunde verzögert – und vor allem kostenlos! Dazu können Sie sich die Entwicklung des Kurses über gewisse Zeitperioden anschauen und natürlich auch beim Anbieter dieses Dienstes, einer Direktbank, Kontoeröffnungsinformationen anfordern.

Andere interessante Adressen

www.zdii.com

www.bloomberg.com

Ressourcen für Investoren

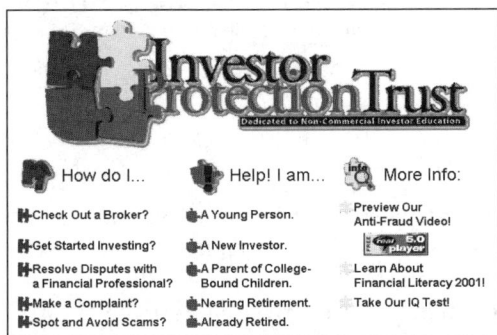

Sie können über das Anlegen Ihres Vermögens nie genug lernen, und auf diesen Websites können Sie Ihr Wissen erweitern.

Investor Protection Trust

www.investorprotection.org

Diese Seite ist wie das 1x1 für die Geldanlage. Dieser Dienst behauptet von sich, der einzige zu sein, der Tips für die nichtkommerzielle Geldanlage gibt. Kommerziell oder nicht, diese Site ist voller Informationen, die Sie sonst kaum finden, zum Beispiel wie man einen vertrauenswürdigen Broker findet und wie man Konflikte und Reinfälle vermeidet. Eine sehr gute Site, obwohl englischsprachig, vor allem für denjenigen, der nichts über Geldanlage weiß.

Andere interessante Adressen

www.merill-lynch.ml.com

www.etrade.com

Mailing-Listen

Eine Mailing-Liste ist eine Online-Gemeinschaft von Leuten, die ein gemeinsames Interesse via E-Mail diskutieren (für nähere Informationen lesen Sie bitte Kapitel 9). Um ihre Nachricht an alle Abonnenten einer Liste zu schicken, senden Sie sie an eine einzelne E-Mail-Adresse, die Ihre Nachricht dann automatisch an alle Mitglieder der Liste weiterleitet.

Da Mailing-Listen Tausende von Mitgliedern haben kann, können Sie während eines Tages von E-Mails überschwemmt werden. Um das zu vermeiden, wollen Sie vielleicht, daß alle Nachrichten einer Mailing-Liste eines Tages Ihnen als eine einzige Nachricht übermittelt wird, eine Zusammenfassung oder neudeutsch *Digest*. Nicht alle Mailing-Listen bietet so etwas an – Sie erfahren das schon in der Willkommens-E-Mail, die Sie nach der Anmeldung erhalten sollten.

Denken Sie daran, daß einige dieser Listen voraussetzen, daß Sie eine E-Mail an eine bestimmte E-Mail-Adresse schicken und das Wort **subscribe** (abonnieren) in das Betreff- oder Nachrichtenfeld Ihrer E-Mail setzen. Das ist von Liste zu Liste unterschiedlich – manchmal muß es »subscribe Name_der_ Liste« heißen, manchmal »subscribt digest«, wenn Sie eine tägliche Zusammenfassung erhalten wollen. Manche Mailing-Listen bieten Ihnen den Komfort, durch das Ausfüllen eines Formulars auf einer Website die Liste zu abonnieren. Jeder Eintrag in der folgenden Auflistung beschreibt, wie man die jeweilige Liste abonnieren kann.

Auch hier gilt wieder: Klasse (und Masse) gibt es fast nur in Amerika. Aus diesem Grund findet man auch in den englischsprachigen Listen viele deutsche Mitglieder.

AdPOWER Online

Hier erhalten Sie Tips und Ideen für effektive Anzeigen und Rundschreiben: AdPower Online ist ein Online-Rundschreiben von Drew Eric Whitman. Zwar ist das Rundschreiben sehr formlos gehalten, aber dafür extrem informativ. Hauptanliegen ist es, Tips, Ideen und Techniken anzubieten, die die Rückmeldungsquote für Anzeigen, Rundschreiben, Flyer und andere Werbemaßnahmen erhöhen. Hier ein kleiner Vorgeschmack: 60% aller Leute, die Anzeigen lesen, lesen nur die Überschrift und nicht weiter. Um die Liste zu abonnieren, senden Sie eine E-Mail an

```
adpower@oaknetpub.com
```

Der Nachrichtentext muß **subscribe** lauten.

I-Sales

Trends im Marketing, Online-Verkaufen und Erfolgsstories werden hier diskutiert: CNBC hat diese Site zu einer der besten E-Mail Diskussionslisten im Internet ernannt. Das Hauptthema ist Online-Verkaufen. Zu den Teilnehmern zählen diejenigen, die am Online-Verkauf von Produkten und Dienstleistungen beteiligt sind. Zu den Themen gehören Bestellformulare, Zahlungsmöglichkeiten, Erfolgsgeschichten und auch nicht so erfolgreiche Geschichten. Eine Zusammenfassung (I-Sales Digest) wird allen Abonnenten täglich zugesandt. Die Liste hat ungefähr 8500 Abonnenten in über 70 Ländern. Sie gibt es nur in Digest-Form, was bedeutet, daß täglich nur eine Nachricht in Ihrem Briefkasten landet, die alle Beiträge des Tagen enthält. Obwohl das Abonnement kstenlos ist, bekommen Sie für eine freiwillige Gebühr von 25$ wöchentlich eine verdichtete Zusammenfassung als Ergänzung zur täglichen Zusammenfassung. Um via Web-Formular Abonnent zu werden, gehen Sie zu:

```
www.audettemedia.com/I-Sales/
isales.html
```

LISde

Hat nicht direkt mit Marketing zu tun, ist auch keine Mailing-Liste, aber ein Verzeichnis deutscher Mailing-Listen. Zu jeder bekannten Liste finden Sie eine kurze Beschreibung, Informationen, wie man Abonnent wird sowie - falls vorhanden - einen Link auf die Website der Liste. LISde erreichen Sie unter `www.lisde.de`.

Market-L

Die Diskussionen in dieser Liste drehen sich um Marketing und um Werbung: Die Market-L-Liste wird von dem Advertising Media Internet Center betrieben. Die Liste wird dabei als »eine unmoderierte Liste, die von Leuten bevölkert wird, deren Berufe, Betätigungsfelder oder Hobbies irgendwie mit Marketing zu tun haben« beschrieben. Sie müssen mit bis zu 50 Nachrichten pro Tag rechnen. Zu den Themen kann auch Erziehung, Politik oder Religion gehören, aber immer mit einem Touch Marketing. Um Abonnent zu werden, schicken Sie eine E-Mail an

```
listserv@amic.com
```

Der Nachrichtentext muß **subscribe market-l** heißen.

Es gibt zu dieser Liste auch eine Website bei

```
www.amic.com
```

Netmarketing

Eine Mailing-Liste der beiden Firmen Horizont und Netpromotions, die sich mit den praktischen Aspekten des Web-Marketings befaßt. Diese Liste gibt es nur in Digest-Form. Um Abonnent zu werden, schicken Sie eine E-Mail an

`majordomo@horizont.net`

Der Nachrichtentext muß **subscribe netmarketing** heißen.

Andere interessante Adressen

Bob's Marketing Tips

Um Abonnent zu werden, schicken Sie eine E-Mail an

`bobstips@pargroup.com`

In die Betreffzeile der Nachricht schreiben Sie **subscribe**.

Global Interact Network Mailing List (GINLIST)

Um Abonnent zu werden, schicken Sie eine E-Mail an

`listserv@msu.edu`

Der Nachrichtentext muß **subscribe ginlist** *Ihr Name* lauten.

Internet-Marketing

Um Abonnent zu werden, schicken Sie eine E-Mail an

`listserv@thevortex.com`

Der Nachrichtentext muß **subscribe** lauten.

Internet Marketing University Newsletter

Um Abonnent zu werden, schicken Sie eine E-Mail an

`progressive@dccserver.com`

Der Nachrichtentext muß **subscribe** lauten.

Internet Times

Um Abonnent zu werden, schicken Sie eine E-Mail an

`internet-times@euromktg.com`

Der Nachrichtentext muß **subscribe** lauten.

Online Advertising Discussion List

Um Abonnent zu werden, schicken Sie eine E-Mail an

`majordomo@o-a.com`

Der Nachrichtentext muß **subscribe online-ads** lauten.

Marketing

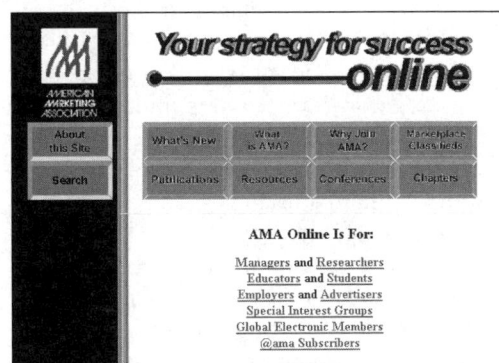

Demographische Informationen zu erhalten war noch nie so schmerzlos! Das Web ist quasi dafür *gemacht*, Statistiken zu speichern, die Sie dann einfach suchen und abrufen können. Auch hier gilt: Amerika ist der Vorreiter.

American Marketing Association

`www.ama.org`

Die größte Marketingvereinigung der Welt: Die American Marketing Association nennt sich selbst die weltgrößte Vereinigung professioneller Marketing-Menschen, mit über 45 000 Mitgliedern in 92 Ländern. Eine Mitgliedschaft bringt viele Vorteile. AMA hält Treffen, Seminare und Workshops für seine Mitglieder ab. Eine Reihe von Zeitschriften werden herausgegeben, wie zum Beispiel *Marketing News*, in denen Sie neue Ideen und Entwicklungen im Marketingbereich finden, und *Marketing Management*, eine vierteljährliche Zeitschrift mit Artikeln über Marketing-Strategien.

International Data Corporation

www.idc.com

International Data Corporation, der weltweit führende Anbieter von Technologie-Daten, ist in über 40 Ländern tätig. Auf ihrer Website werden Sie immer etwas finden. So gibt es dort unter anderem Informationen über den europäischen, lateinamerikanischen und natürlich amerikanischen Raum, eine Menge davon ist kostenlos erhältlich. Obwohl die hier dargebotenen Informationen sich mehr auf Technologie beziehen, können Sie auch Material über Marketing und seine strategische Planung finden. Ein kostenloser E-Mail-Service kann Sie über neue Resultate im Gebiet Ihrer Wahl informieren. Eine sehr gute Site, auch für einen deutschen Interessenten.

The Marketing Resource Center

www.marketingsource.com

Wie der Name schon vermuten läßt, ist diese Site eine wahre Ressource für das Marketing, egal ob online oder offline. Es gibt dort eine umfangreiche Sammlung von allem dessen, was mit Marketing zu tun hat: Hunderte Arti-

kel über Themen, die von Internet- und Nicht-Internet-Werbung zu Marketing, Heimarbeit, Web-Entwicklung und Internet-Kommerz reichen. Die Sektion *Tools of the Trade* (dt.: Handelswerkzeuge) beinhaltet eine Datenbank mit über 2000 Marketing-Gesellschaften weltweit und einer Software-Bibliothek, von der Sie geschäftsbezogene Software herunterladen können. Sie finden auch eine spezielle Sektion über Web-Marketing. Das Marketing-Forum hat Nachrichtenbretter, auf denen Sie Ideen austauschen und Fragen stellen können. Eine sehr professionelle Site.

W3B Fittkau & Maas

www.w3b.de

Wir haben uns schon in Kapitel 1 von dieser Site heftig bedient, und das hat auch seinen Grund: W3B ist die weltweit größte kontinuierliche Web-Umfrage und wird momentan europaweit in neun Sprachen regelmäßig durchgeführt. Wer teilgenommen hat, kann die Ergebnisse nach der Auswertung abfragen; Nicht-Teilnehmer bekommen immerhin eine Zusammenfassung. Für die Datengewinnung im deutschen und europäischen Raum ein Muß.

Wilson Internet Services

www.wilsonweb.com

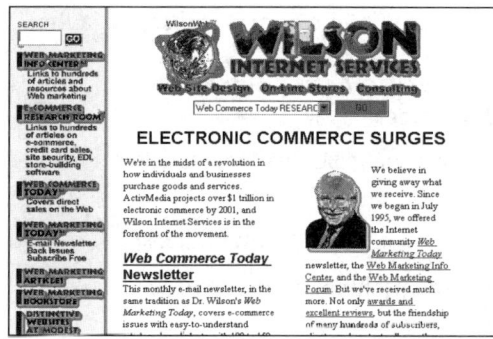

Nachrichtenbretter, ein Online-Marketing Newsletter, Tips für das Web-Design sowie Informationen über Internet-Kommerz: Diese Website, die von Wilson Internet Services gehostet wird, hat nützliche Informationen über das Marketing im Web. Das »Web Marketing Info Center« enthält hunderte von Artikeln, die fast alle Fragen beantworten, die Sie über Web-Marketing haben. Sie finden dort Informationen über die Erstellung von Werbebannern, Push-Marketing, E-Mail-Marketing, Bekanntmachung von Websites, Analysen der Besucherzahlen, internationales Marketing, demographische Daten über das Web und eine Checkliste für das Web-Marketing. Auch im Abschnitt »E-Commerce Research« gibt es eine Menge Informationen. Sie können den *Web Marketing Today* Newsletter kostenlos abonnieren. Zu guter Letzt können Sie im »Web Marketing Forum« Ideen mit anderen austauschen. Das Forum ist in 15 Unterforen aufgeteilt, die in Themen wir Strategie, Trends und demographische Daten klassifiziert sind. Schauen Sie sich diese Site unbedingt an.

Andere interessante Adressen

etrg.findsvp.com

www.cc.gatech.edu/gvu/user_surveys

www.researchinfo.com

www.worldopinion.com/home.qry

www.marketingtools.com

www.pp-online.de/wwwkurs/start/

www.unizh.ch/ifbf/marketing/bookmark.htm

Zeitschriften online

Die führenden Zeitungen und Zeitschriften sind online. Sie müssen nicht mehr in Ihre örtliche Bücherei gehen, um eine Ausgabe zu erhalten. Im folgenden führen wir ein paar wichtige Vertreter dieser Gattung auf.

Electric Library

www.elibrary.com

Online-Versionen von Zeitungen und Zeitschriften: Electric Library ist eine Online-Bibliothek mit Zeitungen, Zeitschriften, Manuskripten von Radio und Fernsehen und noch vielem mehr. Obwohl die Dienstleistung nicht kostenlos ist, können Sie sie 30 Tage lang kostenlos ausprobieren. Sie müssen sich jedoch mit einer Kreditkare anmelden. Nach Ende der Testperiode müssen Sie zahlen. Die kostenlose Probemitgliedschaft können Sie jederzeit bei Nichtgefallen kündigen, so daß Ihnen keine Kosten entstehen.

Inc. Magazine

www.inc.com

Schlägt die gedruckte Ausgabe der Zeitschrift um Längen: Diese Site ist die Onlien-Version der bekannten amerikanischen Zeitschrift. Sie werden angenehm überrascht sein, wenn Sie erwarten, auf der Site nur Artikel aus den letzten Ausgaben zu sehen. Tatsächlich jedoch machen Artikel nur einen kleinen Teil des Inhalts dieser Site aus. Sie können im Forum Ideen austauschen, Fragen stellen und nach Lösungen für Ihre Probleme suchen. Das Forum ist in mehrere Unterforen klassifiziert, unter anderem Marketing, Technologie-Austausch und Ethik. Die Grundlagen über das Internet und andere Themen erklären dem Neuling, was er wissen muß. Der Finanzabschnitt hat ein Software-Verzeichnis, aus dem Sie Programme für solche Dinge wie eine Break-Even Analyse herunterladen können. Außerdem gibt es Informationen über Ausstellungen und Konferenzen.

Paperball

www.paperball.de

Lesen Sie die Online-Versionen von Zeitungen und durchsuchen Sie die neuesten Nachrichten nach spezifischen Informationen. Dieser Schwesterdienst der Suchmaschine Fireball ist relativ neu und sehr nützlich. Geben Sie einfach einen Suchbegriff ein und Sie erhalten alle Artikel, die dazu passen und in der Zeitung erschienen sind.

Andere interessante Adressen

www.businessonline.de

www.newsworks.com

www.forbes.com

Suchmaschinen und Verzeichnisse

Wenn Sie das gesamte Web nach einem spezifischen Wort oder Satz durchsuchen, erhalten Sie oft Hunderte, Tausende oder sogar Millionen Sites – von denen die meisten nur entfernt etwas mit Ihrem Suchbegriff zu tun haben. Mit ein wenig Übung und Geduld können Sie dennoch Erfolg und einige Treffer bei Ihrer Suche haben.

AltaVista

www.altavista.digital.com

Die Mutter aller Suchmaschinen: AltaVista ist wahrscheinlich die am meisten benutzte Suchmaschine im Web. Mit ihrem insgesamt über 200 GB (Gigabytes – das sind eine Menge Bytes) großen Index, der auf einer extrem schnellen Maschine, genannt Alpha Server, liegt, können Sie die Dinge, nach denen Sie im Web suchen, schneller finden als eine Datei auf Ihrer Festplatte. Um mit der Suchmaschine besonders gut umgehen zu können, studieren Sie ein paar Minuten die Hilfefunktion von AltaVista und lernen Sie die Kommandos, die Sie Ihre Suche eingrenzen lassen, um die Resultate zu erhalten, die Sie wollen. AltaVista bietet sogar eine Übersetzungsfunktion, genannt *babblefish*, an, mit dem Sie eine Website in die Sprache Ihrer Wahl übersetzen lassen können. Das eist ein sehr beeindruckende Dienstleistung.

Four11

www.four11.com

Stellen Sie sich vor, Sie wollen einem Geschäftspartner eine E-Mail schreiben, wissen aber seine Adresse nicht. Die Wahrscheinlichkeit ist groß, daß Sie bei Four11 fündig werden. Dieser Dienst überprüft unter anderem alle Newsgroups und speichert die Adressen der Verfasser von den Beiträgen. Wenn Sie schon mal in einer Newsgroup mitgeschrieben haben, ist die Wahrscheinlichkeit sehr groß, daß Ihre Adresse bei Four11 bekannt ist.

Teleauskunft

www.teleauskunft.de

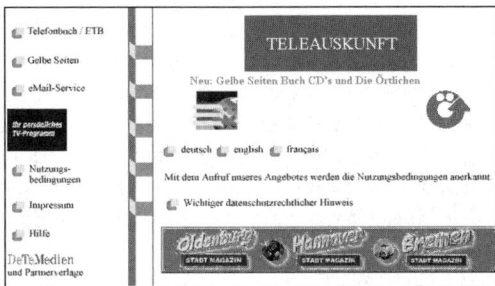

Es gibt in Deutschland mehrere Anbieter einer Telefonauskunft, aber die sind alle recht teuer. Warum für etwas bezahlen, wenn es das im Internet kostenlos gibt? Unter dieser Adresse können Sie die Telefonbücher und auch die Gelben Seiten (Branchenbücher) durchsuchen. Dieser Service wird von der Deutschen Telekom ausgerichtet und enthält damit jeweils die aktuellen, offiziellen Daten.

Yahoo!

www.yahoo.com

Vor ein paar Jahren haben zwei Studenten an der Stanford University damit begonnen, durch das Web zu surfen und alle Adressen, zu denen sie gelangten, auf ihren privaten Websites als Links zu hinterlegen. Nach nicht allzu langer Zeit wurde aus diesem Hobby ein Vollzeitberuf. Der Universitätsabschluß wurde auf Eis gelegt, sie wurden Vollzeit-Websurfer und haben Yahoo! gegründet. Heute hat Yahoo! eine der vollständigsten Listen von Websites. Die Sites sind in über ein Dut-

zend Kategorien und viele Unterkategorien klassifiziert. Die Kategorie Finanzen & Wirtschaft hat über 300 000 Sites aufgelistet, die sich in über 35 Hauptkategorien verteilen. Mittlerweile bietet Yahoo! auch andere Dienste an: eine eigene, von jedem Webbrowser aus abfragbare E-Mail-Adresse, Chats, Spiele und vieles mehr.

Andere interessante Adressen

www.excite.de

www.bigfoot.de

www.wp.com/resch

Technische Dienstleistungen

Ob Sie sich nun im Hardware- oder Software-Bereich betätigen oder einfach nur nach technischen Ratschlägen suchen: Sie finden eine Menge Informationen online.

CHIP

www.chip.de

Eine der beliebtesten Computerzeitschriften in Deutschland: auch im Internet ist Chip vertreten. Sie finden dort unter anderem aktuelle Produkttests von Hard- und Software, einen riesigen Download-Bereich mit den wichtigsten Shareware-Programmen und ein

Forum, in dem Sie technische Fragen stellen können und (in der Regel) recht schnell eine akkurate Antwort erhalten.

eBay

www.ebay.com

Wollen Sie ein Schnäppchen machen? Versuchen Sie doch, bei eBay mitzusteigern! So funktioniert es: Händler, die eine Ware besonders billig eingekauft haben oder Leute, die etwas verkaufen wollen, geben ihre Ware bei eBay zur Auktion frei. Ein paar Tage lang können Sie Ihr Gebot abgeben und gegebenenfalls erhöhen, falls Sie überboten werden. Am Ende vereinbaren Sie mit dem Händler die Zahlungs- und Lieferungsmodalitäten. Natürlich können Sie auch selber Waren anbieten. Kleiner Nachteil: Vor allem, wenn man mit dem Ausland Handel treibt, ist eine Kreditkarte ein Muß – eine Postanweisung ist sehr teuer und dauert ziemlich lange.

Experts-Exchange

www.experts-exchange.com

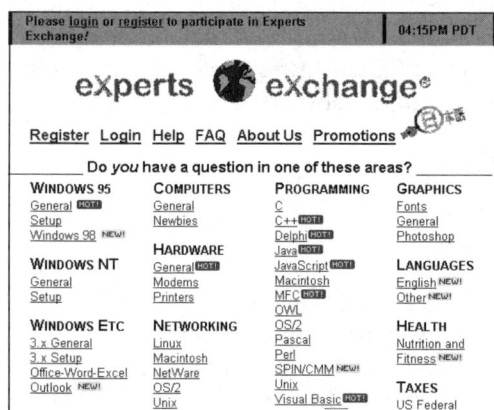

Haben Sie eine technische Frage oder ein Problem im Computerbereich und brauchen Hilfe? Gehen Sie zu Experts-Exchange. Dort warten Tausende freiwilliger Profis darauf, Ihre Frage zu beantworten. Als kleinen Anreiz gibt es ein Punktesystem: Beim Anmelden erhalten Sie 200 Punkte, und an jedem Tag der Mitgliedschaft kommen nochmals 5 Punkte dazu. Immer, wenn Sie eine Frage stellen, müssen Sie einige dieser Punkte (üblicherweise ab 50, je nach Schwierigkeitsgrad) einsetzen, die dann der Person, die Ihre Frage zufriedenstellend beantwortet, gutgeschrieben werden. Mit ein bißchen Glück werden Ihre Fragen sogar von einem Bearbeiter dieses Buchs persönlich beantwortet!

First Virtual

www.fv.com

Tätigen Sie Online-Transaktionen via E-Mail! Es ist immer noch ein gewisses Risiko, Kreditkarteninformationen über das Web zu verschicken. In diese Bresche schlägt First Virtual: Sie übermitteln der Firma einmal Ihre Kreditkartennummer (auf Wunsch auch über Fax) und erhalten dann eine sogenannte *VirtualPIN*. Diese geben Sie in Zukunft beim Bezahlen an (vorausgesetzt, der Händler unterstützt das System). Per E-Mail werden Sie von FirstVirtual gefragt, ob Sie den Kauf auch wirklich tätigen wollen. Erst, wenn Sie darauf mit »Ja« antworten, wird der Betrag von Ihrem Konto abgebucht, dem Händler gutgeschrieben und die Ware ausgeliefert. Sie benötigen dazu entweder eine EuroCard (MasterCard) oder eine VISA-Karte.

Free Software at Freeware.Com

www.download.com

www.freeware.com

Eine Ansammlung von kostenloser Software und Shareware: Firmen denken sich nichts dabei, Hunderte von Mark für Software auszugeben. Normale Leute müssen sich das schon zweimal überlegen. Bevor Sie jetzt zu Ihrem Lieblings-Computerhändler fahren und ihm Hundert Mark für seinen Lebensunterhalt spendieren, schauen Sie bei dieser Site vorbei, ob Sie dort nicht das finden, was Sie suchen. Das meiste auf dieser Site ist *Shareware*, was bedeutet, daß Sie das Programm ausprobieren können, bevor Sie es kaufen. Shareware ist viel billiger als die Software in den großen Verpackungen, die Sie im Laden kaufen können. Zusätzlich zu der Shareware führt die Site auch *Freeware*, das ist – richtig geraten – kostenlose Software. Um alle Freeware-Programme auf der Site zu finden, suchen Sie nach dem Begriff *freeware*.

Hotmail.Com

www.hotmail.com

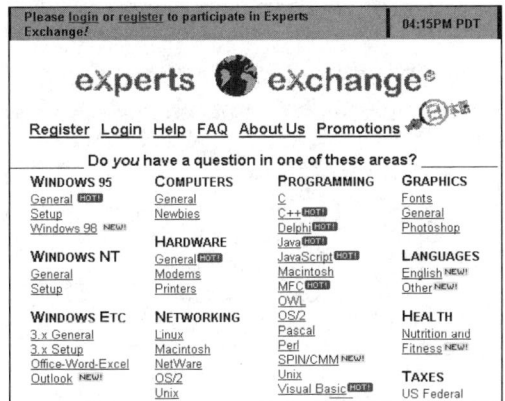

Erhalten Sie einen kostenloses E-Mail-Konto und fragen Sie dieses von überall aus ab: Als die Internet-Revolution ausgerufen wurde, wollte jeder eine E-Mail-Adresse haben. Also hatte jeder eine Adresse, dann zwei, und dann drei. Wenn Sie sich fragen, warum jemand mehr als eine E-Mail-Adresse benötigt, sind Sie wahrscheinlich noch nicht mit *Junk-Mail* überschüttet worden. Dieser Begriff bezeichnet Werbemüll, der Ihr Postfach schneller füllt als Sie es leeren können. Sie wollen eine E-Mail-Adresse für offiziellen, geschäftlichen E-Mail-Verkehr, und einen anderen, für zufällige, möglicherweise frivole E-Mails (denn Sie wissen nie, ob in diesem Werbemüll nicht doch etwas Nützliches sein könnte). Erstere Adresse halten Sie mehr oder weniger geheim, letztere verteilen Sie, wo es nur geht. Obwohl Ihnen Ihre ISP wahrscheinlich nur eine E-Mail-Adresse für Ihr Konto bei ihm gibt, können Sie eine andere, kostenlose E-Mail-Adresse von Hotmail erhalten. Eine der tollen Sachen bei diesem E-Mail-Konto ist es, daß Sie E-Mails von jedem Computer aus, überall, abfragen können, wenn Sie eine Verbindung ins Internet haben. Bei Hotmail brauchen Sie keine spezielle Software (außer einen Browser), wie das bei Ihrem ISP der Fall ist. Und hier noch etwas: Bill Gates muß auch gedacht haben, daß das ein pfiffiger Service ist – er hat die Firma aufgekauft. Zwar gibt es viele ähnliche Dienste im WWW, aber Hotmail ist nach unserer Erfahrung einer der stabilsten und zuverlässigsten.

HyperMart

www.hypermart.net

Kostenloser Speicherplatz für eine geschäftliche Website: Die meisten Hoster verlangen so um die 30 DM oder mehr pro Monat, je nachdem, welche Dienstleistungen Sie wollen. Bevor Sie das Geld hinausschmeißen, besuchen Sie die Leute bei HyperMart. Diese guten Menschen hosten Websites absolut kostenlos. Ganz genau – kostenlos. Und Sie bekommen nicht nur magere 2 MB, sonder 10 MB, was eh viel mehr ist, als Sie benötigen. Nachteil: Sie müssen ein Werbebanner auf jeder Seite anbringen, was für manche kommerziellen Seiten ein Nachteil sein könnte.

Microsoft

www.eu.microsoft.com/germany

www.microsoft.com/Support

Kostenlose Software, technische Informationen und Geschäftsressourcen: Kaum ein Tag vergeht, an dem diese Firma oder ihr Gründer, Bill Gates, nicht in den Nachrichten ist. Die größte Software-Firma der Welt – samt ihren Angestellten mit Aktienoptionen – haben eine riesige Menge auf Ihre Website gestellt. Es ist leicht, sich auf der Site zu verirren, aber hinter jeder Ecke verstecken sich wertvolle Informationen. Kostenlose Software, Online-Kundenunterstützung und viel viel mehr, um eine Website zu pflegen und das Geschäft am Laufen zu halten. Melden Sie sich auf jeden Fall im Support-Bereich an. Nur so erhalten Sie die zum Teil lebensnotwendigen Bugfixes für Betriebssysteme, Browser und andere Software. Wenn die Antwortzeit sehr langsam ist, kann das unter anderem daran liegen, daß eine neue Softwareversion herausgegeben wurde und eine Zillion von Leuten gerade gleichzeitig versucht, das Programm herunterzuladen. Keine Sorge, versuchen Sie es ein wenig später.

ZDNet

www.zdnet.com

Tests von Hard- und Softwareprodukten: Wenn Sie nach einem bestimmten Stück Hardware suchen, besuchen Sie diese Site, um ein paar Empfehlungen zu erhalten. Die Leute beim *PC Magazine*, das von Ziff-Davis (daher die Abkürzung ZD) herausgegeben wird, testen mehr Produkte pro Monat als ein normaler Mensch im Jahr benutzen kann. Die Ergebnisse sind unabhängig und in der Regel ihr Geld wert. Bevor Sie also Ihr hart verdientes Geld für einen Computer ausgeben, der jedesmal abstürzt, wenn die Uhr 12 schlägt, schauen Sie auf diese Site. Außer den Tests von Hard- und Software finden Sie auch interessante Artikel über die momentanen Trends in der Computerindustrie sowie Einführungen in neue Technologien. Sie können auch durch die Archive des *PC Magazine* blättern und sich so ältere Ausgaben anschauen.

Andere interessante Adressen

www.gmx.de

www.nic.de

www.internic.net

www.crazy-free-stuff.com

www.onlinesupport.com

Verschiedenes

Hier sind einige Sites, die sich entweder nicht kategorisieren lassen oder zu allgemein sind, um in eine der anderen Kategorien zu passen.

International Business Resources on the Web

ciber.bus.msu.edu/busres.htm

Die Quelle für Informationen über Kommerz weltweit – demnach ist diese Site auch für deutsche Firmen interessant. Sie wird vom Center for International Business Education and Research an der Universität Michigan unterhalten, und ist eine extrem gute Sammlung von Sites für den internationalen Kommerz. Die Sites sind nach mehreren Kriterien (wie zum Beispiel geographische Position, Statistiken, Marktindikatoren und so weiter) in Rubriken aufgeteilt. Die Informationen bei International Business Resources on the Web sind sehr gut recherchiert. Es lohnt sich also auf jeden Fall, hier einmal vorbeizuschauen.

The Mining Company

www.miningco.com

Hilfreiche Informationen, die von Experten in ihren Gebieten aufbereitet wurden: Der Ansatz von The Mining Company ist einzigartig. Genauso wie andere Sites bietet diese Site eine umfangreiche Auflistung von Sites oder Bereichen zu den verschiedensten Interessensgebieten. Das ist aber auch schon die ganze Ähnlichkeit. Jeder Bereich bei The Mining Company wird von einem sogenannten *Guide* betreut – eine Person, die ein Experte in dem betreffenden Gebiet ist. Wenn Sie zum Beispiel in den Unternehmerbereich gehen, wird der von einem Guide geleitet, der wirklich ein oder zwei Unternehmen gegründet hat und Ihnen so Informationen über das Führen einer Firma, das Ausschauhalten nach möglichen Fallstricken und so weiter aus erster Hand geben kann. Wenn Sie übri-

gens ein Guide in Ihrem Interessensgebiet werden wollen, folgen Sie einfach dem Link »Apply to be a Guide« und Sie können sich anmelden.

NetMarketing

www.netb2b.com

Kommen Sie hierher, um Ihren Online-Plan zusammenzustellen: Woher sollen Sie wissen, ob Ihr Budget für Webdesign und Entwicklung zu klein, zu groß oder gerade richtig ist? Hat Ihnen irgend jemand gesagt, daß das Pflegen und Aktualisieren einer Site bei weitem mehr Arbeit ist als das Erstellen? Woher sollen Sie eine Ahnung von den Einrichtungs- und Pflegekosten bekommen? Was ist mit den zusätzlichen Kosten – wenn Sie Dinge wie Audio, Video, Datenbanken, Chat und Java-Programm hinzufügen? Die Leute bei NetMarketing versuchen, diese Fragen zu beantworten. Sie haben auch eine Suchmöglichkeit über die vielen Anleitungen, Einführungen, Fallstudien und Artikel, die sie über Themen wie Werbung, Direktmarketing, Design und Technologie vorliegen haben.

Stock Exchanges around the World

www.cnnfn.com/resources/webconnection/exchanges/

Eine Liste der internationalen Aktienmärkte: Von Afrika bis Zagreb, auf dieser Site finden Sie Verweise auf mehr als 20 der bekanntesten internationalen Aktienmärkte.

Telebuch

www.telebuch.de

Bei vielen Büchern über das Internet und den damit verbundenen Technologien ist es so, daß die guten Bücher zuerst auf Englisch erscheinen und dann (wie dieses) übersetzt werden, oder ein deutsches Buch von Grund auf neu geschrieben wird und dann dementsprechend später erscheint. Aus diesem Grund sollten Sie sich darauf einstellen, sich auch mal ein englisches Buch zuzulegen. Bei Amazon (`www.amazon.com`) und Barnes & Noble (`www.barnesandnoble.com`) können Sie zwar bequem und kostengünstig bestellen, warten dann aber (bei Land- und Seebeförderung) mehrere Wochen auf Ihr Lesefutter. Anders bei Telebuch: Die Firma sitzt in Deutschland, ist aber aufgrund einer Kooperation mit Amazon (genauer gesagt: Amazon hat Telebuch aufgekauft) in der Lage, englischsprachige Bücher zum US-Ladenpreis zu verkaufen. Das ist innerhalb von Deutschland sogar portofrei, und alle lieferbaren deutschen Bücher gibt es natürlich auch. Auf der Website gibt es eine komfortable Suchmöglichkeit.

Zona Research

`www.zonaresearch.com`

Studien und Reporte über Trends und Technologien, die mit dem Internet zu tun haben: Auf der Zona Research Website werden Sie nicht tonnenweise kostenloses Material vorfinden. Der Großteil der Sachen auf dieser Site ist nur gegen Gebühr erhältlich. Bevor Sie jedoch einen Report bestellen, können Sie einen Auszug oder eine Zusammenfassung des Reports lesen, um zu sehen, ob das Ihren Erwartungen entspricht. Ihre Bestellung können Sie dann direkt im Web aufgeben.

Andere interessante Adressen

`www.amazon.com`

`www.dilbert.com`

Teil V

Die magischen Zehn

»Ich liebe Beschwerden via E-Mail. Es ist leichter, Sachen zu löschen, als sie in den Aktenvernichter zu stecken.«

In diesem Teil...

Hier fassen wir die wichtigsten Informationen aus diesem Buch zusammen. Wir verwenden dazu zwei Kapitel: Eines enthält die zehn Vorteile des Online-Marketing, das andere die zehn Nachteile. Im letzten verraten wir Ihnen zehn Offline-Marketing-Quellen, die sowohl für Offline-Marketing als auch für Online-Marketing geeignet sind.

Die zehn Vorteile des Online-Marketing

12

In diesem Kapitel

▶ Niedrige Eintrittsbarrieren

▶ Informatives Marketing funktioniert am besten

▶ Schnelle Antworten werden erwartet

▶ Gute Reichweite und große Zielgruppe

▶ Umgehung geographischer Hindernisse

Online-Marketing ist nach wie vor nur ein Teil des Marketing-Budgets der meisten Unternehmen. Dem Internet wird zwar viel Aufmerksamkeit geschenkt, dennoch sehen es viele nur als Trend oder Zeiterscheinung. Sie brauchen deshalb sicherlich Zeit, bis Sie Ihre Kollegen und Vorgesetzten davon überzeugt haben, Zeit und Geld in das Internet zu investieren.

Im folgenden finden Sie die zehn wichtigsten Vorteile des Online-Marketing – einige betrachten wir auch unter einem anderen Blickwinkel in Kapitel 13, »Die zehn Nachteile des Online-Marketing«.

Online-Marketing stellt nur niedrige Eintrittsbarrieren in den Weg

Ein großer Vorteil des Online-Marketing sind die relativ geringen Anfangskosten. Sie können einen Basis-Auftritt, der eine Firmen-Webseite, eine Mailing-Liste und die aktive Beteiligung an Newsgroups und Online-Foren beinhaltet, mit ein paar hundert Mark und ein bißchen Zeit realisieren. Ein Großteil der Arbeit für Online-Marketing kann somit günstig bewerkstelligt werden. Und wenn Ihre ersten Bemühungen online von Erfolg gekrönt waren, lassen sich Ihre Erfahrungen dazu nutzen, eine größere und teurere Online-Präsenz auf die Beine zu stellen. Sie sollten außerdem immer ein Auge auf die Kosten haben und sie rechtfertigen können (siehe Kapitel 7 und 11).

Online-Marketing ist informatives Marketing

Viele Leute sehen Marketing als Arbeit an, die nicht besonders seriös ist und die Tatsachen verdreht oder gar erfindet. Unnötig zu sagen, daß dieses Vorurteil nicht gerade dazu beiträgt, ein Vertrauensverhältnis zwischen Ihnen und Ihren potentiellen Kunden aufzubauen.

Online-Marketing hat sich dahingehend entwickelt, daß es einige Nachteile, die durch den schlechten Ruf des Offline-Marketing begründet sind, vermeidet. Beim Online-Marketing hat sich das informative Marketing durchgesetzt, das heißt, die Kunden erhalten wertfreie Informationen und bauen mit den Anbietern ein Vertrauensverhältnis auf. Im Online-Marketing ist es wichtiger, dem Kunden die wahren Vorteile eines Produkts näherzubringen als auf die Schnelle zu verkaufen oder den Kunden durch Glamour zu blenden.

Um den richtigen Ton zu treffen, empfehlen wir Ihnen, einige gute Pressemitteilungen eines großen Unternehmens zu lesen. Hier stehen Informationen im Vordergrund, die vom Standpunkt des Unternehmens aus vermittelt werden.

 Wenn Sie sich angewöhnt haben, in Superlativen und Phrasen zu schreiben, sollten Sie Ihren Stil für die Online-Welt ändern. Der Marketing-Stil aus der Offline-Welt paßt nicht ins Internet. Lassen Sie sich von jemandem beraten, der sich in der Online-Welt gut auskennt, und überarbeiten Sie dann Ihre Texte.

Die Online-Welt ermöglicht Ihnen schnelle Antworten

Die Möglichkeit, auf Anfragen schnell – in vielen Fällen sofort – zu antworten, unterscheidet Online-Marketing von sämtlichen anderen Spielarten des Marketing. Sie sind dadurch in der Lage, einen Eins-zu-Eins-Dialog mit Ihren Kunden oder potentiellen Kunden aufzubauen. Ihr Kunde bekommt den Eindruck, bei Ihnen gut aufgehoben zu sein und ernstzunehmende Informationen zu erhalten. Sie haben die einmalige Chance, die Kundenbeziehung lebendig zu gestalten. Ein Beispiel: Wenn Sie in einer Newsgroup bei Ihrer Antwort auch das Produkt eines Konkurrenten nennen, wird Ihr Gegenüber Sie garantiert ernst nehmen (siehe Kapitel 10).

In der Online-Welt spielt Marketing eine Schlüsselrolle

Marketing ist generell wichtig, da es zwischen dem Produkt, den Kunden und dem Verkauf eine Verbindung herstellt. Dabei hat das Marketing im Internet gegenüber dem Offline-Marketing den Vorteil, daß es direkter ist, und leichter einen Dialog mit dem Kunden aufbaut.

Egal, ob Sie Ihre Webseiten neu gestalten oder einen Online-Shop einrichten wollen, das Marketing nimmt immer eine Schlüsselrolle ein. In der Online-Welt ist es immer die Marketing-Abteilung, die vor allen anderen die Geschicke der Firma bestimmt. Dadurch wird es für Ihre Kollegen leichter verständlich, daß Marketing auch bei der Produktplanung und beim Vertrieb sehr wichtig ist.

 Halten Sie Ihr Wissen über Online-Marketing immer up to date. Sie beeindrucken damit vielleicht einen zukünftigen Arbeitgeber oder einen potentiellen Kunden. Eine gelungene Online-Marketing-Arbeit, kombiniert mit gutem traditionellem Marketing, zeugt von Flexibilität und Übersicht.

Innovationen in der Online-Welt sind Marketing-Chancen

Die Online-Welt verändert sich rasend schnell, stetig ist nur der Wechsel. Er bietet Marketing-Fachleuten gute Chancen, da jede Veränderung einen neuen Kommunikationsweg zum Kunden erschließt.

Die Vorgänger des heutigen Netzes existieren seit 25 Jahren. Dienste, wie das Usenet, die Online-Dienste und das World Wide Web, sind erst im Laufe der Zeit hinzugekommen (einige erst in den letzten Jahren). Das Web selbst ändert sich ebenso schnell, da immer neue Standards und Programme auftauchen. Jedesmal, wenn ein neuer Standard, ein neues Programm oder eine neue Technologie auf den Markt kommen, sollten Sie die Möglichkeiten prüfen, die sich Ihnen für eine bessere Kommunikation mit Ihren Kunden bieten.

Die Online-Welt vereinfacht die Nachforschungen

In Kapitel 2 haben wir beschrieben, daß die Online-Welt eine Quelle für jede Art von Informationen ist. Sie wollen wissen, was Nutzer über Ihr Produkt sagen? Durchforsten Sie die Newsgroups und Online-Foren nach Kommentaren und fragen Sie per E-Mail diejenigen nach Details, die sich zu Ihren Produkten geäußert haben. Sie möchten sehen, was Ihre Konkurrenten planen? Suchen Sie auf deren Webseite und in relevanten Newsgroups. Sie erhalten sicherlich interessante Informationen wie beispielsweise die letzten Pressemitteilungen oder geplante Veranstaltungen. Manchmal werden sogar Geheimnisse wie das Erscheinungsdatum eines neuen Produkts von unvorsichtigen Insidern gepostet.

Informationen, die Sie online finden, sind nicht nur informativ, sondern können auch ohne Probleme an andere weitergegeben werden – im Gegensatz zu Informationen, die Sie im persönlichen Gespräch oder am Telefon erhalten. Verwenden Sie Informationen aus dem Internet immer dann, wenn Sie jemanden überzeugen müssen.

 So wertvoll das Internet als Informationsquelle auch ist, es krankt noch daran, daß nicht so viele Leute online sind, und daß auch auf Firmen-Webseiten oftmals wichtige Informationen fehlen. Diese Nachteile werden durch das stetige Wachstum des Internet hoffentlich bald ausgeglichen.

Die Online-Welt verzeiht Fehler

Im Vergleich zu anderen Marketing-Medien vergibt die Online-Welt Fehler relativ leicht. Wenn Sie in einer E-Mail oder in einem Newsgroup-Posting einen Tipp- oder Schreibfehler machen, stört das nur wenige Leute. Für sie ist es wichtiger, in kurzer Zeit vertrauensvolle und hilfreiche Antworten zu erhalten. Wenn Sie einen Tippfehler auf einer Webseite machen, ist das zwar etwas schlimmer, läßt sich aber wesentlich leichter beheben als beispielsweise in einem gedruckten Katalog – der Katalog muß so ausgeliefert oder weggeworfen werden.

Inhaltliche Fehler sind ärgerlich, aber online auch einfacher zu korrigieren als in anderen Medien. Wenn Sie einen einfachen inhaltlichen Fehler gemacht haben, posten Sie einfach die korrigierte Information und eine kurze Entschuldigung für den Fehler, ähnlich einem Widerruf in der Zeitung. Nach unserer Erfahrung rechnen es Ihnen die Internet-Nutzer positiv an, wenn Sie einen Fehler so korrigieren.

 Natürlich möchte niemand online Fehler machen. Verwenden Sie immer eine Rechtschreibprüfung, wenn Sie eine Webseite erstellen. Alle besseren Web-Editoren enthalten sie, deshalb ist es erstaunlich, wie selten sie genutzt werden. Für andere Internet-Dienste empfehlen wir Ihnen folgende Regel: Je mehr Leute Ihre Nachricht lesen werden, desto mehr Aufwand sollten Sie auf Rechtschreib- und Grammatikprüfung verwenden.

 Besitzt Ihr Web-Editor keine oder keine gute Rechtschreibprüfung, dann sollten Sie den Text in eine Textverarbeitung wie Word oder WordPerfect kopieren, dort korrigieren und wieder in den Editor zurückkopieren.

Gute Reichweite und große Zielgruppe

Laut den Informationen der Deutschen Telekom haben heute mehr als 10 % der Bevölkerung in Deutschland Zugang zum Internet. Die meisten Büros sind schon mit mindestens einem Rechner am Netz, und alle großen Firmen binden ihre hausinternen Netzwerke ans Internet an. Dadurch bietet sich Ihnen als Marketing-Fachmann eine große Zielgruppe, die Sie als Gesamtheit oder gezielt ansprechen können.

Durch den ständigen Wandel im Internet verändert sich natürlich auch die Zielgruppe. Dies bietet Ihnen Chancen beim Online-Marketing. Sie können beobachten, welche Bevölkerungsgruppen verstärkt online gehen, und sofort reagieren, wenn eine für Sie geeignete Zielgruppe dabei ist.

Günstiges Kommunikationsmedium

Bei den hierzulande immer noch hohen Telefongebühren bieten sich E-Mails als Dialogmedium geradezu an. Um eine E-Mail zu verschicken, müssen Sie im Normalfall nur zehn Sekunden online gehen und können so viel sagen wie in einem zehnminütigen Telefongespräch.

Außerdem überlassen Sie Ihrem Kommunikationspartner die Wahl, wann er Ihnen antworten will. Im Gegensatz zum Telefon stören Sie mit E-Mails niemanden bei Besprechungen oder bei der Arbeit.

 Gewöhnen Sie sich an, mehrmals am Tag Ihre E-Mails abzuholen und sie dann gewissenhaft zu beantworten.

Online-Marketing beseitigt geographische Hindernisse

Einer der größten, aber auch verwirrendsten Vorteile der Online-Welt ist, daß alle geographischen Schranken aufgehoben sind. In der Online-Welt bestehen die Schranken nur darin, ob die Kunden interessiert sind, was Sie sagen oder nicht, und ob die Kunden Sie finden. Es ist nicht aufwendiger, jemanden von einem anderen Kontinent anzusprechen als jemanden aus Ihrer Straße. Ein Delikatessenladen in Neustadt kann ganz einfach an Kunden in New York oder Neu Delhi verkaufen.

Natürlich erfordert es einiges an Arbeit und Planung, um mit diesen neuen Gegebenheiten fertig zu werden. Sie müssen entscheiden, was Sinn macht und was nicht. Soll ein regionaler Delikatessenladen deutschlandweit verkaufen? Europaweit? Weltweit? Sie sollten am besten lokal anfangen. Es reicht, wenn Ihre Webseiten zuerst nur in Deutsch vorliegen. Später können Sie sie dann in Englisch übersetzen und den Inhalt auf andere Märkte ausdehnen.

Sie brauchen am Anfang viel Marketing-Erfahrung und Selbstbeherrschung, um nicht übers Ziel hinauszuschießen. Wenn Ihre Situation es Ihnen aber erlaubt, Ihre geographische Reichweite auszudehnen – beispielsweise, weil Sie genug Erfahrung, eine Menge Geld oder ein einmaliges Produkt haben –, dann sollten Sie es vielleicht gleich am Anfang mit einem großen Marketing-Aufwand probieren.

Die zehn Nachteile des Online-Marketing

13

In diesem Kapitel:

▶ Online-Marketing unterscheidet sich von dem, was Sie gewohnt sind

▶ Online-Marketing kann teuer sein

▶ Die Kapazität des Internet ist begrenzt

▶ Die Zahl der Internet-Nutzer ist begrenzt

▶ Es ist einfach, Fehler zu machen

▶ Die Zukunft der Online-Welt ist ungewiß

*O*nline-Marketing hat gewichtige Vorteile. Aber natürlich hat Online-Marketing auch Nachteile – einige sind die dunkle Seite der Vorteile aus Kapitel 12. In diesem Kapitel decken wir die Nachteile schonungslos auf und zeigen Ihnen, wie man damit umgeht.

Online-Marketing ist anders

Online-Marketing unterscheidet sich ganz gewaltig von Offline-Marketing. Es ist informatives Marketing, das manchmal auf tönernen Füßen steht – zu viele Übertreibungen, und die Leser Ihrer Nachrichten und die Besucher Ihrer Webseiten wenden sich nicht nur ab, sondern wenden sich sogar gegen Sie. Online-Marketing-Kosten lassen sich nur schwer mit den Vorteilen und der Wirkung aufrechnen, wo hingegen das Offline-Marketing auf jahrelange Erfahrungswerte blicken kann. Und wegen der stetigen Veränderungen im Online-Marketing kann es sein, daß ein Wettbewerber, der auf eine zukünftige Entwicklung setzt, Ihnen auf einmal einen Schritt voraus ist.

Online-Marketing unterscheidet sich nicht nur von anderen Marketingformen, es ist sogar in sich unterschiedlich. Jede Internet-Technologie hat ihre eigenen Anforderungen und Besonderheiten. Wenn Sie im Internet nicht bereits sattelfest sind, kennen Sie nur einen kleinen Ausschnitt, aus dem Sie wählen können; Wettbewerber, die bereits zwei Jahre Online-Erfahrung haben, ziehen wesentlich mehr Vorteile aus dem neuen Medium, als Sie das können. Wenn Sie sich jetzt nicht in die Online-Welt stürzen, werden Sie noch weiter zurückfallen. Als Beispiel für die besondere Bedeutung des Wortes »Erfahrung« mögen die wenigen Jahre dienen, die die Autoren schon mit dem Medium Internet zugebracht haben: Die Zahl der Jahre würde uns im Offline-Marketing sicherlich als Anfänger ausweisen, beim Online-Marketing reichen sie, um Experten zu sein.

281

Was können Sie tun, damit Sie nicht im Online-Marketing zurückfallen? Die Lösung heißt: informieren und handeln! Zum Informieren ist dieses Buch, wie wir hoffen, ein guter Startpunkt, der Sie an das Thema Online-Marketing heranführt. Das Handeln kann gut mit dem lateinischen Sprichwort »Carpe diem« (nütze den Tag) umschrieben werden. Die Online-Welt ist fürs Marketing eine gute Gelegenheit; vernachlässigen Sie nicht die Risiken und Probleme, aber lassen Sie sich dadurch nicht vom Handeln abhalten.

Die Kapazität des Internet ist beschränkt

Die Datenautobahn hat mehr als nur den Namen mit den deutschen Autobahnen gemeinsam, auch sie ist oftmals verstopft. Der limitierende Faktor ist hier die *Bandbreite* oder Kapazität, das heißt, die Geschwindigkeit der Verbindungen zwischen den verschiedenen Rechnern und Routern im Netz. Dieses Problem wird sich auch in Zukunft nur schwer lösen lassen. Zwar existieren von vielen Firmen Pläne, um die Bandbreite anzuheben, aber gleichzeitig werden auch die Anwendungen speicherintensiver und belasten die Kapazitäten mehr. Hier seien nur die Schlagworte »Videokonferenzen« oder »Internet-Telefonie« genannt. Sie werden selbst den Bandbreiten, die Satelliten bieten, Probleme bereiten.

Als Nutzer verstehen Sie natürlich, daß die langen Wartezeiten Frustration hervorrufen. Aber wie sollen Sie darauf als Marketing-Fachmann reagieren? Die Antwort ist, daß Sie nicht den Lockrufen erliegen dürfen, die von Ihnen viele große Bilder und Multimedia-Elemente in Ihrer Online-Präsenz fordern.

 Die Lösung für Bandbreiten-Probleme heißt: Fassen Sie sich kurz. Experimentieren Sie ruhig mit Multimedia-Elementen, aber überfrachten Sie Ihre Seiten nicht und stellen Sie sicher, daß jede Multimedia-Information auch in einfacher Textform vorhanden ist. Dadurch haben alle, die die Grafiken abschalten, wenn sie surfen, oder die nicht warten, bis alles auf der Seite geladen ist, Zugriff auf die Information.

Online-Marketing kann teuer werden

Eine komplette Online-Präsenz, inklusive aufwendiger Webseite und ständiger Kontrolle und Bearbeitung der Newsgroups, kann teuer werden. So eine Präsenz bedeutet für eine Firma von 10 bis etwa 100 Mitarbeitern, daß zusätzliche Kräfte engagiert werden müssen – normalerweise eine Mischung aus internen und externen Mitarbeitern. Einige davon arbeiten Vollzeit, andere Teilzeit. Kosten für das Hosting der Webseite werden entweder an den Internet Service Provider (ISP) gezahlt oder intern abgewickelt (eigener Server). In Hochlohn-Ländern wie Deutschland können sich die Kosten für mehrere Angestellte und den dazugehörigen Büroplatz schnell auf über eine Million Mark im Jahr belaufen. Seien Sie deshalb darauf vorbereitet, viel Geld auszugeben, wenn Sie mehr als eine einfache Online-Präsenz wollen.

Eine Million Mark ist eine Menge Geld, aber Marketingfachleute sind seit jeher dafür bekannt, auch noch mehr auszugeben. So viel Geld für Online-Marketing zu investieren, bringt zwei Herausforderungen mit sich. Die erste ist, daß Sie von den Kosten schockiert sein werden. Sie haben gesehen, wie Sie mit sehr wenig Aufwand eine kleine Online-Präsenz aufbauen können. Eine große Online-Präsenz erfordert überproportional mehr Aufwand. Die zweite Herausforderung ist, daß nur ein kleiner Teil Ihrer Zielgruppe online ist. Sie sollten deshalb gut planen, damit Sie genug Geld haben, auch offline noch Marketing zu betreiben.

Die wirklich großen Kosten folgen mit dem E-Commerce. Planen Sie Ihre Entwicklungen vorsichtig, bevor Sie online verkaufen.

Online-Marketing erreicht nicht jeden

Ihre Kollegen, Journalisten, Analysten und engen Kunden, mit denen Sie normalerweise arbeiten, sind alle online? Dann werden Sie denken, es reicht, Informationen auf der Webseite zu geben und auf Fragen in Newsgroups zu antworten, um Ihre Interessenten informiert, up to date und zufrieden zu halten. Leider ist dem nicht so.

Um keine Kunden zu verpassen, sollten Sie Leute, die offline sind oder limitierte Online-Bandbreite haben, nicht ausschließen. Gestalten Sie Ihren Online-Inhalt, speziell auf Ihrer Webseite, so, daß er für jeden zugänglich ist. (Testen Sie deshalb Ihre Webseite mit alten Versionen der Browser, um sicherzustellen, daß alle Internet-Nutzer Ihre Seiten nutzen können.)

Ihre Interessenten im Internet sind oftmals besser informiert als die Kunden offline, da sie Informationen suchen und gegenüber Neuem aufgeschlossen sind. Sorgen Sie dennoch dafür, daß alle, ob online oder offline, die gleichen Informationen erhalten. Ein Beispiel sind Werbekampagnen für Gewinnspiele. Dabei wird im Fernsehen eine Internet-Adresse und eine Telefonnummer vermarktet, hinter denen sich dieselben Möglichkeiten verbergen. Auch bei Sponsoring-Aktionen bietet sich an, eine kostenlose Telefonnummer und eine spezielle Webseite bereitzustellen.

Online zu gehen, kann schwierig sein

Wenn Sie jemals Probleme hatten, von unterwegs Internet-Zugang über Ihren ISP oder Online-Dienst zu bekommen, wissen Sie, daß es schwierig sein kann, online zu gehen. Dies bereitet sogar manchmal erfahrenen Computer-Profis Probleme, deshalb sollten Sie immer bedenken, daß weniger erfahrene Nutzer noch größere Probleme mit der Technik haben. Wenn Sie also für Informationen auf Ihre Webseite verweisen, vergessen Sie nicht, wie im vorigen Abschnitt beschrieben, auch eine Offline-Quelle für die Informationen anzugeben.

Die Online-Welt erhöht den Druck auf das Marketing

Das plötzliche Auftauchen der Online-Welt war für das Marketing wie eine Krise – eine Krise mit vielen Problemen, aber auch vielen Siegeschancen. Marketing entwickelt sich enorm schnell, die Online-Welt noch schneller. Als Ergebnis existieren viele, viele Möglichkeiten für »Abenteurer«. Ein Beispiel: Wie viele Leute wußten vor zwei oder drei Jahren, daß sie so schnell wie möglich ihren Domain-Namen reservieren sollten?

Im Marketing besteht der Job immer darin, mit der rasanten Entwicklung Schritt zu halten. Die Marketing-Abteilung ist meistens unterbesetzt, und die Marketing-Fachleute sind meistens unterbezahlt.

Wenn Sie in der Online-Welt arbeiten, werden Sie sich vielleicht so fühlen, als würden Sie immer einen Schritt hinterherhinken. Oftmals entsteht dieses Gefühl, weil Sie sich mit etwas Neuem, »Coolem« (wie dem Internet) beschäftigen und das aktuelle Marketing-Ziel aus den Augen verlieren. Dagegen hilft eine Prioritätenliste mit den wichtigsten Aufgaben, die Sie der Reihe nach abarbeiten sollten.

Es ist schwierig, die Kosten für Online-Marketing zu rechtfertigen

Die Wirkung von Marketing zu messen, ist schwierig. Für Offline-Marketing gibt es allerdings schon einige Erfahrungswerte. Deshalb werden die Kollgegen in Ihrer Firma auch hauptsächlich von Werbung in Printmedien und im Fernsehen »inspiriert« Wenn die Entscheider dann mit der Online-Welt nicht besonders vertraut sind, beeindruckt Sie vielleicht eine Webseite nicht besonders, ebensowenig ein Posting in einer Newsgroup.

 Schicken Sie die Entscheider nicht auf allzu große Abwege, wie beispielsweise `<alt.barney.dinosaur.die.die.die>`, ansonsten werden sie das Internet nicht sehr ernst nehmen.

Die Kostenrechtfertigung wird von einigen Kostenpunkten erschwert, die Sie brauchen, um Ihre Online-Präsenz zu verbessern:

✔ **So viele Teile Ihrer Online-Präsenz automatisieren wie möglich:** Beispielsweise können Sie einen Autoresponder verwenden, um auf E-Mails von Ihrer Webseite zu antworten (Kapitel 8). Die Online-Prozesse zu automatisieren, kostet am Anfang Zeit und Geld, die Antworten individuell zu geben, kostet nichts, da die Ausgaben in den Lohnlisten Ihrer Firma versteckt sind. (Fragen nicht zu beantworten, kostet natürlich noch mehr: Kunden.)

✔ **Arbeit an Firmen und Berater vergeben, die darauf spezialisiert sind:** Obwohl die Vergabe von Aufträgen an externe Firmen Sie sofort Geld kostet – unter Umständen viel Geld -, ist es doch oftmals auf lange Zeit billiger. Ein externer Dienstleister erstellt eine Marketing-

Webseite oftmals innerhalb weniger Tage, während Sie intern dafür Wochen bräuchten (Details zum Outsourcing finden Sie in Kapitel 6).

Aus oben genannten Gründen haben wir das Thema Kostenplanung in diesem Buch ausführlich behandelt (am ausführlichsten in Kapitel 11). Wir empfehlen Ihnen, unsere Ratschläge zu befolgen, um auch die Vorteile der Online-Präsenz deutlich zu erkennen. Möglichkeiten sind, die Zahl der Besucher auf Ihren Seiten zu messen, die Zahl der Downloads von Dateien zu registrieren und die Besucher der Seiten zu befragen, um Ergebnisse und Wirkungen von Sonderaktionen zu ermitteln. Auch wenn Sie niemand fragen sollte, sammeln Sie dennoch Informationen über die Kosten und irgendwann wird Sie jemand fragen.

Fehler online zu machen, ist einfach

Jedesmal, wenn Sie etwas Neues anfangen, laufen Sie Gefahr, Fehler zu machen. Schreib- und Tippfehler sind ärgerlich, aber leicht zu ändern. Die wirkliche Herausforderung besteht darin, schwierige Fragen zu beantworten – und das möglichst schnell.

In der schnellebigen Online-Welt bekommen Sie oft komplexe und schwierige Fragen gestellt, die Sie innerhalb von Minuten beantworten müssen – warum hat Ihre Firma die Produkte nicht rechtzeitig verschickt? Wie wollen Sie die Lieferzeit verkürzen? Wann fangen Sie damit an, Kunden-Service richtig zu machen? Wenn Sie zugeben, Fehler gemacht zu haben, belasten Sie sich oder andere in Ihrer Firma. Wenn Sie sie nicht zugeben, erscheinen Sie ignorant, defensiv und ratlos.

Um sich anzunähern, sollten Sie sich vielmals entschuldigen, wenn Sie irgendetwas falsch gemacht haben, und immer um Klarheit besorgt sein – gibt es einen Weg, wie ein Problem mit dem aktuellen Produkt lösbar ist? Was haben die Kunden mit Ihrem Service erlebt?

Die Antwort auf solche Fragen hilft Ihnen, wirkliche Probleme zu identifizieren und den Druck herauszunehmen, wenn Sie von Leuten bedrängt werden, die keine wirklichen Probleme haben, sondern nur stören wollen.

Wenn alles gesagt oder getan wurde, sollten Sie Ihre Kollegen um Toleranz bei Ihren Fehlern online bitten und auch selber bei Fehlern von anderen in Ihrer Firma tolerant sein. Die Online-Welt ist ein relativ neues Medium, das extrem »öffentlich« ist und schnelle Reaktionen erfordert. Sie können Fehler in Ihren Antworten vermeiden, egal ob inhaltliche, Schreib- oder Tippfehler, indem Sie Ihr Schreiben laut vorlesen. Sie werden überrascht sein, wie Ihre eigenen Worte klingen, wenn Sie sich selbst vorlesen. Aber was auch immer Sie tun, Fehler passieren – bereiten Sie sich darauf vor.

Schuld an den Fehlern der Gemeinschaft

Wegen Problemen in der Online-Welt, inklusive Kinderpornographie, Sekten und Rechtsextremismus, haben viele Leute einen schlechten Eindruck von der Online-Welt. Die Art und

Weise, wie Sie Ihre Firma online präsentieren, kann eines von zwei Dingen bewirken. Entweder verstärken Sie die negativen Vorurteile und sorgen dafür, daß Ihre Firma und Ihre Produkte in einem sehr negativen Licht dastehen. Oder Sie verschaffen sich einen positiven Eindruck, wodurch die Nutzer eine hohe Meinung von Ihrer Firma und Ihren Produkten haben.

Wie andere Medien vorher – beispielsweise wurde das Fernsehen in den 60er Jahren stark kritisiert –, wird sich auch das Internet bei seinem Wachstum mit Kritik konfrontiert sehen. Wenn Sie Ihre Firma mit Niveau und Professionalität online darstellen, wird Ihre Firma zu den Ausnahmen gezählt werden, wenn die Öffentlichkeit glaubt, das Internet bestünde aus Lügen und Verbrechen.

Die unsichere Zukunft der Online-Welt

Normalerweise läßt sich in der Geschäftswelt mit hoher Wahrscheinlichkeit voraussagen, was ein Jahr später passieren wird. Aber die ganze Zukunft der Online-Welt scheint nicht prognostizierbar zu sein. Dadurch ist der Aufwand für eine Online-Präsenz nur sehr schwer abschätzbar.

Unsere Antwort auf das rasante Wachstum des Internet ist, sich vorsichtig aber schnell vorwärts zu bewegen – vorsichtig heißt, daß Sie anfangs keine allzu großen Investitionen tätigen sollten, schnell heißt, daß Sie eine mittelgroße Online-Präsenz möglichst bald einrichten müssen. Danach können Sie die Ratschläge aus diesem Buch und Ihre eigene Erfahrung kombinieren, um eine Online-Präsenz auf die Beine zu stellen, die genau auf Ihre Firma und Ihre Zielgruppe zugeschnitten ist.

Zehn Offline-Marketing-Quellen

In diesem Kapitel

▶ Marketing-Bücher

▶ Marketing-Zeitschriften

▶ Zeitungen

▶ Demographische Berichte

▶ Andere Medien

▶ Verbände

Wissenschaftliche Marketing-Bücher

Wenn Sie Marketing eher aus Sicht der Wissenschaft interessiert, sollten Sie sich das Buch »Marketing« von Nieschlag, Dichtl, Hörschgen, erschienen bei Duncker & Humbolt, kaufen. Es liegt mittlerweile in der achtzehnten Auflage vor und gilt als Standardwerk im Bereich Marketing.

Einen etwas anderen Marketing-Ansatz vertritt Paul W. Meyer in »Integrierte Marketingfunktionen«, erschienen beim Verlag Kohlhammer. Die Übersetzer sind Anhänger dieses »deutschen« Marketing-Ansatzes: Paul W. Meyer versteht Marketing als Sache der Unternehmensführung, die in jeder Abteilung eine Rolle spielt.

Nicht direkt zum Thema Marketing, aber sehr interessant in bezug auf den Umgang mit den Wettbewerbern und dem Markt, sind die Bücher von Michael Porter »Wettbewerbsstrategie« und »Wettbewerbsvorteile«, beide erschienen bei Campus. Porters Theorien zum Thema Wettbewerb und Markt gelten als eines der wichtigsten Werke der aktuellen Betriebswirtschaftslehre.

Marketing-Bücher aus der Praxis

Zu nennen wäre hier vor allem das Buch *Marketing für Dummies* von Alexander Hiam (erschienen bei ITP, Bonn). Es ergänzt im typischen »Dummies«-Stil dieses Buch hier perfekt und gibt eine praktische Einführung ins Marketing.

Ein anderes Buch, das sich mit allen Belangen der klassischen Werbung befaßt, ist »Werbung in Theorie und Praxis«, herausgegeben von Karl Schneider. Hier finden Sie von verschiedenen Autoren interessante Ausführungen über Marketing-Forschung und andere wichtige Themen.

Marketing-Zeitschriften

Wie in jedem anderen Bereich auch, gibt es fürs Marketing viele interessante Fachzeitschriften. Wir bevorzugen hier den »W&V New Media Report« der kompetente Informationen zum Marketing im Internet bietet.

Eine Zeitschrift zum Marketing, die einen eher wissenschaftlichen Ansatz verfolgt, ist die »Absatzwirtschaft«. Hier finden Sie unter anderem Ausschnitte aus der aktuellen wissenschaftlichen Diskussion.

Zeitschriften über Werbung

Es gibt auf dem deutschen Markt zwei konkurrierende Zeitschriften. Die »W&V« und »Horizont«. Sie enthalten hauptsächlich Branchengeflüster und Etatverteilungen. Aber ab und zu finden sich auch interessante Artikel über die Entwicklung des Internet und der neuen Medien.

Internet-Zeitschriften

Natürlich gibt es viele Publikationen, die sich mit dem Internet befassen. Meist liegt der Fokus dabei auf der Technik und den Entwicklungen. In den hier aufgeführten Zeitschriften finden Sie aber auch Informationen zu Online-Recht und zur Gestaltung von Webseiten. Leider etwas zu kurz kommen die Internet-Dienste, die nichts mit Web oder E-Mail zu tun haben. Vor allem das Usenet wird stiefmütterlich behandelt. Wir empfehlen Ihnen die »Internet World« und die »Internet Professional« Beide wenden sich gleichermaßen an professionelle Nutzer und bieten guten Inhalt.

Zeitungen

Gewöhnen Sie sich an, regelmäßig eine gute Tageszeitung zu lesen, um informiert zu bleiben. Beim Marketing zahlt sich der Informationsvorsprung immer aus, und Sie werden als jemand auftreten, der über den Tellerrand schauen kann. Außerdem gibt es in den meisten größeren Tageszeitungen Beilagen über Computer und Technik.

Demographische Berichte

Berichte und Ergebnisse über die Gesamtheit der Online-Nutzer gibt es nicht nur im Internet, sondern auch offline. In Fachzeitschriften finden Sie meist aktuelle Informationen über interessante Studien. Wir nennen hier keine Institute, die Studien herausgeben, weil wir die Aktualität nicht gewährleisten könnten. Beim ständigen Wandel des Netzes sollten Sie deshalb vor allem auf das Datum der Studie achten, die Sie lesen. Besondere Vorsicht ist bei Studien geboten, die Prognosen wagen. Wie wir schon erklärt haben, ist nichts schwerer, als die Zukunft des Internet vorauszusagen.

Andere Medien

Vor allem wäre hier das Fernsehen zu nennen. Besonders interessant finden wir die Nachrichten und Informationssendungen auf »n-tv«. Die speziellen Internet-Sendungen, wie auf Bayern 3, wenden sich dagegen eher an ein Einsteigerpublikum.

Eine andere interessante Quelle für Anregungen sind die ungeliebten Werbepausen im Fernsehen. Die Werber haben gelernt, wie man innerhalb von 30 Sekunden die Zuschauer fesselt. Davon sollten Sie lernen, denn auch Sie müssen im Internet innerhalb von sehr kurzer Zeit Ihre Besucher in Ihren Bann ziehen.

Verbände

Jede Branche hat einen Verband, egal ob Zahnärzte oder Dekorateure. Viele dieser Verbände haben eine Abteilung, die für die Marketing-Betreuung der Mitglieder zuständig ist. Hier können Sie Informationen austauschen, und es werden Konferenzen und Vorträge veranstaltet.

Für die Internet-Branche ist dieser Verband der DMMV (der Deutsche MultiMedia Verband). Sie finden ihn unter `www.dmmv.de`.

Messen

Auf Messen haben Sie Gelegenheit, sich direkt bei verschiedenen Firmen zu informieren. Sie finden dort Konkurrenten, Dienstleister und viele andere Firmen. Die wichtigsten Messen in Deutschland, die sich mit dem Internet beschäftigen, sind die »Internet World« und die große Computermesse »CeBIT«. Die Internet World findet zweimal jährlich an immer verschiedenen Orten statt. Die »CeBIT« können Sie immer im Frühjahr in Hannover besuchen. Dem Internet wird auf der »CeBIT« nur ein Teil gewidmet, und dennoch gibt es nirgendwo mehr Informationen und Eindrücke zu sammeln.

Stichwortverzeichnis

Wege, Online-Medien für Marketing zu benutzen

Internet- oder Online-DienstNutzung für Marketing

Automatisierte Mailing-Listen

Als Benutzer: Abonnieren Sie Mailing-Listen, die Informationen über Online-Marketing oder Ihren Geschäftszweig enthalten

Als Online-Anbieter: Erstellen Sie eine Mailing-Liste um relativ einfach und günstig ein starkes Gemeinschaftsgefühl unter Ihren Kunden zu entwickeln.

E-Mail

Als Benutzer: Erstellen Sie eine Signaturdatei mit Marketinginhalt für das Ende jeder Ihrer E-Mails. Seien Sie höflich und wählen Sie einen positiven Tonfall.

Als Online-Anbieter: Standardisieren Sie die Behandlung von E-Mails innerhalb Ihrer Firma. Benutzen Sie Ihre Website, um relevante E-Mail-Adressen für die Anliegen Ihrer Kunden anzubieten, und kümmern Sie sich dann sorgfältig um die (möglicherweise große) Anzahl von E-Mails, die Sie erhalten.

FTP

Als Benutzer: Suchen Sie nach Programmen und Dateien, die für das Online-Marketing nützlich sein können.

Als Online-Anbieter: Bieten Sie den Besuchern Ihrer Website interessante Programme und formatierte Reporte an, die zu Ihrem Geschäftsfeld passen. Verstecken Sie die FTP Site hinter einer Web-Benutzeroberfläche, um den Besuchern die Benutzung zu erleichtern.

Online-Dienste

Als Benutzer: Werden Sie Mitglied bei dem Online-Service, der die größte Zahl Ihrer Kunden versammelt. Treten Sie Foren und Chats bei, die für Ihr Geschäftsfeld relevant sind.

Als Online-Anbieter: Ziehen Sie es in Betracht, ein Forum bei CompuServe oder America Online oder beiden zu eröffnen, um zusätzliche und potentielle Kunden jenseits Ihrer Website und Newsgroup-Aktivitäten zu erreichen.

Push-Technologie

Als Benutzer: Abonnieren Sie Websites, um informiert zu werden, wenn sie sich ändern, und abonnieren Sie Push-Channels und PointCast, um Informationen über Ihren Geschäftszweig zu erhalten.

Als Online-Anbieter: Benutzen Sie PointCast, um einen einfachen Push-Channel zu erstellen, der Webseiten an die Benutzer schickt. Bieten Sie Informationen an, die dem Benutzer nützlich erscheinen, nicht nur Ihre Marketing-Botschaften.

Usenet Newsgroups

Als Benutzer: Lesen Sie in Newsgroups, die für Ihr Geschäftsfeld relevant sind. Benutzen Sie DejaNews (`www.dejanews.com`) oder andere Suchmaschinen, um Newsgroups regelmäßig nach Erwähnungen Ihrer Firma zu durchsuchen. So können Sie auf Probleme reagieren, bevor sie anwachsen.

Als Online-Anbieter: Lesen Sie regelmäßig Newsgroups, die Ihr Geschäftsfeld betreffen, um auftretende Probleme im Keim zu ersticken. Erwägen Sie es, eine eigene Newsgroup auf Ihrem Newsserver für Support-Zwecke einzurichten.

World Wide Web

Als Benutzer: Werden Sie Experte darin, im Web nach Informationen über Ihr Geschäftsfeld und Ihre Konkurrenten zu suchen; erstellen Sie Lesezeichen für die wichtigsten Sites.

Als Online-Anbieter: Fangen Sie mit einer einfachen Web-Präsenz an, um den Web-Surfern allgemeine Informationen über Ihre Firma online anzubieten. Dann erweitern Sie Ihr Angebot mit marketing-bezogenem Inhalt und Nachrichten.

Die wichtigsten Online-Abkürzungen

AOL (America Online): Der größte Online-Dienst mit über 10 Millionen Mitgliedern. Sie können AOL als Teil Ihrer Online-Marketing-Bemühungen benutzen, obwohl Sie die meiste Werbung aus einer formalen Marketing-Partnerschaft mit AOL erhalten können, die dann aber sehr teuer sein kann.

BCC (Blind Carbon Copy): Eine Methode, die Empfänger einer E-Mail auszuwählen; die Adressaten können ihre E-Mail-Adressen dann nicht untereinander einsehen.

CIS (CompuServe Information Service): Der zweitgrößte Online-Dienst, der mahcnmal CI\$ genannt wird, da er früher recht teuer war. CIS ist mehr geschäftsorientiert als AOL und zieht mehr Profis an, also sollten Sie einen etwas konservativeren Tonfall beim Marketing auf CIS benutzen.

FAQ (Frequently Asked Questions): Ein Dokument, das von vielen Newsgroups angeboten wird (und manchmal auf von Mailing-Listen), und allgemeine Informationen über eine Newsgroup oder Mailing-Liste enthält.

GIF (Graphics Interchange Format): Ein Standard für komprimierte Bilder, ursprünglich von CompuServe benutzt, und nun das Standardformat bei Online-Diensten und im Web. GIF wird am besten bei computererstellten Bildern und Grafiken mit wenig Farben benutzt. GIF-Grafiken können ohne weiteres in Webseiten eingebaut werden und auch Animationen beinhalten.

HTML (HyperText Markup Language): Die Befehle – von denen, die sich damit auskenne, werden Sie *Tags* genannt –, die zu einer Textdatei hinzugefügt werden, um daraus eine Webseite zu machen. Hier ist eine Abschnittsüberschrift in HTML, mit dem Wort »Marketing« in Fettdruck:

```
<H1>Warum <B>Marketing</B> anders ist</H1>
```

IE4 (Internet Explorer 4.0), NN4 (Netscape Navigator 4.0): Die aktuellen Versionen der beiden Web-Browser, die zusammen ungefähr 90% des Web-Browser-Markts unter sich ausmachen.

IMHO (In My Humble Opinion; dt. *In meiner unmaßgeblichen Meinung*): Eine der vielen Internet-Abkürzungen, die Ihnen in E-Mails, Mailing-Listen, Newsgroups und den Foren von Online-Diensten begegnen können (auch in deutschen Texten). Andere verbreitete Kürzel sind BTW (By The Way; dt. *übrigens*), LOL (Laughing Out Loud; dt. *laut lachend*), ROTFL (Rolling On The Floor, Laughing; dt. *sich vor Lachen kugelnd*) oder mfg (mit freundlichen Grüßen). Lernen Sie diese Acronyme, aber benutzen Sie sie nur, wenn Sie sicher sind, daß Ihr(e) Gegenüber diese auch verstehen.

ISP (Internet Service Provider): Eine Firma, die einen Einwahl- oder sonstigen Zugang zu dem Internet an Privatpersonen und geschäftliche Kunden anbietet. Online-Dienste wie CIS und AOL haben ihren eigenen proprietären Inhalt, erfüllen für Ihre Benutzer aber auch die Funktion eines ISPs.

JPEG (Joint Photographic Experts Group): Ein Standard für komprimierte Bilder, im Web weit verbreitet. JPEG wird am besten bei Fotos und anderen Bildern mit vielen Farbstufen verwendet und wird von IE4, NN4 und anderen Browsern unterstützt.

Sig-Datei (Signatur-Datei): Einige Textzeilen, die via Einstellung automatisch am Ende all Ihrer E-Mails oder Newsgroup-Beiträgen erscheinen kann. Für das Marketing sollte die Sig-Datei den Namen, Kontaktinformationen und die URL der Firmen-Website enthalten.

SIG (Special Interest Group): Ein Begriff für die Diskussionsforen, die Sie bei kommerziellen Online-Diensten finden, auch *Nachrichtenbretter*, *schwarze Bretter* oder *Foren* genannt. Bei den Online-Diensten ist das das Pendant zu den Usenet Newsgroups.

Spam: Ein anderes Wort für unerwünschte Werbe-E-Mails, Massen-E-Mails oder *Junk-Mails*.

TLD (Top-Level Domain): Die zwei oder drei Buchstaben am Ende eines Internet-Domain-Namens geben die Art der Organisation an, die die Website besitzt. So steht zum Beispiel `.de` für eine deutsche Firma, `.com` für eine kommerzielle Organisation oder Firma (wahrscheinlich, aber nicht notwendigerweise amerikanisch) oder `.org` für eine (meistens amerikanische) Non-Profit Organisation.

URL (Uniform Resource Locator): Der Name für eine Ressource, die im World Wide Web gespeichert ist. Eine URL wie zum Beispiel `ftp://ftp.firma.de/Dokumentation/Kapitel1` gibt den Namen des Internet-Dienstes an, der benutzt wird, so wie `ftp://` für File Transfer Protocol; die Internet-Domain, auf die zugegriffen wird, so wie `ftp.firma.de`; und, sofern nötig, den Verzeichnis- und Dateinamen der spezifischen Datei, so wie `/Dokumentation/Kapitel1`.

WWW (World Wide Web): Das Online-Marketing-Vehikel Nummer Eins. (`www.` kommt auch oft als Prefix bei den Namen von Websites vor, wie zum Beispiel `www.firma.de`.)

Business für Dummies

Gelb und frech, aber trotzdem fundiert und kompetent, das sind unsere Dummies. Mittlerweile gibt es weltweit fast 50 Millionen gedruckte Exemplare. Die Dummies-Fan-Gemeinde wächst und wächst.

Ursprünglich gab es nur Computer-Dummies. Aber warum sollte das einzigartige und bewährte Konzept der Dummies nur Computer-Themen vorbehalten bleiben? Wenn man humorvoll und frech in die Computerwelt einsteigen kann, warum dann nicht auch in andere Themen, z.B. in den häufig so bierernst angegangenen Business-Bereich?

Gesagt, getan, hier sind sie: unsere Business-Dummies! Damit nicht nur Computerfreaks was zum Lachen haben, sondern auch Manager, Marketingleiter, und natürlich auch Leute wie Sie und ich.

Erfolgreich Verhandeln für Dummies

Michael C. und Mimi Donaldson. Aus dem Amerikanischen von Reinhard Christiansen

Verhandeln muß man öfter als man denkt – eigentlich täglich. Sowohl im Geschäftsleben als auch im privaten Bereich kann es nicht schaden, wenn man andere von dem überzeugen kann, woran man selbst glaubt.

Erfolgreich Verhandeln für Dummies ist genau das richtige Buch, um auf amüsante Art Ihr Verhandlungsgeschick zu verbessern und so das zu bekommen, was Sie wollen.

400 Seiten
49,80 DM
ISBN 3-8266-2792-X

Businessplan für Dummies

Paul Tiffany und Steven Petersen. Aus dem Amerikanischen von Beate Majetschak und Sabine Walter

Keine Firma kommt ohne Planung aus. Auch wenn sich jeder in der Firma am liebsten vor dieser unliebsamen Beschäftigung drücken würde, es muß halt sein.

Dieses Buch zeigt kurz und knackig, und – wie Dummies nun einmal sind – auch mit ein bißchen schrägem Humor und spritzigen Cartoons, wie man ohne zuviel Stress den Geschäftserfolg plant und die ersten Schritte angeht.

368 Seiten
49,80 DM
ISBN 3-8266-2795-4

Kundenservice für Dummies

Karen Leland und Keith Bailey. Aus dem Amerikanischen von Thorsten Vogel

Die Dienstleistungsbranche boomt, der Kunde ist König. Nur wer sich an Kundenwünschen orientiert, kann heutzutage erfolgreich sein. Aber wie können Sie erreichen, daß Ihre Kunden mit dem von Ihnen gebotenen Service zufrieden sind?

Kundenservice für Dummies zeigt Ihnen, wie ein guter Dienst am Kunden aussehen sollte und wie Sie ihn ohne allzuviel Aufwand erreichen können. Schritt für Schritt gibt Ihnen dieses Buch Erfolgsrezepte und gute Tips mit auf den Weg. Wie immer sorgen dabei eine lockere Schreibe und die weltberühmten Rich-Tennant-Cartoons dafür, daß auch der Spaß nicht auf der Strecke bleibt.

352 Seiten
49,80 DM, kart.
ISBN 3-8266-2791-1

Endlich!
Prima Ratschläge
ohne Fachchinesisch

Noch mehr Business für Dummies

Erfolgreich Präsentieren für Dummies

Malcolm Kushner. Aus dem Amerikanischen von Cornelia M. Y. Nicol

Ob Sie es mit einer oder mit tausend Personen zu tun haben – die Fähigkeit, Informationen geordnet und überzeugend zu übermitteln, ist überall gefragt. Um etwas im Leben zu erreichen, muß man sich und seine Überzeugungen präsentieren können – sei es bei der Forderung nach einer Gehaltserhöhung oder bei einem Vortrag. Malcolm Kushner verrät Ihnen unzählige Tips und Tricks, wie Sie solche Situationen überzeugend meistern können.

464 Seiten
39,80 DM, kart.
ISBN 3-8266-2756-3

Erfolgreich Verkaufen für Dummies

Tom Hopkins. Aus dem Amerikanischen von Ingeborg Lange

Verkaufen muß man nicht nur im Laden oder im Außendienst. Nicht nur Produkte oder Dienstleistungen werden verkauft, sondern jeder ist täglich in der Situation, sich und seine Ideen, Überzeugungen an den Mann bringen zu müssen. Werden Sie mit »Erfolgreich Verkaufen für Dummies« ein Verkaufsprofi im Alltag! Setzen Sie sich durch, überzeugen Sie andere von dem, wovon Sie überzeugt sind. Tom Hopkins, erfolgreicher Verkaufstrainer und Multimillionär, plaudert aus dem Nähkästchen und verrät Erfolgsstrategien.

416 Seiten
39,80 DM, kart.
ISBN 3.8266-2757-1

Management für Dummies

Bob Nelson und Peter Economy. Aus dem Amerikanischen von Olav van Gerven und Grischka Petri

Manager haben's schwer. Die Welt des Management ist stressig, frustrierend und arbeitsreich. Bob Nelson und Peter Economy verraten Ihnen die Tips und Tricks, die Sie kennen sollten, um sich und Ihren Mitarbeitern das Leben leichter zu machen.

Ob Sie schon jahrelang ein Manager oder gerade erst befördert worden sind – dies ist genau das richtige Buch für Sie!

416 Seiten
39,80 DM, kart.
ISBN 3-8266-2758-X

Marketing für Dummies

Alexander Hiam. Aus dem Amerikanischen von Birgit Neuß und Claudia Graf

Auch wenn die Konkurrenz hart ist, können Sie sie mit den richtigen Konzepten und Ideen auf dem Markt problemlos überholen. Marketing für Dummies ist ein kompetenter Wegweiser ins Marketing 2000 – ohne tonnenschwere Theorie-Bleigewichte, dafür aber mit viel Witz und Praxisnähe.

400 Seiten
39,80 DM, kart.
ISBN 3-8266-2763-6

Zeitmanagement für Dummies

Jeffrey J. Mayer. Aus dem Amerikanischen von Ursula Schnitzler

Auch wenn Ihnen Organisationstalent nicht gerade in die Wiege gelegt wurde, können Sie Ihren Arbeitsalltag voll in den Griff bekommen. Starten Sie eine Entrümpelung Ihres Arbeitsplatzes. Lernen Sie, Wesentliches von Unwichtigem zu trennen. Am Ende werden Sie Ihren Schreibtisch nicht mehr wiedererkennen und verblüfft feststellen, daß Sie plötzlich wieder Zeit für Ihre Familie, Freunde oder den neuesten Film haben ...

Auf der CD: eine Probeversion der Zeitmanagement-Software ACT! 3.

288 Seiten
39,80 DM, kart., mit CD-ROM
ISBN 3-8266-2760-1

Erfolg für Dummies

Zig Ziglar. Aus dem Amerikanischen von Miriam Krupp

Erfolgreich möchte jeder gern sein: im Job, in der Beziehung, im Sport – in allen Lebenslagen eben!

Zig Ziglar, der auch als »größter Motivator der Welt« bezeichnet wurde, zeigt Ihnen, wo es lang geht und welche Schritte Sie tun müssen, um den gewünschten Erfolg zu erzielen.

Also: worauf warten Sie noch? Nehmen Sie sich Ziglar's Tips zu Herzen und werden Sie erfolgreich!

Wie immer mit dabei: die berühmten Rich-Tennant-Cartoons und der bekannte Dummies-Humor.

ca. 400 Seiten
49,80 DM, kart.
ISBN 3-8266-2800-4

400 Seiten, 1998
39,80 DM, kart.
ISBN 3-8266-2780-6

John R. Levine, Carol Baroudi, Margaret Levine Young

Internet für Dummies

Dieses Buch ist der Beweis: Sie müssen kein Hacker sein, um sich im Internet durchzuschlagen, echte Schnäppchen im Internet zu ergattern oder Freunde und Gleichgesinnte zu finden.

Hier erfahren Sie endlich alles, was Sie schon immer über dieses Meganetz wissen wollten – doch bei abgedrehten Internauten nie erfahren konnten.

Sie haben Spaß an schrägen Cartoons, wenn John R. Levine, Carol Baroudi und M. Levine Young endlich Schluß machen mit der quälenden Ungewißheit.

Sie erfahren:
- Wie Sie ins Internet reinkommen
- Wie Sie mit Ihrem Provider reden
- Was Sie im Internet einkaufen können
- Mit welchen Programmen das Leben als Internaut erst so richtig schön wird
- Wie Sie Ihre erste Homepage bauen
- Wie Sie Freunde im Chaträumen gewinnen

384 Seiten, 1998
39,80 DM, kart.
ISBN 3-8266-2788-1

Andy Rathbone

Hardware für Dummies

Mit diesem Buch in der linken und dem Schraubenzieher in der rechten Hand können Sie in Ihren Rechner einen neuen Turbo einbauen. Arbeitsspeicher erweitern, neue Platinen einbauen, Grafikkarten austauschen, Festplatten aufmotzen etc. Alles kein Problem mehr!

Andy Rathbone zeigt Ihnen, wie Sie herausfinden, was Ihrem Patienten fehlt und wie Sie Ihren streikenden PC wieder zum Leben erwecken können. Außerdem gibt er Tips, wie Sie Ihre alte Kiste auf den neuesten Stand bringen können, ohne daß die Kosten dabei ins Unermeßliche steigen.

Wie immer bleibt mit Rich-Tennant-Cartoons und einer lockeren Schreibe auch der Spaß nicht auf der Strecke.

Sie erfahren:

- Was das alles ist, und wie es funktioniert: Hauptplatine, Netzteil, Laufwerke, Schnittstellen und und und.
- Wie Sie die Hardware installiert bekommen, die Sie brauchen.
- Wann sich das Aufrüsten noch lohnt und wann Sie besser einen neuen Computer kaufen.
- Wie Sie rausfinden, was kaputt ist und wie Sie es reparieren können.
- Welche Fehlermeldungen und Piepsignale was bedeuten.

320 Seiten, 1998
24,80 DM, kart.
ISBN 3-8266-2771-7

Dan Gookin und Wallace Wang

Computerlexikon für Dummies

Wie oft sind Sie verzweifelt, wenn Ihnen das Computerfachchinesisch nur so um die Ohren sauste. Doch damit ist jetzt Schluß, denn endlich ist es da: das Computerlexikon für Dummies! Von A bis Z und wie alle Dummies spritzig und dennoch fundiert. Eine ideale Ergänzung zu den anderen Computer-Dummies!

Zu jedem der über 2000 Begriffe gibt es:

- Natürlich eine Erklärung oder Definition des Begriffes: In einfachen Worten wird die Bedeutung des Fachwortes auf den Punkt gebracht, so daß auch der Einsteiger etwas damit anfangen kann.
- Eine Angabe, wie der Ausdruck ausgesprochen wird, damit Sie sich, wenn Sie Ihr neu erworbenes Wissen mit stolzgeschwellter Brust einsetzen wollen, nicht gleich durch falsche Aussprache blamieren.
- Und hin und wieder ein kleines Anekdötchen aus dem Computeralltag

400 Seiten
DM 39,80, 17,6 × 24 cm, kart.
ISBN 3-8266-2796-2

Und hier ist es, das Buch, auf das Michael Meadhra und Jan Weingarten in Lotus SmartSuite für Dummies immer wieder hingewiesen haben:

Andy Rathbone

Windows 98 für Dummies

Durchstarten mit dem neuen Betriebssystem

Windows 98 kommt mit einer neuen Benutzeroberfläche daher, die auch geübten Anwendern einige Rätsel aufgeben kann. Aus dem Doppelklick wird ein einfacher Klick. Da muß man erstmal drauf kommen. Oder diesen Dummy lesen!

Andy Rathbone zeigt Ihnen, wie Sie Ihr neues Betriebssystem zähmen können und erreichen, daß Sie der Herr der Lage bleiben. Wie immer mit dem nötigen Schuß Humor, damit das Ganze auch ein bißchen Spaß macht.

Sie erfahren:

- Was neu ist am neuen Windows 98
- Was man sich unter einem Active Desktop vorstellen soll und wie man damit klarkommt
- Was sich hinter Windows 98-Mysterien wie Plug & Play, Drag & Drop etc. verbirgt
- Wie Web-Browser-Funktionalitäten und lokale Dateien miteinander ko-ordiniert werden können
- Wie man weiterkommt, wenn Windows 98 sich partout weigert, das zu machen, was es soll
- Wie Sie die letzten DOS-Relikte beherrschen können
- Wie Sie aus Ihrem Rechner eine heiße Multi-Media-Maschine machen können